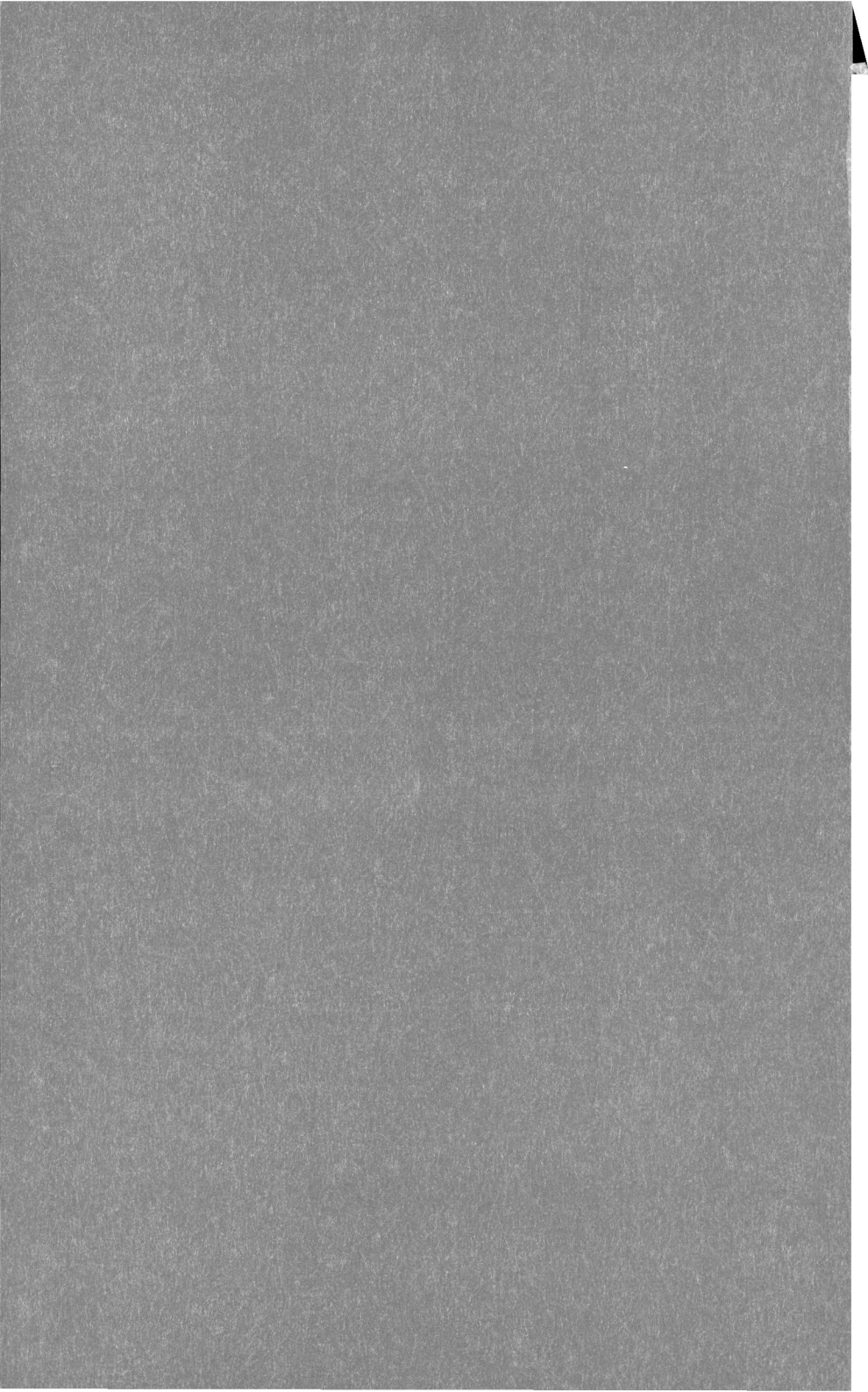

瀛观

VIEWS

徐静波

著

解读日本

古往今来的
文明流脉

上海人民出版社

目 录
C O N T E N T S

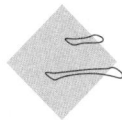

三

从"唐风"到"国风"：日本的中古时代

四

江户锁国：日本传统文化的烂熟

五 第二轮大飞跃：进入近代社会

六　走向军国主义的不归路

九　日本人饮食的前世今生

绪　论

如果对一个国家或民族感兴趣，那是因为它有趣；如果对一个国家或民族感到关切，那是因为它与自己有着密切的关联。对于中国人而言，日本就是这样一个国家，日本人就是这样一个民族。

在这本书里，我以日本文明的历史沿革为纵轴，试图解读日本到底是一个怎样的国家，居住在日本列岛上的民族到底是一个怎样的民族。为什么要特别凸显日本文明呢？在很长的一个时期里，我们中国人都不大认为日本有自己独立的文明，很多人觉得日本人在近代以前，主要都是学习中国文化，近代以后呢，又学习西洋文明，它都是把别人的东西拿过来，自己没有什么东西。1993年，美国哈佛大学教授塞缪尔·亨廷顿出版了一本很有名的书，叫《文明的冲突与世界秩序的重建》，提出了著名的"文明冲突论"，这里并不想展开这一话题，我要说的是，亨廷顿在书里把整个世界上的文明，大致分成了八大块，分别是：西方文明区、拉美文明区、东正教文明区、穆斯林文明区、中华文明区、印度教文明区、日本文明区、非洲文明区。我们暂且不讨论这样的划分是否一定成立，但可从中了解到，在西方的主流世界观里，日本文明是被单独列为一个区域的，而在亨廷顿理解的中华文明区里，除了中国的大陆和台湾地区之外，还包含了朝鲜半岛、越南甚至遥远的新加坡，但是一水之隔的日本不在其列。也就是说，在西方主流的世界认识中，日本文明是一种游离于中华文明之外的独立的文明形态。

那么，日本文明为什么会具有它的独特性呢？我自己也一直在思考这个问题。

这里，我想从世界史的比较视野，来对日本文明的独特性进行两个层面的分析。

　　日本的独特性很多来自它比较独特的自然环境和人文历史。首先就地理位置而言，日本处于亚洲或欧亚大陆的最东端，在它的东面，就是浩瀚的太平洋，限于航海条件，近代以前它根本无法与东亚（大陆与半岛）以外的任何地区发生文明的接触，这是它独特性的由来之一。第二，近代以前，它在历史上从来没有遭到过任何外来民族的武力征服，这就决定了它汲取外来文明的方式都是在和平的环境下进行的，且具有极大的自主性，它觉得合适的就吸收，它觉得不妥的就拒绝，比如中国的科举制度，几乎为所有的汉字文化圈的国家和地区所采纳，但唯独日本没有。长达数千年的历史进程中从来没有遭到过别的民族的武力征服，这在世界历史上差不多是绝无仅有的，这一点与同样位于欧亚大陆最西端的英伦三岛形成了鲜明的对比。

　　首先我想花一点笔墨对日本和英国的文明进程作一点比较。

　　就地理位置而言，日本处于亚洲或欧亚大陆的最东端。同样，英国则位于欧洲的最西端，在北美新大陆发现之前，英国也没有与更西面的地区有过任何的交往。而与它们一海之隔的，便是文明十分昌盛的东亚大陆和欧洲大陆，在大约 15000 年前，日本列岛有陆桥与东亚大陆相连接，在将近 10000 年前，英伦三岛也有陆桥与欧洲大陆相连接，后来由于气候变暖，海平面上升，日本和英国先后成了岛屿，因此就原住民而言，他们最初分别来自东亚大陆和欧洲大陆。这一点上两者具有很大的相似性。但是，日本列岛与英伦三岛在与大陆文明的交往上，存在如下三点差异性。第一，日本列岛上的居民最初与东亚大陆（包括朝鲜半岛）大规模的接触和交往，大约始于 2300 年前，当时列岛还处于依靠狩猎、捕捞和采集为生的原始状态，粗陶的烧制已经出现，但是没有农耕和金属文明，也没有城市甚至是有规模的村落，列岛上的文明，一开始主要是依靠先进的大陆文明提升的。而欧洲大陆的罗马人或罗马帝国进入英伦三岛时，岛上已经开始了农耕（小麦和大麦），并且诞生了铁器，也就是说，在与欧洲大陆大规模接触时，英伦已经具备了较高的文明水准。第二，日本列岛在接受大陆先进文明时，都是以和平的方式进行的，距今 2300 年前后农耕和金属文明传来时，都是来自大陆和半岛的移民以和平的方式传播的，以后一直到公元 6 世纪前后，出现过几次较大规模的移民潮，几乎都是民间的和平进入，至于后来的遣隋使和遣唐使及以后幕府时代的僧侣往来，更是和平的交往，没有一丝一毫的血腥。近代以前日本历史上唯一的一次遭到外族的入侵，是 1274 年和 1281 年元军裹挟高丽水军和江南水军对九州北部的进犯，虽然发生了战争，但外族并没有真正地登陆杀戮，日本也没有遭到外族的武力征服，也就是说，日本差不多是历史上极少数未遭到外来武力征服的国家之一，它的文明一直是在和平的状态中孕育、发生和演进的，它对外来的文明，基本上都是主动而有选择性地汲取，也就是说，几乎一直保持了自己的主体性。而英伦三岛，一开始在 1 世纪时遭到了罗马人几次三番的武力进攻，最后被占领和征服，成了罗马帝国的"皇帝行省"之一，被归入罗马帝国的版图。罗马帝国衰败后，则不断遭到北欧维京人的武装进犯，历时数百年，也就是说，欧洲大陆文明的进入，几乎一直伴随着血腥的武力。相对而言，罗马人带来了比较先进的文明：语言、拉丁文、政治制度、城邦、服饰、生活方式和稍后的基督教，所有这些为尔后的英伦文明奠定了基础，基督教的传播也为统一的英伦国家的创建提供了精神前提。维京人或者北欧海盗式的入侵，更多是以野蛮的杀戮掠夺方式，却也使得英伦更加融入欧洲大陆，总之，跟日本相比，在英伦三岛上，大陆文明更多的是以武力征服的方式进入的。第三，虽然最初日本列岛上的居民也是通过陆桥进入列岛的（也有少部分经海路从南方漂流过来的），但在后来的 10000 多年前，形成了以绳纹人为主体的原住民，后来有外来的弥生人以和平的方式移居列岛，与早先的绳纹人通婚，之后又有数次"渡来人"的移民潮，大部分是技术先进的工匠和读书人，不久便与列岛上的居民融为一体，大约在 6—7 世纪，形成了大和民族，此后便一直在岛上繁衍生息，在比较独特的列岛环境中，形成了自己的日本文明，也就是说，日本列岛上，居民的主体基本上一直是大和民族。而英伦三岛，早先是罗马人的进入，并在此基础上殖民扩张，5 世纪前后，又有来自欧洲大陆的盎格鲁-撒克逊人的大规模移民，再后来是挪威、丹麦等维京人的长达数百年的武装进犯，一开始只是掠夺，后来则是定居和殖民，1016—1035 年间，丹麦国王克努特（Cnut）

同时担任了英格兰国王，并且成了英国历史上最伟大的君主之一，也就是说，英国人从血统上来说，完全是原住民和大陆外来人的混合体，甚至大陆过来的人在人数上至少要占到一半以上。因此，它的文明，虽然也具有岛国的特色，却与欧洲大陆是融为一体的。

从对这两个各处于大陆两端的岛国的比较，我们可以看出，日本文明的主体性和独特性更为明显，这是我们考察和解读日本文明的一个重要视角。

接下来，我要在政治制度的层面，或者用日文的表述来说，就是"国体"的层面，将日本与中国作一个比较分析。中国的文明史，要比日本悠久很多。夏朝这里暂且不说，至少自殷商开始，就已经形成了比较稳定的王权统治，历经春秋战国而建立起了大一统的秦汉帝国，以后虽出现了帝国崩溃、诸国林立的割据状态及非汉民族统治的朝代，但无论是分裂时代的小国，还是大一统的帝国，最高的统治者总是国君或是皇帝，也就是说是自上而下的一元化统治，虽然其间也有外戚和宦官的干政，但是国君和皇帝总是凌驾于万人之上的最高首领，基本上都握有实际的统治权。而日本则在公元1世纪前后出现了部落政权，然后逐渐在6世纪前后形成了统治列岛大部分地区的大和政权，到7世纪下半叶至10世纪，也就是日本史上的飞鸟时代、奈良时代和平安时代的前期，日本在学习模仿中国隋唐政治的基础上，诞生了以天皇为首的强有力的集权式的中央朝廷，日文的表述是"律令社会"，尤其是在8—9世纪中叶，天皇是绝对的最高统治者，真可谓"普天之下莫非王土，率土之滨莫非王臣"。但是自9世纪后半期开始，绝对的皇权开始衰败，外戚的藤原家族以关白的官职全权摄政，天皇成了摆设。而自11世纪后半期开始，由白河天皇开启了一个称之为"院政"的颇为独特的政治形态，33岁的他趁外戚的摄关家势力稍有衰退之际，就将皇位让给了年幼的儿子，自己另外设置一个别院，以上皇的名义实际治理朝政。有的年代，壮年的天皇突然把皇位让给了年幼的儿子，自己出家做和尚，做了几年再重新还俗，当起了"法皇"，依然实际操纵朝政。无论是"摄关"还是"院政"，皇权都不在名义上的天皇手里，坐在天皇位置上的人，大多只是一个摆设，这一情形，与中国的王权或皇权统治具有极大的区别，这是我们需要给予充分注意的。而到了后来，地方上的豪族势力壮大，击败了皇帝身边或与皇族相关的外戚势力，索性另外设立了幕府政权，名义上虽然还保留了朝廷，实际上却是把它置于一边，实际的行政权力完全操持在幕府的将军手里，而幕府的将军，也实行世袭制，代代相传，宛如实际的朝廷。有相当长的一个时期，天皇及其皇族被限定在皇宫（日文称为"大里"）内活动，未得将军许可，不可自由外出。远在镰仓的幕府，为了监控朝廷，专门在京都设立了一个配备武力的"六波罗探题"的机构，密切监视朝廷的一举一动。14世纪时的后醍醐天皇，试图恢复天皇的"亲政"，结果招致后来建立室町幕府的足利尊氏的强烈不满，竟然把他流放到了荒僻的隐岐岛上去，后来索性把他废除，自己另立天皇。在12—19世纪中叶的三个幕府时代，天皇及其朝廷始终被搁置起来，名义上虽然存在，却失去了统治国家的实际权力。这一政治形态，与中国的王朝统治，在内涵上具有很大的差别。也就是说，日本的国家统治，在近千年的历史中，呈现出了一种二元并立的状态。另一方面，与中国的汤武革命、王朝多次更迭的政治历史不同，日本在7世纪左右大和朝廷建立以后，尽管很长的时期内天皇大权旁落，但天皇始终是名义上的国家元首，日本并未发生过中国所常见的改朝换代，所谓"万世一系"的皇族谱系，在形式上是成立的，这也使得江户幕府被萨摩、长州藩等地方势力推翻以后，倒幕的势力依然可以设法重新树立天皇的权威。这样的一种所谓国体，在世界文明史上，恐怕也是绝无仅有的。这一独特的国体，也是酿成日本文明独特性的重要政治土壤。

最后，我想讨论一下另一个问题，即近代以后的日本，为什么会走上帝国主义的道路。这是作为曾经遭受日本多年侵略的中国人所非常关切的问题。曾有人认为，日本人作为一个岛国民族，非常具有进攻性、扩张性和侵略性，日本在近代以后的大规模侵略行为，与它的民族根性有关，一旦时机成熟，它就会重新侵略别人。我觉得这个问题有些复杂，用一个简单的理由来加以涵盖，可能陷入以偏概全的机械论。

先来看一下日本民族的扩张性。纵观全球文明史，其实世界上任何一个具有扩张能力的民族，都具有显性的和潜在的扩张性。且不说大国大族，即便现在说起来很小的国家，或往昔曾屡屡遭到肢解的国家，历史上也曾经强悍一时，纵横驰骋，金戈铁马，或千帆竞发，战舰浩荡。今天北欧的和平小国丹麦，10世纪以来一直以北欧海盗著称，北征西进，烧杀抢掠，几百年来一直是一个欧洲的强国；随着大航海时代的开启，西班牙、葡萄牙迅速崛起，通过海路向中南美洲和东亚扩张，建立了庞大的殖民地；历史上频频遭到俄罗斯、普鲁士、奥地利瓜分的波兰，在16世纪前后，也曾是一个吞并了立陶宛、称霸波罗的海沿岸的地区性大国；今天多瑙河畔文文静静的奥地利，在100余年前也曾是不可一世的庞大的奥匈帝国。这种情形在亚洲也是如此，比如现今越南的版图，也是15世纪下半叶开始北部势力不断向南扩展，最终驱逐了湄公河流域的高棉人而在19世纪初形成的结果。至于更早的罗马帝国的扩张、拜占庭帝国的扩张、蒙古帝国的扩张，那更是大家耳熟能详的了。因此，简单地给某一民族贴上扩张的标签，并不具有内在合理的历史逻辑性。

日本列岛民族的向外扩张，可以追溯到4世纪下半叶以武力的方式进入朝鲜半岛的"任那"地区，当然，那时还没有"日本"的国名，甚至强大的中央政权也还没有建立起来，但这至少可看作列岛向外的一次军事扩张。后来在663年又帮着半岛的百济与唐和新罗的联军在白村江口进行了一场国际性的战争。但自此之后一直到1592年丰臣秀吉出兵朝鲜的将近1000年内，日本就一直没有以武力的方式染指海外（倭寇则基本上是一个东亚国际海盗集团），因此轻易地给日本民族贴上好战的标签，显然不是一种严谨审慎的态度。

但是，对于我们中国人而言，如果算上1874年的出兵台湾，日本对中国以及周边地区断断续续施行了长达70年的侵略行径，尤其是在"九一八"事变爆发之后，使我们蒙受了重大的损害。从文明史的角度，又该如何来认识呢？

我想，这或许应该从近代资本主义衍生出的帝国主义性质来认识。自16世纪初开启的大航海时代起，尤其是工业革命在英国等西欧国家完成之后，先进的科技发展带来的生产力的大幅度跃升，使得近代工业品要寻找广大的市场和原料供应地，以及更多的廉价劳动力，因此葡萄牙、西班牙、荷兰和后起的英国、法国等纷纷凭借武力的方式向海外拓展，建立以殖民地为主体的海外势力范围，这一行为本身就具有帝国主义的性质，也就是说，近代资本主义往往会伴生出帝国主义的倾向，或者说，帝国主义内生于近代资本主义的体质之中。19世纪中叶以后，当福泽谕吉、大久保利通、伊藤博文等在朝野引导日本的大佬们认识到了欧美文明先进性的同时，也认同了它的扩张性，社会达尔文主义在日本引起了广泛的共鸣，早期的一些民权主义者，很快地转向了国权主义，当时的一个普遍的主流意识是，日本要免于沦为第二个印度和中国，就必须仿效欧洲列强，积极向周边拓展，在列岛之外建立起自己的势力范围甚至殖民地，与欧美各国并驾齐驱。于是有了对琉球的吞并、甲午战争的挑起、对韩国的合并、日俄战争的爆发等等。甚至在第一次世界大战之后建立起了国际联盟、凡尔赛—华盛顿体系，也就是在一定程度上的国际秩序和国际协调机构建立起来之后，日本依然毫不收敛，此前一系列的成功，使得日本更加利令智昏，它把西方近代文明中内生的帝国主义特性发挥到了极致，其结果就是变本加厉地在中国的土地上进行武力扩张，到了最后，这一东亚的新兴帝国也在极度膨胀之后轰然倒塌。一个民族或国家，当它自以为有足够的资本可以对外显示自己的强大时，国家主义乃至于帝国主义就会在朝野迅速鼓胀起来，做出一些在旁人或后人看起来相当荒唐的行为。日本近代的扩张，我想主要缘于对近代文明理解的偏颇上，福泽谕吉就公开主张，日本与中国的甲午战争，是文明对于野蛮的战争，这实际上是不少近代日本人的自我意淫。

在这里，我想跟读者重申一下我的一个观点，即我们在认识和理解日本文化或文明时，应该充分注意到两个重要的方面：第一是日本文明与东亚大陆（主要是中国，也包括朝鲜半岛）文明的密切的关联性，东亚大陆的文明在相当程度上为尔后日本文明的建立奠定了不可或缺的基础，没有这样的一个基盘，尔后的日本文明就无从谈起；第二是日本文明或文化的独特性，日本人在大陆文明的培育下，在列岛独特的自然环境和人文基础上逐渐萌发、产生了独特的文明或文化。关联性和独特性，是我们观察和理解日本文明或文化的两个关键点。

一年多以前，我受邀在喜马拉雅电台上开设"日本文明史"的课程，之后，把这些讲稿进行了整理，辑成这样一本书。严格而言，我不是一个历史学的研究者，更没有充分的学养和资格来撰写一部日本文明的通史。喜马拉雅邀我开设这门课程时，我内心是相当惶恐的。题目太大，范畴太广，力有不逮，这是必然的。我自1979年开始在大学里攻读日本语言文学，转入日本研究，则始于上世纪90年代初期，迄今已近30年。从文献和体验入手，自己觉得对日本积累了一点心得。于是就想，从几个关键词和相关领域切入，以史为轴，为读者大致勾勒出一个日本文明发展演变的流脉，史实的叙述，自然是基调，但尽可能有出自自己视角的解读。

说起自己的视角，第一是中国人的叙述主体意识。撰写讲稿或书稿所参考的文献，绝大部分来自日文。但我是一个中国人，应该展现出一个中国学人眼中的日本。而所谓中国人的意识或中国人的立场，必须摈弃狭隘的民族主义，更多地体现为与论述的对象有着极为密切关联、在文化上有着错综复杂交融关系的西侧邻邦人的审察和关切。因此，书中时时会穿插着彼我之间的比较分析，以引起国人的思考。第二是我自己的理解。书中所叙述的除了史实（史实也需要认真辨析）之外，看法和观点乃至叙述的方式，都来自自己。只是把别人的东西拿来做一个整编，一点快感也没有。

开设这门课程或者写作这本书，最大的动机，还在于把自己对日本的一点解读表达出来，倘若能够因此增进一点我们中国人对东邻日本的理解，消解一些情绪性的俯视和仰视，彼此以平等的姿态相待，知其所长，晓其所短，然后取长补短，和谐共处，那就是我最大的心愿了。

解读日本：古往今来的文明流脉

日本本土文明的形成

日本列岛上最早的居民是从哪里来的？

我小时候居住在上海虹口，周边以前都是日本人留下的房屋。有一年夏天在户外纳凉，听大人说，日本人其实原来都是中国人，到了那里，就慢慢变成了日本人，其实根本不是什么外国人。那时我还小，自然不大懂，只是心里也在想，是呀，电影上日本人的脸都长得跟中国人一样，跟美国人、苏联人不一样呢！前一阵子，在网上也看到一些说法，说日本人是中国人的后裔，或者说有一波中国人渡海去了日本，于是在那里繁衍后代，连日本的天皇，祖上也是中国人。

现在我算是有了一点知识，读过了不少文献，可以判断，这样的说法，虽不能说完全是空穴来风，但基本上是无稽之谈。因为中国作为一个国家，究竟形成于何时，现在还是一个在探究的问题，如果夏朝被确定的话，也只是4000多年，而在这之前，日本列岛上早就有了人类居住。那为什么不完全是空穴来风呢？且听我慢慢道来。

我们先来看一下日本列岛的地理位置。若从地图上观察日本的国土，会发现从九州到北海道，基本上呈现出由西南到东北的狭长的走向，西面与朝鲜半岛和中国东部隔海相望，北面与现今俄罗斯的萨哈林岛相邻。从地理上来说，日本处于亚洲的最东端，东面即是浩瀚无垠的太平洋。这样的地理位置，就基本决定了它的文明的起源应该来自西部，包括西南和西北。

　　而事实上，10000 多年前，在地球上的气候尚未完全达到如今这般温暖的冰川期的晚期，日本列岛经由朝鲜半岛的陆桥，与东亚大陆是连在一起的。其证据就是，在日本列岛上发现了属于北方区域的猛犸象，以及南方区域的亚洲象和长角鹿的化石。这类用四脚行走的哺乳类动物在大陆和列岛同时发现，就证明了早年这两个地方应该是连在一起的。在 6000 多年之前，由于地球变暖，冰川融化，海面上升了 100 米左右，于是列岛与大陆彻底分离，最终形成了今天日本列岛这样狭长的格局。

　　从生态学的观点来看，日本除了北海道（北海道在近代以前与日本本土也没有多大的关联）和东北一部分地区是属于柞树林文化圈外，其九州、四国和本州的大部分地区与中国的华南、华中地区一样，应该属于照叶树林文化圈。此外，列岛四面环海，在狩猎、采集之外，近海的捕捞也是早期先民获得生活资源的重要手段，19 世纪后半期开始发现的贝冢，就是食用过的贝壳的堆积物遗迹。这样的自然环境，使得先民们在农耕文明产生之前能够在该地区存活和繁衍。几乎可以说，森林和海洋文化是早期日本文明的基础，这一基本特质构成了以后日本文明的内核之一。这一点跟中国大陆还是有比较大的区别的。日本列岛温暖湿润的气候特点，又使得以后的水稻种植得以传播开来。处于照叶树林带的日本，在文化上较多地受到了来自中国东部沿海地区和朝鲜半岛南部的影响。基于这样的地理条件所产生的水稻栽培及以后的茶叶、生丝、生漆和利用谷物酿制酒类等这一地区的农耕文明，都和后来的日本文明有着非常密切的关联。

　　同时，我们也不能忽视日本东西部地区不同的地理环境所造成的不同的区域文化，事实上，无论是早期的绳纹文化，还是后来的古坟时期，乃至更后来的奈良时代，日本的西部（也就是今天关西地区以及再往西的四国、九州一带）和东北部（也就是今天关东以及东北地区）都呈现出了差异比较大的文化特征。东北部区域的文化，更多地受到了来自中国东北部和西伯利亚大陆的影响。近来，有越来越多的学者注意到了早期日本文明的这一区域的差异性。了解和把握日本的国土地理和气候植被，是进一步了解日本文明发生发展的一把钥匙。

那么，日本列岛上最早的土著人，到底是从哪里来的呢？现在看来，他们应该起源于列岛与大陆还相连的时代。目前在日本列岛上发现的最早的人类化石，是在爱知县丰桥市牛川町采石场的石灰岩裂缝中采掘到的牛川人。根据考古的研究成果，大致可以肯定，在距今 10 万年前左右的时期，日本列岛上已经有了人类居住的痕迹。除了牛川人以外，目前在日本列岛上发现的旧石器时代人，都是 30000 年以后旧石器时代后期的新人，其体格特征是男性身高约 150 厘米，女性 143 厘米左右，身高都比较矮。大概日本最早的土著民，是在冰川期海平面还比较低的时候，从中国南方经由冲绳再进入日本西部地区的。京都大学的池田次郎教授指出："西日本的后期旧石器时代人，其原乡到底是华北还是长江以南，这姑且不论，不管怎么说，他们与中国大陆具有深切关联的可能性是很大的。"（《日本人的成立"弥生人渡来说"再考》，收入《日本文化的源流》，东京小学馆，1991 年）此外，在旧石器时代的后期，还有一支经由现在的黑龙江流域或再北面的西伯利亚地区从萨哈林进入日本的东北部，这从考古资料上来看，已经可以确信无疑。不过，日本东部地区迄今尚未挖掘出旧石器时代的人骨，他们具体的行进路线和体格特征，尚无法确定。

根据日本学者的研究，旧石器时代的后期，在日本列岛上已经存在着来自南方和北方的两支古蒙古人种集团，他们在体质上并不完全相同，各自的原始文化也源流不一，以中部日本为界，分别居住于东西两方，彼此几乎也没有通婚关系，各自形成了自己的语言和文化。这两支渊源不同的古蒙古人种集团，构成了后来日本绳纹人的基础，也是日本最早的原住民。另外，也不完全排除太平洋南部马来群岛、波利尼西亚群岛的早期居民随着被称为"黑潮"的海流从南面越洋漂流到列岛的可能性。

总而言之，日本列岛上最早的居民，主要来自海平面还没有上升时期的亚洲东部的东北和中南部这两大区域。当然，那个时候，在东亚大陆这边，统一的中华文明还没有形成，我们还不能简单地说这些渡海来到列岛上的居民是中国人。列岛与大陆分开以后，有 10000 多年的时期里，这些原住民基本与岛外的世界隔绝，在岛上以采集、捕捞和狩猎的方式谋生，形成了早期不完整的村落，出现了粗陶的制作和早期半穴居的简陋草屋的搭建，并学会了石器工具的制作，诞生了最早的文明。但所有的这一切都处于比较低级、粗糙的阶段，因而人口的增长也相当地缓慢。从公元前 3 世纪前后开始，又有大批的大陆移民先后越洋来到日本列岛（主要是九州岛的北部和中部，以后又自西向东地往列岛的其他区域扩散），形成了列岛上新的居民形态，这部分外来移民被称为"弥生人"，主要来自东北亚大陆。

是谁创造了日本语?

　　我在大学里开始学习日语的时候,有两个问题比较困惑。第一是日语里有很多的汉字词语,觉得这好像都不像外国语,没学过日语,多少也能猜出一些意思来,这是怎么一回事呢? 第二是看上去像中文,可是语法结构、语言的顺序尤其是动宾结构却与中文几乎一点也不着边,有些是正相反,尤其是动词形容词形容动词的词尾都会有变化,五段动词更是麻烦。从这一点上来说,又是完全的外国语。

　　日语确实是一种让人觉得有些奇怪的语言。战争时期,大部分日本人的头脑都有些狂热。有一个东京大学的教授叫平泉澄,他在讲坛上公然说:"据说没有一种语言与日语同属一个系统,这是当然的。因为日本是一个神的国家,那么日语自然就是神的语言的后裔了。"现在看来,这当然是胡扯。那么,日语到底是怎么来的呢? 其实这个问题很难回答,就好像说到底由谁创造了汉语一样,或者说,汉语到底是怎么形成的一样。不过我依然想围绕这个话题与读者探讨一下,这对于了解日本文明的本源也是很有裨益的。

　　这里所说的日本语,是指日本语言,而非日本语文。人类在长期的群居生活状态中,随着身体功能的发展和彼此交流的需要,逐渐产生了语言。日本列岛上的原始居民是从东亚大陆的北方和南方(也包括东南亚群岛)两个区域移居过来的,这就决定了列岛上最初的语言应该是不统一的。关于日本语言的来源，很多学者（包括日本以外的学者）从自然人类学、文化人类学、民族学、考古学、语言学等多种角度进行了长期的探讨，至今仍无足以令人信服的定说。这一方面是由于语言本身也是随着民族的迁徙、融合以及时代的变化发生着剧烈的变化，今天的人们很难捕捉数千年以前的语言实态；另一方面是由于语言既有形，又无形，列岛上用文字来记录语言已经是 8 世纪前后的事，近来虽然考古学上成果迭出，但直接有助于说明语言来源的资料毕竟不会很多，因此时至今日，日本语的来源仍然有些扑朔迷离。

20 世纪前半期，学术界关于日本语的来源或者说日本语的体系，主要有两种说法。一种是日本语基本上来源于阿尔泰语系。阿尔泰语系主要指蒙古语、土耳其语和通古斯语族等亚洲北部或西北部的民族所使用的语言。就日语的语法构造、语序而言，两者之间存在着很大的相同点。但是探求语言之间的关联，从语言学的角度而言，仅仅关注语法是不够的，还必须从基本语汇中举出数百个相同或相似的基础词语，在这一点上，语言学家们遇到了难以逾越的障碍。另一种说法主张日语与朝鲜语（韩语）是同一源流的。这一主张的代表性人物是出身于东京大学的金泽庄三郎，他不仅揭示了两者之间在语法构造上的相似处，还举出了 150 个词语。但是这些词语大部分是与文化有关的，而这些与文化有关的词语大多是日后从朝鲜半岛传到日本的，难以从最初的本源上来找到双方的一致性，而关于两者在基础动词方面，几乎无法作出具有说服力的举证。金泽的这一说法在日本将朝鲜半岛强占为殖民地的时代，曾受到日本当局的推波助澜，在战后不久也就销声匿迹了。

战后的学者们拓宽了视野，开始注意到语言与整个文化的关联性，大致显示出两种努力：一是探寻日语与阿尔泰语系以外的别的语言之间在体系上的关联，另一是假设在阿尔泰语以前存在着另一种基层语言，而这种语言一直影响到日后的日语。

在第一种努力方面取得显著成果的是京都大学的西田龙雄。他的主要研究领域是藏缅语系的语言。他研究了日语和藏缅语的古语形态，发现两种语言不仅在语法构造上具有相同性，而且在动词的活用形方面以及在动词的否定形、禁止形和形容词、人称代词等方面都有相当的对应性，并且在基础词汇和重音上也具有对应性关系。他得出的结论是，古代日语受到了数种语言的不同的影响，"而日语的核心部分，则与藏缅语系的语言来源于同一个祖形"（《藏语、缅甸语和日本语》，收入《日本语的系统》，东京至文堂，1980 年）。不过，这一种说法并没有得到大多数学者的认同。从前文叙述的日本人的由来中，似乎也难以得到有力的佐证，因为早期的日本原住民来自藏缅一带的可能性不大。

第二种努力是试图假设在阿尔泰语传入日本之前就已经有一种别的基层语言存在，日后的日语是这一最初的基层语言与此后传入的阿尔泰语以及其他多种语言混合而成的。经过多位学者的努力，最近得出的结论是，日语是以南太平洋群岛的语系（包括马来语、波利尼西亚语等）和阿尔泰、通古斯语系为基本构成要素的混合语。这一说法，从早期日本人的由来中，可以获得较大的支持。

综合各家的学说，我这里来作一个简单的总结。大致可以认为，早期从南方移居日本列岛的原始居民，带来了最初始的语言，同时从东北亚过来的移民，则带来了阿尔泰语系的语言，此后在绳纹时代的前期以后，也就是公元前 3000 年左右，以西日本为中心，陆续从中国大陆的长江流域或以南的区域传来了前农耕阶段的照叶树林文化。到了绳纹时代的后期和晚期（约公元前 1000 年），照叶树林文化逐渐在西部日本地区传开，来自东亚大陆（或许也包含部分的东南亚）的语言也自西向东传播开来，同属照叶树林文化带的云南一带过来的移民也许会带来部分藏缅语系的因素。公元前 3 世纪前后，主要经朝鲜半岛过来的东北亚的移民在带来农耕文明的同时，通古斯语言（从理论上来说属于阿尔泰语系的一族，为早期中国东北部地区诸民族使用的语言）也随之陆续传到日本列岛，而来自中国江南一带的移民则带来吴越地区的语言，所有这些语言因素，在漫长的历史过程中，尤其是随着日后农耕文明的传播，彼此间互相交融、碰撞、汇合，最终形成了古代的日本语。

语言是人们彼此交流的工具，从其语言构造、语法语序、语汇、语音各个方面，无不显示出使用该语言的民族的思维特点和表述方式。因此了解日本语的来源，也是把握日本文明的一个重要方面。

绳纹时代：日本历史最早的一个分期

在进入正题之前，我先来讲一个故事。

1877 年，东京大学刚刚建立，缺乏优良的师资，于是大量聘请欧美的教授来讲课。请来的教授里，有一个讲授生物学的美国动物学家爱德华·莫斯（E. S. Morse），他当时居住在西洋人集聚的横滨，而东京大学在东京市里，他就坐火车从横滨到东京去，这条铁路 1872 年刚刚开通，也是日本最早的一条铁路。途中要经过现今的东京都品川区的大森车站。有一次，他凭借自己敏锐的职业眼光，发现了一处贝冢。在日后对这处贝冢进行发掘的时候，发现了原始的陶器（日语中称之为"土器"，是一种没有釉彩、烧制温度比较低、质地比较粗松的早期陶器），因发现这种陶器上有草绳的模样，便在两年后发表的报告中将其称为 Cord marked pottery。后来日本人读到了这份报告，把这个词翻译为"索纹土器"，再后来有一个叫白井光太郎的学者把它译成"绳纹土器"，以后，这一名称就一直延续下来。19 世纪末，日本学者就把日本历史上最早的一个分期称为"绳纹时代"，具体的年代在公元前 300 年之前的大约 12000 年时期，它被看作日本文明的序幕期。当然，绳纹文化或者绳纹时代，并不是单指绳纹土器的时代，主要是指以它为象征的这一时代的生活和文化。

1960 年以及此后的屡次发掘中，在长崎县的福井洞

穴内，发现了隆起纹土器和豆粒纹土器，据测定，其中最早的具有12000年的历史，这就说明日本列岛在距今12000年前开始逐渐进入新石器时代，这在世界范围内也是非常早的。

根据西方考古学的定义，处于打制石器的阶段一般理解为旧石器时代，而磨制石器则是新石器时代的标志。在新石器时代的晚期，一般会出现以种植和饲养为标志的农耕文明。但是日本的情形有些独特，绳纹时代已经有了相当精细的磨制石器，还出现了成熟的陶器，并且出现了定居的生活形态，但是直到晚期，一直没有正式的农耕文明出现。因此，历史学家们不将这一时期称作新石器时代，而是名曰"绳纹时代"。

对绳纹时代这10000余年的历史，大致可以分为三个时期。

第一期称之为绳纹文化的胎动期，年代大约是12000年前至10000年前之间。这一时期，旧石器文化依然残存着，可以说是两种文化的交汇期或者新旧文化的转型期。

第二期称之为绳纹文化的形成期，年代大约在10000年前至5500年前之间。这一时期的遗迹被不断地发掘出来，原住民在狩猎、采集的同时，捕捞的生活也已经开始，贝冢就是在这时候开始出现的。半穴居的居所逐渐固定下来，以半穴居群为基础的贮藏型的狩猎、采集生活方式逐渐确立起来，绳纹文化的特色渐次形成。

第三期称之为绳纹文化的成熟期，年代大约在5500年前至公元前500—前300年之间。这一时期差不多可以说是绳纹文化最重要的时期，绳纹文化的特点典型地显现出来。差不多从这一时期的初期开始，山川地貌和气候已经演变到与如今大致相同的状态，以本州的中部地区（现今的名古屋一带）为界，出现了两个不同的森林带，即前文说到的关东、东北地区的柞树林等为代表的落叶广叶树林带和九州、西日本地区的常绿阔叶树林带（也就是照叶树林带），与今天大致相同的基本植被已经形成。人们在生活中逐渐形成的对自然的理解和观念，通过土器上的纹样和土器的造型所体现出来的审美理念，可以说，构成了原始日本文化的基层因素。

　　下面，以第二期和第三期为中心，对绳纹时代日本人的衣食住诸方面作一个粗略的概述。

　　在衣着方面，已经出现以兽皮、鱼皮和由植物纤维编织成的衣服，从出土的土偶形象中可以了解到当时的服饰模样，从各地的遗迹中，还发掘出制作颇为精美的土制耳饰。在福井县的鸟滨贝冢中发掘出来的玦状耳饰，经研究，明显是中国大陆传过来的。

　　在食物方面，无论是西部的照叶树林带，还是东部的柞树林带，都给列岛上的先民们提供了比较丰富的坚果和根茎类的食物。主要有栗子、团栗、核桃、橡树果实和野生的薯类，这些富含淀粉的森林产物，为先民们提供了主要的热量。此外，河川和近海的捕捞、野猪和鹿等的狩猎，也为先民们提供了重要的食物源。从考古遗迹来看，绳纹时代的中后期，食物的储存已经比较普遍。土器的制造，使人们脱离了早期的茹毛饮血时代，经过烧火加工的食物，去除了采集和狩猎时获得的野生动植物自带的有害物质，使食物变得美味而富有营养，促进了人类的繁殖和身体机能的进化。

　　在居住方面，中后期不仅出现了平均面积为20—30平方米的半穴居的房屋，并且形成了十几户人家的小型村落，在千叶县船桥市发掘出来的高根木户遗迹，甚至还出现了由70栋房屋构成的、呈环形状的、中间有一个广场的巨大村落。有父系和母系同时存在的所谓"双系"家庭的形态已经比较固定。墓葬的形态也已经出现。

　　但是，由于整个列岛分成了柞树林带和照叶树林带，因此，人们的生活文化形态并不是相同的，甚至有相当大的差异。注意到这一差异，对我们了解今天东西日本之间的文化差异是有益的。绳纹时代的西部日本，较多地受到了中国大陆的影响，在它的基层文化中，已经包含了较多的大陆文化的因子，因此，公元前300年左右，当来自大陆或经由朝鲜半岛传来的以水稻耕作为中心的农耕文明登陆日本时，主要也是在日本西部的九州地区传开的。

　　自旧石器时代至绳纹时代，虽然生产力水平还比较低下，但是生活在列岛上的日本早期先民，已经以各种形式创造出了体现自己民族精神的初期艺术作品，尤其值得一提的是绳纹土器。上面已经述及，这一类土器之所以被称作绳纹土器，就是因为在土器的上端部分印刻有绳纹的模样，早期的制作方法真的就是将绳纹直接缠印在器皿的土坯上，烧制以后就留下了绳纹的痕迹。以后纹样的形式慢慢复杂起来，加上了各种雕刻甚至透雕，形成了立体的装饰效果，到了后期，器皿本身的形态也越来越丰富，钵体或深或浅，有的下有底座，有的呈香炉形，竟然还出现了如同今日茶壶形状的、日语称之为"土瓶"的器皿，上面镌刻了精美繁复的花纹，农耕文明以前的先民竟然已有了如此的创造，令人颇为惊叹。这说明日本列岛上的先民，心灵手巧，在制作技艺上很早就展示出了才华，在这里，我们也许可以找到后来在日本甚为发达的"职人文化"的源头之一。不过，早期的先民在物象的形象捕捉和表现上，似乎并没有骄人的成绩，迄今没有发现在其他民族中经常可以看见的岩石画或壁画，事实上，在佛教艺术传来之前，日本的绘画和物象雕塑艺术一直处于比较初级的阶段。

最后再简单总结一下。长达10000多年的绳纹时代，农耕还没有开始，人们基本上靠狩猎、采集和捕捞的方式来谋生，食物并不充足，因此人口增长非常缓慢，据学者的研究，绳纹时代的末期，整个日本列岛上，居民的人数有20多万人，已经出现了半穴居的简陋住房和固定的村落。在文化上，西部地区明显受到来自东亚大陆的影响，而东北部则受到北方甚至西伯利亚地区的影响，在文明的程度上进入了打磨精细的新石器时代，蒸煮食物的陶器已经普遍使用。这可以说是日本文明史最早的一个时代。

徐福东渡的史实与传说

在绳纹时代或许曾出现过局部的、零星的农耕迹象，但在公元前大约300年之前，整个列岛还没有出现广泛的、成熟的农耕文明，现在基本上可以判明，以水稻种植为主体的农耕文明以及伴随而来的金属文明（青铜器和铁器），是短时期内突然从外面，也就是越过海洋传到列岛上来的。那么，是什么人把这些农耕文明和金属文明带过来的呢？

这里就要引出一个徐福东渡的故事了。

2002年6月下旬一个初夏的傍晚，我应邀往锦江小礼堂出席同济大学为欢迎日本前首相羽田孜而举行的晚宴。晚宴前，羽田前首相发表了关于中日关系的演讲。令我感兴趣的是，羽田在开始的部分用了大量的篇幅详细地叙述了自己是秦始皇时期东渡到日本的中国移民后裔的可能性。羽田出生于长野县的和田村，在山环水绕、重峦叠嶂的和田村内，迄今生活着有着严密家谱传承的羽田一族。稍通日语的人也许都知道，日语中"秦"和"羽田"都可读作hata。羽田一族的家谱就名为《秦氏家谱先君之传》。先君是"秦始皇帝之远孙秦河胜苗裔"的秦幸清。

秦河胜和秦幸清历史上都确有其人，前者曾侍奉过日本历史上赫赫有名的圣德太子（574—622），秦河胜一生的重要业绩，就是在京都的太秦一地为供奉圣德太子所授的佛像而建造的广隆寺，此寺又称为"秦公寺"。而秦幸清曾在 16 世纪中叶佐助主君大井信定与日本战国时期的枭雄武田信彦交战，败阵后自杀身亡。后人觉得有损族人的脸面，遂将"秦"姓改为"羽田"，而发音依旧。迄今在羽田氏主屋的二楼高悬着一块"秦阳馆"的匾额，长廊和山墙上也刻着"秦"字，因此羽田孜认为自己在血缘上可能与来自秦朝的移民一脉相连。羽田孜本人生得浓眉大眼、方脸阔耳，似乎颇有几分秦氏后人的风采。

当然，这秦氏后人并非秦始皇的后裔，秦始皇本人姓嬴名政。很有可能是秦朝时东渡的中国移民的后裔。正如很多研究者所指出的那样，秦朝时的移民每每夸耀自己一族与皇室的渊源，对外索性称自己为"秦人"或"秦氏"，同样，汉代的移民则称自己为"汉人"。

这里就要引出一个差不多已人人皆知的徐福的故事。徐福的故事，我在儿时即已有耳闻。那时夏间夜晚在户外纳凉时，大人们每每会说起昔日日本人（不过我外祖父很少用"日本人"一词，更不会准确地用"日本军"一词，而总是用"东洋人"一词来指代）武力进犯上海时中国所遭受的深重苦难。然而大人们同时会说，日本人其实不是真正的外国人，早在秦始皇时，有三千童男童女东渡日本，遂在那边生儿育女，繁衍出的后代就慢慢变成了日本人。因此在我儿时朦朦胧胧的印象中，日本人只不过是中国人在日本这一土地上的变种而已。大约在 1965 年，已入小学的我在四川路上遇见作为青年访华团来上海的日本人时，觉得除了衣衫光洁外，相貌上一如我们中国人无异，于是在幼小的心灵中更加深了日本人只是中国人一支的印象。

后来年岁痴长，稍稍读了些书，觉悟到了自己儿时的想法不免太过幼稚。但徐福的故事却并不完全是空穴来风，也不是大人们在夏夜纳凉时的随口杜撰。我的祖上并非书香门第，他们所说的故事，大概也不会直接源于书卷史册，只是民间代代相传的传说而已。然而史书上确有与此相关的记载。最早的便是《史记》。查《史记·秦始皇本纪》二十八年中有如下记载：

　　既已，齐人徐市（福）等上书，言海中有三神山，名曰蓬莱、方丈、瀛洲，仙人居之。请得斋戒，与童男女求之。于是遣徐市发童男女数千人，入海求仙人。

《史记·淮南衡山列传》中，这一故事就更加详尽了：

> 昔，秦绝圣人之道……又使徐福入海求神异物，还为伪辞曰："臣见海中大神，言曰：'汝西皇之使邪？'臣答曰：'然。''汝何求？'曰：'愿请延年益寿药。'神曰：'汝秦王之礼薄，得观而不得取。'即从臣东南至蓬莱山，见芝成宫阙，有使者铜色而龙形，光上照天。于是臣再拜问曰：'宜何资以献？'海神曰：'以令名男子若振女与百工之事，即得之矣。'"秦皇帝大说，遣振男女三千人，资之五谷种种百工而行。徐福得平原广泽，止王不来。

这一段文字中值得注意的是"资之五谷种种百工而行"。这应理解为带去了中华稻作文明及当时在中国业已比较发达的工艺技术。但是徐福渡海去了哪里，《史记》中没有明言，后来的《后汉书》和《三国志》中说是夷州和澶州，但夷州和澶州究竟地在何处，当时的各种史书也是语焉不详。直至千余年后的明代万历年间问世的、由李言恭和郝杰编撰的《日本考》一书中，才将夷、澶两州明确地定为倭国的一部分：

> 秦遣方士徐福将童男女千人入海求仙不得，惧诛，止夷、澶二州，号秦王国，属倭国。中国总呼曰徐倭，非日本正号。

《日本考》中将这两个州定为倭国的属国，但所据为何，却没有明示。不过在比它更早的五代后周时的明教大师义楚的类书《六帖》卷21《国城州市部》中已经明明白白地认定徐福的滞留之地就是日本：

日本国亦名倭国。在海中。秦时徐福将五百童男、五百童女，止此国也。今人物一如长安。又显德五年（958）岁在戊午，有日本国传瑜伽大教弘顺大师赐紫宽辅又云："本国都城南五百余里有峰山……又东北千余里有山，名富士山，亦名蓬莱。其山峻，三面是海，一朵上耸，顶有火烟……徐福止此，谓蓬莱。至今，子孙皆曰秦氏。"

读到"至今，子孙皆曰秦氏"，我又想起了羽田孜前首相演讲中的一段自白。日本的文献中开始有关徐福的记载，大概始于14世纪时的《神皇正统记》，后来在江户时期的1668年刊行的《异称日本传》中明确提到了夷州等地指的是日本，在日本的纪伊国（今和歌山县）的熊野山下有徐福墓，因此断言熊野乃徐福的登陆地。大约100年之后，曾到熊野去考察过的医师橘南溪在他所著的《西游记》中详细叙述了徐福墓的情形，那儿不仅有徐福的墓碑，还有名为蓬莱山的小山。以后，徐福在日本登陆的故事就广为传开，并且各地都陆续发现了徐福登陆或居住过的遗迹，如富士山、京都府的与谢郡、佐贺市的金立町等等。

徐福一行出海东渡，应是不争的事实。但整个船队有否抵达日本列岛，尚缺乏当时的文献史料和考古发掘的有力佐证。然而何以在日本沿海各地均有徐福一行登陆的传说和后人为志纪念而建造的祠庙、石碑，想来此事绝非空穴来风。比较合理的解释，我想是限于当时的航海条件，徐福的船队不一定自始至终是一个完整的整体，突如其来的狂风暴雨很可能会将船队打得飘零四散，未遭海浪倾覆的船只有可能各自在可遇见的岛屿和陆地纷纷登陆，因他们的首领是徐福，于是各自都称徐福或徐福一行，或干脆自称秦人，因此今天的日本才会有那么多的徐福登陆遗迹和相关传说。不过秦人或秦人后裔也并不限于徐福一行，事实上，当时东渡到日本的秦朝移民来自不同的途径。

弥生时代：外来的稻作与金属文明

　　1884 年，在东京大学校区内的本乡弥生町作调查的考古学者，在挖掘中发现了一种中间鼓胀出来的圆形土器，其形状与迄今为止发现的绳纹土器均不相同。此后，在全国各地都陆续发现了这一类的土器，并且在其周边发现了农耕的迹象。为了区别原先的绳纹土器，人们便根据其最早的出土地，将其命名为"弥生式土器"。考古学家在弥生式的遗迹内发现了炭化稻谷，又发现了石刀、铜铎、铜剑、铜镜等，证明了这一时期的文化与绳纹时期有极大的不同。尔后，人们便将金属和农耕传来并发展的公元前 3 世纪左右至公元 3 世纪前后的时期称为"弥生时代"。

　　弥生时代是日本文明史上第一个重大转折期的开始，也就是在与外界差不多隔绝了 10000 多年之后，原来还处于比较落后状态的日本列岛，开始大规模地接受来自岛外的先进文明，农耕和金属就是两个最典型的标志，以后在外来大陆文明的刺激或引导下，列岛上的文明水准才有了大幅度的提升。甚至可以不夸大地说，弥生时代才是日本文明史的真正启幕。

　　公元前 4—3 世纪前后自东亚大陆传来的农耕文明，对日本列岛的文明进程和文化发展所产生的影响是革命性的。伴随着农耕文明的传来，中国大陆和朝鲜半岛上的移民相继移居至列岛。这些外来的移民，除了前文讲到的徐福东渡的史实与传说之外，还有春秋时的吴越一带，也常有海民为避战乱而出海冒险，恐怕会有一些人幸运地登上列岛，而可能性更大的，是来自朝鲜半岛的移民。公元前 1000 年左右，中原地区的青铜器已经传入半岛，黍子、高粱、粟等开始种植，而后自中国江南一带传来的稻米耕作也在半岛南部的平原地带传开。春秋和战国时期，一部分人为避战乱向东迁徙至半岛，卫满朝鲜的建立就是汉人的势力在半岛扩张的一个实例。后来汉武帝消灭了卫满朝鲜，在半岛的北部设置了乐浪等四郡，大陆文明进一步传来。这一时期，来自大陆的汉人和半岛上的原住民又陆续向南，渡海来到了日本列岛。于是，自公元前4—3 世纪开始，先是在九州的北部，以后陆续扩展到东部，出现了青铜器和铁器的金属文明以及作物种植的农耕文明。

20 世纪 70 年代至 90 年代的考古发掘研究，证实了长江中游地区是世界栽培稻及稻作农业的摇篮，至晚距今 9000 年前定居的稻作农业已经开始。可以认为，历史上应该有多个稻作起源地，印度恒河流域的稻作也可能是独立产生的。尽管如此，长江中下游地区至少是世界上最早的起源地之一，稻作的历史最为悠久。

那么，日本列岛上的稻作文明究竟是从哪里传来的呢？从目前的考古成果来看，日本的农耕文化，开始于九州北部的玄海滩沿岸地区。早期的遗迹，基本上都是在唐津平原到福冈一带的沿海地区发现的，年代大约在公元前四五百年。1978 年，在福冈县板付遗迹中发现了伴有绳纹时代最末期陶器的水田。两年后，又在九州境内的佐贺县发掘出了菜田水田遗迹，在村落附近发现了木制的农具和陶器，在年代上较板付遗迹更早些。这就说明，列岛上农耕文明的出现，要比先前人们所认为的始于弥生时代（开始于公元前 300 年左右）要早些。九州的北部，距朝鲜半岛的南端最近。据近年来韩国的考古成果，公元前 500 年左右，韩国南部的稻作文明已经形成。而这一时期朝鲜半岛正处于"无纹陶器"文化的时代，这与日本弥生陶器的特征基本是一致的，也许，日本无纹陶器的大量使用，与来自朝鲜半岛的文明传播有关。有日本学者认为，朝鲜半岛"无纹陶器文化的开始与日本的弥生时代一样，意味着朝鲜半岛农耕文明的正式开始。这开始的时期，差不多与日本的绳纹时代晚期平行。也就是说，朝鲜半岛的农耕文化形成之后，几乎立即就传到了我国"（鬼头清明等：《体系日本史丛书生活史1》，东京山川出版社，1994年）。

但是，无论是朝鲜半岛还是日本列岛，都没有任何野生稻的迹象，这两个地区的稻作都是自别处传来的。那么，这来源地是印度一带的东南亚呢，还是中国长江中下游地区呢？实际上稻米的种类可以分为两大种类，一类是没有黏性的细长粒的"籼稻"，也就是所谓的"印度型"（indica），主要生长在热带地区，另一类是具有黏性的颗粒比较短壮的"粳稻"，被称为"日本型"（japonica），生长在比较耐凉的温带地区。也就是说，地处热带或亚热带、海拔比较低的地区，大都栽种籼稻，而温带地区大多栽种粳稻，今日云南境内的籼粳稻分布是垂直的，海拔1500米以下种植籼稻，海拔1700—2000米以上种粳稻，中间地带则粳籼稻交杂。长江中下游地区，大都处于北纬29—30度之间，粳籼稻两种都有栽种，越往北，粳稻的比重就越大，北纬30度以上，基本上都是粳稻了。而朝鲜半岛南部和日本的水稻，基本上都是粳稻。通过对考古成果的分析和对历史文献的研读以及比较合理的推断，朝鲜半岛上的稻作文明是从长江流域传过去的这一点大概是可以确定的，传播的途径大致有两条：一是经现在的江苏、山东，自山东半岛越海传入朝鲜半岛的南部；另一是经华北至东北从陆路传入半岛北部，再辗转扩展到南部。这两条路线都是有可能的。而且稻作的传播在很大程度上是伴随着金属文明（青铜器和铁器）一起传入的，这也被考古成果证实。

这样看来，日本的稻作文明有一支应该是从朝鲜半岛南部传来的。但传播的路线应该没那么单一。自山东半岛或辽东半岛越海传入朝鲜时，也很有可能向东直接传入日本。

此外，还有一个应该引起高度重视的地区，那就是稻作起源地之一的长江下游地区，即江南地区，也很可能是日本稻作文明的传播地之一。有中国学者曾非常有说服力地阐述了日本的稻米耕作来自浙江东部尤其是舟山群岛的可能性。其主要理由，一是当时浙东一带稻米种植已经相当普遍，而且其品种与日本广泛种植的粳稻型是基本一致的;二是越民特别是舟山群岛的居民已有相当的航海技术,经常在诸岛屿之间来往,顺着季风和海流,应该可以抵达日本列岛。有一位中国学者在经过比较研究后,非常坚定地认为,水稻传播的始发站在江南,横渡东海直达日本的是一条主线,同时在北上和南下的过程中,形成多条粗细不等的支线,经由朝鲜半岛或琉球诸岛等抵达九州。总之,日本是江南水稻向东传播的终点。

现在的日本学者,比较认同从朝鲜半岛的南部和中国的东部沿海传入的可能性。日本考古学权威之一的寺泽薰在最近所著的《王权诞生》中指出:"探究日本水稻种植的来源,可以一直追溯到长江中下游流域,这一点看来不会有错。"(《王权诞生》,东京讲谈社,2001年)

稻作在日本列岛的传播路线大致是以九州北部为中心,逐渐向南和向东扩展,到了公元3世纪左右,已经传到了四国和本州的大部分地区,最后沿着日本海沿岸直接传到了本州的最北端。从此,稻米就成了列岛居民的主食,日本也开始了真正的农耕文明。

巨大的古坟：日本在 2600 多年前就有天皇了么？

在奈良或者奈良西南部的大阪一带，至今还留存着好几处巨大的古坟或古坟的旧迹。奈良以前被称作"畿内"，现在的大阪一带，被称作"近畿地方"。"畿"这个词，来自中国的古籍，意思就是王城及方圆五百里的地方，那么近畿也就是靠近王城的地方。这些古坟面积很大，有上千或几千平方米，大都呈现出前方后圆或上圆下方的形态，并往往会形成多个古坟集聚在一起的古坟群，根据部分的考古研究，这些巨大的古坟大约是在公元 3—7 世纪修建的，关于这些古坟，几乎没有相关的文字文献留下来。于是后来管理皇室事务的宫内省就说，这些都是历代天皇的坟墓，不可随意挖掘。日本历史的分期上，就把弥生时代之后的这几百年，称为"古坟时代"。留存到今天的日本历史上第一部著作《古事记》（712）以及过了几年问世的《日本书纪》（720）上说，在公元前 660 年，也就是中国的春秋时代，诞生了第一代天皇神武天皇。

那么，这些真的是天皇的坟墓吗？日本到底是什么时候开始有天皇了呢？根据今天学者们的研究，大致得出的结论是：到了 7 世纪末，日本才第一次出现了"天皇"的称谓，"日本"这个国名，也是在这一时期诞生的。也就是说，到了 7 世纪末，世界上才真正有了名叫日本的国家，日本人的国君叫天皇。以前的列岛，只有"倭国"的国王，或者大和朝廷。

那么，《日本书纪》等怎么会说是距今 2600 多年前就有了天皇呢？而且一代接着一代，万世一系，这到底是怎么回事呢？

前面讲到，差不多在公元前 300 年前后，也就是在中国的战国末期和秦帝国的时代，东亚大陆的稻作文明刚刚传入列岛，如果真有神武天皇的话，那个时候农耕还没有开始，当然也不可能形成有规模的大型村落，更没有像样的部落，应该也不会有部落国家（更不会有王权国家）。这样的历史杜撰，是那个时代日本人的自娱自乐。日本留存到今天的最早的史书，就是刚才提到的《古事记》和《日本书纪》。公元 720 年的时候记录公元前 660 年时的事情，时间相隔差不多 1400 年，如果没有确凿的文献记录和考古成果（那个时候自然还没有考古学），那也只能凭借口口相传和神话传说了。

中国的文献，倒是比较注意对周边国家的记录，特别是汉代以后，大一统的王朝确立，定期会有些周边小国来朝贡，于是就有了关于国际交流的记录。《后汉书·东夷列传第七十五》中有一段中国对列岛的比较可靠且非常明确的记载："建武中元二年（57），倭奴国奉贡朝贺，使人自称大夫，倭国之极南界也。光武（刘秀）赐以印绶。"之所以说这一段文献比较可靠，是因为 1784 年在今天的福冈县志贺岛上挖掘出了这颗金印，金印上的文字是"汉委（倭）奴国王印"。所谓"倭国"的名称，也是从这里来的。不过，据今天历史学家的研究，那时的列岛上，还没有出现一个统一的政权，在列岛上同时有大大小小不少个部落政权，来向光武帝刘秀朝贡的，应该是其中一个比较有实力的部落政权。另据《三国志·魏志·倭人传》的记载，3 世纪的时候，在列岛上出现的几个小国中，有一个名叫邪马台的国家算是个大国，由一位叫卑弥呼的女王统治，魏景初三年（239），卑弥呼派了名曰难升米的大夫作为使者来到此前由汉设置在半岛上的带方郡，表示想要向魏国的魏明帝进行奉献，于是带方郡的太守刘夏便将难升米送到了魏国当时的都城洛阳。当年 12 月，魏明帝下诏，册封卑弥呼为"亲魏倭王"，并授予金印紫绶，还封了难升米为率善中郎将，此外还赐予卑弥呼 100 枚铜镜。翌年即公元 240 年，带方郡太守派了建中校尉梯俊，将魏明帝的诏书和印绶带到了倭国。后来标有"景初三年"等字样的铜镜分别在大阪和京都被挖掘出来，证明这段历史是真实的。中国南北朝时期的南朝刘宋时代，与列岛的交往也比较密切，《宋书·夷蛮传》上记录了倭五王遣使朝贡的历史，分别赐予他们"安东将军倭国王"等封号。这说明卑弥呼以后，日本出现了比较强大的国家，现在一般认为是大和政权或者说大和朝廷的早期形态。总之，在5世纪的时候，列岛上确实形成了一个相对强大的国家。

　　不过，不知为何，或许是中国国内局势动荡，公元502年起，列岛与中国大陆之间的官方交往中断了100余年，对于这一时期的列岛，几乎也没有任何记载。倒是日本本国的史书，特别是《日本书纪》，开始对这一段历史有了相对比较详实的记载。通过这些文献记载和考古发现，我们大致可以了解到，这一时期在今天的奈良一带，有一个叫"大和"的王朝逐渐取得了对列岛大部分地区（当然不包含今天的北海道和冲绳）的统治权，其统治集团，一般认为就是后来的天皇家族（请注意，那时还没有出现"天皇"这一名称）。6世纪末，列岛上诞生了一个叫圣德太子（574—622）的人，日本史书上称他为"厩户皇子"，不过我要说，那时还没有"天皇"称号，只能称"王子"而不是"皇子"，后来他的叔母推古女王（日本史书称女皇）掌握了政权，推举他为太子，由他来摄政。据说他学问很好，通晓儒学和佛学，在上层推行宪法十七条和冠位十二阶，核心就是儒家"德、仁、礼、信、义、智"的思想。据《日本书纪》的记载，公元607年，圣德太子派遣了一个以名叫小野妹子的人担任正使的使者团来到长安，带来了一份致隋炀帝的国书，国书上说："日出处天子致书日没处天子。"他没有说自己的国名叫什么（日出处），也没有说国君的头衔是皇帝还是国王（天子）。不过从中也可看出，他已经不接受这边以前赐封给他们的倭国国王或安东大将军这类的称呼。隋炀帝虽然不开心，但还是在第二年吩咐一个叫裴世清的官员随小野妹子一起到列岛上去。列岛后来又两次派使者过来，这就是历史上所谓的遣隋使。2007年，日本方面为了纪念遣隋使活动1400周年，由大阪府出面组织21世纪的遣隋使和还礼使活动，邀请了西安和上海两地的青年人及媒体记者去日本访问，还原了当时的场景，我作为访日团的顾问也一起参加，还穿上了当年的唐装，在奈良的河面上放流纸船和孔明灯。在大阪市的南部，至今还保留了圣德太子和小野妹子的坟墓。

645 年，日本发生了大化改新，也是一次宫廷政变，从此，一个模仿唐的文化、采用唐的法律政治的大和朝廷彻底确立了。673 年，一个后来被称为天武天皇的人即位掌权。严肃的日本历史学家认为，正式的天皇称号，从这个人开始。理由是，在这之前所有文字的记录（包括铜器的铭文、刻写的文字、木简等）中，都从来没有出现过"天皇"这两个字，一般都是"王"，目前所能看到的"天皇"两个字的第一次正式登场，是在 689 年实施的《飞鸟净御原令》中，而且，最初的天皇指的就是天武天皇。严格来说，天武天皇及以后的日本国君，才可以称为天皇。

也是在这个时候，正式出现了"日本"的国名。大家知道，如果没有对外交往，国名本身没有太大的意义，它是针对他者才需要使用的。之所以要使用"日本"这一国名，也有各种说法。根据《古事记》的记述，天皇家族的皇祖神是日照大神，也就是太阳神，太阳神的子孙所在的地方，就是日边，因而称为日本。同样，天皇的称谓，也是跟太阳有关系。在中国的道教体系中，与玉皇大帝等相对应的，也有一个天皇大帝，但似乎与太阳没有关系，主要是一个象征北极星的天神。日本的"天皇"这一称谓，很有可能受"天皇大帝"这一名称的影响，但它的内涵，却表示他是一个降临在人世的天神，或者说是一个人格神，与列岛早期的创世神话结合。据文献记载，列岛第一次对外正式使用日本国号，是在 702 年派遣使者到长安时，向当时主掌朝政的武则天禀报。《旧唐书·列传第一百四十九·东夷》这么记载："日本国者，倭国之别种也。以其国在日边，故以日本为名。或曰：倭国自恶其名不雅，改为日本。或云：日本旧小国，并倭国之地。其人入朝者，多自矜大，不以实对，故中国疑焉。"从《新唐书》开始，就专门设置了一个《日本传》，以后中国官方的史书上就改称列岛为日本。不过有意思的是，开始时日本一直没有向中国说清楚他们的国君叫天皇，因为在当时以朝贡体制为主体的东亚国际秩序中，只有中原王朝的君主可以称皇帝，其他只能称王或国王，如果日本公然宣称自己的君主叫天皇，显然是在挑战中国皇帝的权威，因此它对外还是不敢公开用天皇，以后在写给朝鲜和蒙古的官方文书中，落款还只是日本国王。可以说，在近代之前，天皇的称谓，主要局限在列岛的范围内。

神道的缘起：日本本土的泛灵多神信仰

一踏入日本的国土，我们就会看到大大小小形态不一、名称各异的神社：平安神宫、明治神宫、伊势神宫、春日大社、天满宫、八幡神社、八坂神社等等。建筑样式也是多姿多彩，比如伊势神宫，是一种中国人很陌生的样式，原色的木结构，屋顶两端各有一个称为"千木"的大叉形状的装饰，但更多的神社，则是我们比较熟悉的类似佛教寺院或道教宫观的样式。大一点的神社，每年都有规模不小的祭祀活动，而每到新年（以前是阴历，现在是阳历）的元旦，几乎家家户户都会去神社参拜。那么，神道到底是什么呢？它是日本人的本土宗教吗？日本人都信神道吗？这样说来，日本人应该是一个宗教性的民族吧？

这问题还真有点复杂。实际上，世界上的很多事情，特别是年代久远的，往往包含了复杂的历史演变进程，还真不容易简单下定论。我这里只能大概地说：神道的最初形态是一种原始的宗教，后来融入了各种各样的元素，又跟日本人的许多日常的生活习俗结合在一起。在今天，神道与其说是一种纯粹的宗教，倒不如说是日本人的一种民族身份认同、文化认同。

在中国，人们常常会用一个词"神道教"，我要说，日语里没有"神道教"这个词，神道并不是一种纯粹的宗教，它没有一个统一的神祇，没有一个人们崇拜的偶像或者一个固定的具象的物体。神道是一种人们对于世界的泛灵论、泛神论的认识，即这个世界上可以有无数的神灵存在，神灵可以以各种各样的形态出现，也可以没有形态。根据我的理解，世界上的宗教，大致可以分为两种形态，一种是自然宗教，也就是说它是在某一民族或族群中渐渐地、自然地形成的，没有一个明确的创始人，没有有体系的经典，没有严密的团体组织，这样的自然宗教，主要是祖先崇拜和神灵崇拜。这种自然宗教，在人类所有的早期族群文明中，几乎都会有。另一种是创制宗教，就是这种宗教大抵是由某一个人或是某些人创造出来的，有专门的经典和比较有系统的对于世界的解释，日后也会形成比较严密的宗教组织，比如大家所熟悉的佛教、基督教、伊斯兰教等。从类型上来说，早期的神道属于自然宗教的一种，人们对于风雨雷电等一些突变性的自然现象往往怀着恐惧，对于高大的树木、巨大的石块和巍峨的高山往往怀着敬畏，而在一个族群成长的历史中，往往会有一些创世的神话被人们想象出来，于是这些神话中的英雄人物就会受到人们的崇敬，大自然的山石巨木就会受到人们的膜拜。早期的神道也是这样。当然，"神道"这个词是后来创造出来的。神道在最初的时候并没有庙宇一样的建筑，人们只是对着村口前的一棵大树或是河边的一块大石进行膜拜，后来就把大树砍下来，做成一根自然形状的木头，简单地围起来，就成了人们祭祀膜拜的对象。一直到6世纪中叶佛教传进来以后，佛教的寺院建筑给予日本人很大的启发，于是就在日本民族早期的建筑样式上造起了神社，样子有一点点像傣族的傣楼，今天的伊势神宫或者出云大社，还留有一些日本早期建筑的模样。后来佛教兴盛起来以后，神社就和佛寺建在了一起，神社的外观向佛寺靠拢。镰仓时代以后，有些日本人觉得佛教、道教都有经典，而神道没有，于是就炮制出了一些理论，编了一些书，又根据这些理论分成了两部神道、伊势神道、吉川神道等若干个宗派，但一般民众也搞不清楚。如今，神道如果离开神社，大概也就不存在了，所以，神社以及围绕着神社展开的一系列祭祀活动，就是神道的具体体现。

　　早期的神道是一种泛灵泛神论，它祭拜的对象真是五花八门。就神社的地位而言，当然是祭祀天皇家族的祖先也就是皇祖神的神宫最高了。比如位于三重县的伊势神宫，规模并不宏大，外观也不起眼，但祭祀的是皇祖神天照大神，差不多也就成了日本人心目中的圣地。其他比如名古屋的热田神宫，祭祀的也是跟皇祖神相关的神灵。还有后来建造的平安神宫、明治神宫，都是用来祭祀相关的天皇，虽然规模很宏大，不过因为历史并不悠久，好像地位也不算太崇高。除了跟天皇和朝廷相关的以外，其他的祭祀对象真的是形形色色、五花八门。比如天满宫，祭祀的是平安时代中期的一个文官菅原道真，汉学造诣很深，编写过不少史书诗文，被认为是一个大学问家，后世就把他当作天神供奉起来。如今日本学生在考试前，尤其是高考前都要到天满宫里去拜一拜，祈求能考个好成绩，进入自己中意的大学。又比如丰国神社，就在大阪城旁边，祭祀的是得暴病去世的丰臣秀吉，丰臣秀吉是一个很有名的将军，我们以后再讲。类似的还有日光的东照宫，祭祀的是江户幕府的开创者德川家康，是他的孙子建造的，建筑样式繁复华丽，色彩金碧辉煌，德川的陵墓也在那里。有一次我到山口县一个叫萩的小城市去旅行，山口县以前是长州藩，明治时期的首相伊藤博文就出生在那里。我在那里见到了曾做过伊藤博文老师的吉田松阴的神社，祭祀吉田松阴这个江户末年的重要人物，也不清楚是什么日子，神社门口居然还插着两面日本国旗。我举这些例子，为的是说明很多神社祭祀的是历史上实有的人物，这就有点类似中国的关帝庙、孔庙、武侯祠这样的存在，只是一种民间信仰，与宗教没有什么关系。我还看到过一些神社，让人有些忍俊不禁，比如在京都下鸭神社里，还有一个叫河合神社的，门口挂一块木牌，上面用汉字写着："女性守护日本第一美丽神"，意思是，女性如果想要平安、健康、美丽，特别是想要美丽，可以到里面去拜一拜。还有一座叫东京大神宫的，它的功效就是男女结缘，希望得到男朋友、女朋友的，可以到里面去祈求。更有一座今户神社，祭祀的竟然是招财猫！大部分的神社，为了招徕祭拜者，也为了赚一点钱，都在出售一种叫"绘马"的小木板，人们可以在上面写上自己的心愿，挂在神社指定的地方，有神灵保佑，你的愿望就会实现。说到这里，再想一下，神道到底是什么？神社里祭拜的到底是什么？真的不是一两句话可以说清楚。从最严肃的皇祖神的祭拜，到招财猫的登场，真的可以说是五花八门。虽然祭拜的对象形形色色，所有的这一切却都跟日本、日本历史、日本传统、日本人的日常信仰相关，因此，它就成了日本人对自己民族的一种文化认同。媒体上曾报道过一项调查结果：即便你拥有了日本的国籍，即便你日本话说得还不错，但若你对神道不了解，你对由神道衍生的种种文化一无所知或知之甚少，日本人依然不认同你是一个日本人。

这里再对神社作一点解说。神社虽然五花八门，信奉的神灵也各不相同，但它是有非常明确的地位。历史上曾对神社列出了一个"官币社"的格，在明治时代又重新加以分封。所谓官币社，就是由皇室提供资金支持的，官币社里又分为大社、中社、小社和别格神社。当然，官币大社就是最高的。除了官币社，还有一个叫国币社，是由政府出资支持的，同样有大、中、小之分。更多的神社则没有资格被列在里面。神社的规模，大的如东京的明治神宫，那就是一个巨大的公园，而很小的，则是在某幢建筑物下面设置一个简单的祭坛而已。不过，无论是大还是小，无论是哪一种建筑风格，门口必有一个称为"鸟居"的、略呈"井"字形的牌坊式大门，这鸟居究竟起源于何时，来自哪里，日本人到今天还没有搞清楚，但这已经成了神社最重要的象征。神社是没有偶像崇拜的，无论是祭拜丰臣秀吉的还是德川家康的，拜殿里都没有他们任何的画像或塑像，人们只是在拜殿外面合掌朝拜，拜之前，可以向门口一个称为"赛钱箱"的长方形木箱里撒几枚硬币，没有烧香，没有烛台和香炉。此外，任何神社在任何时候祭拜，都不必买门票。

前几年，日本的都道府县有过一个调查统计，根据各神社的申报，日本共有神道信仰者1亿1560万人，差不多接近日本全国的总人口数。然后在被问到你有没有宗教心的时候，70%的人回答说，没有宗教心。调查解释说，这里的没有宗教心，指的是我不是特定宗派的信徒。这是一项非常有意思的调查结果，几乎所有的日本人都觉得自己与神道密不可分，但有70%的人并不认为自己信仰某种特定的宗教。

　　话题还是回到一开始所说的，根据我对日本文明的理解，神道对于一般的日本人来说，主要是一种民族身份的认同、文化的认同，而不具有其他民族所信奉的宗教那样的地位。因此，大致可以作出一个结论，即日本民族从根本上来说，不是一个宗教性的民族。

解读日本：古往今来的文明流脉

第一轮大飞跃：
接纳东亚大陆文明

汉字与儒家伦理：日本文明的奠基石之一

　　我小时候脑子里一直朦朦胧胧地有一个疑问：外国人的姓名，都是根据其外文发音翻译过来的，比如托尔斯泰、莎士比亚、麦克阿瑟、尼克松等等，这没有问题，但是日本人的名字看上去不像外国人，比如田中角荣、大平正芳等等，除了是四个字以外，怎么不像是外国人名字呢？他们的名字是怎么翻译过来的呢？后来渐渐长大，才知道根本没有经过翻译，他们的名字原来就是这么写的。可作为外国人的日本人，他们的名字怎么会是汉字呢？后来进大学学习日文，才知道原来日文差不多有一半是汉字组成的，年代越久，日文里的汉字词语就越多。再后来读了一些书，慢慢了解到，原来列岛的居民，最初虽然有自己的语言，但一直没有文字，后来有来自中国大陆和朝鲜半岛的居民，跨过大海来到列岛，带来了汉字和汉文，以及用汉字汉文撰写的中国典籍，列岛上的人就接受了这些先进文明，学习汉文的阅读和写作，这使得日本人第一次有了自己书写的文字，留存至今的日本最早的文献，分别完成于712年和720年的《古事记》和《日本书纪》，就全都是用汉字汉文书写的。在以后大概五六百年的时间里，日本人说的是日本话，写的却是汉字汉文。

　　那么，汉字汉文以及中国的典籍是什么时候、以怎样的方式传到列岛上去的呢？

　　前文讲到，大约在公元前三四百年前，从中国大陆或通过朝鲜半岛传来了稻作文明和金属文明，金属文明主要是青铜器和铁器。青铜器在中国古代，主要是用作礼器，也就是祭祀用的器具，在一些大型的礼器比如钟鼎上会镌刻一些文字。由于运输上的问题，大型的礼器极少被带到列岛上，倒是后来的考古发掘，发现了一些较小的金属物品如铜镜等，有些或许刻有一些装饰性的文字，但并没有引起日本人的充分注意。公元57年，东汉光武帝刘秀赐给他们的一颗金印，当然是用汉字镌刻的，也不知他们能否看懂。《日本书纪》上记载，应神天皇十六年（按原先的推算法为285年，但现在一般认为应该在405年左右，前文也讲过了，那个年代还没有天皇的称谓，应该是大和政权的一个王吧），有一个叫王仁的五经博士，应日本王室之邀，从当时位于朝鲜半岛的百济来到日本，从姓氏上来看，王仁很有可能来自中国或是汉人的后裔。那一次，王仁带来了《论语》10部和《千字文》1部。《千字文》是由5世纪下半叶至6世纪前期的梁朝人周兴嗣奉梁武帝之命编写的，如果王仁确有《千字文》携来，那么实际的年代恐怕要更晚些。总之，在5世纪时，已经有中国典籍传到了日本，而且当时的王太子还拜王仁为师，学习中国典籍。在中国的正史《宋书·倭国传》中转录了478年日本倭王武给南朝宋顺帝的上表文，我读过，是用比较漂亮的汉字骈文体写成的，表文中有"王道融泰""以劝忠节"等字句，显然已有儒家的影响。不过，一般认为这篇文章出自移居到日本的汉人的手笔，土著的日本人似乎还不具有这样的作文能力。

不过当时传过去的汉字汉文的典籍似乎没有立即对日本社会产生很大的影响，原因主要是当时日本社会和中国社会在文明发展阶段上还存在着相当大的差异。中国社会较早地进入了农耕时代，较早地创制出了青铜器和铁器，并且在3000多年前就发明了文字，建立起了比较成熟的大一统的王朝国家，也形成了相应的比较成熟的文明形态。而日本的文明发展进程，差不多要比中国晚了2000余年，公元4世纪前后，中国已经处于文化相当繁荣和成熟的南北朝时期，而日本才摆脱带有浓重巫女色彩和母系社会痕迹的卑弥呼女王的统治不久，王仁等将《论语》等典籍带到日本之后，只是在宫廷和上层贵族间进行有限的流传，他们恐怕还不能加以充分理解，而只能在费力地习记汉字之后，再去努力理解对他们来说还相当陌生的思想。因此，在汉籍传入的将近200年中，尽管王室后来又曾多次从百济招来讲读汉籍的博士，但各种文献和考古发现似乎都无法表明这一时期儒家思想已为日本社会所普遍接受，或者说在日本获得了广泛的共鸣。一直到6世纪末、7世纪初出现了一个名叫圣德太子的人以后，这一情形才发生了明显的转变。

圣德太子是用明天皇的儿子（其实当时天皇的名称还没有诞生），后被登基的推古女王立为太子，日本史书上称他聪颖慧明、博闻强记，少时就跟从高丽僧人和百济博士学习佛教和儒学，当时朝鲜半岛的文化可以说与中国大陆文化是一脉相承的，因此，圣德太子从小接受的教育，大部分都是来自中国的文化，他的汉学修养很好，不仅能熟练地阅读中国的汉字汉文典籍，自己也能用汉文书写。在他后来执政的时期，又非常自觉而积极地汲取和推行了以隋唐为代表的中国政治制度和文化思想，可以说在日本第一次掀起了学习中国文化的高潮。从圣德太子后来推行的一系列措施中，我们可以非常清晰地看到儒家思想对于圣德太子本人以及日本政治文化的影响。他要建立以王权为核心的中央集权体制，在政治上首先要废除氏姓世袭制，建立依能力而定的官吏位阶制。于是他在603年12月制定了《冠位十二阶》，这十二阶的冠位，就是按照儒家的德目命名的，其顺序是德、仁、礼、信、义、智，每个德目又分为大、小两阶（如大德、小德等）。而德以下的仁、礼、信、义、智，西汉时将儒学奉为独尊之术的董仲舒在《举贤良对策》中将其定为"五常之道"，认为是"王者所当修饬也"。由此可见，这时影响圣德太子的，除了孔孟等原始儒学外，还有西汉以来经历代中国统治者和相关的儒学家改造过的适应中央集权统治的后期儒学思想。圣德太子在604年4月公布的《十七条宪法》，也表现了相当浓厚的儒家伦理思想。"宪法"一词，似乎未见于在此之前的中国古籍，也许是圣德太子的独创。当然，这里的宪法不同于今天的宪法，它不是国家大法，而是对官吏的道德训诫。因为都是用古汉语写成的，这里不妨引录数条，来看看它的具体内容。第一条就是"以和为贵、上和下睦"，其他还有诸如"以礼为本""惩恶劝善""信是义本""背私向公"和"使民以时"等等。这些表述不仅明显地反映出儒家思想的影响，而且在遣词造句上有不少也直接取自中国的典籍，据学者的统计，这十七条中有十三条二十一款的文字，取自《尚书》《左传》《论语》《诗经》和《孝经》乃至《昭明文选》等文献典籍。

公元 630 年，日本开始向中国派遣遣唐使，仿效学习唐朝的政治和文化。天武天皇即位不久，在 675 年开设了培养官僚的"大学寮"。大学寮是模仿唐朝的国家教育机构国子监而建立起来的，一开始设儒学科的明经道和数学科的算道，后又加设教授诗文史籍的文章道和学习法律的明法道。以讲授儒学的明经道学生最多，定员 400 人，约占整个学生人数的 80%，整个学校的人数要比国子监少得多，但专习儒学的学生比例却比国子监高很多，由此可见日本朝廷对于儒学的重视。唐朝的科举考试和国子监原则上都是对平民开放的，但当时日本社会的门阀贵族气更为森严，只有相当阶位以上的贵族子弟和高官的子孙，才可进入大学寮学习。明经道采用的教科书都是儒家的经典，称之为"九经"，即五经之外还有《仪礼》《孝经》和《论语》《孟子》，其中后两者是必修的经典。学生经考试合格后准予毕业，被称为"举人"，再在中央的式部省接受任官考试，合格者依成绩高低被授予不同的官职。除了国家级的教育机构大学寮之外，在地方上，每一国（国为日本古代至江户时代的行政区划单位）设一所国学，学生数按国的大小而定，从 50 人至 20 人不等，学习内容与大学寮明经道相同，也都是儒家经典。生源一般为地方官吏子弟，目的是培养地方官吏，当然毕业生也可再升入大学寮深造。

与中国的国子监自隋一直延续至清，绵延不绝持续了 1000 多年的悠久历史相比，日本大学寮和国学的寿命应该说是比较短的，大概到了平安时代中期以后，就慢慢衰弱了。日本虽然接受了汉字汉文和儒家文化，却一直没有采用中国的科举制度。这一时期儒家思想的影响，主要在中上层的官吏阶级，似乎还没有深入一般的民众社会。但不管怎么说，汉字汉文以及儒家思想的传入，却是为后来日本文明的发展奠定了坚实的基石，汉字成了日文最主要的元素，一直到 19 世纪 90 年代左右，汉文教育都是日本中层社会以上的人士必备的基本素养。

佛教的传入对日本意味着什么？

　　如果到留存至今的日本最早的古都奈良去走一走，会发现那里的佛教寺院要远远多于神社。著名的，在西边有法隆寺、药师寺、唐招提寺，东边有兴福寺、东大寺等等。这些寺院差不多都是初建于9世纪中叶之前，也就是中国的盛唐时期，有些塔或堂还是当年的建筑，有些虽经后世的修建或重建，大致还保留了当年的风貌，且基本都是木结构。在日本的大部分地区，你时时都会邂逅佛光塔影，处处可以听到晨钟暮鼓，佛教在今天的日本，依然占据着十分重要的地位。处于亚洲大陆最东端的日本，不用说，佛教是从西面传来的，历经1500年，已经深深渗透在日本人的精神生活和日常生活中，成为日本文化不可或缺的重要元素。

　　如果说汉字汉文的传入使日本人开始有了书写的文字，出现了记录本民族活动的历史文献，儒学的传入使日本人树立了人伦道德和治国理政的观念，那么，佛教的传入，则使日本人第一次有了膜拜的偶像，有了置放佛像的建筑——寺院，并通过佛像、寺院的建筑、佛教故事的绘画、用金属制作的佛具，使日本人进入了一个具有高度技术、高度艺术的世界，可以说，日本人的美术史，是佛教传入之后才翻开了真正的一页。之前的日本列岛，除了很粗拙的偶人外，既没有像样的雕塑，也没有真正的绘画，甚至连像样的建筑也没有。佛教的传入，极大地提升了日本文明的水平，丰富了它的内涵。有一个很有名的日本历史学家叫家永三郎，他在岩波书店出版的一套《日本历史》古代部分的第二卷中，说了一句非常中肯的话：佛教是日本人吸收大陆文明的培养基，佛教对于日本而言，不仅仅是一种宗教，而且是一种综合的文化和艺术。

那么，佛教是在什么时候、以怎样的方式传到日本的呢？

佛教是在 6 世纪时，从中国大陆经朝鲜半岛传到日本的。大家知道，佛教并不起源于中国，大约在东汉初年由印度、尼泊尔一带传到中土，后来与魏晋时期兴起的玄学相交杂，逐渐与中国的本土文化融为一体，形成了以大乘思想为主的汉译经典体系，以后又向东传到了朝鲜半岛。日本的佛教，直接传自朝鲜半岛的百济，时间在 6 世纪的前半期，有公传和私传两种情形。先说私传，也就是民间的传入。据文献记载，622 年前后，有一个叫司马达等的汉人，从百济来到了现在的关西地区。他是一个技术很高的做马具的工匠，在百济时已经信奉佛教，带了一个小佛像来到日本。他搭建了一个比较简陋的草堂，安置了佛像，虔诚地礼拜。他虽然没有到处去传播佛教，不过这可以看作佛教最早传到日本的证据。大概在稍后的 538 年（也有认为是 552 年），朝鲜半岛上的百济王派人献给大和国君主（《日本书纪》上写作钦明天皇）释迦牟尼金铜佛像一座、幡盖若干以及经书若干卷，这就是通过官方的途径传入了，历史上称为公传。而百济或者说朝鲜半岛上的佛教则是 6 世纪初的时候，当政的百济国王圣明王从梁武帝时代的中国南朝学来的。那时百济与大和朝廷的交往也比较密切，于是圣明王就派人将佛教的经书等传到了列岛。

佛教传入日本，作为一种全新的外来宗教，在主持国政的权力核心阶层激起了轩然大波，形成了支持和反对的截然相对的两派。主管对外交往和移民部落的大伴氏和苏我氏等对大陆文化有较多的接触，相对比较开明，主张迎入具有无边法力的佛教，而主管祭祀的中臣氏等则表示反对，认为列岛原本已有自己祭拜的天地神灵，引入外来的神佛，会触怒本来已有的神灵。日本的国王一时也拿不定主意，犹豫之后，决定让苏我氏一派礼拜一下试试看。于是苏我氏先是将佛像迎入家中，又按照汉人的做法建立向原寺，把佛像供奉在寺内礼拜修行。不料这年恰逢国内瘟疫流行，很多人因染病而死亡。于是原本反对的一派便趁机攻击说，外来神触怒了本土的神祇，现在神灵来报复了，赶紧毁弃佛像，以免招致更大的灾祸。于是国王下令焚毁佛寺，将佛像投入江中。佛教在日本的传播一开始遭到了失败。

后来崇佛的苏我氏一派主掌了实权，击败了排佛的另一派，佛教重新得到倡导。不过正式确立佛教官方地位的是圣德太子。圣德太子自幼学习儒佛两教的经典，在接受儒家思想并将此贯穿在政治实践中的同时，他还笃信佛教，精研各种佛学经典，并在朝廷中为群臣讲释佛经，很有名的一件事是他后来还对《维摩经》和《法华经》等加以注疏，用汉文撰写了传存至今的《三经义疏》，最后一部的完成时间在615年，比日本最早的史书《古事记》等还早100年左右，是日本人撰写的最早的汉文典籍之一。当然，对这部书的真伪现在还有不同的看法，但佛教在圣德太子的时代正式得到确立，这应该是事实。圣德太子不仅讲经著书，还创建了四天王寺、法隆寺等7座寺院。据《日本书纪》的记载，至公元624年，日本有寺院46座，僧人816人，尼姑569人，共1385人，虽然与当时中国"南朝四百八十寺，多少楼台烟雨中"的规模不能相比，但至少已经相当成气候了。

佛教在早期对日本的影响，不是那些深奥的教义教理，因为那时的日本人还不大能理解。产生重大影响的，是佛寺的建造和佛像的塑造这些物质性的、技术性的东西，具体来说，就是佛寺建筑、佛像、佛画、佛具等等。要指出的是，在佛教传来之前，日本还没有宏大的建筑和真正的美术作品，除了铜铎之外，也很少有工艺复杂的金属制品。

现在留存在奈良的法隆寺，就是佛教东传的瑰丽结晶。初建于607年，那时还是隋朝，670年被大火烧毁，现在的建筑是在烧毁之后8世纪初，陆续重新建造起来的，说起来也有1300多年的历史，其中的五重塔、金堂等主体建筑，被认为是世界上年代最久远的木结构建筑，基本上是中国六朝时期的建筑风格。7世纪初的日本人，应该还不具备建造如此宏大建筑的经验和技术，营造师和工匠、佛像的塑造者和佛具的制作者，大都来自百济，而其中尤以汉人占据多数。

　　在佛教传入之前或传入初期，日本的神道还处于原始神道的阶段。早期日本人对神灵的祭祀活动相对也比较简单，并没有专设的庙宇，最初只是在被认为是神灵有可能栖息的山岭下临时设立祭台膜拜祭祀，后来逐渐过渡到在山脚下的某个地方划定一个区域，树立起一根巨大的木柱子，四周用简易的栅栏围起来，人们就对着这根木柱子叩头膜拜。8世纪时，像法隆寺、药师寺这样宏伟的佛教寺院的出现，对日本的神道产生了极大的刺激和启发。被认为建造于8世纪中后期的伊势神宫，或稍后的出云大社，从建筑的样式来看，与佛教的寺院还是有较大的差异，它大致体现了列岛居民早期的建筑模样，正殿为人字形屋顶的建筑，茅草修葺，不施任何油漆和色彩的梁柱以及木质的板壁，建筑内的地板距地面有一人多高的空间，可沿木制的台阶拾级而上。屋顶比较有特色，顶部的两边各有形似风车叶片的木制装饰物翘起，日语中称之为"千木"，沿屋顶脊檩依次排放10根坚鱼木。这种建筑样式大概是延续了古坟时代的风格，在后期的日本建筑中已很少见到。但是随着佛教寺院的大量出现，日本的神社建筑也明显受到了寺院样式的熏染，甚至可以不夸大地说，平安后期的神社建筑已经在有意地模仿寺院的样式，设置了门楼和回廊等，并突出了外观上的装饰性，看上去宛如中国式的庙宇，已洗去了早期的素朴，呈现出与伊势神宫迥然不同的风格。8世纪后期出现的"八幡造"样式就是其代表之一。现在日本绝大部分的神社都是八幡造的样式。

　　在原始神道阶段，不仅没有偶像，连严谨的教义和理论化的经典也完全没有，儒教、道教，尤其是佛教传入后，这些外来文化的先进性无疑大大促进了神道的发展，后来神道也慢慢有了一些理论色彩，这都是在佛教经典的刺激下形成的，佛教、道教和部分儒教的思想渐渐渗入神道中。没有佛教等外来文化的传入，我们很难想象今天的神道会是怎样一种面目。从这一意义上来说，佛教的传入，对于日后日本文明的发展，差不多具有革命性的促进作用。

遣唐使角色的奇妙转换

在具体展开这个话题之前，我想先说一下一般人不清楚或有些误解的两个事实。

第一，大家都很熟悉的"遣唐使"这个词语，其实是一个日文词语，不是中国原有的说法。说起遣唐使，大家一定不陌生，在中日两国的历史文献中，都可以找到相关的记录，但是遍寻各种《旧唐书》《新唐书》等中国官方的文献，就是找不到"遣唐使"这三个字。当然，遣唐使这个词也不是现在的发明。原来，遣唐使这个词是日本方面使用的，而中国方面，则把同一个事实称为"朝贡使"，当时的唐朝，是把日本过来的使节团看作来向大唐朝贡的册封国。而日本方面，却并不认同这样的地位。使用词语的不同，就表明彼此的立场存在着很大的差异。现在一般称为遣唐使，只是我要说明，这是当时日本官方的《日本书纪》《续日本书纪》的说法。

第二，人们一般都认为，日本向唐朝派遣使节团，目的是为了学习中国先进的政治制度和文化、技术等等，可是我想指出的一点是，最初遣唐使的使命，主要是出于国际关系的目的，即努力与中国修好国家间的关系，避免大唐兴盛的势头转向对日本列岛的进攻。文化学习的目的是其次的。

为了把这一观点说清楚，先把遣唐使的概况稍稍梳理一下，我们就能看出其中的一些奥秘了。日本第一次派出遣唐使是在 630 年，唐朝建立于 618 年，唐太宗做皇帝是在 627 年，也就是在唐太宗坐稳江山之后。最后终止派出遣唐使是在 894 年，13 年以后，唐灭亡。实际派遣成功的，总共 15 次，时间跨度 264 年，平均将近 20 年一次，而同时期朝鲜半岛上的新罗来到唐朝的使节团，差不多每年一次，两相比较，日本与中国之间的官方交往，说起来不算频繁。但是请注意，第一次派遣是在 630 年，第二次在 653 年，第三次在 654 年，第四次在 659 年，第五次在 665 年，第六次在 669 年，也就是说，在第二次的 653 年到第六次的 669 年之间的 16 年里，平均 3—4 年一次，尤其是第二次和第三次，是每年都来的。是不是日本学习中国的心情特别迫切？好像没有这么简单。我们来看一下当时东亚的国际形势，也就是中国、朝鲜半岛和日本列岛三方的局势。这 16 年里，高句丽崛起，进攻南方的新罗，百济也想乘势消灭新罗，得到了试图在半岛上扩展势力的日本的支持，东亚局势错综复杂。643 年开始，唐三次远征高句丽，660 年，唐与新罗联手消灭了百济，663 年，日本企图复活百济，与其残存势力一起对抗唐和新罗的联军，在半岛的白村江发生激战，结果日本百济方面大败。这是历史上日本与中国的第一次直接交手。第二年的 664 年，唐派遣使者来到日本，想对日本进行册封，但日本不予接受。668 年，在唐和新罗的夹击下，高句丽灭亡。从以上的史实我们可以了解到，当时中日之间处于比较微妙甚至是紧张的状态。在这段时间里，日本频频向中国派遣使者，主要的目的是与中国方面进行修好活动，缓解或者修好两国之间的关系，以避免中国的势头转向列岛，向日本发起进攻。看来第六次的遣唐使活动，基本上稳定了两国之间的关系，所以第七次的派遣，一直挪到了 33 年以后的 702 年，以后差不多都是相隔二三十年才派遣一次。因此，前面的六次派遣，主要的目的在于缓和、修复、稳定两国之间的政治关系。以后，才主要是学习唐的先进文化，遣唐使的角色发生了奇妙的转换。

前面已经讲到，最晚在 607 年，当政的圣德太子派出以小野妹子为大使的遣隋使团来到中国，614 年，最后一次向隋派遣了使者。后来隋亡唐兴，留在中国的日本留学生惠日和留学僧惠济在 623 年经过新罗回到了日本，将大唐兴起的消息告知了当局，并且建议日本应该经常向唐派遣使者，密切两国的关系，同时学习唐的先进政治和文化，因此才有了以后15次的实际派遣（总共计划了18次，终止了3次）。

现在说起中日两国，人们往往会用一衣带水的邻邦这样的说法。其实，在造船和航海技术不发达的古代，横亘在两国之间的这一片水域，实在是一片浩瀚宽阔的大洋，乘坐木船越洋过海来到对方的国家，真不是一次轻松的海外旅行。有关遣唐使乘坐的船只情况，目前留下来的文献中没有翔实的记录，比照稍后中日两国的考古发掘和历史记录，大致可推算出木船的大小大概载重量只有100吨左右，长度在40米左右，宽度在7米左右，帆船，基本上依靠风力行驶。日本这边，大都是从难波也就是现在的大阪附近出海，主要有南北两条航路，北路主要沿着朝鲜半岛沿岸行驶到现在的山东省登州一带，有点绕行，但风浪较小，相对比较安全，而南路则是直接越过海洋来到长江口附近，距离较短。两者都需要再从陆路北上长安。光是在海上行驶的时间，单程差不多要一个月左右，如果碰到不顺，甚至会有两三个月，一路风浪颠簸，真的是相当艰难，好几次遇到了海难，船上的人都葬身鱼腹。

那么，遣唐使的规模有多大呢？每一次都有些不一样。前几次主要是为了修好两国的政治关系，外交斡旋，因此大致只是1艘船或2艘船，每艘船可乘坐120人左右，其中至少有一半是船夫，还有其他一些仆役等，其次是一些官员，文化技术人员并不多。从政治关系稳定后的第七次遣唐使开始，学习就成了主要的目的，船只增加到4艘，人员也相应地增加到500多人，最后成行的一次，人员有600多人。除了船夫和官员等之外，很多是被称为留学生和留学僧的人，前者主要是学习文化技术，后者主要是学习佛法佛理。他们在中国的逗留时间，长短不一，最长的有40年。还有比如像著名的阿倍仲麻吕，他乘坐的回国船只被海流漂到了中国的最南端，结果未能回归故里，客死在中国。有的则在第二年就随同遣唐使的船只回国了。

还有一点比较有意思的是，607年日本派遣遣隋使的时候，圣德太子让使者小野妹子带去一份国书，称日本自己的国君是日出处的天子，而中国是日没处的天子，当时隋炀帝就十分不开心。后来日本大概也觉得惹恼了中国，又不敢对中国公然称自己的国君是天皇（天皇这个词的正式出现，应该在7世纪末），又不愿意接受中国的册封，成为中国的一个属国，于是后来遣唐使过来，就不带国书了，故意把两国的关系搞得模模糊糊的。而中国方面，则一直认为日本是来朝贡的，自唐以后，一直把日本的国君称为日本国王，近代以前，从来没有用过天皇这个词。

　　除了早期的遣唐使主要是出于政治外交的目的之外，中后期的遣唐使，则是为了学习各个领域的唐的先进文化。遣唐使对这一时期日本最重要的意义是什么？现代日本杰出的东亚历史学家岛崎定生认为，其最重要的意义就是遣唐使从中国完整地学习消化了以律令制为主体的唐的政治制度和法律体系。这里的律主要是刑法，令则是行政法。其后，日本在645年成功地进行了以政治制度变革为中心的大化改新，在701年和718年分别制定了《大宝律令》和《养老律令》，从而彻底建立起了以律令制为法律保障的中央集权的王朝国家，天皇的权威也由此真正建立起来。这也是日本文明史上第二次大飞跃，即接受中国大陆文化后形成自己本民族文明进程中的最大的一次壮举。

平城京与平安京的诞生

2010年，日本花费了不少功夫和钱财，在奈良市中间偏西的地方，复建了当年平城京王城内最主要的建筑太极殿和南端的朱雀门，以此来隆重纪念平城京建城1300周年。那一年我正好在神户大学任教，在一个风和日丽的五月天，专程去了那里。太极殿，宽44米，高27米，进深20米，有直径70厘米的朱色廊柱44根，周边一片空旷，在蓝天的映衬下，显得巍峨壮丽。不要说对于当时的日本人，即便以今天的标准来说，也足够气派宏伟。

平城京，也就是大家所熟知的奈良，是日本历史上第一座留存至今的京城，在定都奈良的710—794年间，历史分期上称为奈良时代。794年，迁都至平安京，也就是今天的京都，以后一直至1185年镰仓幕府建立前的这段岁月，历史上称为平安时代。

说起来我们中国人也许都有些不相信，在奈良之前，日本几乎没有格局完备的都城。那么，为什么以前没有，而后来有了奈良和京都这两座古都呢？这两座都城的建立，在日本的文明史上又意味着什么呢？

说起来，日本原来的文明水准还真不怎么高，中国的稻作文明传来后，陆续出现了大型村落，以后形成了大的部落，出现了部落国家。到4—7世纪，逐渐形成了大和朝廷，在与中国和朝鲜半岛交往过程中，逐渐有了国家意识。但他们原来的朝廷，并没有很固定的王城，天皇（最初的称谓只是"王"，到了7世纪中叶以后，才产生了"天皇"）的居所，就称为某某宫，比如现在位于奈良县的飞鸟净御原宫等，经常移动。说是宫，其实当时的建筑还比较粗陋，规模也不大，甚至是茅草屋顶。7世纪以后，日本多次向中国派遣遣隋使和遣唐使，见识了中国都城长安的宏伟整齐，于是在7世纪末的694年，在距离现在奈良不远的地方，模仿唐朝的长安，营造了日本历史上第一座京城藤原京，根据后来考古的研究，藤原京也有相当的规模，东西4.8千米，南北5.2千米，正中间是天皇居住的藤原宫。这是一座完全模仿长安条坊制格局营建的都城，从现在根据史料复原合成的图像来看，也是相当的气派。当然，今天除了挖掘出来的一部分地基之外，整个藤原京已经荡然无存，只是一片空阔的荒原而已。也不知是为了什么，造了才十几年，朝廷就决定废弃不用，在现在奈良的地方，重新又建造了一座规模更为宏大的平城京。

根据历史学家绘制的平面图来看，平城京可以说是一个缩小版的长安城，东西4.3千米，南北4.8千米，整座城市的正北端，是称为平安宫的皇宫，其中最重要的建筑，就是前文提到的近年来重新复建的太极殿，这里是天皇即位、会见外国使节的最重要的场所，应该也是当年平城京内最壮丽宏伟的建筑。太极殿的正中向南，是一条宽广的大道，称为朱雀大道，大道的最南端便是皇城的正门——朱雀门，重檐歇山墙式样，正面有6根朱红色廊柱，端庄气派。这条大道和朱雀门，如今已经修复。整个城市，有9条东西向的大路，从北到南，分别称为一条到九条。有意思的是，平城京在接近四方形的城市东北端，还建造了一座外城，东西1.6千米，南北2.1千米，与方正的内城连成一体。如今非常著名的、已被列为世界文化遗产的东大寺和兴福寺，就在外城的东边，赫赫有名的西大寺（现已不存）自然是在内城的西北边，而唐招提寺，则在西大寺的南边。经过1300年的岁月沧桑，平城京的面貌大大改观，当年的整个旧城格局，一下子还很难捕捉。今天我们如果去奈良观光，会感到整个城市有些散漫，除了奈良市政府和奈良县政府前的那条东西向大道外，整个城市都找不出一条像样的大街，在西大寺车站附近，还有些许繁华的景象，整个城市，更像一个巨大的有些散漫的公园，当年整齐的王城格局，已经被1000

多年的岁月分割得支离破碎。

而794年建都的平安京，也就是京都，同样经过了1000多年的漫长岁月，至今却仍然大致保留了条坊制的格局，这在全世界都是一个较为罕见的存在。相比较我们中国的古都，长安也好，洛阳也好，汴京也就是开封也好，做过六朝古都的南京也好，甚至是历史要短得多的北京，当年的古都风貌也只能在今天的格局中依稀寻访了。

那是不是日本就特别太平，没有战乱和灾害，因而京都的旧貌得以幸运地留存到今天？并非如此。事实上，迁都平安京之前，在784—794年的10年间，日本曾把都城从平城京迁到了今天京都西南面的长冈京，可是10年之后，又迁到了平安京。整个城市的格局，再度模仿了中国的长安，而且在地点的选择上完全信奉中国道家"四神相应"的风水理念，即东青龙、西白虎、南朱雀、北玄武。青龙是水，京都东面有一条鸭川；白虎是大道，这里有一条山阴道；朱雀是洼地，以前京都的南面有一个面积很大的巨椋池；玄武是丘陵，京都北面有一座船冈山。因此，整个京都的地势是北高南低，背面仰靠逶迤的山峦，南边则是有些低洼的平川。虽然今天京都的城区有一点东移，南边的巨椋池也已不复存在，但大致的风貌还是一如往昔，条坊制的9条大路不仅清晰可辨，连路名也一直留存至今，比如今天京都最繁华的街区是四条河原町，距离祇园很近，去过京都的人想必都去过那里，这四条指的就是4条大路。

不过由于战乱，尤其是1467年爆发的、长达整整10年的应仁文明之乱，早期的皇城被完全烧毁，早年的建筑已经荡然无存，京都城的三分之一也变成了废墟。江户时代，京都发生了两次巨大的火灾，一次是1708年3月，皇城（日语称为禁里御所）再一次被焚毁，几万家民居和几十处寺院神社也被大火吞噬。80年后的1788年，大火再度降临，这次的灾情更为严重，大半个京都城都笼罩在熊熊大火中，德川将军居住的二条城和天皇居住的御所也未能幸免，城内的大部分寺院也成了一堆灰烬。因此，我们今天看到的日本古都，其实古老的东西已经剩余有限，古都的基本格局大抵还留存至今，而并非建筑物本身，除了少量的旧物之外，我们今天所看到的皇居也好，二条城或者是其他大部分寺院也好，大多是 1788 年大火后重新建造的。至于大家耳熟能详的金阁寺，1950 年被一个有些疯癫的僧人烧毁，如今看到的建筑，是 1955 年重建的。上千年来，日本人的审美眼光依然没有太大的变化，建筑的风格大部分还比较接近初创时期，后来禅宗传来，禅思禅意被融入日本人的日常生活中，意蕴就更深厚了。以我个人的观察，京都的大部分老建筑保留了中国宋代的建筑风貌，没有飞檐翘角，不加浓彩艳抹，大都是粉墙黛瓦，或是木材的原色，显得古朴而庄重，给人一种古色苍然的历史沧桑感。而当年条坊制留下来的小巷，幽僻深远，在夕阳的斜照中，仿佛凝聚了一部古老的日本史。

日本后来出了三个幕府时代，将军的政权中心一度移到了镰仓和江户，但天皇始终居住在京都，京都作为日本都城的地位也一直没有改变。一直到 1869 年，17 岁的明治天皇被倒幕派迎请到了江户，这一年江户改名为东京，才结束了京都作为日本京城的历史。但是它的古都风韵，未曾有一点点褪去，川端康成的长篇小说《古都》，使得这一层风韵显得更加隽永。

鉴真和尚是中日文化交流的使者吗？

鉴真和尚（688—763）的事迹想必大家应该不陌生，经过报纸杂志和一些教科书的宣传，鉴真和尚作为中日文化交流友好使者的形象，差不多已经深入人心。但本书中依然特别把他列为一讲，为什么呢？因为我在其他的场合说起鉴真时，人们往往有三点不太清楚：第一，日本方面为什么一再邀请鉴真到日本去呢？第二，鉴真为什么要答应，并且在 11 年内 6 次尝试，意志坚定地要去日本呢？第三，鉴真东渡，对于日本文明史的发展，或者说对于日后日本佛教的发展究竟具有怎样的意义呢？

先说第一点。佛教是在 6 世纪中叶经朝鲜半岛南部百济传到日本的，后经圣德太子的倡导，慢慢在日本落地了。其实，一种外来的宗教或文化如果没有最高当局的鼓励和倡导，是很难真正在民间生根的，佛教在日本也是一样。日本的好几代天皇，比如奈良时代的圣武天皇等，之所以自己热心佛教并加以播扬，其最重要的一个目的是他们认为佛教具有镇护国家、凝聚民心的功能，也就是说把佛教的佛理佛法应用到镇护国家、维护统治上来。其中推广佛教最为努力的，是 729—749 年间在位的圣武天皇，在他的推动下，日本于 741 年在各地建立的国分寺，全名叫"金光明四天王护国寺"，很明显是强调佛教护国的功能。僧人如此受到国家的抬举，又可以避免赋税和劳役，于是很多人都愿意当和尚。由于佛教在日本还处于初

级阶段，各种戒律佛法都不完备，寻常人当和尚，没有严格的受戒程序，当了和尚的，也不严格遵守戒律，一时间情况有些乱。为了解决这一问题，首先要有具备渊博佛教知识、拥有授戒资格的高僧，而日本本土缺乏这样的高僧，于是朝廷就吩咐随同遣唐使去中国的僧人，到了唐以后物色合适的人选，延聘他们到日本来，主要是制定戒律，举行受戒仪式，使得日本想要当和尚的人，通过一定的程序获得和尚的资格。于是，一个名叫荣叡的日本僧人，732 年随遣唐使去中国时，在洛阳的大福先寺里寻访到了一位名叫道璿的高僧，请他到日本来弘法授戒。后来道璿确实也来了，并且在东大寺落成举行大佛开眼仪式时还起了不少作用。可是后来道璿说自己身体不好，到比叡山上去隐居了，这样，日本还是未能得到能够进行授戒的高僧。于是日本僧人荣叡和普照两个人就继续在中国寻访这样的高僧。最后在扬州大明寺寻访到了鉴真，获悉他是一位精通南山律宗的大师，早已受过正式的具足戒，于是拜倒在他的脚下，执意恳请他东渡日本。据日本人真人元开完成于 779 年的《唐大和上东征传》一书记载，两个日本僧人对鉴真说："佛法东流至日本国，虽有其法，而无传法人。本国昔有圣德太子曰：两百年后，圣教兴于日本。而现在正是两百年之后，佛教将大兴于日本，请您东渡，传播律宗，传授戒律，整顿日本的佛教界秩序。"

那么，鉴真为何会答应赴日，并且经过数次的劫难坚持要去日本呢？首先，鉴真真是一位道德高尚、佛性真切的高僧，他在 14 岁时，随父亲进入扬州大云寺，见到庄严慈悲的佛像，大为感动，立志出家为僧，以后在学佛的途中，兢兢业业、勤恳精进，成为一位名闻遐迩的律宗高僧，弟子无数。对于鉴真而言，弘扬佛法，是最高的事业。此前他听说日本有一位长屋王，曾经制作了 1000 件袈裟，托遣唐使赠送给中国，就已觉得日本这个国家遵奉佛教，如今听两位日本僧人如此一说，更觉得佛教事业将在日本这个地方大兴，自己有责任去推波助澜。于是毅然决然答应他们前往日本。后来的很多文章和叙述，都把鉴真描绘成一位中日文化交流的友好使者，但是我想说，从历史文献来看，鉴真当年应该没有两国文化交流的使命感，他只是一位僧人，并没有强烈的国家间的意识，也不负有促进两国友好的使命。他决定东渡日本的动机，就是弘扬佛法，促进佛教尤其是律宗在日本的兴盛，他的目的，在于佛教本身。那些中日友好之类的灿烂光环，是后人给他罩上去的。正因为他有弘扬佛法的使命感，不惜在一次又一次的失败甚至是双目失明之后，依然坚毅地开启了第六次的航程，终于在754年，以66岁高龄踏上了日本的土地。

那么，鉴真的东渡，在日本的佛教史，往更大的方面说，在日本的文明史上具有怎样的意义呢？

首先，鉴真在日本开启了受戒仪式。他是一位律宗大师，所谓律宗，强调僧人对于戒律的践行，就是通过受戒的方式，来规范僧人的日常言行，并从内心来引导信佛的人积极向善。在此之前，日本佛教界的秩序有些混乱，想做僧人没有特别的程序和仪式，做了僧人，在戒律上也没有特别严格的规定。鉴真一行抵达日本后，受到僧俗两界的隆重欢迎，来到平城京也就是奈良时，他被引接到了两年前刚刚落成的东大寺，暂时在此居住。到达的第二天，有宰相、右大丞等官僚百余人来拜见他，天皇派了曾经到过中国的高级文官吉备真备来宣布诏书："大德和上，远涉沧波，来投此国，诚副朕意。朕造此东大寺，经十余年，欲立戒坛，传授戒律，自有此心，日夜不忘。自今以后，授戒传律，一任和上。"并且授予鉴真"传灯大法师"的称号。这一年的农历四月初，在东大寺的大佛殿前设立了戒坛，天皇、皇后、皇太子等所有的皇室重要成员和朝廷百官共440余人接受了鉴真的授戒。此壮观的场面，在日本历史上还从来没有过，这在日本佛教史上差不多是一个具有里程碑意义的大事件。不久又在大佛殿的西面建造了一座戒坛院，重要的受戒仪式在这里进行。从此以后，日本正式建立了受戒的仪式和规矩，这一切都是由鉴真亲手一一制定的。整个日本的佛教界，从此建立了井然的秩序，不经受戒，不得为正式的僧人。

其次，是鉴真一行带来了大量的经书，《大方广佛华严经》《涅槃经》《四分律》等等，还有一部玄奘法师的《西域记》。所有这些佛教经典，为佛教在日本的进一步传播提供了最珍贵的文本。鉴真以及随行的弟子，都是各个寺院的高僧，学问精湛，知识渊博，他们在日本进一步传播了佛法，尤其是律宗。因而鉴真被认为是日本律宗的创始人、开山之祖，律宗也成了日本的南都六宗之一。

再次，是大家很熟悉的唐招提寺的建造。这里解释一下"招提"两个字，这个词是梵文的音译，意思是佛教的寺院、道场。这座寺院因为是唐朝高僧兴建的，因而冠名为"唐"。开建于 759 年。我曾去造访过两次，在奈良市的西面偏南，交通有些不便，周边相当安静。据说寺内的建筑大都是鉴真创建时的原貌，尤其是作为主殿的金堂（那时没有什么大雄宝殿的说法），古朴庄严，有大唐的气象而无皇家的排场，与皇家兴建的雄伟宏大的东大寺形成了鲜明的对比。其他还有讲堂、经藏和舍利殿等，都被列为日本的国宝。唐招提寺是日本律宗的总本山。不过唐招提寺的营造，其功劳当然不能算在鉴真一人身上，那个时候他已经失明，不可能在图纸设计上一一仔细指导和策划，但大的格局一定是他制定的，且随他而来的僧人，也大都学富五车，唐招提寺可以说是出色地体现了唐朝寺院建筑的精华。我们知道，寺院所体现的文化艺术不仅仅是建筑，还有绘画、雕塑、音乐等，佛像的制作、佛画的描绘，都是一座寺院的有机存在，这方面，唐招提寺是唐朝文化的一个优秀典范。据说，鉴真一行还带去了许多包括麝香、沉香在内的中草药，鉴真本人通过闻的方式为皇后调配了疗效良好的药物，大概中国的中草药，是这个时候正式传到了日本。《唐大和上东征传》这本书记载了第二次东渡时带去的诸多物品的详细清单，但是第二次航行未能成功，第六次抵达时究竟带了什么，该书中没有详细列明，或许没有那么多，但日常的用品肯定不少，这就在后来衍生了许多传说，说鉴真把中国的酱油、豆腐的制作法带到了日本，是今天日本酱油和豆腐的创始人，于是鉴真的形象就越来越高大，光环越来越多，如今成了中日文化交流的象征性人物。其实很多故事都是后人附会的，并无真凭实据。中国的酱油和豆腐，诞生于宋朝，鉴真的时代还没有出现。

鉴真快要圆寂的时候，他的弟子忍基决定为他制作一尊木制的坐像，现在这座采用"脱活干漆"技术制作的高 80 厘米的木像，已经成了日本的国宝，被安放在唐招提寺内的御影堂里，每年对外开放 1 次，每次 3 天。

　　最后简单总结一下。鉴真是一位伟大的僧人，他东渡日本，只是为了去传播佛法，他并无其他的宏愿。他最大的功劳，是在日本创建了律宗，制定了严格的戒律和受戒的程序。至于促进了中日文化的交流，是一个客观的结果，他当初并没有这样的使命感。但日本人对他非常感激，有关他的许多充满想象力的传说，首先是在日本衍生出来的。

话说空海和最澄

在随遣唐使去中国学佛的日本留学僧中，有两个熠熠生辉的名字，那就是空海（774—835）和最澄（767—822），前者回国后在日本高野山创建了真言宗，后者在比叡山创建了天台宗，他们同是日本密宗的创始人，其文化命脉一直沿承至今。

我在大学学日语的时候，就知道空海是一位了不起的书法家，但对他的进一步认识，却是缘于1991年初冬访问日本，那一次有机会到香山县西部的善通寺市游览。善通寺市是一座很小的城市，人口不足4万，大多是两三层的低矮屋宇，几乎看不见现代化的高楼。但市内却有一座颇为出名的善通寺，占地近10万平方米，正殿气势颇为宏大，寺内的五重塔掩映在绿荫丛中，精巧中透出典雅。它的有名，却并不在于规模的恢宏，而是由于它是在日本家喻户晓的空海大师的诞生地，同时它也是空海创立真言宗的大本山。它的寺名，即来自空海父亲的名字佐伯善通。公元774年空海便出生在此地。

空海俗名叫真鱼，自幼聪慧颖悟，被周围人目为神童。空海15岁时跟舅父学习儒家的经典，读《论语》和《孝经》等。18岁时（也有说是15岁时）到京都，进入大学寮明经科继续攻读《毛诗》《尚书》和《左传》等儒学的典籍。某一天，空海偶然遇见了一位修行者，此人应该是位高僧，他向空海传授了密教的经典《虚空藏求闻持

法》，空海觉得大受启发，于是对佛教萌生了浓厚的兴趣。为悟得真谛，他毅然离开了大学寮，回到四国，步行踏访各处的圣地，在深山幽谷中修行参悟。最后，他决定出家，24岁的时候写了一本颇出名的著作《三教指归》，将儒教、道教和佛教的优劣进行了比较，认为儒教等虽也是圣人之言，但相比之下宣扬通往解脱涅槃之境的大乘佛教最富有智慧，乃是最高的学问。这一时期他读了不少佛教的经典，其中有一部据说是从唐传来的密教经书《大日经》，但里面夹有一些梵文词语，空海觉得难以尽解其意，而周围的人也无法解答他的疑惑。这时他决定渡海入唐去寻访名师，同时搜求各种佛教典籍。

有意思的是，空海与最澄是随同一批赴唐的船队去中国的，即804年7月出航的遣唐使船队，不过乘坐的船只不同。船队在狂风大浪中被吹散，空海所在的木船偏离了航线，经过34天的海上颠簸后，往南漂到了福州的长溪县沿岸。福州不是日本来使的传统登岸港口，当地的官员初见这些不速之客，颇感疑惑，对他们反复盘问，并登上木船检验查核，这使得船上的日本人也甚感不快，领队的大使就嘱咐空海写一篇申辩文，这就是后来颇为出名的用骈体文写成的《为大使与福州观察使书》，通篇文采绚烂，言辞畅达，由此可见空海深湛的汉文造诣。当时福州的观察使阅读此文后大加赞赏，立即准允入港，并报奏长安朝廷，还供给了他们食物等所需物品。不久，朝廷的敕令传到，他们被获准前往长安，于是一行23人水陆兼程，经过一个多月的长途跋涉，于这一年的12月21日抵达长安，入住唐朝廷安排的官舍。后来遣唐使等回国时，空海继续留在了长安，周游各处寺院寻访名师，最后拜在青龙寺惠果的门下。

惠果是密教第六祖不空的嫡传弟子，其时已经年老体衰，当他得悉空海是专程不远万里越洋过海来到这里求学密教时，颇为感动，加之空海长得气宇轩昂，有颖悟聪慧之气，便决定将衣钵传授给他。805年6月，空海入"学法灌顶台"，先后自惠果受胎藏界密行法和金刚界密行法等的灌顶，同时跟随惠果学习密教典籍和修行仪规。惠果担心密教典籍晦涩难懂，嘱人绘制了有关解读的图像，并将这些图像和《金刚顶经》及各种法器等赠送给空海，嘱咐他在日本传播。这一年的12月，惠果圆寂，经众人推举，空海为惠果撰写了长篇碑文。此后，空海成为惠果的正式传人，即密教的第八祖。

从惠果处传得衣钵后，本来可在中国长期逗留的空海急于传承惠果的遗志，回日本传播密宗，此时恰有遣唐使判官高阶远成要启程归国，空海便上书请求同船东归，在得到唐朝廷的准许后，便于 806 年 8 月搭乘遣唐使的船只回到了日本。回日本时，空海从中国带去了卷帙浩繁的典籍及大量的佛像、法器和诗文字帖等，其中有新译佛经 142 部 247 卷，大部分是密教经典，梵字真言赞等 42 部 44 卷，论疏等 32 部 170 卷。第二年天皇下敕招他进京，他又献上了法器等物，于是天皇准予其传布密教。空海回到四国故乡，将其父亲佐伯善通的宅第改建为寺院，6 年后竣工，寺名便定为善通寺，以此作为真言密教的道场。此后，得到当时嵯峨天皇的敕准，他先后在京都北部的高雄山寺和奈良的东大寺修法传教，正式建立了真言宗，并为最澄等人施行灌顶仪式。他后来又在高野山建寺造像，规模宏大，由此，高野山与天台宗的比叡山一起成了平安初期的山岳佛教的据点。823 年，嵯峨天皇将京都的东寺赐给空海作为真言宗的根本道场，空海将从中国带回的佛舍利、曼荼罗和法器等都存藏在这里。

空海是个绝顶聪明的人，他不仅在佛教上成为真言宗的开山祖，而且由于他自幼受过良好的汉文教育，中国文化的造诣很深，作诗著文，文采斐然，在唐的一年多时间中，除了潜心修学密教外，对唐的诗文书画多有涉猎，结交了不少书家骚人，他自己也擅长书法，精于笔墨，他所书写的《风信帖》等流传至今，为世人所称道。恰好嵯峨天皇对中国文化也颇为倾心，雅好舞文弄墨，与空海和另一名曾留学中国的橘逸势并称为"日本三笔"。空海曾向嵯峨天皇呈献在唐所得的《王昌龄诗格》《欧阳询真迹》等多种诗书珍品。由此可见，空海也真是具有慧眼。最让人感佩的是，空海还依据中国六朝和隋唐的许多诗论，撰写了一部 6 卷本的《文境秘府论》，具体论述了诗文的声韵格律和对偶文意等，至今仍具有相当的价值。

853 年，空海在高野山去世。921 年，醍醐天皇赐予他"弘法大师"的谥号，后人也习惯称他为弘法大师，在日本历史上影响极大，有很多有关他的传说和故事。至今在四国各地有88处弘法大师的灵场，每年都有不少虔诚的香客背着黄黄的香袋，拄着拐杖，男女结队，一处处地膜拜过来，这也成了四国地区寺院中的一道有趣的风景。

最澄767年出生在比叡山麓的古市乡，最澄是他的法名，俗姓三津首，12岁时入近江国分寺，3年后正式剃度，19岁时在奈良的东大寺受具足戒，受具足戒后就成了国家公认的正式僧人。在东大寺时，最澄读到了鉴真和尚从中国带来的、藏于该寺的天台经疏，觉得天台经书精义深博，在其他各宗之上，于是就抄录了《法华玄义》《维摩广疏》等书中的经文。此后不久，他携带这些经书突然离开奈良来到了平安京（即京都）郊外的比叡山，独自隐居在山林中研读修行。802年，他第一次下山，应邀在京都高雄山寺主讲《法华玄义》等法华三大部，受到广泛的好评。但他在研读天台经书时，仍觉得无法深刻领会内中的意趣，于是决心到中国去访师求学。这一年，已经被尊为"内供奉十禅师"的最澄向朝廷申请入唐留学。

最澄的奏请获得了朝廷的批准，于是在804年的7月，他随当年的遣唐使船队向西出发，在经历了狂风大浪之后，于9月1日到达现称作宁波的明州。最澄到中国去的主要目的，是探寻天台宗的奥义，因此他在明州待了没几天，就获准向南前往台州，拜见了台州刺史陆淳，向他献上了黄金15两和其他从日本带来的笔墨等礼品，陆淳收下了物品而将黄金返还给了最澄。最澄表示想用这些黄金购买纸张来抄写《天台止观》，于是陆淳就给他介绍了台州龙兴寺的天台宗第七祖道邃和尚，道邃安排了人手为他抄写。后来最澄便跟随道邃学习天台教义，又从道邃那里获受大乘菩萨戒，重要的是，道邃还为他书赠了《道邃和尚付法文》及《道邃和上书》，作为最澄以后在日本传播天台法脉的印信。为报答祖庭之恩，最澄出资建造了一所"传法院"，后来在唐武宗毁灭佛教的镇压风暴中遭到了毁坏。约50年后，入唐的日本名僧圆珍为继承先师的遗志，在国清寺内重建了"止观堂"。今天，当我漫步在国清寺的僧堂时，脑海中会不觉浮现出当年最澄等人在天台山一带修行的情景，虽然岁月沧桑，物是人非，甚至国清寺的建筑也不尽是当年的风貌，但这深厚的历史积淀却不是岁月的风尘可以轻易抹去的。最澄当年不仅修学天台宗，他还在禅林寺随筱林禅师学牛头禅，在越州（今绍兴一带）的龙兴寺学密教。在短短的 8 个多月中，他到处访师求学，虚心问道，并且留心收集各种佛教经典，他在台州辑得 120 部 345 卷，在越州搜寻到密教典籍 102 部 115 卷，都一并带回了日本。这些汉文佛教经典的传入，对最澄以后在日本创立天台宗具有极其重要的意义。有意思的是，最澄还从中国带回了灌顶用具，归国这一年的 9 月，在高雄山寺施行了日本第一次的灌顶仪式，换句话说，是最澄从中国为日本佛教界带来了灌顶的仪式。在今天的天台山国清寺内，专门建立了一个碑亭，一块巨大的石碑上镌刻了最澄来这里学佛的详细经历。

后来最澄在日本几经努力，创建了与当时势力强盛的南都六宗平起平坐的日本天台宗，并且又试图在日本建立大乘戒坛，虽然在他生前这一愿望未能实现，但在他去世之后，大乘戒坛的建立终于获得了朝廷的许可。在他去世的 44 年后，清和天皇追谥他为"传教大师"，这是日本获得传教大师谥号的第一人。

从"唐风"到"国风"：
日本的中古时代

平安时代：从"唐风"文化到"国风"文化

定都平安的时代，日本历史上称为平安时代，时间上从 8 世纪末到 12 世纪末。由于平安时代长达 400 年左右，一般又将这段历史分为前期（8 世纪末—10 世纪）、中期（11 世纪）和后期（12 世纪）三个时期。前期在形式上还是律令体制时期，以天皇为中心的中央朝廷基本上掌控了政权，但藤原家族已经崛起，早期的庄园开始出现，"普天之下莫非王土"的公地制和律令体制逐渐瓦解。中期时，藤原家族以外戚的身份插手政权，并以摄政和关白的地位控制了朝廷。后期是已经退位的上皇重新掌控政权的时期，以期对抗外戚专权，同时，庄园制经济蔓延到全国各地，武士阶级崭露头角，开始在政治舞台上叱咤风云。

因此，整个平安时代，在日本文明史上是一个重大的转折期，简单地说，就是它的文化从中国影响占压倒性优势的"唐风时代"，转到了本土文化崛起的"国风时代"。从平安时代的中期也就是 10 世纪前后开始，遣唐使的派遣早已停止，大唐也已经灭亡，赵宋王朝建立以后，虽然文化上相当灿烂，但它的国势和疆域已不能与大唐同日而语，在东亚区域的影响力也有很大的萎缩。在此期间，日本在慢慢咀嚼消化大陆文化的同时，早先土著文明的元素开始发酵、滋长，借助外来先进文化的形式或内涵，产生了日本本民族的独特文化。

平安初期，沿承奈良遗风，唐的影响依然非常强烈。奈良时期，王公贵族吟诗作赋蔚然成风，751 年已经诞生了日本第一部汉诗集《怀风藻》。在那个时代，说到诗一定是汉诗，本土的诗歌称为歌。平安初期，皇室中出了一位喜好中国文化的嵯峨天皇，书法诗文皆有深湛的造诣，在他当政期间，文运昌盛。他敕令臣下编撰了两部汉诗集《文华秀丽集》和《凌云集》，以后又出过一部《经国集》，除了汉诗，还收录了序、策等汉文，取名《经国集》，想必是受了曹丕的"盖文章，经国之大业"的影响。844 年，白居易的《白氏文集》由日本来唐的僧人慧萼抄录后带回日本，一时广为传诵，白居易的诗名在日本如丽日中天，声震遐迩，朝廷内外对他的诗作趋之若鹜。

不过，10 世纪中期前后开始，随着遣唐使的废止和唐的没落，日本的对外交流基本上处于停滞的状态，于是，日本在慢慢咀嚼消化大陆文化的同时，早先土著文明的元素开始发酵、滋长，借助外来先进文化的形式或内涵，产生了日本本民族的独特文化，历史学家将其称为"国风"。那么，这一时期的国风文化有哪些具体的表现呢？

第一是 8—10 世纪期间，假名文字的出现和普及。日本列岛原住民的语言和大陆传来的汉字汉文，在发音和表述的语序上都相距较远。于是在借助汉字来表情达意的同时，渐渐利用汉字的草书和楷书的偏旁衍生出了假名这一日本人独有的文字。由于大陆传来的语文极大地丰富了日本人原来的语汇，因此这些语汇（尤其是名词）依然由汉字（也称之为真名）来表达，这也就形成了后来汉字与假名交杂的日语形态。

第二，假名的出现，使得在 10 世纪初诞生了用假名和汉字记录的日本人的歌集，即《古今和歌集》。这部 20 卷的和歌集收录了大约 1100 首长短歌，多为对春夏秋冬四季变迁的咏叹和离情别愁、羁旅感伤的抒发，大体具备了长歌和俳谐的体裁，与纯然是汉字连缀的《万叶集》相比，具有更加浓郁的日本风情。

第三，由女性或借助女性的笔触、用假名和汉字交杂的文字来记录自己的人生阅历、人生感悟的随笔体、日记体的文学在平安中后期开始兴盛起来。滥觞之作当推纪贯之作于 10 世纪前半期的《土佐日记》，假托女性的口吻，记述自己旅途的劳顿和痛失爱子后的苦楚，由此开启了日本日记文学的先河。之后又涌现出《蜻蛉日记》《更级日记》等一大批在日本文学史上熠熠闪光的优秀作品。其中最为出色的当推《枕草子》，作者清少纳言也是一位女性，生活在平安中期，在和歌和汉诗两方面都有颇为深厚的学养。《枕草子》这部随笔集记录了她对诸种人生的细密观察，也有很多深切的人生感悟，文笔秀丽，充满了隽言俪句，对后世的影响很大，以至在镰仓后期还出现了根据其描述绘成的《枕草子绘卷》，成为日本艺术的瑰宝之一。

第四，物语文学的兴起。物语大致可以理解为故事、传奇、小说。在日本，它主要有两个源流，一是口头传承的民间故事，较早成书的有《竹取物语》，大约产生在9世纪末至10世纪初，另一是由和歌的词书演变而来，早期的代表作是《伊势物语》，差不多是多个短篇的连缀。在这些早期的物语和日记文学的基础上诞生的，是不仅在日本文学史上，而且在世界文学史上也享有盛誉的《源氏物语》(11世纪初)，作者紫式部(约973—1014)，是一位长期生活在宫廷的女子，作品表现中上层贵族的男女生活，尤其注重情感的表述。作为一部长篇小说而言，结构也许还有欠严谨整饬，但描写相当绵密细致，词语也华丽丰富，书中的不少内容涉及诗歌、绘画、音乐等艺术领域，显示出作者在这方面的深湛学养，只是气势比较柔弱，场面也比较狭隘，显示出平安中后期文学的特性。不管怎么说，《源氏物语》的出现，标志着日本文学在记事叙述方面已经达到非常成熟的水准。这本书已有几个中文译本，我个人觉得丰子恺的译本最佳。

在物语文学方面还有一个比较突出的成就，是平安末期(约12世纪)完成的《今昔物语集》，作者和具体的年代不详，内容比较庞杂，分为天竺(印度)、震旦(中国)和本朝(日本)三大部分，有佛教故事、神灵应验故事和因果报应故事以及世俗故事等多种类型，范围宽广，人物繁杂，三教九流纷纷登场，都邑乡村轮番出现，有点类似中国的唐宋传奇和明代集成的"三言二拍"，近代以后有不少作家将其中的部分故事演绎成具有现代色彩的短篇小说，有些还被移植到了银幕上，可见其影响深远。

　　以上叙述的多为文学领域，事实上，平安中期以后，艺术尤其是美术上也呈现出了甚为浓郁的日本色彩，其标志性的作品便是大和绘。在前文中曾经提到了唐绘，即由中国传来的或受中国影响的绘画样式，到了平安中期时，日本本土的绘画渐趋成熟。其时日本贵族的居所，多为寝殿造的样式，据研究，寝殿造的建筑样式主要传自 10 世纪初在东北亚地区崛起的渤海国，屋内的房间颇为广大，往往根据实际的需求用屏风、隔扇等加以区划，贵族们便延请一些高明的画师在屏风和隔扇上绘制画作，于是就诞生了大和绘。与中国画主要以人物、花鸟、山水为题材的画作不同，大和绘主要描绘四季景物的变化，而且往往不是单幅的制作，春花、夏草、秋月、冬雪，注重的是人们对四季变迁的细微而敏锐的感受，这一类画，人们称之为"月次绘"。除绘画外，往往还配有和歌，类似中国的题画诗。此外还有物语绘卷，主要注重物语（故事）的演绎，有各色人物，有内外场景，有四季风物，最为著称的便是《源氏物语绘卷》，至今还留存了相当的部分，从中可以窥见物语绘卷的基本画风，同时可以感觉到，里面人物的模样神态与唐绘已经大相径庭，具有明显的日本风味。

　　最后，我想跟大家说一个词语，"公家文化"。所谓公家，就是宫廷贵族的意思。平安中期以后，朝廷的政权操纵在外戚的摄政和关白手中，宫廷中的王公贵族和拥有巨大庄园的豪族们则优游岁月，沉湎于管弦丝竹，徜徉于林泉山水。游园，宴饮，吟诗作歌，差不多成了贵族们的主要生活内容。由此积聚和滋生出的精神，大致有两个方面：一是感受的纤细精致，往好的方面说，是优雅；另一是气象的狭小萎靡，甚至带有柔弱的病态。虽然诞生于宫廷中的公家文化对下层庶民的影响是有限的，但是上层的文化往往是一个民族的精英文化，上层阶级往往掌握了文化的主导权，以后通过各种形式逐渐向中下层渗透蔓延，对日本人的审美意识产生了巨大的影响，与后来幕府时代出现的武家文化一起构成了大和民族精神文化最重要的两个方面。

第
15
讲

日本语文的诞生

　　这里说的语文，是书面的语体文，不是口头说的语言。哈佛大学教授亨廷顿说："任何文化或文明的主要因素是语言和宗教。"世界上大概有几千甚至上万个民族或族群，构成某民族或族群的最基本要素就是语言，可以说每一个民族或族群都有自己的语言（当然后来有些民族在被同化的过程中丧失了自己的语言），但是世界上具有自己文字的民族大概只有1%左右。文字是一个民族的文明演进到了比较高的程度后出现的。日本列岛也是这样。在前面，我曾经跟大家探讨过日本语的由来，这一讲主要是聊聊日本的语文是如何诞生的。

　　先要申明一下，我不是语言学家或语文研究家，我从来没有做过这方面的专门研究，我只是懂一点日文，又看过一点书，现在就把自己积累的一点小知识跟大家分享。

　　前面也跟大家讲到过，日本列岛上的最早居民大概是在过去岛屿还跟半岛或大陆部分相连的时候，从东北部或其他方向陆续迁移过去的，慢慢形成了一种彼此大抵能通用的语言，后来在弥生时代又有大批半岛和大陆的人渡海来到列岛，进一步丰富和发展了当地的语言，并把大陆已经相当成熟的文字以及由这些文字书写的文献也带到了日本。在好几个世纪里，岛上的居民如果要与大陆和半岛的人交往，就是依靠汉字汉文的工具，后来他们要草拟本国的官方文献、记录本国的历史，一开始也是用大陆传来的汉字汉文，最早的史书《古事记》和《日本书纪》等，就是用汉字汉文书写的。奈良时代和平安时代前期，日本朝野都倾慕遣唐使带来的大唐文化，创作汉诗、吟诵汉文成了王公贵族和高层僧侣显示风雅风流的一种主要方式，于是在奈良时代的 751 年，诞生了日本最早的一本汉诗集《怀风藻》，将 80 年以来的 64 人创作的汉诗按照年代编纂起来，诗风受六朝和初唐时期中国的影响比较大，内容主要是宴饮游乐，也夹杂着许多孔孟和老庄的语句。到了平安时代的前期，又根据天皇的敕令，在 9 世纪前期编纂了三本很出名的汉诗文集，分别是《凌云集》《文华秀丽集》和《经国集》，作者的人数、诗文的篇幅数量都远远超过了最早的《怀风藻》，因为是天皇下令编撰的，历史上称这些诗集为"敕撰汉诗集"。

　　但是，日本人毕竟不是中国人，他有自己的语言，在历史的长河中，特别是遣唐使停滞派遣的几百年里，在大陆文化的基础上，他也慢慢孕育出了自己的文学，最初的主要形式便是和歌，就是日本人自己吟咏的本民族的诗歌。然而这些和歌却很难用汉字汉文记录下来，尤其是和歌，并不运用汉诗的韵头韵脚，它的语言节奏，主要来自音节，即采用五个或七个的音节，比如后来很有名的俳句诗人芭蕉的名作，我举出两首：古池や／蛙（かはず）飛びこむ／水の音　秋深き／隣は何を／する人ぞ。这样的和歌无法用汉字写出来。后来人们取一部分汉字词语的意思，另外把一部分汉字当作表音文字，勉强编了一部日本最早的和歌集，这就是大约诞生于平安时代早期的《万叶集》，文字还依然都是汉字，然而按照汉诗文的读法却基本上看不懂，原因就在于里面很多的汉字被舍去了原来的词义，而只是成了表音的文字，用日语式的读音来表示日语口语中原有的词语。不要说今天的中国人或日本人，即使当年的很多日本人，读起来也觉得有点云里雾里，因此，对于今天的日本读者来说，必须要有专家学者的详细注解甚至翻译才可以看得懂。当时为了表示有些汉字只是用来表音，就把表音功能的汉字用草书书写出来，以示与表意功能的汉字的区别。后来，这种用来表示日本语发音的汉字，便被称为"万叶假名"。为什么叫假名呢？因为假具有假借、暂借的意思，相对于假名的，就是真名，真名就是汉字，是具有本身词义的汉字。

人们发现了汉字还可以有表音功能，就想，是不是可以从草书体的汉字中发明一种日本自己的文字呢？经过了历年的努力和演变，于是就从草书的汉字，或者说是借用汉字的草书体，日本人发明了本民族的文字，平假名。不过那个时候，日本已经广泛深入地接受了来自中国大陆的文字文化，汉字词语也已经深入人心，并且成了日语口语词汇的一部分，若要完全舍去汉字词语，日语也就没法成立了。因此，有相当一部分的汉字词语后来就成了日本语文的一部分，并且是非常重要的一部分。只是不同时代传进来的不同的汉字词语，日本人根据传入时的发音，再在汉字的右旁（那时都是竖写的）用汉字的楷书偏旁注上读音，慢慢地，就从这汉字楷书的偏旁发明出了一种发音与平假名相同的片假名，主要用作汉字的注音和比较特殊词语的书写，于是，片假名也诞生了。片假名在今天，主要用来标注外来词语（主要是西方词语）发音的所谓外来语。19 世纪以后，随着西方外来语的大量涌入，以片假名出现的词语与日俱增，现在用来表示动植物的词语，也多用片假名来书写。

这里稍稍聊一聊从中国传来的汉字在日语中的发音问题。几乎所有的中国人，初读日语时，一定会有一喜一惊，然后是苦恼。一喜是，啊，原来日语中有那么多汉字啊，那学起来省力多了。可是他们马上就会发现，除了个别的之外，几乎所有的日语中的汉字，都有两个或两个以上，甚至多达六七个的发音，在不同的组合、不同的场合会有不同的发音，初学者往往是丈二和尚摸不着头脑，觉得没有规律可循。其实，同样的现象，不仅仅对于中国人这样的外国人（我想西方人会更麻烦），即使对于日本人自己，也是一个苦恼的问题。

那么，汉字在日语中的读音，为什么会那么麻烦呢？原来，汉字词语是在不同的时代陆续传入日本的。我前面已说过，中国最初与日本的官方交往，有文献记载的，是在公元 57 年，那个时候列岛上的原住民，基本上还不认识汉字。在三国时候的魏以及后来南北朝时的南朝，日本跟大陆这边有比较频繁的交往，6 世纪初时，从朝鲜半岛正式传入了《论语》和《千字文》。那时交往的中国地区，主要在长江流域或江南一带，传入的发音就带有南方的口音，因此在日本被称为"吴音"。此后有一两百年彼此之间没有什么交往。到了隋唐，日本重新开启遣隋使、遣唐使，那时中国的政治文化中心在长安一带，遣唐使基本上都在北方，从那里传入了大量的书籍文献，于是新传入的汉字词语的发音差不多就是那时北方的发音。照理，那时的汉字发音就应该称为"唐音"嘛，可是日本人觉得中国人是汉人，而且已经正式有了汉字的说法，于是就把那个时期汉字的发音称为"汉音"。唐灭亡前后的 100 多年，日本跟中国没有交往。宋以后，交往主要限于民间，主要是僧人之间的来往，这样的交往在南宋的时候更加活跃，禅宗和茶文化的普遍传入就在这个时期，而那时中国的中心已经在江南一带，从中国新传入的书籍，多为佛教经典，于是新传入的词语，主要是跟佛教或寺院相关，其发音大都是浙江一带的发音，而日本人把这一时期汉字的发音，称为"唐音"。由此可见，光是依据中国大陆传来的发音，就分为"吴音""汉音""唐音"三种。此外，还有日本人把自己当地的语言用汉字来表示的，这就是我们今天接触到的汉字和假名混在一起的词语，这个汉字的发音就完全是依据土著日语的发音了。如此一来，日语中的汉字发音，还真是五花八门。

话题还是回到日本语文本身来。假名诞生以后，就产生了像《古今和歌集》这样的完全可以用假名记录、用日语发音读出来的文学作品。平安中后期，女子在宫廷中扮演着重要的角色，原本王公贵族的诗文吟诵也影响到了后宫，于是，一种纯粹用假名或汉字与假名混合在一起书写的女性文学产生了，紫式部的《源氏物语》就是代表作。很多人还使用这样的新型文字来记录或抒写自己对日常生活的感受，于是日记体和随笔体的文学兴盛起来，比如《土佐日记》《蜻蛉日记》《紫式部日记》等等，随笔则有清少纳言的《枕草子》、吉田兼好的《徒然草》、鸭长明的《方丈记》等等。后来日本的物语文学大多数也是用假名书写的，比如《竹取物语》《伊势物语》《平家物语》等等。一个民族成熟的语文，往往是通过优秀的作家、优秀的文学作品来建立的，比如英国 14 世纪乔叟的《坎特伯雷故事集》、意大利 14 世纪但丁的《神曲》和德国 18 世纪歌德的文学作品等。日本也是一样，假名发明后，就利用长期积蓄起来的汉字汉文的营养，创作出了一系列优秀的文学作品。而日本的语文，也在这一过程中逐渐成熟发展起来，最后形成了目前这样的形态。

什么是日本的幕府政权?

说起来，幕府是一个源自中国的汉字词语，它原本的意思是将军在外作战时安营扎寨的地方，也就是将帅的营帐，秦汉以后渐渐演变成了一种幕府制度。这里我们不讨论这个，我们这一讲要说的是日本的幕府政权，即幕府变成了一种政权，而且从12世纪末期开始一直到19世纪中叶，它成了实际统治日本的政权。历史上，日本出现了三个幕府政权，分别以它们的所在地命名，那就是镰仓幕府、室町幕府和江户幕府。而且非常有意思的是，在幕府政权实行实际的统治时，天皇竟然还在一代一代地世袭相传，名义上，中央朝廷从来没有被推翻过，用的年号都是历代天皇的年号，这实在是一个日本独有的政治现象。

我们这一讲要来探讨这样几个问题：第一，幕府政权怎么会出现的呢？第二，什么样的人可以出任幕府政权的统治者呢？第三，幕府政权和天皇的中央朝廷又是怎样的一种关系呢？

先来说说第一个问题，日本的幕府政权怎么会出现的。幕府政权，简单地说，就是地方上有权势的豪族羽翼丰满之后，通过武力争斗后建立起来的朝廷之外的实际政权。大家知道，在中国，政权的更迭基本上都是改朝换代，上一个政权因暴戾或无能而衰败，有能耐的人便揭竿而起推翻了它，自己建立一个新的朝代，比如李家的唐打倒了杨家的隋，唐灭亡后，赵家的人建立了宋等等。形式上，自从天皇家族建立了朝廷以后，就一直沿承至今，因此日本人就比较得意地说，天皇家族是万世一系，但实际上却有着天皇大权旁落700年的幕府时代。

日本的朝廷政治，与中国有相似的地方，比如皇帝柔弱的时候，会有外戚专权，就是皇后一方的亲戚来干预政权，往往是皇后的兄弟获得一个类似于宰相的"关白"的官位，几乎把持了主要的朝政。不过日本没有宦官，却有一个我们中国所没有的现象，就是一个好端端的天皇，即位不久，就不想做了，禅位给自己的儿子，可实际上他并不想放弃权力，就在天皇的正院后面另设一个后院，直接操纵朝政，年幼或年轻的儿子徒有天皇的虚名，在后院操纵政权的老天皇被称为"上皇"，这样的状态会一连持续好几代，这在日本历史上叫作"院政"。还有一个现象，就是一个好端端的天皇，做了没几年，突然信奉佛教出家做和尚，做了几年俗心萌发又回来，依旧操纵朝政，这样的人被称为"法皇"。这样一来二去，真正的天皇反倒是没了权力，渐渐地也丧失了权威，于是中央朝廷的权力就越来越衰败，这时地方上的豪族势力就渐渐抬头了。

在中央集权最鼎盛的奈良和平安时代的初期，可谓"普天之下莫非王土"，私人几乎不可能拥有大片的土地，中央向地方上派遣称为"国司"的官员去管理当地的地租、税收、财政等，地方上有些权势的豪族也被中央的权力压在下面，渐渐就对中央产生了不满。这时又有许多新的土地被开垦出来，这些新的土地就落在了私人手里，随着皇权的衰败，原来属于皇族的土地也渐渐地被分割了。另外，有权势的寺院和神社也往往拥有自己的土地。于是在10世纪以后，一种类似于私人大农场性质的庄园就慢慢形成，庄园主为了保卫或扩张自己的利益，就豢养了一批武装力量。在这一时期的日本，朝廷之外最有权势的，就是平氏和源氏两大家族，他们也往往是最大的庄园主。其实他们最初都是皇族的后代，后来被皇室赐姓。什么叫赐姓呢？就是天皇家族是只有名而没有姓的，今天也依然如此，被赐姓以后，就降为平民了，相对于在朝的天皇，他们不再是亲戚，而是臣下，但也有个好处，就是他可以做其他皇室成员不能做的事情，比如经营自己的庄园和势力范围。他在血缘上依然是皇族，容易依托朝廷的声势来扩展自己的势力。平氏和源氏后来分成了好几个支系家族，但在很长的一段时期一直很有势力。在朝廷权威跌落的情况下，平时和源氏两大豪族就不断地争权夺利，最后是源氏家族的源赖朝胜出，第一次把朝廷晾在一边，自己建立了镰仓幕府。

　　源赖朝（1147—1199）的家族长期在关东地区经营，他的势力主要集聚在关东，于是他就把政权机构建立在镰仓，镰仓的位置在今天东京西南大约80公里的地方，13世纪建成的镰仓大佛是很有名的。于是后人就把这一政权称为镰仓幕府。标志着这一政权正式建立的，是朝廷赐予源赖朝"征夷大将军"的称号，实际上是源赖朝迫使朝廷给他这个称号，时间在1192年。以后室町、江户两个幕府的统治者，也同样从朝廷那里获得了这个称号。在12世纪末期，源赖朝已经完全掌控了日本，并把税收等财政大权捏在了手里。从此，日本历史上的第一个武家政权，也就是镰仓幕府横空出世了。

　　由武家掌权的幕府，也是世袭制，一代代传下来的。一般而言，每一个幕府政权，由某一个家族掌权，姓氏都是一样的。然而第一个政权的镰仓幕府，却成了例外。开创者源赖朝，自然是一个骁勇善战、很有手腕的能人，他集聚了关东地区的各路诸侯，与另一个很有势力的北条家族联姻，击败了与自己同一家族的竞争者和强大的对手平氏家族，在远离传统政治中心的镰仓创建了武家政权。可是在52岁那一年，他从马上摔下来死了。于是他的长子在20岁时接掌了政权，可那是一个很病弱的人，一年后就把名义上的权力让给了他年幼的儿子和弟弟，事实上，权力已经掌控在源赖朝的妻子北条政子和她家人的手里。源赖朝家族里的人试图驱逐北条家族，结果北条政子的父亲，也就是源赖朝的丈人北条时政就出手把他们全干掉了，于是北条家族就实际掌控了镰仓幕府。

　　那时，朝廷对于镰仓幕府非常不满，也不甘心政权旁落在他们手里，于是在1221年组织力量前去讨伐，结果遭到北条家族掌控的幕府方面的强势反击，朝廷的军队被打败，上皇和天皇都被流放到荒远的地方甚至岛屿上，属于上皇的土地财产竟然被幕府没收。幕府还派出了一个机构去监视朝廷的动向，如此一来，朝廷实际上也被捏在了幕府的手中，从此以后，以王公贵族为代表的公家政权就彻底丧失了权力，咄咄逼人的武家政权一统天下。不过名义上，朝廷依然没有被推翻，天皇还是一代一代地世袭，只是尝到反抗的苦头后，就再也没有心思和力量来与武家政权抗衡，只是乖乖地蜗居在京都，顶着个天皇的名义，冬天晒晒太阳，夏天纳纳凉，差不多成了一个傀儡朝廷。

简单总结一下。到了 12 世纪初，以天皇为首的朝廷对于全国的统治力已经越来越弱，因为庄园制而兴盛起来的地方豪族势力越来越强盛，最后互相较量，群雄逐鹿，枭雄源赖朝打败了对手，自己建立了一个武家政权，这就是镰仓幕府。源赖朝死后，政权又被他妻子的家族即北条家族夺取，并击败了试图消灭幕府的朝廷的武装力量，一举控制了包括朝廷在内的整个日本，由此，日本真正诞生了由武将全面掌控权力的幕府政权。

话说禅宗的传人荣西和道元

在这一讲里，我要说说荣西（1141—1215）和道元（1200—1253）这两个人。这两个人的了不起，就是把中国的禅宗传到了日本，荣西传的主要是临济宗，道元传播的是曹洞宗。为什么说了不起呢？这是因为，当时传统的佛教，比如天台宗和真言宗等，势力还相当强大，他们竭力排斥新来的宗派，并对此进行压制，因此，荣西他们的传教很辛苦，很艰难，但最后他们都毅然决然地坚持下来。事实上，镰仓时代以后，禅宗对于日本的文化乃至日本人日常的生活，影响是巨大的，如果没有中国禅宗的传入，恐怕今天日本人的文化生活将是另外一种面貌。

2015 年在京都大学作研究的半年里，我专程到位于祇园西南部的建仁寺去造访了两次。祇园已成了一个观光区，那里几乎终年都是人头攒动的游客，小巷内常常是人来人往，熙熙攘攘。但是坐落在西南一隅的建仁寺，相对比较安静。这是镰仓时代初期的 1202 年由荣西和尚创建的，可以说是京都最早，差不多也是全日本最早的一座禅寺。而禅宗，尤其是禅宗里的临济宗，是荣西第一次完整地从南宋时代的中国传到日本的。

荣西是一个什么样的人呢？荣西在平安时代末期的 1141 年出生于现今冈山县的一个神官家庭，可他后来并没有在神社供职，自幼聪慧颖悟的他，读过不少佛教的经典，13 岁就出家，到京都比叡山受戒。比叡山是遣唐使时代，在中国的天台山国清寺那里留学回来的最澄创建天台宗的名山，荣西在那里跟从名师学天台宗，几年之后，他在显教和密教两方面都已有了一定的造诣，在学佛的过程中，他接触到了唐本的《法华经》，觉得应该到中国去进一步学习。那个时候，中国正处于南宋时期，虽然偏安一隅，政治上、军事上比较窘迫，社会却比较安定，长江流域经济很富庶，文化也很兴盛。那时日本与南宋之间虽然没有官方的往来，民间的贸易却比较频繁，于是在 1168 年的 4 月，27 岁的荣西搭乘日本的商船，从九州的博多也就是今天的福冈出发，来到明州，也就是今天的宁波。在明州登岸之后，荣西遇到了另一位从日本过来的僧人重源，于是就结伴去游历天台山。在那里，他看到了天台宗新的章疏 30 余部 60 卷，同时也接触到了禅宗，但因要与重源结伴回国，未及深入探究，就在当年的 9 月搭船回国，将天台宗新章疏带回日本，呈送给天台座主明云，自己则在比叡山潜心研究天台宗和密教的教义。

回国后在研读天台宗的书籍时，荣西发现当年到过唐朝中国的最澄、圆仁等人的著述中都提及禅宗，于是重新燃起了对禅宗的兴趣，决定再次入宋学禅，并试图西游印度。1187 年 3 月，荣西又一次坐船来到中国，他来到临安府（今杭州）拜见有关官员，希望准予其到西域巡礼，但由于当时南宋王朝已失去了对西北地区的控制，西夏人和蒙古人等占据了西域的交通要塞，有关官员无法开具通行的文书，无法西行。荣西便潜下心来在中国认真习禅，跟随临济宗黄龙派第八代传人虚庵怀敞在天台山万年寺参禅，后又跟随至天童寺，前后约有 4 年。1191 年，怀敞觉得荣西已有相当的造诣，便授予他法衣、临济宗传法世系图谱及柱杖、宝瓶等器物，并赠一书翰嘱他归国传法，这一年 7 月荣西回到了日本长崎的平户。

荣西在日本传播禅宗，一路受到了不少阻力。他起初只是在九州一带开建一些小寺院，后来在福冈的香椎神宫旁建了一座稍有规模的报恩寺，传禅的声名渐起，结果遭到了当地僧人的反对，怂恿京都比叡山的传统佛教势力上告朝廷，鼓动朝廷下令禁止禅宗。荣西心想只有设法借助国家的力量来传播禅宗，于是就在 1198 年写了一部洋洋洒洒的《兴禅护国论》，详细介绍禅宗的基本教义，向朝廷表示自己传播禅宗的目的乃在于护国。这是日本第一部介绍禅宗的著作。这样一来就暂时消除了朝廷的疑虑，也堵住了反对派的嘴。但是后来禅宗得以在全日本传开，并成为风靡全国的最具影响力的佛教宗派，还有一个更为深刻的政治背景，这就是此时中央朝廷的力量已急剧衰弱，源氏家族控制实际的政权，在远离京都的镰仓建立了日本历史上第一个幕府政权。刚掌握政权的幕府执政者不仅要取得各种政治势力和民众的支持，而且还要赢得极具影响力的佛教势力的支持，因此镰仓幕府便有意扶植亲近自己的新的宗教势力。在这样的情形下，荣西的新兴禅宗就受到幕府的青睐，而荣西也有意借助新崛起的幕府政权来扩展自己的影响，于是，禅宗首先在远离传统佛教势力中心的关东地区传播开了。幕府请荣西担任法会上的修法导师，还把源氏家族的一处宅地赠予荣西，他在此建造了寿福寺，以此为据点，将从中国传来的禅宗传授给幕府的要人和相应的武士阶级。荣西在关东站住了脚之后，又向京都一带出击，在幕府的支持下，他在京都东南部建造了一座建仁寺。因朝廷的干涉，这座寺院还不是一座纯粹的宋朝禅宗式的伽蓝，除了禅门一宗外，还建置了真言和天台两院。因为京都的佛教界还是比叡山天台宗的天下，荣西不得不作出这样的妥协。但也正是从荣西开始，中国宋朝样式的禅风寺院建筑逐渐在日本出现。在传播禅宗方面，荣西是第一大功臣。

荣西传来的是禅宗的临济宗，而另一个极为重要的宗派曹洞宗则是道元传来的。道元 1200 年出生于京都，虽然孩童时就先后失去了父母，却受过很好的汉文教育，并对佛教产生了浓厚的兴趣，13 岁那年他来到比叡山请求出家，第二年在戒坛院由座主公圆为他剃度削发，由此正式受菩萨戒，成了一名僧人。道元是一个善于动脑筋的人，他在比叡山修学中，对原本佛书上所说的话产生了一些疑问。当时在日本已影响深远的天台宗和真言宗都主张一切众生皆有佛性，生来与佛无异，可是三世诸佛为什么还要再发心以求觉悟呢？他将这些疑问向山内外的高僧请教，可都无法获得满意的解答。于是在 18 岁那年他投到了荣西所开建的建仁寺，跟随荣西的高足明全修习。

1223 年，道元跟从明全到当时是宋朝的中国游学。他们的登岸地也是明州（宁波）。上岸后，他跟随明全来到了天童寺，在太白山麓的晨钟暮鼓中，跟随临济宗扬岐派的无际修学了两年，虽然学识大有长进，但他仍觉得不满足，于是独自离开天童寺，去了阿育王寺、径山寺和荣西曾经待过的天台山万年寺游历，遍访天下高僧，扩展眼界。此后，他又重新回到天童山，这时无际已经去世，曹洞宗洞山下第十三代如净禅师主掌天童寺，道元就立即拜在如净的门下，期望获得如净的教诲。如净对道元也是爱护有加，允他不管昼夜皆可到方丈室问法。一次在如净的日常话语中，道元顿然醒悟"只管打坐，身心脱落"的禅法要旨，并获得了如净的印可，以后道元便将此作为曹洞宗默照禅的要旨来加以传播。

1227 年秋天，道元在中国修行了五年之后，来向如净辞行。如净向他赠送了芙蓉道楷的法衣、曹洞宗开创者洞山良价的著作等，又赠送了如净自己的肖像画，此可作为传法的凭据。

道元回到日本后，在建仁寺内居住了三年，撰写了《普劝坐禅仪》1 卷，论述了从如净处习得的默照禅的要旨，奠定了日本曹洞宗禅法的理论基础。这里对曹洞宗和默照禅作些叙述。中国的禅宗在唐末和五代时形成的五宗，到宋朝中叶时只有临济宗和曹洞宗还有相当的影响力，其他的宗派都相继消亡。曹洞宗的默照禅，即主张静默坐禅，休歇身心，使烦恼欲念在身心平静的状态下自然消除，将人所具有的清净本性自然显现。道元所师从的如净，就是默照禅的高僧，道元在日本所创立的道元禅——或者说是日本的曹洞宗，便是以默照禅为根本依据的。1236 年，道元在京都创建了一座兴圣寺，后来便在这里说法传教 13 年，名气越来越大，到兴圣寺来参禅的人日益增多，结果受到传统佛教势力的迫害，毁坏了兴圣寺。幸好当时有一个地方诸侯很敬重道元，将自己在越前国（今日本福井县）境内的一处领地赠予道元，后来道元在那里创建了一座永平寺。我曾专程去那里踏访过，格局和建筑一如中国宋时的禅寺样式，成为日本曹洞宗的大本山。而浙江的天童寺，则被日本人认为是日本曹洞宗的祖庭，每年都有许多信徒来参拜。

　　荣西和道元传来的禅宗，对日后日本的文化产生了巨大的影响，这以后再慢慢叙说。

击退元军真的是靠神风么？

2018 年我去日本北九州市参加一个主题为"蒙古来袭与 13 世纪蒙古帝国的全球化"的国际会议，会后去参观了在福冈市内的"元寇史料馆"，和面向博多湾的一处石块垒起来的墙垣，据说这是当年为了阻挡元军的登陆。那天来到海边时，天空下着大雨，海面上风急浪高，还真有点当年元军袭来的感觉。

我在绪论里曾反复强调过，在近代以前，日本没有遭到任何外来武力的征服。但是，没有被征服，并不是说没有遭到过入侵，事实上，在 1274 年和 1281 年，以蒙古人为主导的元军曾组成了声势浩荡的水军，两次攻打日本的九州北部。那么，元军为什么要远涉重洋来攻打日本呢？自 13 世纪以来，先后消灭了金国、西夏、大理、南宋并逼使高丽屈服并且远征南洋的蒙古大军，一路差不多都是摧枯拉朽、所向披靡，为何独独没有打下日本呢？日本人后来一直在说，这都是神风保佑了日本这个神国。这是真的吗？听起来，这好像真的是一个挺有意思的话题。这一讲就回顾一下这段历史，它的真相到底是怎样的。

1268 年，忽必烈通过被征服的高丽王朝，向日本派遣了使者，并携来一份用汉字汉文书写的国书，署名是大蒙古国皇帝，书写的对象是日本国王。前面已经讲到，这个时候镰仓幕府早就建立起来，主掌实权的是北条家族，朝廷虽然还在，但已经失去号令天下的权威。忽必烈大概是通过高丽知晓了隔海有一个名叫日本的国家，也知道了以往日本与宋朝和半岛的关系。这封国书后来被东大寺的一个叫宗性的和尚抄录下来，抄本现在藏于东大寺内。忽必烈的这封信其实写得还算客气，大意是希望日本也像高丽一样向蒙古（那个时候元朝还没有建立）称臣，彼此就可保持友好关系（原文是"通问结好"）。国书送到后，朝廷反复商议，也拿不出主意，那时朝廷早就失去了号令天下的权威，就把国书转到了实际掌权的镰仓幕府，当时幕府的最高执政是北条时宗，才17岁，刚刚被推上这个位置，也不知是年幼不谙政事呢，还是别人给他出的什么主意，反正就把这封国书给搁在一边，不予理会。那个忽必烈的使者在九州的太宰府呆呆地等了五个月，依然没有等到回复，就黯然回去了。

忽必烈在大陆那边攻城克地，也挺忙的，可他心里一直还惦记着日本，后来又一连三次派了使者到日本去，传达的大概都是一样的意思，希望日本能够识时务，成为大蒙古帝国的属国。一路狂胜的蒙古大军，还真没怎么碰到很强硬的对手，他对岛国日本，似乎也没有特别的领土野心，只要周边的国家都向自己低头就行了。可那时的日本，也很久没有和外国打交道了，有点不大知晓海外的局势，也不清楚那个蒙古帝国到底是咋回事，对于忽必烈几次派来的使者，都只是把他们晾在太宰府，既不允许他们见天皇，也不允许他们见幕府的将军。这显然是惹怒了忽必烈，1271年，蒙古人已经定都北京，建立了大元，忽必烈决定去惩罚一下日本。

1274年的农历十月三日，公历是11月9日，一支由蒙古人、高丽人、被蒙古人打败的金国女真人、汉人组成的大军，大约28000人，分坐900艘小船，从高丽的合浦出发，浩浩荡荡向九州北部的博多也就是今天的福冈进发。900艘木船，都是命令高丽人制造的，船夫艄公也大多数是高丽人，这支讨伐军的总指挥是蒙古大将忻都，也是忽必烈在高丽的代理人。话说这支水军在海上一路顺风，11月25日进入博多湾，进攻的第一个目标是太宰府。今天的太宰府市，距离福冈大约半个多小时的车程。一日早晨，元军发起全面进攻，在博多湾的西部一线登陆。

而日本方面呢，对于蒙古人的进犯，多少是有些准备的，但也没料想真的打过来了。事实上，一直到那个时候，日本历史上还从来没有遭到过异国的进犯。于是紧急调集了幕府在九州的直属武士，总人数大约 5000 人，部署在博多湾沿岸大约 30 公里的阵线上。就军力而言，元军 28000 人，处于绝对的优势。蒙古军队的打法，让日本人感到很不习惯。之前他们传统的战法，就是两军分别列阵，由各自一员大将单独战斗，若自己一方的大将获胜，则军队跟着将军向前冲锋追击。但蒙古的军队并不玩这一套，他们是集体一起往前冲。更让日本人不习惯的是，蒙古军队出阵时，奋力击鼓鸣锣，真可谓是锣鼓喧天，日本人所骑的马，被这响彻云霄的锣鼓声惊到了，乱了阵脚，趁此之际，元军迅速突破了日军的防线，大批的水军纷纷登陆。在武器上，元军也处于领先的地位，元军所使用的弓箭，虽是短弓，发射的距离却有 220 米，而日军弓箭的发射距离只有 100 米，显然处于劣势。再说元军的箭头往往涂有毒药，即使没有射中要害部位，也往往会致对方于死地。然而日军还是奋力抵抗，英勇作战，只是在人数上无法与元军正面较量，只能且战且退，处于明显的败势。元军登陆以后，一路向前，冲进了博多和箱崎，一路烧杀。日军的主要阵地被攻破，便向太宰府溃逃。

　　令人费解的是，元军没有乘胜追击，他们就停留在沿海一带，并且当夜就准备撤退。据后来的《元史》和朝鲜方面的史书《东国通鉴》的记载，元军本来的计划就是教训一下日本，让他们领教一下厉害，然后撤兵。或许也因为他们经历了海上的长途跋涉，不免有些疲惫，无心恋战。不料当晚撤退的时候，遭遇了大风，这些只能乘坐 30 人的小木船，在大浪中纷纷倾覆，很多人因此葬身鱼腹。有几艘船漂流到了志贺岛，被赶来的日军发现，于是 220 名左右的元军官兵遭到了日军的斩杀。

　　这场大战到此也就偃旗息鼓了。1276 年蒙古人攻破了杭州，消灭了南宋，建立了庞大的元帝国。忽必烈对日本似乎也没有太记恨，1278 年就许可日本商船来做生意，并在 1279 年又派一名使者到日本去，重申原来的意思，不料镰仓幕府不仅不给回音，还残酷地把使者给斩了。见派去的人一去不复返，忽必烈也不知咋回事，于是再派使者过去，又被日本人给斩了，一次又一次，连同第一次，总共派了 8 次，去了以后都杳无音讯。

　　这次忽必烈火了，于是在 1281 年的农历五月，分头从朝鲜半岛和中国大陆派去了两支水军，即东路军和江南水军，前者 4 万人，后者 10 万人，总共 14 万大军。在古代，跨洋过海的 14 万军队，绝对是大军了。按照忽必烈的意思，这次不只是教训，而是踏平日本，长久地占领日本。可是在古代，如此庞大的水军，且是兵分两路，当时完全没有任何无线电联络设备，在协调和联系上肯定有很多纰漏，彼此汇合的时间相差了一个多月。于是东路军先去攻打博多。可是这次日军已经做好了充分的准备，他们动员了九州北部所有的壮劳力，沿海湾垒起了一长溜的石墙，高 2 米，使得朝鲜过来的东路军无法上岸，经过 7 天的战斗，依然无法登陆，只得撤离，转而进攻今天长崎县平户附近的鹰岛，并在那里与江南军汇合。照理，十几万的大军拿下一个鹰岛是不在话下的，可是不知为何，却苦苦鏖战了一个多月，始终没有攻破。其原因，或许是大陆的士兵都不习惯于海战，海上的漂泊和颠簸，让他们感到体力严重下降；或许是无论朝鲜人还是汉人，都是在蒙古人的逼迫下来作战的，他们本来就没有什么高昂的士气。总之，战斗陷入了胶着状态，而元军大部分依然待在海上的船只上。公历 8 月 17 日夜晚，超强台风袭击了九州西北部，4000 余艘元军的木船，在狂风巨浪中几乎一夜之间倾覆或遭到毁坏，由主将范文虎率领的江南水军，仅有 18000 人躲过一劫，劈波斩浪勉强撤回了大陆。有一部分士兵留在了鹰岛上，后来遭到了日军的扫荡，战死在异国他乡。

　　后来，日本人就据此编出了一个神话，说日本是一个神国，若有外敌入侵，神风一定会保佑日本。元军的两次进攻，都是被神风击溃的。其实 1274 年的战役，并没有台风，只有冬季的风雨而已。但这种神国神风的思想，很长时期内成了日本人的一个精神支柱。因而二战时美军进攻日本时，日军就组织了一支神风特攻队顽强抵抗，但依然没有挽回失败的命运。应该说，当初元军遭遇的两次大风，也完全是一个偶然。

"一天二帝南北京"：日本也有个南北朝

14世纪的日本，出了一本很有名的军事小说，叫《太平记》，作者到现在还无法完全确定，应该是同时代的小岛法师或者是玄惠和尚。说是小说，似乎更像一种报告文学式的历史记录，江户时代，人们就根据这个本子来讲故事，日语称为"讲谈"，有点像中国北方的说书或南方的评话。这本书在日本的地位，几乎等同于我们中国的《三国演义》，在日本可谓家喻户晓。

《太平记》这部书说的是什么事呢？说的就是以后醍醐天皇为中心的14世纪日本的一段南北朝的历史，云遮雾罩，翻云覆雨，天玄地黄，甚是热闹。这期间，实际掌权的镰仓幕府在一波三折之后倒台了，实权旁落的天皇终于重新撑起了朝廷的天地，可是不久又被足利尊氏赶下了台，狼狈地逃到吉野的乡下重立朝廷，在相距100公里的地方，竟然出现了两个天皇，南北对峙，这就是所谓日本的南北朝时代。论规模，论年数，跟中国的南北朝时代相比，那实在是小巫见大巫。不过，这段历史在整个日本文明史上，也实在是一段有声有色、令人津津乐道的岁月，就如同中国东汉瓦解后的三国时代，充满了强烈的戏剧性。

在人们的印象中，日本的天皇大都是一些缺乏雄才大略或雄心壮志的窝囊人物，当年也不知怎么的就建立了大和朝廷，后来的天皇，就一代一代地这么沿承下来，好像难以见到诸如中国历史上的秦皇汉武、唐宗宋祖这样的伟大人物。其实不尽然。日本历史上，其实也出过几位很有抱负、很想有所作为的天皇，这一讲里要叙说的后醍醐天皇（1288—1339），就是这样一个人物。

镰仓时代的朝廷，天皇虽然已经失去了实权，可宫廷内的争权夺利却并没有因此而减弱，在皇室内，形成了"持明院统"和"大觉寺统"两大派系。后来成了后醍醐天皇的尊治，原来并不是太子，他是后宇多天皇的第二个王子，因缘际会，在 31 岁时即位做了天皇，在派系上，他是属于"大觉寺统"的。不过从平安时代后期开始，日本的宫廷内形成了一种很莫名的风气，继承皇位的天皇做了没几年，就退位把皇位让给他的儿子，可自己又不肯放权，坐在后院实际掌控皇权，前院的天皇几乎是一个傀儡。这样的情形一代又一代延续了两三百年，这在日本政治史上称为"院政"，差不多相当于中国的垂帘听政。可是后醍醐天皇即位时已经 31 岁，他的父亲还要来操控他，这让他觉得很不爽。而实际主政的镰仓幕府，不喜欢"大觉寺统"的人，因此也不看好他。这时，后醍醐天皇就在谋划什么时候推翻幕府，有朝一日重新恢复天皇的实际统治。

幸好，1321 年，他的父亲停止了"院政"，他终于获得朝廷的实权，力图恢复天皇自己的亲政。这时他又觉得自己的一言一行处处受到幕府的掣肘，由此他意识到，如果幕府还存在，他就无法真正施展自己的宏图大略。于是就与自己的儿子和几个亲信商议，准备抬出象征皇权的三种神器，即八尺镜、天丛云剑和八尺琼勾玉作为神力，纠集一些武装力量，推翻镰仓幕府。可是那个时候，镰仓幕府为了监视朝廷，在京都设立了一个"六波罗探题"的机构，这些人居然敢监视和干涉朝廷的事务。结果后醍醐天皇的计划被"六波罗探题"的那些人知晓了，于是幕府就推举了"持明院统"的一个亲王来当下一任天皇，试图剥夺后醍醐天皇的皇位。1331 年，"六波罗探题"的武装人员冲进朝廷，准备对后醍醐天皇采取行动，后醍醐天皇带着三种神器仓皇出逃，来到了京都南郊的笠置山，纠集力量准备举兵去攻打幕府，结果败给了幕府的军队。而率领这支军队的首领，就是后来创建了室町幕府的足利尊氏（1305—1358），他当时是镰仓幕府北条执权下的一名将军。

想想天皇也真是惨，堂堂一国的元首竟然成了阶下囚。1332 年，后醍醐天皇被彻底废黜，流放到了遥远的隐岐岛上。而他的儿子护良亲王潜伏下来和一名叫楠木正成的武人再度纠集武力进攻幕府。流放中，后醍醐天皇趁机逃离了隐岐岛，发布诏书号召全国民众推翻幕府。幕府再次派遣足利尊氏率军去镇压，不料足利中途变卦，反戈一击，背叛幕府而倒向了天皇一边，结果把持日本实际统治权 150 年的镰仓幕府，就在 1333 年轰然倒台，北条家族大大小小 800 余人集体自杀。倒幕的势力拥戴着后醍醐天皇重新回到了京都，把亲幕府的"持明院统"的皇族势力清除出了宫廷。

后醍醐天皇一下子觉得好不得意、好不快活，被幕府压制了 100 多年的朝廷终于在自己的手里恢复了统治，而宫廷内的对立势力也被自己踩在脚下。他把年号改为"建武"，重振旗鼓，壮大朝廷。他汇聚全国的财政，大兴土木，建造宫殿，重振天皇号令天下的权威。历史上把他的这些举动称为"建武中兴"。可是好景不长，一来大兴土木，劳民伤财，使得全国本来已经十分疲敝的财政更加困窘，二来当年推翻镰仓幕府，大半是靠了幕府下面的一些倒戈的武士，而一旦皇权重新建立，这些出了力气的武士却没有获得应有的论功行赏，于是对天皇的不满就日益膨胀起来。最要命的是后醍醐天皇得罪大功臣足利尊氏，他觉得自己没有受到天皇的厚遇，也是憋着一肚子的不快，于是在 1336 年与他人联手，打倒后醍醐天皇。后醍醐天皇没想到又遭此重大打击，匆忙间再次出逃，先是去了京都东北部的比叡山，后来接受了足利提出的媾和条件，交出了象征皇权的三种神器。足利得到神器后，就把后醍醐天皇撇在一边，拥戴新的光明天皇，并在京都稍北的室町创立了新的室町幕府，像当年的镰仓幕府一样，实际掌控了全国的统治权。后醍醐天皇见自己被排除在权力中心之外，不肯罢休，又向南逃到了现在奈良县南部的吉野，那里山高林密，地势险要，不容易攻取。后醍醐天皇把那里的一座名叫实诚寺的寺院改造成皇宫，另立朝廷，与北部京都的朝廷分庭抗礼，从而形成了一片天空下的两个朝廷、两个天皇，哪一边都自认为是正统的，从而开启了日本历史上的南北朝时代。

　　其实，这两个朝廷、两个天皇，都没有实权，权力掌握在足利尊氏开创的室町幕府手里。一心想恢复天皇亲政的后醍醐天皇，折腾了近 20 年，最后还是竹篮打水一场空，只能在偏僻的吉野苟延残喘，既缺乏得力的左膀右臂，又没有实际的强大兵力。3 年后的 1339 年，孤家寡人的他便带着满怀的遗憾和痛苦，郁郁死去了。他的后人，虽然也试图重新夺回权力，无奈回天乏力，最后都遭到了失败。1392 年，南朝也终于难以为继，不得不向北朝低头。于是，一场有点像闹剧的南北对峙局面，终于画上了句号，日本从此正式进入了室町幕府的时代。

　　事情还有一个小小的逆转。时隔 500 多年后的明治四十四年（1911），明治天皇当政的末年，突然觉得要为后醍醐天皇平反，认为南北朝时代，南朝才是正统、皇家的系谱，北朝不算在内，后醍醐天皇一脉才是皇室的真正传人。于是，吉野当年留下的一些古迹又受到了人们的尊崇，今天成了游客观光的所在。

明朝册封的"日本国王"

在进入这一讲的正题之前，先简单解释一下"册封"这个词。册封原本的意思是拿着册来分封爵位，在古代中国，主要是指天子对臣下和诸侯分封爵位和土地等。作为制度，始于汉代。后来又扩展到对臣服于中原王朝的周边小国的册封，即每当这些小国的君主有变动的时候，新的君主必须向中原王朝禀报并得到中原王朝的册封，也就是正式批准和认可，这样，新的君主才具有法理上的正统性，它往往是与朝贡连在一起的。

日本在公元 57 年开始受到中原王朝的册封，这样的状况大约一直断断续续持续到 6 世纪初。607 年圣德太子派遣使者来到隋王朝的时候，遣隋使所持的国书上却称"日出处天子致书日没处天子"，表示彼此处于平等地位，不再是从属的关系，当然引起隋炀帝的不快。后来的遣唐使，为了避免称谓上的纠纷，就不再携带国书。虽然中原王朝仍然把日本看作臣属国，日本却认为自己已经脱离了朝贡册封体系，与中原王朝是平等来往，但却从来不敢对中原王朝称自己的君主叫天皇，大陆这边认定日本的君主只是国王而已。

从 9 世纪中叶开始，日本实质上就没有再派过遣唐使，以后两国的官方往来一直陷于停滞状态。13 世纪下半叶，元军两次攻打日本，彼此关系交恶，往来很少。可是在室町幕府的时候，出了一个认可明朝册封的"日本国王"的人，并且以朝贡的名义，与明朝展开了轰轰烈烈的"勘合贸易"。这是不是意味着日本重新回到了以前的册封体系呢？且听我慢慢道来。

1368年，朱元璋推翻了元朝的统治，建立了大明王朝。为了向海内外宣示新王朝的成立，朱元璋在当年就向日本、高丽、安南、占城（现在越南的中南部）派出了使者。除了日本之外，其他三国都在第二年派遣使者来朝贺。日本为什么没有反应呢？前一讲讲到，那时日本正处于南北朝时期，明朝的国书是送到九州北部的太宰府，太宰府那时的当政者是后醍醐天皇的儿子怀良亲王，可那时南朝正在与北朝争斗，自顾不暇，就没有理会朱元璋的国书。朱元璋见日本没有反应，就在第二年再次派遣使者去昭告，语气很严厉，不料怀良亲王把正使扣留了三个月，还把随从人员给杀了。直到明朝第三次派来使者，太宰府方面才认识到与明朝中国交往的重要性，派了以僧人为首的9个人来到南京朝贺进贡。朱元璋虽然感到很满足，但他从日本使者那里了解到，怀良亲王并不是日本的国王，不免有些失望。于是他就再次派遣了以僧人祖阐为首的使者团去日本，经过一番艰难曲折，终于联系到了实际主政的室町幕府的第三代将军足利义满（1358—1408），从九州前往幕府的所在地京都，待了几个月以后在第二年辗转从北九州回到了南京，同船过来的还有南北朝两边的使者。但朱元璋接受了北朝的贡品而拒绝了南朝的进贡。这一时期，由于日本南北朝之间还有纷争，一些九州的豪族就纷纷趁机与明王朝发生关系，伪造日本的国书向明王朝示好，希望在与明朝的贸易中获取巨额利益。朱元璋被弄得一头雾水，就下令叫真正的日本国王来联系，一同来整治沿海的倭乱，并在1381年发布禁海令，禁止民间与海外私通贸易。

1392年，足利义满以武力迫使南朝的后龟山天皇交出了象征皇权的三种神器，于是南北统一，他成了整个日本的实际统治者。这里我们来说说足利义满这个人。足利义满是室町幕府第二代将军侧室所生的儿子，他9岁时，父亲去世，幼年的他就继任了将军的位置。一开始有别人来辅佐他，21岁时，他觉得自己已经长大成人，就开始亲自来主持政权，在平定了几次地方武装的叛乱后，逐渐建立起自己的权威，显示出了不同凡响的统治才能，并稳固了幕府的统治基础。他是一个有些政治野心的人，年少时曾经熟读《孟子》，比较服膺孟子的民本思想，认为真正有才能的人，可以取代天皇建立新的朝廷。在消灭了南朝以后，他的威望可说是如日中天，在朝廷中获得了极高的待遇，得到了相当于宰相的太政大臣这一最高的官职。这时的他，真是有点平步青云、目中无人的感觉了。比较有意思的是，踌躇自得的他，却在这时候把将军的位置让给了他的儿子，学宫廷里太上皇的样子，自己在后院垂帘听政。过了一阵子，又出家去做了和尚，取名叫道义，却不肯好好做和尚，仍然控制着幕府政权。这时足利义满了解到，与明朝进行朝贡贸易，可以从中赚取很大的利益，如果官方之间不展开贸易，民间的走私贸易就会盛行，海上打家劫财的倭乱就会猖獗起来。

于是在 1401 年，他派了九州的商人和自己的一个亲信和尚，带了日本的国书和丰厚的贡品前往明朝的首都南京，表示愿意与明朝廷开展朝贡贸易。这时朱元璋已经去世，继位的明惠帝对海外贸易不怎么感兴趣，只是给了日本方面 20 匹锦绮。第二年，送日本使者回去的时候，明惠帝派了两个僧人携带国书一同去了日本。坐稳了江山的足利义满，这时重点考虑的是财政的问题，即如何使幕府的金库有充足的盈余。此时他已了解到，通过与明朝廷的朝贡贸易，可以赚取大量的利益。因此，对于明使的到来，他表现出了高度重视的态度。明使一行 1402 年 7 月在博多也就是今天九州的福冈登陆，一路东行，8 月到达京都，住在法住寺。9 月 5 日，足利义满在他新建造的北山新邸，也就是今天大家所熟悉的金阁寺的所在地，隆重欢迎明使一行。对两位使者带来的明惠帝的诏书，他表现出了极大的恭敬，焚香叩拜，表示自己臣属的姿态，然后跪坐启封拜读。在明使第二年 3 月启程回国时，他又派了天龙寺的高僧作为日本的使者随船同行。此时他已经知晓燕王朱棣有可能取代明惠帝称帝，于是写了两封国书让使者带去，一封给明惠帝，一封给可能新掌权的朱棣，强烈表示了日本方面希望与明朝廷开展朝贡贸易的意愿，落款都是日本国王臣源，臣是表示自己臣服明朝廷的意思。或许足利义满并不愿意称臣，他也并不愿意让日本重新纳入以中原王朝为主导的朝贡册封体系，但是武家出身的他，却是一个清醒的现实主义者，他不惜以自己一时的称臣来获得明王朝的欢心，以此来换得日本与明朝官方贸易的展开，从中获得巨大的利益。

果然，当乘坐着中日使者的木船在1403年9月到达宁波时，朱棣已在南京成了永乐大帝，当他看到日本使者呈递上来的祝贺他即位的国书时，大为喜悦，立即答应了日本提出的签订《贸易条规》的要求。但朱棣也是一位很有头脑的帝王。他很清楚朝贡贸易中，获益的都是来朝贡的一方，因为按照中国历代王朝的惯例，还礼总是要比贡品多好几倍，以显示泱泱大国的气派。因此条规上明确规定："诏日本十年一贡，人止二百，船止二艘，不得携军器。"为了防止日本民间有仿冒的官方商船过来，还实行了严格的勘合贸易制度，制作了以日和本字命名的勘合各100道，日字的留在中国，本字的交给日方，船只到了中国后，两道勘合符号要对得起来才说明是经过官方批准的。日本方面对此都一一予以答应。1404年4月，日本使者回国，明朝的使者也一同前往日本，带去了中国方面给予日本的大量回赠品和给足利义满个人的礼品，分乘5艘大船，浩浩荡荡抵达兵库港，也就是现在的神户。朱棣的国书中称足利义满为"日本国王"，并按中国的惯例，赐给他一颗"日本国王"的金印。

就这样，为了获得实际的利益，足利义满一时间又向中国称臣，暂时回到了东亚朝贡体系。日本贡献或者说出口给中国的物品主要有铜、刀剑、漆器、硫磺、金等，中国回赠或是出口到日本的物品主要有洪武通宝和永乐通宝等铜钱、生丝、棉、陶瓷器、纺织品、书籍、香料等。因为名义上是朝贡贸易，因此没有任何关税，且日本人在中国的一切费用，都由中国来承担，所以每一次贸易日本所获得的实际利益，都在本国贡品的五六倍以上。

不料，1408年足利义满死后，继任的第四代将军却不愿意继续向明称臣，就中断了这一贸易。不过，到了第五代将军时又在1429年重新启动了这一贸易，一直断断续续持续到1547年，其间日本总共派了18次、50艘船，主要是日本方面获益。后来由于国际国内形势发生了变化，官方贸易就停止了。与此同时，倭寇在海上的活动却猖獗起来。

　　总之，在足利义满执政的时代，日本曾有一个时期明确地向中国称臣，回归到了传统的东亚朝贡体系。后来又不了了之。此后，日本就再也没向中国称臣，继续游离于朝贡体系之外。

"北山文化"和"东山文化"：日本文化的成型

说起"北山文化"和"东山文化"，恐怕很多人都会感到陌生，但若是去过京都的人，你对他说金阁寺和银阁寺，那一定就很熟悉了。其实，就建筑而言，或者就有形文化遗产来说，金阁寺和银阁寺就分别是北山文化和东山文化的代表。今天，到日本去观光的中国人，若有一天，必定会去看金阁寺，若有一天半或两天，也必定会去看银阁寺。这两者在1994年都被列入世界文化遗产。纵然不大懂北山文化和东山文化内涵的人，从金光灿灿的金阁寺和状若茅屋的银阁寺的外观，大概多少也能感受到这两者的些许差异吧。

简单地说，由室町幕府早期的第三代将军足利义满和中期的第八代将军足利义政所奠定的北山文化和东山文化，真正形成了我们今天所熟悉的日本文化几乎所有的内涵，它是在长期积淀下来的包含了自中国传来的大陆文化和列岛本土文化的基础上结出的丰硕果实，而在200年以后的江户时代，达到了一个空前的高潮，呈现了绚烂多姿的日本文化的全景图。

前面曾经说到，在差不多10—12世纪的平安时代，日本文化经历了一个从唐风到国风的演变时期，然而所说的内容，几乎都局限在文学这一范畴，即从中国传来的汉诗汉文，慢慢演进到了用假名和汉字共同书写的和歌、随笔和物语，日本人在表达思想和情感的时候，已经不必再受汉字汉文的桎梏，可以用假名来自由地书写用日语发音的词语，或重新组合创造出各种新的语汇，创制各种新的文学样式。但是，文化并不仅仅是文学，人类用各种形式创造的精神活动，诸如戏剧、建筑、庭园、绘画、雕塑、音乐等等，都可以包含在里面。无论是北山文化还是东山文化，都不仅仅只是文学，而是前面提到的这些精神活动的综合体。这些综合体后来又经过一段岁月的沉淀和发酵，在江户时代达到了一个绚烂的样态，一直深深影响或规定着今天日本文化的基本内容。

　　在切入北山文化和东山文化的主题之前，我想稍微说一下自己对日本文化基本内涵的认识。我认为，后人理解的日本文化，大致由三大部分组成。第一是公家文化，这里的公家，主要指的是平安时代的王公贵族，他们大抵都具有遣唐使们带来的大陆文化的素养，精通汉诗汉文。他们优游岁月，沉醉在吟诗作歌、笙歌宴饮的岁月中，或是礼仪做法的讲究中，对于四季的景物变化，具有纤细的感受力和敏感的体悟力，这就逐渐养成了他们对于美好事物很高的品鉴能力和审美能力，或许可以用"优雅"一词来加以概括。但同时，他们对于外界的世事纷扰、民间疾苦知之甚少，他们也很少做健全的运动，因而造成了他们羸弱的身体甚至有些病态的心理，他们一般都不具有阔大的心胸和豪迈的气概，在优雅的同时，柔弱也是他们重要的一面。结果朝廷在最后丧失了实权，成了被搁置在一旁的傀儡。这种文化被称为公家文化。第二是武家文化。11世纪左右逐渐在庄园制基础上形成了武士阶级，又以若干个豪族为核心形成了若干个武士集团，他们依靠自己的武力掌握了实权，建立了以幕府为形式的政权。武家文化的特点，就是勇猛、果敢、忠诚、朴素，具有责任心，重视名誉，因此也有凶狠、顽强、粗犷、讲究实际利益的一面。后来的武士道，以及在对外侵略战争中日本军人表现出来的凶猛坚韧的行为，都可以追溯到武家文化。镰仓时代是日本武家文化发达的时代。第三是禅宗文化。禅宗是在镰仓时代，即中国的南宋时期由僧人荣西和道元带过去的，镰仓时代中后期开始在地方和中层社会广泛传播，后来又在京都等文化中心站住了脚，因而它的影响力遍及社会各阶层、中央和地方，以后融入了日本人的日常生活中，在一定程度上左右了日本人的生活态度和审美意识，以至于在后来成了日本文化的一个十分重要的元素，超过了中国本土。

而这三者，在室町幕府时代达到了一个高度的融合，因为执政者本身是武士阶级，武家文化是它的基本属性，而室町幕府又地处京都，京都是朝廷和王公贵族的地盘，是公家文化最繁盛的场所，恰好在此时，禅宗的临济宗和曹洞宗的影响力达到了一个高潮。在这三种元素的滋养下，诞生了北山文化和东山文化。简单来说，15 世纪初成立的北山文化，在日本历史上第一次完成了公家文化和武家文化的完整融合，同时掺入了诸多禅宗的元素；而 15 世纪中期完成的东山文化，武家文化的色彩已经比较弱，更多的是公家文化和禅宗文化，甚至禅宗文化在一定程度上占据了主导的地位。

1392 年南北朝时代结束以后，足利义满彻底坐稳了江山，室町幕府的政权已完全巩固，于是他就将位于北山的一处贵族的别庄进行了大规模的扩改建，于 1397 年完成了北山殿，将自己的住所和政权中心从原来位于京都中心的花之御所迁移到了北山殿。这是一个占地宏大，拥有舍利殿、天镜阁、护摩堂多处建筑和广大庭园的所在，今天我们所见到的金阁寺，就是当年舍利殿的遗风。在建筑和造园上，受到了 14 世纪中期的禅僧梦窗疏石的极大影响。但是从现存的金阁寺那金光灿灿的外观上，我们依然可以看到武家文化在审美上喜好靓丽耀眼的一面。在北山时代形成或成熟起来的其他艺术样式，还有能乐、日本风格的水墨画、五山文学等。能乐又可分为能和狂言两大类，是一种戏剧表演形式，由足利义满所宠幸的世阿弥和观阿弥父子两代人将民间有些低俗的猿乐改造而成，既保留了民间谐谑、幽默的成分，又加入了宫廷的舞蹈和民间的歌谣吟唱的元素，从而形成了可在舞台上表演的戏剧形式能，和幕间插入表演的狂言。这两种表演形式在江户时代走向了进一步的成熟。至于水墨画，故乡自然是在中国，宋朝开始传入日本，元四家的影响更为广泛，一开始日本人只是欣赏和模仿，后来慢慢形成了日本特色的水墨画，其画作不仅仅是画在纸上，更多的是画在具有装饰意义的屏风上。15 世纪初期名叫如拙的画家，可谓是日本水墨画的开拓者，他画在座头屏风上的《瓢鲇图》，现在是日本的国宝。关于建筑、造园和五山文学部分，其后将专门讲述。

足利义满死后，继任者对北山文化依然有所继承和发扬，但也发生了一定的演变和衰败。到了第八代将军足利义政（1436—1490）即位以后，又滋生出了另一种文化，即东山文化。在京都的东面，是一长溜逶迤绵延的山峦，称为东山。1483 年，喜好艺术又痴迷于禅宗的足利义政在东山山麓建造了自己的别庄东山殿，他死后按照他的遗嘱改建为一个寺院，称为慈照寺，如今留下的建筑只剩下银阁和东求堂，俗称为银阁寺。相比较北山文化，东山文化最大的特点是弱化了武家的色彩，而更多地融入了禅宗文化，因而无论是建筑还是庭园以及艺术品，都一扫北山的华丽和灿烂，呈现出简素、枯淡、寂远的面目。简单地说，它在建筑上诞生了以后日本民居最主要的样式"书院造"，银阁旁边的东求堂是它最早的体现；在造园上，出现了最具日本特色的枯山水；在绘画上，形成了大和绘领域最具影响力的两个流派：土佐派和狩野派，前者沿承了平安时代以来的宫廷风格，优美典雅，后者则较多地显示了武家的文化，色彩较为浓艳而富有装饰效果。作为大和绘，这些画作主要以日本的风景、四季的变化甚至每个月的景色变异为题材，其形式更多地体现为屏风画，一年十二个月的风景变化就用十二面屏风来一一展现，已经显出了与中国画的较大的不同。在茶道领域，倡导茶禅一味的村田珠光已初步开创了佗茶，为以后茶道的完成奠定了基础。在花道领域，池坊专庆创建了富有禅意的池坊流花道，直至今天，仍然是全日本影响力最大的花道流派。可以说，绝大部分体现了日本传统的文化样式，在北山文化和东山文化中已经酿成了成熟的形态。更重要的是，由于 15 世纪后期日本又出现了政治动荡甚至是战乱，很多上层人士和大批受他们庇护的艺术家，纷纷离开动乱中心的京都而流向地方，带动了这些文化向地方的传播，并渗透到了民众层面，上下互动，进一步塑造了日本人的精神世界。

因此可以说，北山文化和东山文化中，我们所知晓的日本传统文化才真正定了型。

织田信长：只差一步完成统一

公元前5世纪初到前221年秦实现大一统之前，中国曾有一个200多年的战国时代，可谓是群雄逐鹿，战乱迭起。日本差不多在1700多年之后，也出现了一个长达百余年的战国时代，以现在的名古屋地区为中心，各路豪杰枭雄纷纷揭竿而起，互相征战，争权夺利，谈不上什么正义与非正义，胜者为王，败者为寇，实际上是一种争强好胜的动物性在人类身上的体现。但是国家如果长期陷于战乱，结果还是生灵涂炭，人民遭殃。这时如果有一个相对贤明的英雄人物能够平定天下，使国家重新恢复和平安宁，那就是人民的福音。织田信长（1534—1582），差不多就是这样一个具有领袖风采的枭雄。可惜，由于发生了"本能寺之变"，战乱依然未能画上休止符。有关风云跌宕、刀光剑影的战国故事，有好几家游戏公司制作了各种各样眼花缭乱的战国游戏，不仅吸引了大批男生，甚至有些女生也沉迷其中，就仿佛是中国的一部《三国演义》，舞台上的主要人物，大家都已耳熟能详。当然，游戏或者演义毕竟不是正史，它能激起我们对某一段历史的一些兴趣，却不能代替历史事实本身。

那么，日本的战国时代是如何开启的呢？织田信长又是一个怎样的人物呢？所谓"本能寺之变"，又是怎么一回事呢？在这一讲里来聊一聊这些话题。

上一讲，我们说到了开创东山文化的第八代将军足利义政。这个足利义政，有点像中国历史上南唐的李后主或北宋的宋徽宗，本人雅好文艺，富有较高的艺术鉴赏力，却是一个不善治国理政的君主，在他手里，文化是十分兴盛，武备却是日渐松弛。足利义政婚后差不多有十年一直没有子嗣，于是就决定把将军的位置让给弟弟义视。结果他弟弟做了将军的第二年，义政的儿子义尚出生了。于是足利义政就改了主意，决定由自己的儿子来继任将军。这下他的弟弟不开心了，拥戴他弟弟的一波人也不开心了，而另一波人则认为既然足利义政有了儿子，儿子继承父亲的位置也是天经地义的，于是幕府里就分成了两派，支持他和儿子的称为东军，支持他弟弟的称为西军。于是两军就为了继承人的问题在 1467 年打了起来，里面还夹杂了好几种派系纷争，在这场旷日持久的战乱中，京都这座古都的大部分建筑不幸毁于战火。战乱持续了整整十年，两派的首领也先后去世，足利义政在战乱中的 1473 年把将军一职让给了儿子义尚，自己隐居到了东山山庄里，不料他的儿子却是一个短命鬼，24 岁就死了，足利义政不得不重新复出，第二年他自己也死了。从此，幕府虽然名义上还存在，但实际的权力和权威都已坠落了，而各路的大名则纷纷割据一方，彼此争斗，扩张权势。

在此起彼伏的战乱中，有一个人物逐渐崭露头角，这就是织田信长。1534 年出生在今天名古屋的他，童年和少年时代有点像法国的拿破仑，并未得到周边人的喜爱，孤独而顽劣。织田信长 17 岁就死了父亲，并继承了他的地位。但这时家族内部也是为了争权夺利而纷争不已，受到他母亲宠爱的弟弟织田信行一直不肯接受兄长在家族内的地位，伺机培植自己的势力，试图挑战兄长已建立起来的权威。终于，1556 年 4 月，信长强有力的支持者、他的岳父遭到了自己亲生儿子的攻击而不幸亡故，信长的弟弟就借此机会举兵，对兄长发起了进攻，在稻生这个地方发生了一场战斗。当时信长手下的兵力不足 700 人，而弟弟一边则有 1700 人。然而信长临危不惧，深入敌阵，大声呵斥弟弟的谋反行为，最后战胜了对方。照理，挑战失败的弟弟应该以自杀来谢罪，但在母亲的斡旋下，免于一死。然而他仍然不罢休，第二年试图再度谋反，事先获得了这一情报的信长，便伴装生病，对借口来看望他实际上要置他于死地的弟弟，发起先行攻击，杀死了他。这稍稍有点类似唐朝开国不久的玄武门之变。在近代民主国家体制建立之前，最高权力层内这样的活剧，在全世界都会上演。

就这样，年轻的织田信长在一系列的事变中显出了他的才能，统一了自己的管辖地尾张国，接着又在1560年5月一个风高月黑、风雨大作的夜晚，在桶狭间这个地势低洼的地方，以三千精兵突然袭击比他兵力多十倍的今川义元的老巢，并斩取了他的首级，扫除了自己在东海道地区的最大障碍。这场桶狭间的偷袭战，使他一举声名大作，远近的一些武将纷纷投奔到他的麾下，他的力量也由此获得了壮大。

那么，织田信长为什么能在群雄中脱颖而出，独占鳌头呢？经过历史学家的研究，大概有这么几点原因。第一，他善于审视和处理上下左右的关系。后来成了室町幕府第十五代将军的足利义昭，试图重新进入京都，恢复室町幕府，信长就主动辅佐他，帮他排除了障碍，进军京都，振兴了幕府政权，信长也借此抬高了自己的地位。当然，后来双方又发生了争执，互相讨伐，最后信长消灭了室町幕府。另一方面，他自己出身并不高贵，因此对于下层武士甚至平民，都能以礼相待。根据《信长公记》的记载，在一次前往京都的途中，他见到一个残障者，便心生怜悯，给了他不少布匹，委托附近的村民把这些布匹换些钱，帮他建造一所小房子，以使他日常免于饥寒。在场的村民和他的部下看了都很感动，提升了人们对他忠诚和拥戴的程度。信长或许是出于真心，或许是出于心机，总之，在这方面获得了一定的成功。第二，是他对军事组织进行了很大的改革。当时各地的大名，为了守护或扩张利益，都建立了自己的武装力量，但限于财力，一般平时都是务农，一旦战事发生，再临时组成军队，往往准备时间匆忙，日常训练不足，作战力自然会受影响。而信长则是专门养了一支军队，实施"兵农分离"，其主要职责就是用来打仗，平时也进行一定的军事训练，一旦有事，拉出去马上就能战斗，且战斗力比较顽强。当然，这里有一个前提，就是你必须获得大量的财税来供养这样一支军队，而信长就通过税收改革聚敛了不少钱财。第三，是他对于道路的修建和武器的改良。他为了迅速调集粮草和运输兵力，从 1574 年开始进行了大规模的道路扩建和整修，在河流上架设桥梁，虽然这是一把双刃剑，敌人占据后也可为其所用，但信长基本上一直控制着这些道路和桥梁，往往能出其不意地战胜对方。在兵器上，除了冷兵器多采用作战半径加大的长枪外，还使用了西方传来的火枪和大炮这些热兵器，在兵力和杀伤力上明显占据了上风。其他当然还可举出不少原因，以上的三条大概是主要的。

　　1582 年 3 月，织田信长乘势消灭了今天山梨县一带的武田胜赖，差不多就要平定关西关东这两个最重要的地区，实现全国的统一。可就在这一年的 6 月 2 日，爆发了使局势产生剧变的"本能寺之变"，这一天，织田信长在京都的本能寺里遭到了他的部将明智光秀（1528—1582）的袭击。本能寺与其说是一个寺院，不如说是信长在京都落脚的一个据点，改建后设置了壕沟、墙垣和马厩等，可以驻扎一定的兵力，具有一定的防守能力。那么明智光秀是何许人也？他为什么要进攻信长呢？光秀也是战国时代的一员骁将，转战南北，后来归顺信长，成了信长重要的左膀右臂。光秀反叛信长，有几种说法。第一，与当时的地方大名比较依赖亲信的武将不同，信长性格有点刚愎自用，作重大决定时，他一般都不怎么与身边的家臣商量，往往是独断专行，这就拉远了他与家臣的距离。第二，当时各地的大名，为了依靠和笼络手下的家臣，往往把自己的土地或新掠取的土地分发给手下的家臣，以换得他们对自己的忠诚。信长虽然也把土地分给他们，但并不让家臣当土地的主人，只是委托他们管理，还经常会把他们从甲地调到乙地去，这就使得家臣们缺乏归属感，不能获得更多的好处，也由此造成了家臣与信长之间的离心离德。对此感到强烈不满的光秀，不惜铤而走险，试图杀死信长取而代之。据说光秀的兵力有 13000 人，而事发的当天晚上，信长的护卫兵只有 100 人而已，信长自然是寡不敌众，肩部被光秀火枪队击中，慌忙之间逃到屋内，自己知道这次无法逃脱厄运，于是点燃了房屋，以此结束了自己的生命。光秀试图取代信长的位置，自己称霸，但遭到了丰臣秀吉等人的讨伐，11 天后，受到山里村民的袭击，自杀身亡。

本来，战国时代或许可以在织田信长的手上画上休止符，但历史就是这么诡谲，由于"本能寺之变"的发生，信长在统一的道路上功亏一篑，战国史还要续写下去。

丰臣秀吉为什么一定要进犯朝鲜？

　　丰臣秀吉（1536—1598）时代的日本，曾经两次侵略朝鲜，这段历史知晓的人不少，似乎也没有特意再拿出来讲述的必要。但却有一个至今都让人云里雾里的问题，那就是，丰臣秀吉为什么一定要进犯朝鲜？人们迄今仍然有些不解，丰臣秀吉在1590—1591年才刚刚平定天下，或者说在日本才刚刚站稳脚跟，为何要在1592年就迫不及待地发动一场空前的海外战争：进攻朝鲜，并试图以此来占领庞大的明朝中国？他的这一举动，其背后所冒的风险实际上是巨大的。丰臣秀吉的真正动机到底是什么？

　　这一讲，我们试图来揭开这一谜团。

　　我们还是从丰臣秀吉的经历说起。1536年出生于尾张也就是今天爱知县的他，原来的家庭是很低微的，他的父亲只是织田家一个做杂役的人，发生战事的时候，去充当步兵。他自己原本也只是这样的一个小人物，后来侍从织田信长，一点点崭露头角。1573年的时候，当上了近江长滨城的城主，不久就成了信长手下一员骁勇善战的大将。1582年信长在京都本能寺遭到部将明智光秀的袭击时，他正在对占据了日本的中国地区，也就是今天的广岛山口一带的毛利家族发动征战，获悉自己的主君受袭的消息后，他立即停止了与毛利家族的战斗，双方暂时达成了和解，带领自己的军队星夜策马奔向京都，去讨伐反叛的明智光秀，后来在山民的协助下，取得了光秀的首级，击溃了他手下的叛军，重新稳定了织田信长的天下。后来在信长接班人的问题上，与同一阵营内的资格最老的人物柴田胜家发生了冲突，1583 年 4 月柴田胜家就在近江，也就是今天的滋贺县一带对丰臣秀吉展开了进攻。双方发生了激战，不意丰臣秀吉在遭到进攻的情况下绝地反击，打败了柴田的军队，一举扫除了阵营内最强大的对手，理所当然地成了织田信长的继承人。他迫使一直在关东地区养精蓄锐的德川家康加入自己的麾下，东征西战，在 1590 年平定了各地的大名，统一了全日本。在这之前的 1585 年他就获得了关白的称号，第二年被天皇赐姓丰臣，并当上相当于宰相的太政大臣。为了征收地租税赋，他下令展开全国范围内的土地丈量工作，力图打破历来庄园制下的各种特权，增加当局的财税来源。同时，为了防止天下重新出现动乱，丰臣秀吉发布了武器收缴令，除了武士之外，一般民间的各种弓箭刀枪悉数收缴。所有这些，对于一个统治者来说，都是比较明智的举动，目的是建立一个自己的天下。

按照一般的理解，这个时候丰臣秀吉的当务之急，应该是如何确立和稳固自己的政权，在国内建立自己的权威。可他却动员了归顺自己不久的各地大名，组织了差不多 20 万的庞大军队，浩浩荡荡向大海对面的朝鲜半岛进发，而且目的地是中国大陆。对此，日本国内也试图作出各种解释，近年来这样的书刊不断问世。

有一种解释，我觉得有些奇葩，但在最近日本的舆论界（不是学术界），却是有些甚嚣尘上。这种说法认为，丰臣秀吉发动海外战争的主要目的，是为了阻止西班牙对日本的侵略。理由是，大航海时代以后，西班牙这一海上强国，通过海路迅速将势力扩展到了东方，已经占领了菲律宾的吕宋岛，建设向外拓展的大本营马尼拉。它接下来的目标，就是占领日本和明朝中国。其证据是，16 世纪以来，西班牙等国家频频通过耶稣会向日本派遣传教士，除了传播基督教、动摇人心之外，还处处搜集各种情报，为西班牙的入侵作准备。丰臣秀吉已经洞察到这一新的国际局势，为了震慑西班牙，便主动出击朝鲜半岛并占领中国，显示出一个军事大国的实力，以此来阻遏西班牙的轻举妄动。这种说法，说得白一点，就是日本的侵略，最初的目的是为了自卫。

这一说法，缺乏强有力的证据支撑。主张这一说法的人举出的一个理由是，一艘从马尼拉出发驶往墨西哥的"圣菲利普"号商船因遭遇暴风而漂流到了日本土佐的浦和，结果被日方强行没收了船上所有的货物，气怒之下，船上有人叫嚷说，我们西班牙总有一天会派大军来征服你们日本的。当地的葡萄牙人又进一步挑拨说，马尼拉方面派传教士过来，都是跟日后西班牙进攻日本有关的。于是丰臣秀吉下令处死了 26 名传教士和日本信徒。但是我们要明白，这件事情发生在日本进攻朝鲜 4 年之后的 1596 年。事实上，丰臣秀吉在1591 年 5 月就派了长崎商人原田喜卫门代表日本前往马尼拉，强行要求马尼拉的西班牙当局向日本纳贡称臣，西班牙自然不会接受。从历史事实来说，不是西班牙挑战日本，而是日本企图胁迫西班牙。再说，1588 年发生在多佛海峡的西班牙与英国争夺海上霸权的大战中，西班牙遭到惨败，由 130 艘海船组成的无敌舰队几乎全军覆没，西班牙海上帝国的地位由此陨落，应该不会有力量再去进攻日本和中国。因此，我个人认为，无论从历史事实还是理论逻辑上来看，这一说法都是不成立的。

那么，丰臣秀吉为何要在刚刚站稳脚跟之后就迫不及待地发动这场大规模的海外战争呢？我个人认为有这样几个原因。

第一是领土的扩张欲望。在这之前，日本除了 7 世纪初期曾在朝鲜半岛南部的任那发展过一点势力之外，倒还从来没有越出列岛范围的武力扩张行为。但连续近百年的国内战争，刺激了武士阶级对领土的扩张欲望，这在织田信长的身上就已经体现出来。据 1563 年就来到日本、在日本待了 31 年的葡萄牙传教士路易斯·佛罗伊斯（Luis Frois）在他所著的《日本史》中的记载，当年信长就曾扬言："当我成了日本 66 国的君主之后，就立即组成一个大舰队，用武力征服中国，把这些领土分封给自己的子孙。"（《日本史》，东京中央公论社，2000 年）丰臣秀吉继承了信长的衣钵，早在 1586 年他就向佛罗伊斯透露，一旦日本平定，就准备谋划"征伐朝鲜和中国"。当侵朝战争旗开得胜的时候，丰臣秀吉就准备把日本天皇迁到明朝的首都，并且打算让自己的养子丰臣秀次出任大明的"关白"，而日本这边则由皇太子继任皇位。由此可看出，秀吉的领土扩张想法虽然狂妄，却是早有谋划。

第二，实际上与上述的领土野心是一致的，即丰臣秀吉最初是想通过与中国的贸易来获取利益，但这一提议遭到了后来推行海禁政策的明朝当局的拒绝，他试图通过占领中国的方式，来垄断东亚的海上贸易，或从中国获取大量的货物资源。

第三，恐怕还有一个谋算，就是通过战争，既可消耗各地领主军队的战力，使其不再对自己的政权构成威胁，同时又可将海外战争中掠夺到的土地作为一种恩赏，分封给各地的武士，让他们感恩戴德，效忠于自己。

由于缺乏直接的文献史料，上述三点原因，是我参阅了各种书籍之后自己的一个推断。

至于战争的经过，想必各位不会太陌生，这里再作一个简单的叙述。

1591 年 5 月，丰臣秀吉通过对马领主向朝鲜国王发出国书，要求朝鲜为日本进攻明朝中国提供方便，遭到了朝鲜方面的拒绝。当年 12 月，秀吉将关白的位置让给了他的养子秀次并由他来主持内政，自己则担任了太阁大臣，全权指挥对外战争，并在现在靠近朝鲜的佐贺县的名护屋设立指挥总部。1592 年 3 月日本舰队向朝鲜进发，4 月在釜山登陆，由于朝鲜方面军备薄弱，釜山在一天之内陷落。一个月以后，日军凭借比较先进的火枪武器，攻陷了首都汉城，国王逃往平壤。一个月以后，日军又攻陷了平壤。与此同时，朝鲜方面紧急请求明朝出兵支援，于是明朝军队与朝鲜民众组成的义军联手抗击日本，战争一时处于胶着状态。朝鲜水军在李舜臣的带领下，以龟甲舰的锐利进攻，打破了日军的海上优势。中日双方在军事较量的同时，展开了好几次谈判，由于双方的谈判代表暗中做鬼，伪造虚假的协议书，虽然导致了暂时的停战，但是当丰臣秀吉后来意识到几乎一无所获时，于 1597 年再次启动侵朝战争，发兵 14 万，又遭到了中朝联军的顽强抵抗，而这时从各地召集来的日本军队，厌战情绪日益滋长，战斗力渐渐衰弱。恰好在这时候，丰臣秀吉得暴病而死，群龙无首,决定撤兵,这场规模浩大的侵略战争就在 1598 年 10 月匆匆宣告结束。这场总共出动了大约 30 万兵力的海外战争,除了劳民伤财、尸骨遍地之外,没有给日本带来任何的好处,却给半岛大地造成了深重的劫难。而丰臣秀吉的统治,也因自己的毙命和战争的失败而瓦解。

德川家康：江户幕府的建立者

正因为是战国，正因为是一个风云激荡、充满了刀光剑影、厮杀呐喊、旌旗飘扬的时代，往往会涌现出不少或运筹帷幄或叱咤风云的英雄人物。可惜，织田信长在就要功成名就的前夜，遭到部将的刺杀，黯然退出了历史舞台；丰臣秀吉在雄心勃勃挥师海外的当口，突然因暴病而毙命，最后失去了江山，都成了战国历史上的匆匆过客。可就在此时，却有一个此前不怎么崭露头角的人物，昂然走上了舞台的正中央，在短短的 6 年之后，平定了列岛的天下，在远离京都的偏远的江户，创建了一个日本历史上最为稳定、最为长久的幕府政权，这个人，就是德川家康（ 1542—1616 ）。

说起来，如今爱知县这个地方，是当年战国时代英雄辈出的土地。德川家康 1542 年出生在这里的冈崎城，最初的姓名叫松平元康。父亲虽是城主，在当年却并没有太大的势力，且在家康 7 岁的时候就死于非命，冈崎城就成了战国时代一个很有势力的武将今川义元的管辖地，年幼的家康作为人质移居到了如今静冈市的骏府。他的外祖母是他的启蒙老师，在那里他又受到了今川义元手下一批很有学问的僧人的教诲，不仅增长了学问，且在耳濡目染中，对于战场上的谋略和兵法也获得了不少知识。1560年，织田信长以突袭的方式击败了实力强大的今川义元，家康也因此从他的手下解放了出来，回到了自己冈崎城的老家。以后经他舅父的斡旋，加入了织田的麾下，并在 1566 年他 24 岁的时候，正式将姓名改成了德川家康。渐渐地，他成长为一个战国大名，统一了今天爱知县的三河地区，此后就一直在明里暗里辅佐织田的大业，为他出了不少力，与丰臣秀吉一起，分别构成了织田信长西边和东边势力的两大重镇。1582 年信长死于非命，丰臣秀吉几乎接管了信长的政治和军事遗产，德川家康也在 1586 年臣服于秀吉，很长时期，差不多一直蛰伏在关东。秀吉平定了天下之后，顾及家康的势力，在他设计的权力架构"五大老"中，家康位居第一，是一个具有话语权的重要人物。秀吉出兵朝鲜时，家康自然是支持，却并没有贡献多少实际兵力。1598 年秀吉病故后，高层中的石田三成成了家康强有力的竞争对手，双方最后闹到了水火不容的境地，丰臣秀吉的正房夫人支持家康，侧房夫人支持石田，内部形成了两大阵营。于是在 1600 年 9 月 15 日，由家康率领的东军与石田三成率领的西军在现在岐阜县西南边的关原这个地方发生了激战，双方的兵力可谓旗鼓相当，但西军缺乏强有力的指挥官，再加上西军的大将小早川秀秋中途倒戈，导致西军在瞬息之间全线溃败，宏大的战斗在一天之内就结束了，现在想来，也真是如儿戏一般。家康在获胜之后，对对手采取了严厉的处置，处死了领头的石田三成等 3 人，另外剥夺了 91 人所有的领地和俸禄，而对自己一方的有功将领则大加奖赏，从而一跃成了日本的新一代霸主。

1603 年，家康被天皇任命为征夷大将军，在江户开设了新的幕府。两年后的 1605 年，他把将军的位置让给了 27 岁的儿子秀忠，以确保德川家族权力体制的沿承性。当然，实际操纵政权的，依然是家康本人。事实上，幕府政权虽已确立，但在西边，确切地说，在大阪，丰臣秀吉的妻子和儿子依然活着，拥戴他们的势力依然比较强大，严格来说，家康的天下还没有完全坐稳。两股势力一直在暗中较量。家康心里明白，自己一旦去世，年轻的儿子未必能坐稳天下。他暗中在寻找摊牌的机会。

这样的机会竟然不期而遇。1614 年，丰臣秀吉的儿子秀赖建议对其父亲创建的京都方广寺进行重建，新铸的一口大钟上镌刻上了"国家安康群臣丰乐"八个字，这让家康找到了挑衅的口实。将自己的名字拦腰切断，等于是要斩断自己的性命，群臣丰乐，则把丰臣秀吉的名字镶嵌在了里面，意思是要恢复丰臣家的天下。这无疑是对现有德川幕府的严峻挑战。于是1615年初冬，家康率领大军浩浩荡荡向大阪进发，这些军队装备了从荷兰等国传入的大炮和火枪，在军事上具有不小的杀伤力，然而秀赖方面也汇聚了不少英才豪杰，修建了坚固的城堡，家康的军队虽然给予了强大的威胁，一时却未能攻破。于是双方展开谈判，秀赖方面以填埋外护城河为条件，换得家康的撤兵。但家康方面把里边的一道护城河也填埋了，这就使得大阪城的防御能力大大降低了。此后双方在一些细节问题上再次发生龃龉，于是在当年的旧历五月再次爆发战斗。这次失去了护城河功能的大阪城，就难以抵御家康军队的猛烈攻击了，虽然秀赖一方的武将也表现出了武士视死如归的勇猛精神，但终因内部有人通敌，火烧大阪城，家康一方进一步肆意纵火，整个大阪城陷入一片火海。丰臣秀吉的妻儿自知这次难逃厄运，就焚烧了自己藏身的仓库，一代枭雄丰臣秀吉，最后连一个家人也没能留下。历史往往就是这样的悲壮和残酷。

德川家康真是一个乱世的英雄，治世的能才。在他羽翼还没有十分丰满的时候，他可以拜倒在一个大人物的脚下，臣服他，听从他，同时暗中积蓄自己的力量，因此他的忍耐力在日本历史上十分著称。而一旦有可以崛起的时机，他就会不失时机地扩充自己的势力，将周边的各路群雄集结、凝聚到自己的身边。在可以消灭对手时，绝不手软，彻底杀绝，排除一切异己，树立自己的绝对权威。然而他又非常注意论功行赏，将1600年关原之战前就一直跟着自己的大名定为"谱代大名"，封地和俸禄从优，在这之后才倒戈站在自己一边的大名定为"外样大名"，待遇和关系的亲疏就相差很多了。通过这样主君对家臣的关系，家康培养了一大批忠诚拥戴自己的大名和家臣，稳固了自己的政权。他还制定发布了《武家诸法度》，奠定了幕府与各藩之间的制度关系，发布了《禁中并公家诸法度》《寺院诸法度》，厘清了幕府与朝廷和佛教寺院的关系。所有这一切，都为江户幕府长达265年的长治久安，奠定了最初也最为坚实的基础。

在做完了这一切的第二年，即 1616 年的 1 月，家康在一次野外的猎鹰中突然倒下了，卧病三个月后，离开了人世，活了 75 岁。在战国三雄（即织田信长、丰臣秀吉、德川家康）中，他是活得最长的。在开创江山的手段上，他与信长和秀吉可谓各有千秋，而在稳定江山的手腕和能力上，战国时代，可谓无出其右者。

在如今东京北部 200 多公里的日光，距离风光秀丽的天禅寺湖不远处，有一处宏大的建筑群，一般称为东照宫。1617 年，在家康去世的一年后，他的遗体被迁葬在这里。1636 年，他的孙子也就是江户幕府的第三代将军德川家光大兴土木，建造了如今留存的建筑群，最初称为东照社，1645 年被朝廷授予东照宫的称号，1999 年被定为世界文化遗产。建筑的总体装饰风格，镶金镂银，精雕细刻，亮光闪闪，体现了武家好大喜功、争奇斗艳的审美趣味，与宫廷的优雅素朴形成了鲜明的对比，这其实也是江户幕府创世一代人生做派的生动写照。

第
25
讲

"武士道"到底是什么?

　　武士道,这个几乎无人不知无人不晓的词语,说的到底是什么呢?如果在日本的街头问日本人,恐怕十个人里有九个答不出来或者答不完全。武士道,这种被认为几乎在几百年里渗透在日本人骨子里的东西,还真不是一两句话可以说清楚的,因为它的形成、演变和具体体现,至今仍然是众说纷纭,还未产生出一个非常清晰的概念。尽管新渡户稻造在1899年用英文写了一本著名的著作,叫《武士道:日本人的灵魂》,第二年被译成日文,后来几乎被翻译成了世界上的主要文字出版,但我不得不说,这是一种理想化了的、意念化了的陈述,实际上的武士道或者武士的行为,并没有如此美好和高尚。

　　今天日本人对于武士道的接受和理解,更多的是来自小说、戏剧和影视作品,往往是一种具象的呈现。比如"赤穗义士"的故事,和根据这一故事改编的、上演了上百年的歌舞伎《忠臣藏》,以及以这一故事为题材的各种版本的电视剧、电影等,青少年一代更多的恐怕是从以战国事迹为内容的动漫和游戏来感知武士生活的。而对于西方人而言,2003年由美国华纳兄弟拍摄、阿汤哥主演的《最后的武士》,恐怕是获知武士道最生动最直接的教本。然而对于我们中国人来说,武士道往往还夹杂着血腥、日本军刀、切腹自杀这样凶残的图像。应该说,包括新渡户稻造的《武士道》这本书在内,上述的每一种图像,都表现了武士道的某一个或某几个真实的侧面，却未必是一个完整的图像。而我们今天在观察理解日本人或日本人的精神时，武士道是一个无法绕开的话题。

要了解武士道，自然应该先了解武士。这里先说说日本武士的由来。

简单地说，日本的武士产生于庄园。庄园是什么呢？差不多就相当于现在的农场，当然有庄园就有庄园主，有时一个有权有势的庄园主拥有好几个庄园，有的庄园甚至相当宏大。那么，庄园又是什么时候产生的呢？前面曾经说到过，日本在公元645年发生过一次大化改新，既是一场宫廷政变，也是一场大的革新，大和朝廷学习唐朝中国的政治和法律制度，推行班田收授法，将全国的土地全都定为朝廷的也就是国家的土地，全国的农民都必须为皇家耕作，即所谓"普天之下莫非王土，率土之滨莫非王臣"，将地租的收入牢牢地掌握在了朝廷手里，建立了比较强大的中央集权制度。农民除了缴纳地租之外，还要为国家服各种的劳役，随时听从朝廷的使唤。于是不堪重负的一些人就纷纷逃离皇家的土地，自己去荒蛮的地方开拓新的土地，以摆脱王权对自己的控制。另一方面，朝廷在各地的土地，是要派人到地方上去管理的，这些地方官往往由京城里的贵族或者皇亲国戚来担任，官职被称为"国司"，代表朝廷发号施令。这些人到了地方上时间一久，就慢慢形成了自己的利益集团，成了地方上的大佬，不断蚕食国家的公田，自己占据了很多土地，同时他们在朝廷上也很有势力，就迫使朝廷通过了一系列的法令，承认新开垦的土地永远属于该土地的所有者。这样一来，就在皇家的公田之外，产生了私田。这些地方上的国司或者国司手下的人，通过强取豪夺的方式，自己拥有了大片的土地，这些被兼并的土地，就在平安时代的初期也就是9世纪左右，形成了一个个大小不一的庄园。各个庄园之间，经常会发生一些土地疆界的利益摩擦，往往会因此而引发一些武装冲突，于是一些有实力的庄园主，就会培植起自己的亲信，再组织起规模大小不等的武士团，自己直接或通过亲信来管理指挥武士团。所谓的武士，就这样产生了，时间在10世纪左右。这些地方上的大庄园主，慢慢成了主君，手下的亲信和武士团，就成了自己的家臣，与主君关系比较亲密或地位比较高的武士，称为"御家人"。武士团会进行一些军事训练，以适应战时的需要，而没有战事的时候，就在庄园里从事耕作，也就是说，这些武士，既是军人，也是农民。主君会根据他们的表现尤其是战斗中的战功，分别论功行赏，大致形成了底下人为上面的主君出力、主君给下面的人好处这样一种做法或者制度。给好处的方法，除了提升他们在集团内的地位之外，主要是赏赐土地，有了土地，就可做一个小地主，获得属于自己的租税和利益。

由于朝廷的土地和利益慢慢地被地方上的豪族蚕食和瓜分，朝廷的权力和权威就慢慢下降和弱化。拥有庞大武士集团的地方豪族羽翼日渐丰满，就有点不把朝廷放在眼里了，各自为了自己的利益发生了激烈的争斗，最大的就是平氏和源氏之间的武力角逐，其结果是源氏建立了镰仓幕府。在源赖朝去世之后，源氏的后人与源赖朝的妻子北条家族之间又发生了剧烈的权力争斗，此后又是动荡战乱的南北朝时期，产生了新的室町幕府。在太平了几十年之后又在1467 年发生了内斗和战乱，到了16 世纪则全面进入了一个战国时代，经过了差不多一个世纪的角逐，最终由德川家康建立了江户幕府，终于迎来了长达200 多年的太平时代。可以说，从第一个幕府政权建立之前，一直到最后一个幕府建立之后，几百年以来，整个日本基本上就是武士的天下，虽然朝廷一直还存在，王公贵族也以顽强的方式力图体现自己的存在。

可是，武士存在了这么长的时期，从萌芽、发生、发展一直到羽翼丰满、驰骋天下，在江户时代之前，真正表达武士的规矩、精神和道德的书面性的文献始终没有出现。武士道这个词，严格来说，差不多是在新渡户稻造的同名著作问世以后，才广为人们所知。武士道作为一个词语，最早出现在江户时期的初期、17 世纪上半叶由兵法家小幡景宪撰述的《甲阳军舰》这本书里。这部书主要记述战国时期武将武田信玄等的战斗事迹，并且记录了一些甲州地区武士的事迹和想法，重点在于战法战术。书里第一次出现了"武士道"这一词语，但意思与日后新渡户稻造所表达的内容几乎没有什么关系，武士道也从来没有成为一个常用词。差不多过了100 年以后的18 世纪，又有一本关于武士的书籍问世，这就是由佐贺藩士山本常朝口述、另一个武士笔录的《叶隐》，主要记叙历代佐贺藩主的言行，同时包括佐贺藩以及一小部分其他藩武士的事迹言行等。这本书表达的一个重要理念就是，身为武士，就要把生死置之度外，把生命视若浮云。江户时代，地方上的各个藩虽然还存在，但已经进入了一个太平年代，战争已经成了过去式。江户幕府推行的"士农工商"等级制度，虽然把武士阶级推到了最高层，各地的藩主虽然也被幕府封为俸禄多少多少万石的地方领主，但因为已经没有了开疆拓土的战争，没有了攻城略地的战果，藩主手下的武士几乎失去了获得额外奖赏的机会，部分武士对于主君的忠诚心，也难免出现了松弛。于是，无论在最高的统治阶层，还是在地方上的上下关系，一种希望家臣对于主君忠诚的要求被普遍提了出来。家臣和部下对于主君的"灭私奉公"，家臣和部下守护主君家族荣誉和家族生存繁衍的责任，被提到了武士最高的道德要求。而武士作为社会中最高的阶级，他的言行对于整个社会的道德形成，都将有一种引领的作用。

就在这样的氛围下，1701 年发生了一件轰动全日本的事情。位于现在兵库县中部的赤穗藩的藩主浅野长矩与另一个藩主一起被幕府叫去参加仪式，迎接来自京都朝廷的敕使。仪式有一套繁琐的规矩，幕府便指定了一个名叫吉良义央的资深武士对他们进行指导。也许是浅野长矩给他的礼金少了，吉良义央就一再暗中刁难他，愤恨之中，浅野就在将军所住的江户城内的松廊下拔刀刺伤了吉良。幕府将军闻讯后勃然大怒，命令他切腹自杀，他的家人也一并受到牵连，领地被没收。如此一来，浅野手下的 47 个武士就成了无主的浪人。他们决定报复，为主君恢复名誉。于是在一年之后，秘密潜入吉良的住所，斩下他的首级拿到浅野的墓前去祭拜，然后全体去官府自首。对于如何处置他们，在全日本引起了一场大讨论。虽然最后这些武士全都切腹自尽，被葬在了他们主君的墓旁，但他们的事迹却博得了上下的赞美。一出描写这一事迹的歌舞伎《忠臣藏》一直演到今天，赤穗浪士的故事感动了一代又一代的日本人，以后又有各种电影、电视剧的出现，普通日本人从中感受到了什么是武士道精神，即对于主君的忠诚、为了名誉不惜牺牲生命等等。

后来新渡户稻造为了向西洋人说明什么是日本精神和道德，用英文撰写了《武士道》一书，在里面又杂糅进了诸多儒家的"礼义廉耻"的元素，把武士道抬举到了很高的层面。这与其说是体现了武士精神的原本内涵，不如说是新渡户稻造希望武士道是这样的一种道德规范，里面更多的是包含了新渡户稻造的期望和理想，而并非武士道的实际形态。

近代以后，日本当局强调民众对于天皇国家的忠诚，通过"军人敕谕"和"教育敕语"来向一般民众灌输忠君爱国的思想，将武士道变成了激励日本人向海外扩张的精神动力，这又为武士道抹上了一层灰暗的色彩。

简而言之，武士阶级虽然早已产生，但武士道却是后来的产物。其实，主君与家臣，包括下面的武士，彼此是一个互相依存的命运共同体。主君或某某家族下面的武士，是靠了主君赏赐的俸禄和领地得以存活和发展的，而主君的领地和家产，也是必须依靠手下的武士加以维护和拓展的。在长期的共处过程中，逐渐形成了一套礼仪做法和处世规矩。下层的武士要对上层主君效忠，而主君则应该对家臣加以爱护和奖赏，武士一旦踏上战场，就应视死如归，不畏艰险，这是武士道最初的基本内容。到了江户时代，以朱子学为主体的儒学盛行，逐渐渗透到日本各社会阶层，于是陆续加入了忠、信、礼义、廉耻等儒家道德理念，但一直缺乏对于是非的辨析和普世的道德判断，作为个体或集团的武士，虽然具有刚毅、勇敢、将生死置之度外这样的品质，却很容易为掌握权势的集团或统治阶级所利用，沦落为一种杀戮对手的工具，在后来的日本对外侵略战争中，人们更多地看到的是盲目无知和狰狞凶残的面目。

江户锁国：
日本传统文化的烂熟

大航海时代的开启与西洋人在日本的登陆

　　16 世纪之前，日本人所接触的外国人，也就是中国人和朝鲜人，虽然蒙古人主导了两次入侵战争，但实际上或许连蒙古人的手都没有摸过。所接触的外来文化，都是以汉字汉文为媒介，这也决定了此前的日本文明与东亚的密切关联。但是 16 世纪中叶开始，一个完全陌生的异族在日本登陆了，这就是西洋人。

　　15 世纪末和 16 世纪初，由欧洲人主导的大航海时代拉开了大幕。1487 年，葡萄牙人迪亚斯（B.Dias）发现了非洲南段的好望角和通往印度的海路；1492 年底，哥伦布（C.Columbus）到达了加勒比海地区的美洲；1498 年，达·迦马（V.da Gama）开辟了通向印度的航线并到达了印度；1519 年，麦哲伦（F.Magellan）穿过南美洲南端的麦哲伦海峡来到太平洋，1521 年抵达菲律宾，由其助手完成了环球航行。至此，欧洲人以其探险行为获得了对世界地理的全局性了解。之所以会开启大航海时代，一方面是因为文艺复兴开始之后，诸如葡萄牙、西班牙和意大利诸国逐渐崛起，凭借日益发展的新科技、新知识以及强悍的冒险精神试图向海外尤其是东方拓展；另一方面是奥斯曼帝国在 1453 年消灭了拜占庭帝国，并在此后占领了巴尔干半岛、北非和阿拉伯世界的大部分地区，控制了红海、波斯湾等通往地中海的交通线，严重阻隔了新兴欧洲国家向东方的扩张，这也迫使他们力图找到新的海上航路。于是这个地球第一次通过海路被打通了。

　　日本人第一次接触到西洋人或者说西洋的物品，是在 1543 年。这一年的农历八月二十五日，一艘中国船漂流到了当时日本最南端的种子岛。在与中国人的笔谈交流中，日本人获悉船上居然还有一个南蛮人（后来知道是葡萄牙人），这个人带有几支火枪，火枪不是冷兵器而是热兵器。当地的首领时尧就买了两支，吩咐铁匠把它拆开加以仿造，经过几次尝试，又在第二年过来的外国人的帮助下，居然仿制成功，造出了几十支，中国人把这种新式武器称为"火縄铳"，日本人比较夸大，把它叫做铁炮。于是，铁炮传来，就成了日本与西方的第一次接触。

　　而第一个真正登上日本的西洋人，是传教士沙勿律（Francisco Xavier）。

　　在今天鹿儿岛市的东部面向锦江湾的祇园之洲公园内，建有沙勿律登陆纪念碑，沙勿律的塑像，被树立在一根巨大的石柱前，一侧是大型浮雕，表现了当年沙勿律上岸时的情景，当然这都是今人的想象。沙勿律，1506 年出生于西班牙的哈维尔城，曾在巴黎学习，后结识耶稣会创始人罗耀拉，1541 年受罗马教皇保罗三世的派遣，作为耶稣会传教士从里斯本出发，前往当时葡萄牙的领地印度的果阿展开传教活动，在果阿（另一种说法是在菲律宾的马尼拉）认识了因杀人而从萨摩搭乘葡萄牙人的船只逃出来的日本人弥次郎，弥次郎此时已向神父忏悔了罪行并接受了洗礼。在弥次郎的引导下，沙勿律一行经马六甲海峡北上，于 1549 年 8 月 15 日在今天纪念碑附近的海岸登上萨摩，拜见了萨摩藩主岛津贵久，成了历史上第一个来到日本的传教士。据文献记载，为了传教，他与当地的佛僧展开了辩论，也不知道他们使用什么语言展开辩论的，总之，沙勿律受到佛教势力的排斥，于翌年前往本州各地。最后来到京都，试图晋见天皇和主掌室町幕府大权的足利义辉，但是天皇在当时已经没有实权，而室町幕府的将军足利义辉也一时被人赶出了京都，结果都没有见到。沙勿律不得已折返至山口，见到了当地的大名大内义隆，呈上了印度总督和果阿主教的信函，并献上了带来的望远镜、台钟、洋琴、镜子、眼镜等物品，大内大悦，准许他在山口一带传教，让他们在废弃的寺院大道寺内居住。据说眼镜就是由他首次带到了日本。于是沙勿律开始在此讲经布道，两个月内皈依天主教的信徒超过了 500 人。天主教在日本的传播史，就从沙勿律开始。在日本待了两年后，沙勿律于 1551 年 11 月带了几名信教的日本青年离开日本回到果阿，并决心前往给予日本文化以极大影响的中国去布道。在派遣了几位神父继续去日本传教之后，沙勿律于 1552 年 9 月登上了位于今天广东省江门台山市西南海面上的上川岛，等待进入中国大陆，但一直未获允许，不幸罹患疟疾去世，年仅 46 岁。死后被列为圣品，在天主教的传教史上具有崇高的地位。今天的上川岛上，还留有沙勿律的墓园和小教堂。二战以后，日本人开始修筑纪念沙勿律的设施，除了鹿儿岛的纪念碑和纪念公园外，最大的纪念设施要推山口市内的沙勿律纪念圣堂了，1952 年建成的建筑后来不幸被烧毁，新的三角锥形状的纪念堂于 1999 年再度耸立，并在周边辟建了一个纪念公园，2005 年的初秋我曾去造访过，差不多可用辉煌一词来形容了。

葡萄牙人和西班牙人，受当时罗马教皇的指派，组织了向各地传教的耶稣会，并且将澳门作为一个据点，向中国、日本和东南亚各国传播基督教。沙勿律之后，在 1559 年，另一名葡萄牙传教士加斯帕尔·维乐拉（Gaspar Vilela）来到日本，一路辗转之后，来到了京都。可是当时的京都，正处于战乱的中心，各派势力都试图掌控京都，维乐拉很难在这样动荡的环境中传教，再加上京都的佛教势力很大，来自比叡山的阻力几乎使得他寸步难行，他不得不转到地方上去。

1568 年织田信长率军队进驻了京都。织田信长好像对基督教并没有什么成见，一直持比较开放的态度。1563 年来到日本的弗洛伊斯在北九州一带进行了布教活动后，于 1569 年来到京都，见到了织田信长，由此他在日本的传教受到了织田信长的许可和保护，于是便把传教活动扩展到了名古屋北部的地区。还有一名得到织田信长赏识和许可的传教士是阿列桑德罗·瓦里亚诺（Alessandro Valignano），他出身于意大利的贵族家庭，后来加入耶稣会。1573 年来到东方传教，1579 年作为耶稣会的巡查牧师来到日本，然后在九州和大阪附近传教，与另一批传教士一起受到了织田信长的接见，得到了布教的许可，并在织田信长的大本营安土城的城下开设了一所神学院。由于得到信长的保护，这些传教士就在日本的西部地区广泛传教，赢得了许多教徒，连一些很有势力的大名，比如大村纯忠等，也成了虔诚的基督教徒，接受基督教的洗礼。据估计，16世纪下半叶，信奉基督教的日本人大概有几十万，同时也有一些西洋商人来到日本，把欧洲或者东南亚的货物贩运到日本，并传来了文艺复兴时期欧洲的新知识。

1582年，还发生了一件对于整个东亚来说都是极为罕见的事情，就是东亚人第一次走出亚洲来到了欧洲，来到了基督教或者说天主教的大本营梵蒂冈。这就是4名日本少年赴欧洲访问团的派遣。在这之前，还从来没有东亚人直接踏上欧洲的土地，也从来没有东亚人前往欧洲与基督教直接发生交往。在东西文化交流史上，这可说是一件罕见的大事。为什么会有日本人到罗马教廷去呢？其实这是上面提到的瓦里亚诺的主意。西方过来的传教士，虽然得到了织田信长的支持和庇护，但实际上他们中有些人与当地日本人相处得并不好，双方都有一些猜忌。瓦里亚诺了解到，有些日本人信教，是由于一些信教的地方藩主强力推行的结果，应该让一些日本人到西方去，实地考察了解基督教和西方的情况，实际上就是培植亲西方派。于是瓦里亚诺就建议长崎大村的领主大村纯忠和大友宗麟等派遣年轻人随传教士一起去欧洲，晋见教皇，接受基督教的培训，回来后让他们来担当日本各地区的牧师，可以更有效地推广和传播基督教，同时也可带动西方与日本的贸易。于是在神学院学习的少年中选拔了伊东等4个人，洗礼后还给他们起了教名，听起来像外国人。经过一番准备之后，在1582年的2月20日，从长崎港坐了一艘葡萄牙船，跟着几个西方传教士一起向欧洲驶去。经过几个月的海上奔波，终于在葡萄牙的里斯本上岸，又来到了西班牙的马德里，拜见了国王菲利普二世。1585年3月，这些日本少年被带到了罗马，受到了罗马市民的欢迎，见到了宏伟的梵蒂冈教堂，谒见了格里高利十三世教皇，向教皇递交了大友宗麟等大名的信函和礼物，教皇授予他们黄金骑士的称号，教廷的重要人员悉数参加了谒见仪式，据说场面相当隆重。这些少年在欧洲学习了基督教的经典和管风琴的演奏等，感受到了文艺复兴时代的欧洲气象。

　　这4个日本人在欧洲待了7年，出发时还只是十四五岁的少年，在1588年7月坐船回国时已是20余岁的青年。除了《圣经》等之外，他们还带了在欧洲学会的小提琴、古钢琴、竖琴、长笛等西洋乐器回到日本，正准备信心百倍地在日本展开传教活动，不料日本国内的形势已经发生了急剧的变化。

江户时代是如何镇压基督教的？

其实，日本对基督教，具体地说，对传教士和基督教徒的镇压，并不始于江户时代。在上一讲里，我们说到了基督教是如何在大航海时代开启以后逐渐在日本扩散的，这跟织田信长在一定程度上的许可甚至是鼓励有着很大的关系。信长死后，丰臣秀吉掌控了日本，但是九州一带的大名不大容易管辖，许多大名信奉了基督教，弄得神神叨叨的，还强使自己领地内的民众也改信基督教，那个著名的基督教大名大村纯忠还把长崎的地盘供奉给罗马教皇，让耶稣会把长崎用作传教的基地。丰臣秀吉觉得，如果听凭基督教的势力蔓延的话，日本传统的根基会受到动摇。于是他在 1587 年的 6 月 18 日、19 日连续发布了两道文书，主要的内容是禁止传教士的传教并将他们驱逐到海外去，禁止大名信奉基督教。但是对于一般武士和民众的宗教信仰，并不加以干涉，同时也允许葡萄牙和西班牙的商人来日本从事贸易活动。在葡萄牙语里，神父一词写作Padre，日本人把它听成バテレン，并用日文的汉字发音把它写作"伴天连"，后人就把这两道文书称为"伴天连驱逐令"。不过，严格来说，这还不算是禁教令，基督教一定程度上在日本还可以合法存在。然而，1596 年发生的一件事，使局势变得严峻起来。那年有一艘西班牙的商船遭遇风暴，漂流到了今天四国南部的土佐地方，当地的官吏对他们进行了管制，于是其中有一个人就叫嚷说，我们西班牙的军队总有一天会来占领日本，那些传教士都是我们的先遣部队。这话传到了丰臣秀吉的耳朵里，他勃然大怒，就发布了严厉的禁教令，并把在京都的圣方济会的 6 名传教士连同 6 名日本耶稣会传教士抓了起来，强行带到了长崎。1597 年 2 月 5 日，将他们连同 17 个日本信徒一起处死了。这些人，在 1862 年被罗马教皇认定为圣人，这是后话。

这样一来，基督教的势力在日本大大受挫，但在处死传教士的第二年，丰臣秀吉就得暴病死了。企图夺取日本主导权的各派武将，纷纷你争我斗，那时好像都无暇顾及基督教的事情。不过实际上，德川家康在 1603 年建立江户幕府的前一年，即 1602 年，就曾经向马尼拉的西班牙总督发出文书，表示日本要禁止基督教的传播，但是在自己的政权确立之前，还没有充分的余暇来考虑基督教对自己的政权是否会造成负面影响。江户幕府一旦确立之后，在德川家康以及幕府的高层看来，基督教的传播至少在两点上对自己的政权构成了威胁。

第一，对现有的秩序构成了威胁。此前，各地的领主与自己的家臣订立主仆关系，或者是各个领主建立同盟关系时，都是要在寺院神社那里面对诸佛或神灵订立誓约的，而在基督教传入的地区，基督教的上帝成了超越一切的唯一的天主，这与日本人原有的神佛信仰是严重抵触的。基督教的传入，导致了日本人原有的信仰系统的紊乱。第二，各地的领主如果以基督教精神为支柱来实行地区统治的话，就跟江户幕府中央集权的统治形成了矛盾，各地的领主信奉天主为最高的神，将会严重动摇江户幕府中央集权的权威。

为进一步了解掌握基督教传播以及在民间的影响，据说德川家康派出了不少秘密侦探，到各地去暗中调查。获得的报告是，传教士和教徒不断在各地扩展自己的势力，以基督教的教义鼓动民众反抗江户幕府，并且打压佛教和神道的势力，外国传教士还设法从国外秘密运进武器等，帮助基督教大名谋反。这些情报有些是真的，有些也难免有夸大其词的部分，甚至根本就是杜撰的。德川家康获悉后，觉得基督教势力确确实实正在威胁自己的政权，甚至威胁到了日本的安全，于是决定出手。1612 年，他发布禁令，首先在自己直接管辖的区域内禁止基督教的传播和信仰，第二年发布禁教令，在全国范围内全面禁止基督教，并且强制要求已经信奉基督教的人放弃原来的信仰。

这里的基督教，主要是指德国宗教改革家马丁·路德在16世纪上半叶掀起的宗教改革之前的天主教，当时他的主要基地在欧洲伊比利亚半岛上的西班牙和葡萄牙，也包含了一部分的意大利，也就是说，主要是由耶稣会传播的基督教或者说天主教。德川家族的统治稳定之后，全面排斥的就是改革前的天主教，因此西班牙、葡萄牙的传教士都不允许在日本留存，各藩的大名一律不准信奉基督教，民众也必须放弃基督教信仰。经过一个时期的禁绝，基督教的势力或者说影响力在日本急剧下降，耶稣基督的形象也被妖魔化。

可是，树欲静而风不止，太平了一阵子以后，在现在长崎县的岛原和熊本县的天草这两个地方，1637年突然爆发了大规模的基督教信徒的起义或者说暴动。这两个地方都在九州，相距很近，以前是信奉基督教的大名有马晴信和小西行长的领地，基督教的影响一度很深，民众中基督教徒相当多。江户幕府成立以后，特别是1715年彻底奠定其政权基础的关原大战以后，这两个地区的领主都换了人，在租税和年贡上对农民相当苛刻，对于基督教的镇压尤其严厉。于是人们开始怀念以前基督教大名统治的年代，与现在的统治者发生了冲突，除了农民之外，商人、手工业者、船夫等也加入了反抗的行列，原先在基督教大名手下的那批武士成了起义或暴动的首领，参加的人数大约3.8万人。幕府立即调集兵力前去镇压，兵力一度达到了十几万，并借助荷兰人的商船从海上加以炮击。但是起义的民众以岛原城为据点，顽强抵抗，幕府的军队一时难以攻破，一直到了第二年的2月，才以压倒性多数的兵力攻陷了岛原城，幕府方面花费了40余万的银两，失去了几千名武士，付出了惨重的代价。各地大名为了防止本地区出现类似岛原、天草那样的民众暴乱，也加紧对基督教的取缔和严禁。这样一来，基督教被江户幕府血腥地彻底镇压下去了。

为了防止基督教在日本死灰复燃，也为了防止岛原起义之类的民众反抗的再度发生，江户幕府在17世纪中后期又推行了两项制度性的措施，一直贯穿了整个德川家族的统治时期。一项是要所有的居民向居住地附近的佛教寺院表明自己对佛教的信仰，并由担当的和尚出具信奉佛教的证明。这里稍微补充几句。江户时代的佛寺，差不多具有地方派出所的功能，几乎所有的居民，都要有一个自己家族的"檀那寺"，每年定期向该寺院提供一定的施舍，生老病死固定在这家寺院做佛事，死后也葬在该寺院的墓地里，这家寺院都有附近居民的名录，差不多相当于后来的户籍登记，寺院的和尚差不多担当了户籍警的角色。一旦发誓信仰佛教，就不可再信仰基督教。这是一项措施。另一项是，通过各种途径和方式对曾经信仰过基督教的人以及他们的后代进行监督监视，严防他们读《圣经》、供奉耶稣像以及做礼拜，防止他们之间互相串联。这两项措施还真的很有效，岛原起义之后，日本就再也没有发生过任何基督教徒的骚乱，基督教渐渐淡出了人们的记忆。

日本为什么也有锁国？

日本在 1620 年左右开始一直到 1854 年被美国人打开国门为止，有过 200 多年的锁国时代。但是，锁国或者锁国时代，这其实是一个后来诞生的词。17 世纪末，有一个叫坎贝尔（Kampfer Engelbert）的德国医生，作为荷兰东印度公司的医生曾经到长崎的荷兰商馆待了两年，后来写了一本书叫《日本志》，比较全面地向西方人介绍了江户时期的日本，其中谈到了江户幕府禁止日本人到海外去，也不允许外国人到日本来的情形。差不多 100 年之后的 1801 年，一个叫志筑忠雄的荷兰语翻译也是兰学研究家的人，把坎贝尔的《日本志》中的一章翻译出来，自己加了一个标题，叫《锁国论》，后来"锁国"这一说法就慢慢传开了。

中国的明清时代，曾经有过断断续续的海禁政策，为的是防止倭寇海盗的侵袭以及民间贸易的繁盛影响到朝廷的朝贡体制。但江户时代的日本为什么要实行锁国政策呢？其实锁国政策的目的，是为了禁止和消灭基督教，或者说为的是消灭基督教势力对幕府政权的威胁。为了禁止基督教的传教士来到日本，也为了禁止有关基督教的书籍传入日本，日本索性断绝了与西班牙和葡萄牙的贸易。在当时，说起西方或欧洲国家，主要就是在大航海时代中崛起的西班牙和葡萄牙，还有就是在 16 世纪末期逐渐崭露头角的荷兰。这些现在说来虽然都是西方国家，但对当时的日本来说，他们都是从菲律宾或中国的南部海域过来的，因此当时的日本人把他们称作"南蛮人"，这也是受了中国华夷思想的影响，以为周边都是未开化的国家。

每一个比较专制的政权，都要竭力排斥对其政权构成威胁的势力。当江户幕府认定基督教势力对其政权的巩固和稳定构成威胁时，就想方设法制定排除这一势力进入日本的有力措施。于是，江户幕府在1612年发布命令，要求除了明朝中国的船只之外，所有其他外国船只只能在现在长崎县的平户港进入，为的是便于管理和限制传教士或有关宗教的书籍混入日本。1633年发布命令，禁止获得政府特别许可的船只（这类商船被称为"奉书船"）以外的任何船只到海外去，也就是说，不允许日本的商船到海外去进行贸易等活动。幕府害怕这些船去了海外，特别是去了西班牙、葡萄牙的领地后，会受到基督教的毒害，一些外国传教士会坐这些船偷偷来到日本，或者偷偷地把那些传教的书籍带进日本来。这样差不多就断绝了日本与海外的贸易。两年后的1635年，又发布了一道命令，禁止所有的日本船只到海外去。不仅如此，还禁止去了海外的日本船只回国，幕府当局还是害怕去了海外的日本人受了基督教的毒害，回国以后帮着传播基督教的邪恶思想。这差不多是有点不近人情了，也就是说去了海外的日本人回不了国了。这一年，幕府还规定即使是来自中国和荷兰的船只，也只能指定在长崎进港。1637年，九州爆发了大规模的基督教徒反抗的岛原起义，这使得幕府当局更加害怕基督教的影响，于是在1639年又发布了一道命令，禁止葡萄牙的商船在日本靠岸登陆，而在这之前，日本已经断绝了与西班牙之间的贸易。这样一来，日本就差不多把自己与西方世界隔绝了。

但是，日本所有的这一切措施，并不是为了禁止与外国的贸易，而只是害怕基督教的传教士和基督教的影响渗透到日本来。因此，虽说是锁国，其实并没有把日本与外界彻底隔绝开来。它允许两个国家与自己做贸易，这就是中国和荷兰。中国容易理解，中国不是一个基督教的国家，虽然也有少量的传教士留在中国，不过应该不会造成大规模的危害。而荷兰是一个西方国家，幕府怎么会许可它来到日本呢？原来荷兰人很会做生意，16世纪末期，重商主义在荷兰兴起，海外贸易大大促进了荷兰国力的发展，在 17 世纪初，荷兰已经把触角伸到了东亚，建立了荷兰东印度公司，日本也是它重视的一个市场。已经改奉基督教新教的荷兰人就对日本人说，自己不是天主教国家，跟西班牙、葡萄牙完全不一样，绝对不会在宗教上危害日本。当时幕府当局害怕的是基督教，而不是西方，一听荷兰人说自己不是天主教国家，就答应跟它做贸易。不过幕府当局还是很小心，限定长崎一个地方跟中国和荷兰做贸易，为了防止传教士或者有关基督教的书籍混杂进来，还把中国人和荷兰人的居住区限定在一小块地方，不允许双方人员自由出入。这就是中国人居住的"唐人屋敷"和荷兰商馆所在地的"出岛"。

据文献记录，在 1634 年以后的 10 年内，每年大约有 57 艘商船自中国来到长崎，每艘船平均大约有船员 50 人，这一数字随着明清两代海禁政策的变化有所增减。一开始，中国人是可以随便居住在日本人开的民宿或简易客栈内的，这也激活了当地的青楼业，形成了江户时代日本三大青楼街之一的"丸山游廓"。后来江户幕府的锁国政策渐趋严厉，也为了减少中国船员与当地人之间的纠纷，于是在 1689 年建立了一个"唐人屋敷"，有点类似今天的唐人街。不过这一"唐人屋敷"是被封闭起来的，外面建有一条水濠，再用围墙和竹篱与外界相隔，一般人不得随意进出，但是青楼女子和僧侣可以进入。据文献记载，"唐人屋敷"共有 36000 多平方米的面积，里边除了仓库货栈等之外，大约有 20 栋两层楼的房子供商人和船员居住，由于当时往来于中国和日本之间相当不易，一般人会在此平均居住 180 天左右。

当时中国的船只主要来自福建和浙江一带，带来的货物主要有生丝、纺织品和砂糖，其他还有皮革、中药和书籍等。这里稍稍说一下砂糖和书籍。砂糖的原料主要取自甘蔗，而日本不产甘蔗，在江户中期之前，几乎全赖进口，因而是珍稀品。在江户时期之前，中国差不多是日本唯一的砂糖进口来源国。进口的砂糖在品目上原本都是归在药材一类中，因此无法确切地知晓其进口量。16 世纪末期开始的获得官方特别许可的"朱印船"贸易，在从中国进口的货物品目中，首次出现了"砂糖"的字样。后来，砂糖的进口除了原先与中国的"朱印船"贸易外，又多了一条荷兰的渠道。据日本学者的研究，1637 年由中国船进口的砂糖为 160 万斤，1641 年为 574 万斤，1662 年为 393 万斤，而这一时期由荷兰船进口的砂糖每年大约 70 万斤，数量相当多。砂糖的大量使用，在一定程度上使得像烤河鳗一类日本料理的诞生成为可能，这里不展开了。另一类是书籍，商人们运送书籍，首要的目的当然不是为了传播文化，而是中国的书籍在日本拥有广泛的市场，可以盈利。这一时期传入的书籍主要有中国的经典、文学书、历史书、医学书、本草书等等，《三国演义》《水浒传》等就是通过这一途径传入日本的，对江户时期的通俗文学产生了很大的影响。

除了"唐人屋敷"之外，还有一个进驻了荷兰商馆的"出岛"。17 世纪初，荷兰在东亚的势力逐渐崛起，1602 年正式成立了荷兰东印度联合公司。1609 年，"罗德莱斯"号等两艘舰船来到紧邻长崎的平户，经江户幕府的许可，荷兰东印度公司在平户设立了荷兰商馆，正式开始了和日本的贸易。幕府当局于 1636 年在长崎西部的沿海地带填海建造了"出岛"，将葡萄牙人局限在里面，仅有一座小桥与市区相连。不过第二年发生了教徒起义的所谓"岛原之乱"，幕府当局就索性把葡萄牙人和西班牙人全都逐出境外，而具有新教背景的荷兰人则被允许将平户的商馆迁到出岛，与后来的"唐人屋敷"一样，这里成了荷兰人与日本人做贸易的大本营。不过它的面积要比"唐人屋敷"小得多，仅有 13000 平方米。官府在联络桥边设立了检查站，未经准许，日本人不可入内，荷兰人也不可随便出入。1720 年，幕府解除了对宗教书籍之外的洋书的禁令，再加上荷兰商馆的馆长每年一次（后改为 5 年一次）要去晋见在江户的德川将军，与日本人接触的机会使得西洋的新知识逐渐扩散到了日本的知识阶层，尤其是医学和地理航海知识，造就了一批通晓荷兰语的人，于是在日本诞生了一门学习研究西洋新知识的学问，曰"兰学"。这是后话。

此外，日本这一时期还跟朝鲜有通信使的往来，也通过萨摩藩在一定程度上控制的琉球与东南亚展开贸易。因此，江户时代的锁国，其实主要是为了禁绝基督教，在这一前提下，还是设法展开与海外的来往，所以并不是把国家完全封闭起来。

江户时代为什么没有战乱？

在日本的三个幕府时代中，江户时代可以说是最为太平的时期。从 1615 年的大阪之战以后，一直到倒幕运动兴起的 1867 年之前的大约 250 年里，整个江户时代，虽然不能说是盛世，但一直是和平的年代。

德川家康建立的江户幕府为什么能做到这一点呢？根据对历史的考察，从内部体制上来说，大概有这么几个理由。第一，德川家康在决定自己命运的 1603 年的关原大战之后，将下属的各地大名，也就是地方上的领主分为两大类，一类是在关原大战之前就支持自己的，称之为"谱代大名"，在待遇俸禄上都有优待，以奖励他们对自己的忠诚，而把关原大战之后归顺自己的大名列为"外样大名"，待遇上自然就不如"谱代大名"。德川幕府用这样论功行赏的方式来鼓励臣下对自己的忠诚，就培养了一大批对自己家族忠心耿耿的家臣。第二，用制度化的形式，建立了各地大名来觐见江户将军的"参勤交代"制度，这一点下面详细展开。第三，为了防止各地大名的反叛，强使各地大名把自己的正妻和嫡子送到江户来，像人质一样长期居住在江户，一旦某地的大名反叛，就杀了他的妻子和儿女，由此来逼使各地大名规规矩矩，不可有任何僭越犯上的行为，不然自己的妻儿就没有性命了。这三点理由，或者说德川家族实施的这三项措施，听起来都相当的霸道和蛮横，但事实上倒还真的比较管用。江户时代长达 250

年的和平得以出现或者维持，自然是多种原因复合的结果，但这三点应该说是比较关键的。

下面先来说说"参勤交代"。参勤交代是一个日语中的汉字词语，这里要稍微解释一下。"参勤"原本的意思是来到将军府拜见将军，也可翻译为"谒见""晋见"，总之是底下的人拜见主君或上司。"交代"，则是轮流、轮替的意思。连在一起，就是下面的大名轮流来拜见江户将军。那么，具体是一个怎样的行为呢？

气势威严的独裁者总不会缺乏趋炎附势也就是拍马屁的人。江户幕府建立以后，就有一些地方上的大名不远数百里，舟车劳顿地主动来拜见将军，以表示忠诚和敬意，奉上各种上好的礼品。作为主君的江户将军，自然很享受底下对自己的效忠和奉承。转而一想，可以用这样的方式来强使各地大名定期觐见自己，这样一方面可以显示出自己的权威，另一方面，长途跋涉的晋见，可以大幅度地消耗各地大名的精力和财力，使得他们在担任各地领主期间，差不多有一半的时间消耗在路途上或居住在江户，这样一来他们就没有精力和财力来谋反作乱了。1615 年，江户幕府制定了《武家诸法度》，对武家的行为规矩进行了格式条文化。1635 年，德川幕府的第三代将军德川家光就在修订后的《武家诸法度》中，把参勤交代这一做法作为法规定下来，这一做法一直持续到江户幕府倒台为止。当然，最后几年，当幕府的权威降低之后，各地的大名对幕府的命令也就不一定认真服从了。

参勤交代具体是怎样实施的呢？幕府规定，各地的大名必须每隔一年也就是两年一次，从自己统治的地方到江户来觐见将军一次。但是如果各地的大名在同一时期来到江户，就要人满为患了。于是将外样大名和谱代大名区别对待，外样大名要在 4 月抵达江户晋见将军，而谱代大名则安排在 6 月和 8 月，另外住得比较近的关东地区的大名，则在 2 月和 8 月，这样就可避免人数过于集中，使得晋见有序进行。近代以前，交通远没有今天这样发达，日本虽然不算一个国土辽阔的国家，但是从东到西，还是有相当的距离，比如从西南段的萨摩藩，也就是今天的鹿儿岛县来到东京，单程需要两个月的时间。而各地大名过来，又不是轻车简从，大的行列，前前后后约有几百人甚至上千人，一路浩浩荡荡，还要携带着各种礼品和生活用品，且在途中还要多次住宿。这倒是促进了江户时期的陆上交通，以江户的日本桥为中心，东西南北修建了 5 条放射状的大路，日语称为"五街道"，沿途还诞生了许多供晋见人员住宿的小镇，由此带动了旅馆业。他们一路人马到了江户后，自然要住宿，于是幕府就在江户指定一些地段供他们建造房屋，据说最多时这样的宅邸有 500 余处，倒也带动了江户城市的繁荣。这些大名，一路过来和返回至少要费时几个月，到了江户总要住上一阵子，这样一来，两年中总共差不多会有一年左右的时间住在自己领地之外的地方，在自己领地上的时间只有一年左右。这样的来回折腾，他们在精力和财力上也就很难谋反作乱了，再加上他们的妻儿也曾一度被作为人质住在江户，就更不敢乱来了。

这种人质制度，是在 1647 年正式确立的，但不到 20 年的 1665 年就被废止了。只是在废止之后，那些人在江户已经住惯了，也就在江户买地置房，有些就长期居住在江户。

江户幕府能够安稳统治日本 250 年之久的另一个原因，是它在 1630 年前后实施了锁国政策，除了中国和荷兰之外，基本上断绝了与其他国家的往来。而这一时期，恰好是西方势力借着大航海时代打通的海路，积极向东方扩张的年代。幕府的锁国政策，在相当大的程度上阻遏了西方势力对于日本的侵扰，且在 19 世纪之前，英国、法国、俄国的力量还没有充分顾及亚洲最东端的日本列岛，使得日本相对处于比较安全的状态，这是江户幕府得以维持长期统治的主要外因。

当然，整个江户时代的 265 年中，也并非都是安稳平和的盛世。前期有平定丰臣秀赖的战争，中间也经常发生因凶年灾荒等引发的局部农民起义，进入 19 世纪以后，西方国家诸如美国、英国、俄国等的船只频频侵扰、登陆日本，要求日本开放港口，进行贸易。这些外来的冲击，最后终于在日本的朝野中撬开了缝隙，滋生了裂痕，最后导致了江户幕府的倒台。

江户、京都、大阪是如何繁荣起来的？

相对于中国，拥有数量众多的市民居住、街市商业繁盛的城市，在日本其实出现得相当晚。在中国，正如文明进程要领先于日本许多世纪一样，城市商业的起步也比较早，且不说汉魏时期，至少在唐朝时，各类市场已经相当发达，粮市、鱼市、菜市在京城长安和地方上稍有规模的城市中大抵已经形成一定的格局，街市中或通衢大道上，食店酒肆已并不鲜见。到了北宋时，以京城汴州（开封）为中心，城市经济出现了空前的繁荣，并形成了相应的市民阶级。张择端的《清明上河图》是对这一情形的最好写照。都城南迁到杭州以后，军事上虽然并不强盛，经济却是相当发达，城市商业更是呈现出了空前的繁荣，人口也达到了空前的 1.1 亿，其中城市人口应该也达到了相当的比例，已经孕育出了近代以前的市民阶层。

而日本的商业，尤其是城市商业的兴盛，真的是非常晚近的事。从 7 世纪末开始的藤原京到 8 世纪的平城京（奈良）和以后的平安京（京都），日本也是有过像样的都城的。但这些城市的格局基本上没有脱离过中国唐朝都城长安的范式，都是棋盘式的格局，大致独立隔绝的街坊形式是其基本特点，甚至比长安更倒退。奈良和京都虽然设有东市和西市，但规模其实很小，行市的时间也很短，交易的内容相对贫乏，而且那时尚未形成充分的货币经济，从城市商业的基本特征来看，奈良和京都是很不充分的。

更重要的一点是，城市的功能完全是以宫廷为中心，居住在城市中的基本上都是王公贵族、政府官吏和各类仆役，几乎没有真正的城市居民，因此也就无所谓市民阶级。这一情形，在镰仓时代和室町时代也没有根本性的改变。

但是这一情形在江户时代发生了剧烈的变化。其背景性的原因，第一是政局相对稳定，社会比较安定，未发生过大规模的战争，一直到近代的大幕开启之前，既无大的内乱，也无明显的外患，差不多可以说是日本历史上最为安定的一个时期。第二是政治、经济和文化中心的东移。在 17 世纪之前，日本的中心地区几乎一直在西部，弥生时代的中心在九州北部，到大和政权时转移到了奈良一带，以后京都周围始终是政治经济和文化的中心。历史上虽曾有过镰仓时代，在佛教上也曾出现过镰仓五山，但一直未能形成大的气势，镰仓政权的掌门人屡屡更换，不久政治文化中心又移往京都一带。因此，总体来说，整个列岛的中心一直在西部日本。江户幕府刚刚建立的时候，这一情形依然继续了几十年，后来在德川家族的经营下，江户作为一个偏远的小邑，虽然经历了多次毁灭性的火灾，但在 18 世纪末已经发展为人口 100 万左右的大城市，产生了较之大阪更为繁盛的市民文化，日语称之为庶民文化或町人文化。与此同时，京都一带虽然仍保持着相当的文化魅力（日语称之为上方文化），但 17 世纪以后的日本文化绚烂成熟的呈现，其中心舞台东移到了以江户为中心的东部日本，这是毋庸置疑的事实。因此，相对于传统的具有贵族色彩或武士精神的前代文化，江户文化更具有庶民的内涵。

1603 年德川家康将幕府正式设置在江户时，江户还只是一个在历史上名不见经传的普通的"城下町"（以日本式城楼为中心形成的城镇）。此后因为幕府当局实行"参勤交代"制度以及要求各地大名妻儿长住江户以作人质，开始了"天下普请"的大建设，幕府要求各地大名派出人夫参与江户的扩建，削平山头，填埋洼地，架桥造屋，大兴土木，到了 1633 年，新的城市已经轮廓初现，渐成规模，宽永时期（1624—1644）町人（市民，不包括武士阶层）人口达到了 15 万。江户历史上曾屡遭大火的毁坏，其中以 1657 年的明历大火最为严重，几乎烧毁了大半个江户城。此后又制定了新的城市建设规划，着手

新的建设，规模也愈加扩大。据 18 世纪上半期的人口调查，町人人口超过了
50 万，一般认为，武士的人口也有同样的数量，那么到了 18 世纪前期时，江
户已是一个拥有 100 万人口的大城市。而这庞大的人口中，町人阶层无疑是
最具活力（无论是在经济上还是文化上）的一个阶层。町人一般指居住在城市
中的工商业者（其中不乏腰缠万贯的豪商），同时也应该包含在江户从事城市
建设的工匠和从事各种城市经济活动的手工业者阶层，或许可以称之为近代以
前的市民阶级。

为了便于各地大名的参勤交代，以江户的日本桥为中心，修建了通往各地
的 5 条大道，分别称为东海道、中山道、甲州道、日光道和奥州道，日语称为
"五街道"。于是，日本桥就成了江户的商业中心。在江户这样居住人口如此众
多的大城市内，首先必然会形成一个生活日用品（尤其是生鲜食品）的市场
体系。其中规模最大的要数"青物（蔬果）市场"和鱼市场。据 1865 年时的
统计，从事蔬果批发生意的总共有 291 家，其中纯粹做蔬菜生意的有 203 家，
纯粹做水果生意的有 81 家，两者兼有的 93 家。就蔬果市场而言，江户城内
形成了神田、驹入和千住三大市场，其中以神田市场为最大。这一市场形成于
江户的初创期，一直存续了 300 多年。到江户末期时，这一带的蔬果批发店
多达近 100 家，集中了江户全城的三分之一左右。除了这三大市场外，江户
城内至少还有 16 个蔬果市场。与蔬果市场几乎具有同等规模的是鱼市场。在
一幅日本版的清明上河图《熙代胜览》（作者不详，画作年代约在 1805 年，所
描绘的是 18 世纪末—19 世纪初江户的场景，画卷长达 12 米，现藏于德国柏
林国立东洋美术馆，20 世纪 80 年代才公之于众）中有相当篇幅描绘了位于日
本桥的鱼市场，人来人往，极为兴盛，其拥挤密集的程度甚至超过了《清明上
河图》中的景象。鱼市场与蔬果市场稍有不同，它大致包含了渔船的上岸市
场、批发市场、中介市场这三个环节，因此一般都建在河岸码头。江户城里共
有日本桥、新肴场等四大市场，日本桥市场形成于 17 世纪初期，历史最悠久，
规模也最大，其他在 17 世纪中期前后陆续形成。

由于长达 260 余年的政局的稳定和社会的安宁，再加之几乎与外界隔绝的

孤岛状态，已经在近 2000 年的历史积淀中逐渐形成的具有列岛特色的日本文化，在江户时代便渐渐蕴积、酝酿、催发、生长出诸多成熟的形态和样式，获得了空前的发展，以至于现今人们所熟识的日本传统文化，大部分竟是在江户时代才正式定型、登场、展现出身姿的。比如戏剧中的歌舞伎和人形净琉璃，诗歌中的俳句，绘画中的浮世绘，通俗小说的假名草子、浮世草子、草双纸、洒落本、读本、滑稽本、人情本等，可以说都是以江户为中心的都市文化的代表形式。饱暖思淫欲，商人和工匠的大量诞生，也催发了青楼业的兴盛，在日本桥附近的吉原形成了一个规模宏大的红灯区，日语称为"游廓"，后来虽因火灾地点有迁移，但盛况却是长久不衰，居江户时代三大游廓区之首。

京都原本只是一个王城，虽然也有不小的规模，但城市的气息一直不太浓厚，王公贵族和侍奉他们的仆人以及宫廷的官吏是居民的主体。后来参勤交代在一定程度上激活了这座城市的商业繁荣，五街道中最主要的一条东海道，起讫点就是京都到江户，京都城成了众多大名出发或者中转的枢纽。人口的流动来往，给京都注入了活力，加上它原本的底蕴，于是织染业、陶瓷业、酿酒业、餐饮业、旅馆业以及青楼业也逐渐兴盛起来。18 世纪时，人口达到 40 万左右。

大阪位于近畿地区，与王城的关系密切，645 年大和朝廷还曾在此地建造过难波宫，但不久就遭到冷落。15 世纪时，其南部的堺，作为一个与海外进行贸易的窗口，曾经相当兴盛，在战国时期又衰落下来。直到 1583 年丰臣秀吉建造了大阪城，大阪再次在日本历史上崛起，依靠便利的港口和海运，在江户时期发展成了一座大城市。关西一带的各种货物尤其是食品，包括酱油、稻米、果物、蔬菜，多在大阪集散，被称为"天下的厨房"，也由此孕育了一大批商人。到了 19 世纪初，大阪汇聚了将近 50 万的人口，成了江户时代日本三大都市之一。这三大都市的兴起，与江户时代长期稳定太平的社会环境、大规模的人员流动和海陆交通的相对完备，以及由此带来的商业兴盛是密切相关的。

江户幕府为何会青睐朱子学？

16 年前一个 5 月的黄昏，我在东京乘坐中央线电车到御茶之水站下来，向北走过一座桥，可以看见东面有一片葱郁的树丛，走近后，发现在繁茂的树林中掩映着中国式建筑的屋甍，这就是在东京颇为有名的汤岛圣堂，俗称孔庙。里面气势颇为宏阔的大成殿，最初据说就是按照朱舜水绘制的图样建造的。就像中国的孔庙一样，它不只是一个祭祀的场所，而且与学校连成一体。说起这所学校的创建人，应该追溯到江户早期赫赫有名的儒学家林罗山（1583—1657）。林罗山可以说是江户时期声名最为显赫的儒学家，但江户儒学的开山祖则应推比他更早的藤原惺窝（1561—1619）。惺窝早年在京都五山之一的相国寺为僧，就像当年的其他僧人一样，在寺院里他既习禅，又学儒，成为一代名僧，江户幕府的第一代将军德川家康曾召他去讲《贞观政要》。但后来在与朝鲜来的朱子学家的交流中，他的儒学意识开始觉醒，毅然脱离寺院，专攻儒学，并且接受朱子学的新观点和新方法。惺窝的弃禅归儒，标志日本的宋学已从禅学的卵翼中脱离出来，成了一门独立的学问。林罗山就是惺窝的弟子。

由朱熹最后完成的朱子学，一般又称为"宋学"。这里我们把目光稍稍往前追溯到宋朝的中国。进入宋以后，中国的思想界发生了两个显著的大变化。一个是以程颢、程颐兄弟和朱熹为代表的宋学（又称新儒学）的诞生。宋学打破了汉唐以来的训诂之风，在宇宙观、方法论乃至伦理学方面都提出了许多新的观念，注入了新的思想。另一个变化是素来处于对立状态的儒学和佛学（严格地说是禅宗）出现了走向融合的倾向。中唐时期成熟起来的中国式的佛教——禅宗，入宋以后曾一度十分昌盛。它在理念和方法论上，与宋朝儒学有不少相通点，比如：禅宗以见性成佛为主，宋学以穷理尽心为本；禅宗提倡回复自己的本原，宋学则主张探求自己的本性；禅宗的修行方法是坐禅内观以达顿悟，宋学的治学方法则是静坐省察以求豁然贯通。这些相通点，以及禅宗的主动向宋学靠近，使得它们逐渐走向了融合。南宋以后的禅僧大都兼习禅儒。

宋学何时正式传入日本，似乎没有十分明确的起始年份，但明确地将宋学的著作带到了日本，并在日本传播宋学的，是从 1235—1241 年在宋留学了 6 年的高僧圆尔辨圆（1202—1280）。圆尔在杭州师从无准师范，回国时除佛学著作外还带回了朱熹的《大学或问》和《论语精义》等著作，后来还给镰仓幕府的执政北条时赖讲解南宋人所著的鼓吹儒道佛相通的《大明录》，他此后又在京都主持五山之一的建仁寺，在弘布禅法的同时也传播了宋学。

比圆尔稍晚的元初普陀山名僧一山一宁（1247—1317）受元成宗的委派，于 1299 年来到日本，因元军曾试图攻占日本，一山开始时自然是受到了不友好的待遇，遭到囚禁，但后来放弃政治使命，专事佛学，居住在寺院，最后受上皇之命主持位居五山之上的京都南禅寺。一山博学多才，除佛学外，还讲授宋学，培养了许多兼通宋学的高足。可以说，圆尔等日本僧人的主要功绩是将宋学著作带入了日本，而一山等中国僧人到日本后则着重于宋学义理的阐发，使宋学的学理得到了播扬。这里虽然用了传播或是播扬这些词语，但实际上它传播的范围是非常有限的，因为其场所无非是五山禅僧和京都的公卿和所谓的博士之间，也就是说，宋学主要在都城的中上层有影响。

在江户时期兴盛的儒学，准确地说是朱子学，即南宋时朱熹建立起来的新儒学体系，它最主要的就是"气""理"说，即将宇宙万象的存在看作是一种气，而使得这种气得以存在和运作的则是基于一种理，就人而言，前者为气质之性，后者为本然之性，本然之性当合符理，这就是所谓的性即理的命题。总之它比较强调法则、规范和秩序。在中国的明清两代，统治者往往将其视作建立和规范巩固统治秩序的理论依据。那么，中国的朱子学为什么会在江户时期的日本出现了绚烂的兴盛期呢？理由大概有两点：一个是学者的理论自觉，一个是在连年的战乱之后终于依靠武力夺取了政权的德川幕府，出于巩固政权、平定天下的需要而在政治上加以支持和扶植的结果。

话题再回到林罗山。林罗山出身武士家庭，家境似乎并不富裕，十几岁时就在京都的建仁寺内学诗作文，读了不少儒学书，据说他读书很用功，寺内传来开饭时的木板敲击声，他也往往充耳不闻，经常错过了用餐时间。在投入惺窝的门下时，他曾自编过一份《既读书目》，共 440 余种，除儒学著作外，几乎涉及了兵、医、法、史、佛和文学等所有的门类，应该说是位饱学之士。但也许因为读得杂，深入往往就不够，所以惺窝指点他对学问要细加辨析。林罗山自己也很早就设私塾招门徒，聚众讲学，主要讲朱熹的《论语集注》。当时私人在民间授徒讲学是有违官方传统的，曾有人到德川将军那儿去告状，德川不以为忤，对他的行为网开一面。也许德川幕府已意识到了朱子学对巩固自己的政权是一种有力的思想武器，这种思想，越是广为播扬，对幕府的统治就越为有利。因此在 1630 年，幕府将上野的一块土地赏赐给林罗山，林罗山在此建造了书院和文库，1632 年又在尾张藩主（诸侯）德川义直的帮助下创建了孔子庙（又称先圣殿）。林罗山去世后，他的子嗣又建立了称为"弘文馆"的学寮，专事朱子学的教育。1690 年，德川幕府的第五代将军纲吉将孔子庙移到了汤岛，在此进行儒学经典的讲授。此后，一方面由于林家后继乏人，一方面遭到两次火灾，学堂曾一度衰败。后来在幕府的支持下，重新扩建学舍，而且网罗了一批名流时彦，定名为"昌平坂学问所"，规定只能讲"正学"（即朱子学），禁止其他异学。以后作为一所教育机构一直持续到明治初年（1871）。不过这批建筑在 1923 年的关东大地震中都遭到了毁坏，刚才提到的汤岛圣堂，是 1935 年重建的。

林罗山在生前确实是相当的风光，自他 23 岁时由惺窝介绍去京都二条城谒见德川家康后，就一直受到幕府的重用，从此走上仕宦之途。幕府的文书律令几乎都出自他的手笔，他的子孙也一直得到幕府的恩宠。说到底，这是因为他所倡导的朱子学赢得了幕府当局的喜好。德川家族是靠背叛主公丰臣秀吉而获得天下的，上台后又将天皇搁置在一边。为了取得各地大名的臣服，江户幕府希望有一种思想理论能够支撑自己的统治。朱子学的"天命论"正好迎合了德川幕府希冀建立新权威的需求，而朱子学中重法度、重秩序、重上下尊卑的思想又为巩固政权提供了理论保障。我们在说到中华文化或中华思想对日本的影响时，也应当注意到这些消极的负面的因素。比如女性的社会地位，日本与中国不同，因为它脱离母系社会相对较晚，因而女性在相当长的一个时期里在社会生活中曾扮演着比较重要的角色，历史上女性担任天皇并不是个别的，女性在社会生活中也具有相对较大的自由度，平安时期文学的主要创造者多为女性，一直到室町时代，女性并没有处于完全受压制的状态。但江户时期，受朱子学中君臣父子思想的影响，女性的地位降到了最低点。

不过，朱子学中也不尽是保守负面的东西，朱熹所提倡的"格物致知"的思想在后来受到了另一派儒学者的重视，并将其发展和充实。如曾拜朱舜水为师的安东守约以及新井白石，还有江户末期的佐久间象山等，就继承和发展了朱熹思想中合理主义的一面，他们更多地将朱熹学说中的"理"解释为事物的规律性，由此推动了日本人合理主义思维的发展。有人甚至认为，幕府末年和明治时期日本人比较容易接受西方的现代科学技术，与朱子学中合理主义思想的传播是有关的。这种说法不是没有道理，因为后期的朱子学学者大都是医生和商人出身，他们比较多地注重事物的实际功效和实在的道理。同时，由于社会结构和社会组织的差异，儒学或朱子学的理念在中国和日本被理解和接受的角度和程度也会有差异，最典型的例子就是在日本"忠"的概念要远远大于"孝"。在江户时期，出现了众多的儒学者，阐述和发展了儒学（主要是朱子学），也形成了具有日本特色的儒学，或者说导致了儒学的日本化。

兰学的萌发与国学的兴起

我们在探讨近代以后日本和中国为什么会走上一条大相径庭的道路时，当然会谈到许多原因，但有一点不可忽视，那就是日本在近代的前夜，也就是一般人所认为的闭关锁国的江户时代，曾经形成了一个"兰学"，即以荷兰为媒介，通过荷兰语和德语（这两种语言在语系上是非常相近的），汲取了 16 世纪以后，也就是文艺复兴时代及以后欧洲出现的新知识，这些新的知识在相当程度上更新了日本知识人的世界观，由此传播的新知识也使得后来西洋文明在日本登陆时，江户末年的知识先进立即就认识到了西洋文明的意义和价值，并对此表现出了欢迎的态度。

那么，在实施锁国政策的江户时代，怎么会形成一个兰学呢？前面曾经讲到过，即便在严厉的锁国时期，江户幕府还是在长崎的一个角落开辟了一个特区，允许中国人和荷兰人在划定的区域内跟日本做贸易。荷兰原本在长崎隔海湾相望的平户港设有商馆，1641 年 7 月奉命转移到了长崎的"出岛"。与中国商人集居的"唐人屋敷"不同，荷兰商馆最初是荷兰东印度公司在日本的分公司，后来成为一个国营机构，因此一直具有浓厚的官方色彩。商馆的馆长是一个代表荷兰的官方式人物，每年要去遥远的江户参见幕府的将军，后期改为 5 年一次，即便这样，到 1850 年为止，参见的次数总共达到了 116 次。其中有些人物，将一路的见闻写成详尽的考察记在西方出版，成了西方早期研究日本的重要著作。不过日本方面，为了严禁基督教的书籍流入，在与荷兰的贸易上，不允许有出版物进来，然而为了与荷兰人联系，也培养了几名通晓荷兰语的翻译，于是日本就有了一批懂荷兰语的人。到了1720年，德川家族的第八代将军德川吉宗，他的思想比较开明，对西方的物品和知识比较有兴趣。很久以前，来江户参见将军的荷兰商馆馆长就曾先后把荷兰博物学家德奈斯撰写的《草木志》和约翰·斯东撰写的《动物图说》呈现给了当时的将军，但没人有兴趣，就一直被束之高阁，蒙尘多年。第八代将军德川吉宗想起了这批书籍，就命令当时一个对草本学很有研究、名叫野吕元丈的人去翻译，于是野吕就跟另一个叫青木昆阳的人一起学习荷兰语。每年荷兰商馆的人来到江户时，就向他们请教，一起探讨，编译了一本《荷兰本草和解》，这差不多是日本对西洋著作最早的翻译出版。从此以后，只要不涉及宗教思想的书籍，主要是医学、植物学、动物学、地理学、航海学、建筑学等的著作就得到了解禁，被允许带到日本来。青木昆阳则奉了德川吉宗的命令，继续向长崎的荷兰语翻译学习荷兰语，在1743年编著了《荷兰话译》和《荷兰文字略考》出版，于是渐渐形成了一个通过荷兰语学习西方新知识的动向。

18世纪的前野良泽（1723—1803）是日本兰学史上一个比较重要的人物，他本来是学医的，47岁时决定转向兰学，跟着青木昆阳学习荷兰语，并到长崎去游学。这时他已阅读了由德国人克鲁姆斯原著、后被翻译成荷兰语的人体解剖著作。1771年时，他参加了对一个女死刑犯的尸体解剖，很惊讶克鲁姆斯的著作对人体结构描述得如此准确，觉得研究医学，了解人体结构及各内脏之间的关系是十分重要的。于是决定与杉田玄白等一起，经历了三年半的时间和多次修改，终于在1774年出版《解体新书》一书，这标志着日本兰学的正式成立。在正文之前，有一篇用汉字汉文撰写的刻写序言，一开始就说："阿兰之国，精于技术也。殚心力，尽智巧，而所为者，宇宙无出其右者也。故上自天文医术，下至器械衣服，其精妙工致，无不使观者爽然生奇想焉。"后来杉田玄白在1815年出版了一本记叙自己与同仁们学习研究兰学经历的回忆录，叫《兰学事始》，兰学这个词语也广泛为大家所接受。

由西方传入的新的地理学知识，在很大程度上改变了日本人的世界观。以儒学家著称、同时对西方的新学问极有兴趣的新井白石（1657—1725）1713年写了一部《采览异言》，最早是参照了利玛窦的《坤舆万国全图》，地名的标注基本上都沿袭了利玛窦的汉译名，同时又参考了由荷兰商人传入的其他各类世界地图。全书分为5卷，分别是欧罗巴、利未亚（非洲）、亚细亚、南亚墨利加（南美）、北亚墨利加（北美），体系比较完整。多年以后的1803年，兰学家山村昌永根据所获得的最新知识对这部书进行了大幅度的增补，完成了《订正增译采览异言》，篇幅是原著的十倍左右。

1737年出版的北岛见信的《红毛天地二图赘说》，是在长崎的荷兰语翻译西善三郎的帮助下，根据此时传入日本的德国天文学家乔安尼斯·赫维利厄斯（Joannes Hevelius）的原著（1700年出版于阿姆斯特丹）编译的，有上中下3卷（下卷已散佚），对星名和地名都有较详细的注释解说。19世纪上半叶出版的地理学著作主要有箕作省吾编译的《坤舆图识》《坤舆图识补》和杉田玄端翻译的《地学正宗》，后者基本上是荷兰人普林森（P. J. Prinsen）《地理学教科书》的翻译。

兰学在日本最大的意义，在于一批日本的知识人以欣赏和接受的态度注意到了西方传来的新知识，并在一定程度上得到了官方的支持和鼓励，于是这些西方新知识为日本人迎接一个新时代的到来提供了重要的铺垫。

江户时代在思想和学术上另一个值得注意的动向是所谓"国学"的兴起。日语语境中的所谓国学，就是力图将日本的思想和精神回归到受儒学和佛教影响之前的日本原典，具体来说就是日本最初出现的典籍《古事记》和《日本书纪》，以及后来以《万叶集》《古今和歌集》《源氏物语》为代表的日本平安时代的古典作品，从中发掘日本原本的思想精神，强调天皇家族的创世神话，从而突出日本作为一个神的国家的独特性，因此必须排斥外来的儒学思想和佛教思想。这可以看作是日本民族意识的觉醒和张扬，也可看作是日后日本狭隘的民族主义在近代以后登场的一幕序曲。

前面讲到，江户幕府从巩固自身政权的立场出发，将强调等级尊卑的朱子学列为官方的意识形态。此外，江户幕府也非常抬举佛教，佛教的寺院组织成了幕府管理民众的重要辅助机构。在这样的背景下，一部分日本知识人开始从古典研究中去寻找日本本土的思想资源。较早的，有 17 世纪后半期的契冲，他在《万叶集》《古今和歌集》和《伊势物语》等的研究上蜚声日本，被认为是奠定了日本国学研究的基石。而 18 世纪前半期的荷田春满则是契冲的继承者，他研究的重点在日本最早的古典《古事记》和《日本书纪》，他试图从日本古代的创世神话中去寻求所谓真正的日本精神，因此他同时倡导"复古神道"，即要让神道回到儒学和佛教传入之前的状态，以此来张扬日本人的本我意识。而国学的集大成者，则是声名最为卓著的、18 世纪后半期的本居宣长（1730—1801）。

本居宣长原本出身于商家，后来有志于医学，又转为儒学，因此在医、儒两方面都有不浅的造诣。他后来拜在另一个国学家贺茂真渊的门下，在《古事记》和《源氏物语》上花费了很大的功夫，历时 34 年，他撰写出了《古事记传》，对《古事记》一书进行了详尽的注释和解说，至今依然被认为是研究《古事记》方面的一部经典。通过对《源氏物语》等日本传统文学作品的研读，他认为"物哀"是日本文学的一般理念，即日本人在审美上更多的是强调感性的美、感性的情调和情趣，以及基于审美的感动。这一主张对后世的日本文化理解产生了深远的意义。和其他国学家一样，本居宣长也排斥从中国传来的儒学和佛学，倡导所谓的"古道学"，要从日本最初的民族历史中去找寻原始的日本精神。这一主张，到了他的再传弟子平田笃胤那里，就走向了进一步的极端，把倡导国学与复活古代神道、推崇皇祖皇神和天皇皇权神授的思想紧密连在了一起，在某种程度上对幕府统治的合法性提出了挑战，结果遭到了幕府的排斥，将他驱逐出了江户。

简而言之，在江户时期，日本思想界出现了三个大的动向：第一是幕府当局接受和鼓吹来自中国的朱子学，因为它强调尊卑秩序的理论有助于幕府政权的统治；第二是通过荷兰文传入的接受西方新知识的兰学，它在一定程度上为近代以后日本接受西洋文明作了有力的铺垫；第三则是对上述两种思潮的一种反动的国学，主张从日本的上古时代去寻求原始的日本精神，是一种日本人本体意识的张扬。这三种动向或者说思潮，都以不同的形式为日本近代以后的发展铺设了潜在的轨迹。

第二轮大飞跃：
进入近代社会

佩里将军为什么被日本人视为"恩人"？

2015 年 1 月的一个风清气朗的冬日，我从东京的日暮里车站乘坐山手线并转乘京急线，前后花了将近两个小时，来到神奈川县横须贺市的久里滨。我来到这个颇为偏远的地方，不是为了访友或是参加什么活动，而是专程来看一下这里的佩里纪念公园。

出车站，沿着一条人迹稀少的大道向东行走，不到 20 分钟来到了佩里纪念公园。大道走到尽头向左拐，东侧是一片颇为开阔的海湾，水蓝色的海面与明净的碧空连成一体，四周一片静谧。面对着海湾的，是一个占地约三四亩的不算广大的佩里纪念公园。

佩里（M.C.Perry）对于中国人而言不算一个很熟悉的名字，但在日本家喻户晓。作为当时美国东印度舰队的司令，于 1853 年和 1854 年两次率领涂上了黑漆的、部分具有蒸汽机动力的军舰（日本史称"黑船"），以武力打开了日本的国门，由此结束了长达 200 多年的日本锁国时代。此前，美国为了获取在东亚的权益，于鸦片战争之后不久的 1844 年，迫使中国签署了内容大抵与《南京条约》相近的《中美望厦条约》。中国人大概都不清楚是谁代表英国或美国与清王朝签署了这样的不平等条约，更遑论为他们建造纪念公园。可是，日本人却在当年美国海军最初的登陆地点，土地资源稀缺的东京湾一侧，为这样的一个武力来犯者专门修建了一座纪念设施，想来也真有点匪夷所思。

　　这绝对谈不上是一个美丽的公园。树木低矮而稀疏，两侧是三四层的有些老旧的住宅楼，东北一隅放置了一些儿童游乐设施，日本的公园主要是为儿童修建的。冬日里几乎见不到绿荫的公园中，高高耸立着的佩里纪念碑格外醒目。这一纪念碑是 1901 年由美友协会建立的，花岗岩的底座上矗立着一大块具有天然纹理的巨石，上面用汉字书写着"北米（美）合众国水师提督伯理（日文的汉字译名）上陆纪念碑"，出自伊藤博文的手笔，背面刻有英文，底座前面是一幅石刻的世界地图，标示着佩里舰队自美国来到日本的航路，还有日英两种文字的说明，上面写道："1853 年 7 月 8 日，来到浦贺海面的美利坚合众国东印度舰队司令佩里在此地的久里滨海岸登陆，将总统菲尔莫尔的亲笔信递交给江户幕府，翌年在神奈川缔结了日美两国之间的友好条约，这一系列的事件成了将幕府统治下的锁国状态的日本拉回到了世界的原动力。"这一评价不可小觑，它集中表示了日本人对佩里和美国这一军事举动的认识。德川家康 1603 年开创江户幕府后，觉得 16 世纪后半叶西方传教士的登陆和由此传来的大航海时代以后的西洋文明搅乱了日本的传统社会，于是逐渐推出一系列海禁政策，最后除了留出长崎的一隅与中国人和荷兰人做贸易之外，禁绝一切外国人上岸和日本人出洋，甚至不允许在海外居住 5 年以上的日本人回国，视金发碧眼的西洋人如洪水猛兽，怕他们会动摇德川家族的统治，这就是被后人称为锁国的时代。也因此，除了极少数的领域外，日本与世界暌隔了 200 多年。佩里的举动，明显带有军事侵略的意味，但后来的日本人却认为它"成了将幕府统治下的锁国状态的日本拉回到了世界的原动力"，言语之间，掩饰不住感激之情。

　　在公园的西北隅，有一座明治时期洋楼风格的两层建筑，乃佩里纪念馆，由横须贺市教育委员会管辖。内有一个管理员，无需门票，一楼的玻璃窗内陈列着当年佩里率领的 4 艘军舰模型，二楼是一个较为详细的陈列室，其实也无太多的陈列物，倒是展出了一封佩里致其女儿的信函，突出了佩里的慈父形象。总体的感觉是，佩里仿佛是近代日本的大恩人。

　　其实，上述的这些对佩里以武力打开日本国门举动的认识，大抵是明治后期尤其是战后日本人的感觉。事实上，进入 19 世纪以后，西方列强就试图以各种方式在东亚拓展它的势力范围。对此，东亚各国一开始都表现出了高度的警觉甚至是戒备，已经实行了 200 多年锁国政策的日本更是如此。在英国马嘎尔尼一行来到中国不久以后的 1803 年 7 月，一艘美国船来到长崎，要求与日本展开贸易，遭到了幕府的拒绝；1805 年，俄国使节雷萨诺夫将漂流到俄国的日本渔民护送到长崎时，提出了与日本进行贸易的要求，也遭到了幕府的拒绝，在这一年幕府发布公告，要求各地大名警戒俄国船只的进入。以后又不断有英国船只、美国船只和俄国船只进入日本港口，要求补充淡水和燃料等，其中以俄国船只最为频繁，幕府一度曾发布命令，要求各地严厉驱逐俄国船只的进入。从以上事实可以看出，日本人其实并不是一开始就对西洋势力的进入持开放和欢迎的态度，而是用了各种方式试图阻止并驱除外来势力的进入。那么，为什么会在 1854 年允许佩里率领的东印度舰队在横须贺的久里滨靠岸并堂而皇之地列队登陆呢？而且还在当年接受了美国人的要求，与美国签订了日本历史上第一个对外条约《日美和亲条约》，向美国开放下田和函馆两个港口呢？

　　这里最大的原因，我觉得有两个。一个是 1840 年中英鸦片战争中国败给英国的结果，使日本朝野受到了很大的震动。虽然由于锁国的关系，日本获得的情报是严重滞后的，具体的细节也并不很清楚，但当时有一份《别段风说书》的报告，传达了鸦片战争的情报，因此日本方面对于战争的结果是明白的。日本在 17 世纪初从传教士那里已经获得了一定的世界地理知识，利玛窦的《坤舆万国全图》曾在日本广泛流传，日本已经知晓了世界的大势，后来又通过兰学获取了更多的新的地理知识，对于英吉利、法兰西、阿美利加这些国家并不陌生，也知道这些国家越来越多地出现在人们的视野中，但没有想到英吉利竟然打败了大中华，而大中华差不多两千年来一直是日本比较仰慕的泱泱大国。鸦片战争的结果，让日本人知道了欧美新兴国家的厉害。因此当 1853 年 7 月佩里海军准将第一次率领黑船舰队来到江户湾时，日本人就不敢轻易用武力驱逐，而是与美国人虚与委蛇，让美国人先和平撤离了。然而当美国人按照日本人的允诺，在 1854 年 1 月再次出现在江户湾时，日本人经过痛苦的思虑，答应了美国人的要求，且美国人的要求也不太过分，只是希望日本人开放两个港口，让美国来到太平洋西边的捕鲸船补充一些淡水和燃料而已。这是一个原因。第二个原因，是荷兰人的劝告。鸦片战争后，日本的有识之士意识到，日本也许有一天也会受到西方列强的进攻，因此主张日本应该引进西洋的近代武器，加强海防，以抵御外来的进犯。荷兰方面通过在长崎的荷兰商馆了解到了日本的这一新动向，于是荷兰国王就在1844年派遣使者坐军舰来到长崎，向幕府将军递交了一份国王的亲笔信，建议日本打开国门，以适应新的国际局势。幕府将军表面上虽然没有接受，实际上内心有所触动。后来荷兰方面又主动通过它在印尼的总督府向幕府当局提供国际局势变动的新情报，幕府当局由此知晓了欧美各大国正在迅速崛起，其力量不可小觑。因此，当佩里将军的舰队第二次来到江户湾时，日本方面迫不得已，对西方国家第一次正式打开了国门，这在日本近代史上，被称为"开国"。

紧接着，日本向传统的贸易国家荷兰订购2艘军舰，在长崎开设了海军传习所，由荷兰军官充当教官，这是日本近代海军的起步。1856年1月，两国签署了《日本荷兰友好条约》，第二年，又就通商问题签署了补充条约，这是日本与外国签署的第一份通商条约。其他西方国家看到美国、荷兰已经先行一步，也纷纷跟上，或以武力，或以甜言蜜语，英国、法国、俄国也在1858年与日本签署了通商条约。由此，日本国门彻底打开，西方的势力凭借着条约在日本合法登陆。这些条约，虽然包含着不少不平等的内容，但从此日本融入了一个暂且由西方世界主导的新世界中，且以自己的努力，免于沦为西方的殖民地。日本的近代，由此拉开了帷幕。

事后日本人觉得，幸亏当年佩里将军将日本强行拉到了新世界的行列，使得日本在痛苦的烈火中涅槃重生，在东亚、继而在世界上巍然崛起。这一切，改变了日本人的世界观，原本是一个用武力敲开日本国门的外来进犯者，摇身一变，竟然被后人认定是近代日本的恩人。这样的认识，在很大程度上决定了日本近代发展的方向。

日本近代的大幕是明治以后开启的么？

2018 年是明治维新 150 周年的纪念年份，不仅日本国内举行了隆重的官方纪念大会，连一海之隔的中国，在南北各地也举行了形式不一的各种学术研讨会，讨论明治维新在东亚近代史上的意义。但也由此给人造成了一种错觉，在不少人的头脑中，似乎是推翻了保守的江户幕府，1868 年的明治元年才开启了维新的大幕，随着"明治维新"这一词语的深入人心，这一意象似乎也越来越固化。但是我要说，实际的情形并不是这样。

佩里在 1853 年和 1854 年两次武力宣示的结果，就是幕府与美国签署了一份《日美和亲条约》，主要内容是日本向美国开放下田、箱馆（现写作"函馆"，日语中读音相同）两个港口，为遭到海难的美国船舶提供便利，以及美国可在下田设置常驻代表。虽然没有太多的实质性的内容，却宣告了幕府实施了 200 多年的锁国政策的终结。当时的幕府名义上还是德川将军把持，但实际主政的是一个名曰井伊直弼（1815—1860）的大老（官职名，略等于宰相）。这个人比较有眼光，他从荷兰人送来的有关世界大势的最新情报，以及美国人登陆时的装备、武器和军队的状态，大致判断出在日本所不熟悉的欧美世界中，已经有一种新的文明诞生了，日本不宜再像以前那样闭关锁国，而应尽可能以和平的方式与西方打交道，在与他们进行交往的过程中来进一步了解这一新的文明形态。于是，在他的主持下，1858 年日本与美国、英国、法国、荷兰、俄国 5 个主要西方国家签署了友好通商条约，主要内容是：除了下田、箱馆之外，另外开辟长崎、新潟、神奈川（今横滨）、兵库（今神户）为开放港口，江户、大阪为对外开放市场，各国可在开放的港口城市开设领事馆，并且可以在江户派驻代表等。但是这些所谓的友好通商条约，在很大程度上是不平等条约，不平等的内容主要体现在以下几个方面：第一是所谓的领事裁判权，意思是签订了条约的这些外国人，如果在日本犯了罪，日本的官府是不能审判他们的，而应移交给这些国家驻日本的领事馆，由这些国家根据本国的法律来判决。这样一来，日本人就在司法上对外国人丧失了独立的权力。当然，另一方面，当时的日本也还没有建立起比较完善的近现代法律制度。第二，日本没有自己的关税自主权，就是不能对这些国家出口到日本的商品自行决定关税，当时就初步定了一个 20% 的税率，这个税率对于进口的国家来说，应该还是不低的，虽然没有自主权，也还算可以吧。就这样，在 1858 年这一年，通过这些条约，日本向西方国家几乎全面打开了国门，自此，西方势力全面进入列岛。

其实，面对新兴强势进入的西方文明，江户幕府并不是消极地应对，至少，最高当局的相当一部分人，已经意识到西方文明的先进性，在明治年代开启的 1868 年前，幕府已经主动采取了一系列的措施，对西方文明表示出了积极欢迎的态度。也就是说，改革和维新，在幕府时代就已经开始。下面就举出一些具体的例子来。

1857 年 2 月幕府设立了"蕃书调所"。什么叫蕃书调所呢？蕃，是当时日本人对外国尤其是西洋各国的称呼。顺便说一下，当年的中国人也是这样，比如我们把山芋或者地瓜称为"番薯"，在江南一带，现在仍然如此称呼，因为番薯是 16 世纪以后由西洋人从中南美洲那里传到东亚来的。日本的蕃书调所，就是对西洋的书籍进行学习研究的机构，也是当时获得西洋知识和情报的地方，可以说是日本第一所学习和研究西洋的学术教育机构。1862 年，蕃书调所改名为"洋书调所"，把蕃改成了洋，别看一字之差，态度就不一样了，蕃是带点贬义的，洋就完全是个中性词，在那个时代还明显地带有褒义。1863

年又改成"开成所"，主要成了一所接受新知识的教育机构。明治以后演变为东京开成学校，1877 年成立的东京大学，开成学校就是两大母体之一，换句话说，它是赫赫有名的东京大学的前身。它的性质，类似于中国在 1862 年开设的同文馆，但其后来所取得的成就，明显高于中国的同文馆。

1858 年 8 月，幕府在长崎设立英语传习所（此后不久在横滨也开设了这样的学校），后改为洋学所，培养面向世界的人才。也就是说，还在中国人与英法发生第二次鸦片战争的时候，日本人已经在着力培养通晓西洋文明的新型人才。

1859 年 7 月，幕府决定开辟神奈川为外国人居留地。同年，英国、美国、法国分别在江户设立领事馆或公使馆。多名传教士以各种名义来到日本，并在领事馆内设置教堂。前面曾经说过，17 世纪初开始实施的锁国政策的最重要的内容，就是严禁各国传教，曾颁布过很严格的禁教令。这个时候，对于基督教的传入，也就睁一眼闭一眼了。

1860 年 2 月，日本人将购自荷兰的一艘 100 马力的蒸汽机船定名为"咸临丸"，由日本人掌舵，跨越太平洋驶往美国访问，这是日本人有史以来第一次前往北美。日本由于长期的锁国，不允许建造 200 吨以上的船只，结果 200 多年中，西洋都在蓬勃发展，日本则完全没有建造大型船只的能力，更缺乏建造蒸汽机船的技术，要远行海外，只能拿出 10 万美元来购买这一艘船，当时的 10 万美元可谓是一笔巨款。这艘船现在看来其实也不大，长 49 米，宽 7 米，有 3 根桅杆，可以用风帆和蒸汽机同时作为动力。舰长就是后来赫赫有名的胜海舟，后来成为明治时期著名思想家的福泽谕吉也作为同行者，第一次看到了西洋的世界。同时出发的还有幕府的使节，他们搭乘另一艘一同出发的美国军舰。这次出海，是日本人在近代第一次正式出访外国，目的是与美国方面交换条约的批准文书，受到了美国总统的接见。这一行日本人在美国进行了广泛的考察，亲眼见到了文明程度相对比较高的美国，在一定程度上改变了日本人的世界观。这较之中国使节郭嵩焘 1876 年的欧洲之行要早了 16 年。

1862 年 11 月，幕府第一次向荷兰派遣了 11 名官费留学生。这比中国第一次向美国派遣留美学童早了 10 年。这一年，幕府创办了日本近代第一份报纸《巴达维亚（今译"雅加达"）新闻》，这是一份将荷兰在爪哇的东印度当局赠送给幕府的《爪哇报》(Javasche Courant)按国别编辑记载的刊物，在两个月内发行了23卷，目的是给各级官府和民众传递海外知识和信息。

1865年5月，幕府向法国派遣了官员，以调查国外的军事情况，这差不多是日本官方第一次派人去欧洲。这些人将近一年后回国，带来了大量的新知识和对西洋文明的新认识。同一年还向俄国派出了6名官费留学生前往圣彼得堡。这一年，幕府当局还把在华的美国传教士丁韪良汉译的《万国公法》引进到日本来，当时日本的中上层人士都有很好的汉文阅读能力，这本书被引进时，没有经过翻译，只是对中国的汉文进行了日本式的句读和训读，翻刻后在当时的日本大量出版。日本人对国际法的了解，最初差不多就是从这本书开始的。这本书的原作是美国国际法学者亨利·惠顿（Henry Wheaton）在1836年写成的，丁韪良在中国传教时发现中国人普遍缺乏西洋人创建的国际法，于是就翻译出版了这本书。可是有些遗憾的是，这本书当时在中国本土并没有太大的影响力，倒是日本人认识了它的价值，在幕府当局的鼓励下，大量刻印出版。

1866年12月，幕府向英国派遣14名官费留学生。这一年，将以前建立的军舰操练所和讲武所分别改名为海军所和陆军所，成为培养近代海军和陆军的正式机构。第二年幕府在陆军所设立三兵（步兵、骑兵、炮兵）士官学校，由法国人主讲，在海军所由英国主讲航海技术等。值得注意的是，同一年在福州建立了中国近代第一所船政学校，即马尾船政学堂。从这一点上来说，中日的近代海军差不多是同时起步的，只是日本近代陆军的建设要早于中国。

从以上列举的事实，大家想必已经明白，日本近代的改革大幕，并不是1868年进入明治时代以后才正式拉开的，早在幕府末年，就已经出台了一些相当有力的政策和措施，这在很大的程度上为以后幅度更大的明治维新奠定了基础。

"尊王攘夷"旗号下的萨英战争和下关炮击

　　在上一讲中，谈到了学习西方的动向早在江户幕府的末期就已经明确显现出来，可是幕府的这一系列举措，却招来了一些地方势力的强烈反弹。之所以会产生反弹，我觉得有两个原因。第一个是真的痛恨西方势力的进入，觉得如此一来，日本的国运将会为西方的势力所左右，日本将不再成为日本，幕府对于西方列强过于软弱。而远在京都的朝廷，也对幕府在没有获得朝廷批准的情况下就擅自与西方国家缔结通商条约的做法十分不满。第二个原因，德川家族已经统治日本200多年，虽然整个江户时代日本这个国家大致还可以，但统治阶层的活力和元气已经明显衰弱了，是时候改朝换代了。于是距离政治中心江户比较远的九州南部的萨摩藩（今天的鹿儿岛县）、四国最南端的土佐藩（今天的高知县）和本州最西端的长州藩（今天的山口县）的一些政治势力就与朝廷的力量联合起来，举起了"尊王攘夷"的旗号。说起尊王攘夷的旗号，最初是中国在东周末年也就是春秋时期，由齐桓公等倡导的思想，目的是重新恢复周王室的权威，消灭干预挑战王室权威的周边的夷狄势力。到了中国宋朝的时候，也有人举起这一旗帜，目的是维护汉民族国家的领土完整，抵抗外来的侵略势力，重点在于忠君爱国，并且在朱熹的思想中得到了理论的提升。19世纪60年代，上面提到的这些地方势力也试图用这一口号或旗帜来重新恢复天皇的统治，把西方的势力赶出日本。或许，也可以把它看作是日本在近代的第一次民族主义思潮和运动。

于是，在1862—1864年间，日本发生了两次大的事件，可以说是尊王攘夷派要把他们的主张付诸实践的两次大的行动。

先说1862年9月14日发生的一件事。一个名曰查尔斯·理查逊（C.L.Richardson）的英国商人，在上海等口岸城市对英国开放不久，来到中国做生意，待了十几年之后准备回国，就想顺便到日本来看看，来到了当时已对外开放的横滨，跟一个做生丝生意的英国商人、一个在美国贸易公司里做事的英国人和来此地观光的夫人一起，骑着马前往川崎做短途旅行。途中在神奈川生麦（位于现在横滨市鹤见区的西南部）的地方，与当时萨摩藩藩主的父亲岛津久光一行狭路相逢。刚才已经说到，当时的萨摩藩，差不多是尊王攘夷派的大本营，他们来到此地，目的就是向幕府质问当前的国策，对于金发碧眼的洋人一直心怀不满。双方在生麦这个地方发生龃龉，引起冲突，同行的萨摩藩藩士一时气盛就拔刀刺死了理查逊，并刺伤了同行的两名英国人。这在当时自然是一件大事，那个时候差不多在全世界都所向无敌的英国人当然咽不下这口气。英国代理公使爱德华·尼尔（E. Neale）代表英国政府要求幕府方面对肇事者进行处罚并赔偿10万英镑。当时的德川幕府，对全国的统治力已经大为下降，虽然可以赔偿钱款，却无法让萨摩藩把犯人引渡给英国。于是尼尔就决定自己来解决问题。翌年的1863年8月15日，7艘从横滨出发的英国军舰行驶到了萨摩（今鹿儿岛市），要求萨摩藩交出凶手并服输认罪。萨摩藩那时还没有领教过西方坚船利炮的厉害，于是就对英国人的要求不予理会。这下英国人火了，英国军舰便对萨摩进行炮击。恰好此时台风来袭，炮火顺着风势把鹿儿岛城化为一片火海，英国方面也因风暴而遭到了很大的损失，且因弹药和粮食不足而未敢恋战，撤离了鹿儿岛海面。这就是日本近代史上所谓的"萨英战争"。这次交火，英军虽然没有占领萨摩，却让萨摩藩深切领教到了英军也就是"夷狄"的厉害。攘夷派意识到了自己一直主张要攘除的夷人，并不是茹毛饮血的蛮夷之辈，而是有着先进文明的洋人，他们的舰船和炮火，根本不是眼下日本人的海防能力所能抵御的。这一次交手，可以说彻底改变了他们对于洋人的看法。于是萨摩藩就在这一年的 11 月派人在横滨与英国代理公使尼尔展开谈判，向英方道歉，赔偿了 10 万钱款。从此以后，萨摩藩意识到，必须向强敌英国学习，日本才可能变得强大。1865 年 4 月 17 日，他们在经过多次商议之后，筹措钱款，在未得到幕府许可的情况下，选拔了 19 名青少年，私下派他们去英国留学。这批年轻人中，后来出了不少英才，其中就有很出名的森有礼，他当时才 17 岁，至英国后立即接受了新的思想，在伦敦大学接受教育，以后又去俄国考察海军技术，再到美国学习教育，归国后倡导宗教自由，介绍西方的新式教育。1885 年伊藤博文组成第一届内阁时，任命他担任第一任文部大臣。他甚至激进地主张废除日语，以英语为日本国语，结果遭到了暗杀。

就在萨英战争爆发的同一年，日本还发生了一件事。1863 年 6 月 25 日，后来成为推翻幕府的急先锋的长州藩，对经过关门（又称马关）海峡的美国商船悍然进行了炮击，又对各国的军舰加以攻击。这当然是一个很严重的攘夷行为。它的发生有两个背景。第一，那个时候英国人还没有派遣舰队去攻打萨摩藩，一般日本人还没有尝到过西方现代军力的威猛，所以长州藩敢于做出这样的挑衅行为。第二是朝廷对于幕府的开放态度一直心存不满，朝廷虽然已经没有实权，但形式上还存在，重大的决策在程序上还必须获得朝廷的许可。因此，当 1863 年 3 月幕府的第十三代将军德川家茂到京都去时，朝廷就要求幕府从 5 月 10 日开始，实行攘夷的政策，也就是说，对西方的态度要强硬起来。不得已，幕府后来给各藩发布了攘夷的指示，同时告诫地方上的各藩，如果与西方各国发生战争，日本不可能获得胜利，反而会招来惨败。但是位居关门海峡重要通道上的长州藩，还是决定跟西方各国较量一下。他们在海峡两岸安装了炮台。6 月，他们先后对通过关门海峡的美国商船、法国商船，甚至跟日本关系一直很好的荷兰商船逐一展开了炮击，这些商船没有防备，被打得措手不及，死伤不少人。这一行为得到了朝廷的褒奖，长州藩的日本人也顿时觉得大长了志气，心里好不得意。受到攻击的美国，立即对幕府提出了抗议，幕府表示会处理好这件事。美国人觉得，以当时幕府的实力，恐怕难以控制各藩的攘夷势力，于是决定自己动手。美国海军对海峡的日本炮台进行了还击，击毁了大部分炮台。但长州藩方面依然士气高昂，军民动员加强防备。这时英国人站了出来。英国的商船虽然没有受到攻击，但一旦海峡被封锁，英国商船就无法通过海峡，这对英国在日本以及在远东的贸易将会带来重大的损失。于是英国公使艾尔考克（J.R.Alcock）说服了法国、美国与荷兰，一起组成了联合舰队，总共有 17 艘军舰、5000 余兵力，在 1864 年 9 月 5 日，浩浩荡荡开往关门海峡。而长州藩当时的兵力只有 2000 余人，炮台也大半被美国人摧毁了，为了虚张声势，就弄了些木头的炮台装装门面，对于列强的要求不予理睬。结果可想而知，庞大的四国联合舰队一起开炮，一时间浓烟滚滚，炮火连天，在四国舰队的强势进攻下，长州藩的炮台被全部摧毁，完全败下阵来，甚至在陆上的战斗，日本人的冷兵器也无法抵挡西方军队的来复枪。败下阵来的长州藩，完全接受了四国提出的五个要求：第一，保证外国船只在海峡的通行自由；第二，向外国船只出售其必需的物品，比如粮食、煤炭等；第三，遇到恶劣的天气，允许外国船员上岸；第四，撤出所有的炮台；第五，向四国赔偿300 万美元。处于劣势的长州藩，只得全部接受了这五个要求。当然，300 万美元的赔款，最终不是由长州藩而是由幕府支付的。经过这一次交手，原先攘夷态度坚决的长州藩，也彻底省悟到了西方的强大和先进，于是收起了攘夷的旗号，后来积极主张导引西方文明的明治领袖伊藤博文、井上馨等都是出自长州藩。

　　由此可知，日本人也不是一开始就服膺西洋文明的，经过 200 多年的锁国政策之后，排外的风潮也是相当激烈的。但他们一旦领教了洋人的厉害，立即就改弦易辙，拜洋人为师。萨摩藩后来开办了不少新兴的产业，成了维新的策源地之一。今天的鹿儿岛市内，有一座"维新故乡纪念馆"，宣扬当年的萨摩藩在明治维新上的丰功伟绩，而对当年刀光血影的萨英战争，具体的情形几乎一字不提。长州藩的下关，后来也成了开放港市，早早地开设了英国领事馆，这一建筑至今仍然被保留着，成了重要的文物。日本人对内对外的审时度势，是非常现实主义的，脸面虽然很重要，但在现实利益面前，也可以轻易地丢弃。说到底，日本人的骨子里，服从强权的思想还是根深蒂固的。

皇权复位，新政权登场

上一讲里详细讲述了高举"尊王攘夷"大旗的萨摩藩和长州藩，在经过英国舰队和西方四国联合舰队的打击之后，攘夷的意志和气氛差不多被一扫而空，从上到下，都认识到了眼下的日本根本无法与西方列强发生正面的对抗。于是"尊王攘夷"的旗号中，攘夷的内容就被删除了。但是尊王的主张，也就是推翻幕府将军的统治，重新恢复天皇也就是朝廷的统治，已经成了许多地方势力，尤其是萨摩、长州和土佐三个藩的共识。以这三个藩的力量为主体，后来在全国形成了一个推翻幕府、日语中称为倒幕的武装力量，与幕府的军队之间展开了多年的较量，终于在1867年11月9日迫使江户幕府的第十五代将军德川庆喜作出了将政权交还给朝廷的决定。

在讲到这个结果之前，先说一下"公武合体"这个词。日语中的"公"，就是王公贵族，也就是朝廷的意思，"武"是武家政权，也就是由将军主政的幕府政权。那么，所谓公武合体，也就是朝廷和幕府共同组成一个政权。这个设想，是原来比较强势的江户幕府的大老井伊直弼被攘夷派的浪士暗杀之后，接替他权力的老中安藤信正等提出来的，表面上是幕府让一步，让一直被搁置在一边的朝廷也加入政权的核心中来，但实际的目的还是为了平息尊王派的不满和反抗，能够继续维持幕府的长久统治。一时间，曾经坚决主张尊王攘夷的萨摩藩也觉得这个妥协的设想可以接受，并且帮助幕府把尊王攘夷的势力从京都驱逐了出去。但最终，公武合体的方案还是未能获得各方的认可，各种力量之间也发生了意见纷争，特别是对这一设想持支持态度的幕府第十四代将军德川家茂和京都的孝明天皇都在 1866 年突然去世，这样一来，公武合体的设想也就流产了。

那么，既然公武合体的设想行不通，恐怕就只能在朝廷和幕府之间选择一个了。这时候，经过土佐藩出身的坂本龙马等人的斡旋，萨摩藩的西乡隆盛等人跟长州藩的木户孝允等人在 1866 年结成了萨长联盟，决定以这两个藩为中心，组成统一的倒幕力量，试图推翻德川幕府。幕府当然不愿意坐以待毙，派出军队去讨伐长州藩，于是幕府的军队与倒幕的武装力量展开了战斗。由于外国商品的大量涌入造成了日本国内的经济混乱，民众中对幕府不满的声音也越来越高涨，小规模的农民造反运动接连不断，人们期望改换政权，以迎来一个良好的时代。在这样的情况下，幕府的军队失去了民意的支持，几次讨伐都没有能够获得胜利，倒是倒幕的势力越来越壮大。就在这个时候，幕府的最高领导人、上面提到的第十四代将军德川家茂突然病死了，于是德川庆喜就被推上了第十五代将军的位置，他刚刚上任，也不知该如何处理这一危难的局面。

这时候，土佐藩的藩主后藤象二郎给德川庆喜提了个建议，意思是以萨摩藩和长州藩为首的倒幕联盟来势汹汹、咄咄逼人，如果不作出一点让步，恐怕会引起更大规模的内战，不如发表一个声明，名义上把政权交还给朝廷，这样他们倒幕就师出无名。而实际上，朝廷自从平安时代末期以来，就没有真正执掌过政权，你交给他，他也运作不了，这样，你名义上上面顶着个朝廷，表面上把权力交还给朝廷了，而实际上依然可以掌控政权。德川庆喜一想，这个主意不错，于是就在 1867 年 11 月 9 日通过下臣向朝廷提交了一个大政奉还的表文，名义上是将政权交还给了朝廷，这样萨摩藩、长州藩再进攻幕府就没有理由了。结果，果然像德川庆喜所设想的那样，当时刚刚继任皇位的明治天皇，才 15 岁，根本没有能力来恢复实际的皇权统治，仍然任命德川庆喜担任征夷大将军，并且担任新政府的内大臣，实际的政权运作依然由原来幕府的一套班子来进行。

对于这样一个形式上的"大政奉还"，倒幕的萨摩藩、长州藩的领袖们显然不肯接受，一方面出于权力的争夺，一方面出于国家前途的考量，他们决定继续用武力来彻底推翻幕府，结束将近 700 年来由幕府实际执政的政治形态，恢复天皇的实际统治，在国际上树立一个一元统治的政治体制。于是 1868 年 1 月，在天皇的许可下，倒幕派，包括宫廷内主张倒幕的岩仓具视等在京都的御所举行会议，发出了"王政复古"的号令，宣布解散幕府的现有政权，另外成立一个新政府，拥戴天皇为最高国家元首，废除德川庆喜的一切官职。这样一来，原来在野的倒幕派武装，一下子就变成了政府军，而原来的德川庆喜的幕府军，倒成了被征讨的对象。当时的局面还真有点混乱，日本各地的藩，也就是地方势力，一时间形成了两大派别，一派是要彻底推翻幕府政权，一派是继续维护幕府的统治。于是彼此之间兵戎相见，经过一系列的战斗，倒幕的力量步步逼近江户城，5 月 3 日，江户城门打开，德川庆喜离开江户退居到了水户，也就是今天的茨城县水户市，新的政府军正式进入江户城。以此为标志，实际统治了日本 265 年的德川家族或者说江户幕府黯然退场，持续了将近 700 年的幕府统治也画上了句号，在京都的御所闲居了差不多 700 年的天皇世家，重新成了国家政权的掌门人。

说实话，明治天皇或日本皇室重新成为权力的中心，皇室或朝廷自己出的力气真是微乎其微，差不多都是那一批早年扛起了"尊王攘夷"旗号的地方势力，尤其是萨摩藩和长州藩出身的武士的功劳。如今幕府被推翻了，他们就成了最大的功臣，后来几乎都成了明治政府的核心人物，他们的见识和能力，在很大程度上也决定了日后明治维新或者说是近代日本的走向。

在新政府还没有在江户完全站稳脚跟的 1868 年 4 月 6 日，那时天皇还在京都的御所，就在紫宸殿内发布了"五条誓文"。第一条是在国内广开言论，主要的大事都应该由众人的意见来决定；第二条是上下一心，共同治理国家；第三条是上至官府武士，下至一般的民众，都可实现自己的志愿，发挥自己的能力，履行自己的职责；第四条是破除原本不良的旧习惯、旧风俗，万事都要以天地公道为标准；第五条是向世界寻求新知识，大力振兴皇家的力量。这五条誓文的内容主要是由一个来自越前藩、名叫由利公正的人起草的，现在看来也没有什么特别的新意，但在当时有两点比较引人注目：第一是今后国家的重大事情，要由大家来商量决定，广开言路，这多少有点民主的意思；第二是上下同心协力，人人发挥作用，这差不多也打破了江户时代以来建立的士农工商的身份等级制度。

新的政府，要有新的气象，于是在倒幕派领袖的建议下，天皇在9月3日发布诏书，改江户为东京，新政府以东京为首都，改年号为明治。11月，天皇离开京都来到东京，原来德川幕府所在地的江户城改为东京城，并把这里作为朝廷的皇宫。于是，明治政府就正式建立了，以后开始的一系列新政，历史上就称为明治维新。

最后简单地归纳一下。19世纪60年代以来的这场尊王攘夷运动，一开始的矛头是对着西洋人和对西洋人表现出软弱的德川幕府。后来经过萨英战争和四国联合舰队的交手，攘夷的旗号撤了下来，但是要求幕府下台，拥戴天皇重新执政的浪潮却是日益高涨。经过各种力量的反复较量，最后倒幕派取得了胜利，长达近700年的幕府政权终于退出了日本的政治舞台。那么，倒幕派为什么非要推翻幕府政权不可呢？难道是他们对朝廷抱有特别的崇敬感吗？我的理解是，倒幕派的行为，大概是出于两个动机：一个是为了日本国家的前途。他们感到在当前这样西方势力强势进入的新形势下，原来的幕府政权恐怕难以担当建立一个强大日本的重任，日本若要免于沦为西方的殖民地或者为西方所操控的对象，必须进行一番大的改革，使日本本身变得强大起来，而原来的江户幕府已缺乏将全国的力量凝聚起来的权威和能力，应该抬出天皇来作为最高的政治权威并以此来整合全日本的力量；另一个动机，也不排除倒幕派领袖们的个人野心和权力欲，他们希望以辅佐天皇的方式来施展自己的政治抱负，跻身于政治权力的核心。后来的事实表明，他们的愿望似乎都达到了。

变革从认字开始：近代教育的兴起

2018 年是日本明治维新大幕开启 150 周年，大家知道，明治维新在很大程度上改变了日本这个国家。一般人印象比较深的，一个是它在军事上的迅速崛起，另一个就是日本变得强大，跟它的近代教育密切相关。一般人头脑中还有一个认识，就是日本的教育水准是在明治维新以后才迅速提高的，以前也跟中国差不多。不过事实好像不是这样。

先从一个俄国人的观察说起。

1874 年左右，那时明治维新刚开始不久，有一个叫尼古拉的俄国人，在国内参加民粹运动后，流亡到了日本。他后来写了一本《明治日本回想录》，里面写到，不管是脚夫、马夫，还是茶馆里的女招待这样社会下层的人，手里都会拿着一本书在贪婪地阅读，虽然只是一些好玩的通俗小说，但尼古拉还是感到很惊讶，没想到日本的识字率会有那么高，至少比他的祖国俄国要高，俄国的普通农民、工匠，大多是不识字的。

同时期的中国，识字率恐怕比俄国更低。中国在近代以前，教育主要是靠一些为数不多的私塾，穷人几乎没有受教育的机会，在偏远的山区，不识字是一个普遍的现象。中国虽说是一个文化大国，基础教育却向来比较薄弱。

那么，日本在近代之前为什么就有了比较高的识字率呢？我们可能想不到，其实这和佛教的寺院有密切的关系。日本在 12 世纪末的镰仓时代，兴起了净土宗、净土真宗等新兴的佛教宗派，那些宗派为了与原先的老宗派抗衡，就在寺院里开设了讲堂，宣传他们的教理。后来不仅宣传教理，也教一些认字算数这样的基本技能。别的寺院看他们这么做很受欢迎，于是也开办了类似的教育场所。一些比较穷的人家，也就乐意把自家的孩子送到那里去学习，同时帮着寺院干点杂活，这些孩子呢，就被称为"寺子"，或者也可以解释为寺院里的孩子，那些授课的地方呢，就叫做"寺子屋"，起到了一个民间教育的作用。到了江户时代，情况又发生了变化，不仅寺院里开设寺子屋，寺院外也开设，名字也叫"寺子屋"，不过要适当交一些学费。那些经济有些宽裕的人家，就把孩子送到寺子屋里去学习。当然，寺子屋里并没有很繁复的课程，就是教一些简单的认字、算算写写，日语叫做"読み書きそろばん"，也就是一些最基本的文化技能。如此一来，那些附近有寺院的村落，特别是像江户、大阪这样的城市里，有人估计，识字率在30% 左右，这在近代教育制度和设施建立之前，真的是一个很高的比率。大家知道，日本没有或者说没有采用中国的科举制度，一般民众去寺子屋学习，不是为了考取什么功名，成为秀才、举人、进士，升官发财。日本是一个世袭社会，学习不能改变自己的身份，大家学习写写算算，主要是为了生活方便。于是很多人就具备了这些初级的知识。

在 1868 年明治维新的大幕开启前后，当局已经认识到了让民众接受教育的重要性。要从传统的封建社会进化到一个现代文明国家，国民改造是首要的一步，而改造国民最有效的方法，便是让他们接受新的教育。而原来的寺子屋教育就远远不够了。

1869 年，为推翻江户幕府建立了颇大功劳的木户孝允（1833—1877），向政府提交一份正式的建议书，希望能够仿效欧美，振兴普通教育。政府当时脑子里还只是要为国家培养精英人才，于是就设立了一个名曰"大学校"的机构，把江户时代留下来的昌平学校和开成学校、医学校放在这一机构的框架内，同时这一机构还是一个教育管理的行政机构。

1872 年，明治政府废除了大学校这一机构而改设文部省。这一年，在日本近代教育史上还有一件值得记录的大事，就是政府颁布了《学制》。这是近代日本制定的第一个比较完整的有关近代教育制度的法令，把全国分为若干个学区，每个学区要设立若干个大学、中学和小学，目的是让日本全体国民接受新式教育。我们想一下，当时的中国还依然沉浸在科举功名的旧框框里，全国上下没有一点近现代教育的概念，除了有零星的西洋人开设的教会学校之外，整个中国没有一所现代意义上的学校，这种情况一直延续到 19 世纪末期。

不过，限于当时日本的财力，《学制》中提出的许多做法和目标，最后还是难以实现，但不管怎么说，近代日本人已经有了这样的理念，坚定地迈出了第一步。为了培养学校的师资，政府在这一年设立了师范学校，并由师范学校编写了小学通用的教科书。就像中国在 20 世纪初编写的学校教科书基本上是翻译自日本的教科书一样，当年日本的教科书，主要也是美国教科书的翻版。对于日本来说，要想实现社会转型，本国没有先例，只有学习欧美国家。

明治前期的日本教育体制，将小学分成两部分，一类叫寻常小学校，学制 4 年，毕业后可升入高等小学校，学制也是 4 年。19 世纪 70 年代开始，日本逐步推行义务教育制度，把义务教育设定在小学。到 1875 年，全国共建立了 24225 所学校，涵盖了全国所有的市町村。不过，这种义务教育跟我们今天的理解有些不一样，现在义务教育的意思是，学龄儿童有义务去上学，而国家或各级政府有义务向学龄儿童提供免费教育。明治初期，日本财力有限，政府还无力提供免费教育，只能给予一定的补贴，父母还得掏出教育费，因此有些穷苦的家庭一开始不愿意让孩子去上学。但政府反复努力，颁布义务教育的法令，强制要求孩童接受教育。到了明治末年的 1911 年，也就是中国爆发辛亥革命的那一年，日本的小学入学率达到了 98%，实际的上学率也在 90% 以上，这在全世界的范围都是一个非常了不起的成就。

当局在推行义务教育的同时，还注意精英的教育，为国家培养上层的人才。1877 年 4 月，文部省把已有的东京开成学校和东京医学校合并，创建了一所东京大学，下设法学部、理学部、文学部和医学部。开办之初，师资严重匮乏，当局就大量聘请外国教员。东京大学差不多可以说是除欧美地区之外建立的第一所真正的现代性质的大学。以后又设立了京都帝国大学等总共 7 所帝国大学。此外，民间的私立大学也纷纷涌现，比如福泽谕吉在 1868 年开设的庆应义塾，1890 年演变成庆应义塾大学，大隈重信在 1882 年创办的东京专门学校，1902 年改称为早稻田大学，这两所学校已成了日本私立大学中的佼佼者。此外，日本的女子教育和实业教育也起步很早，设立了各种技术专门学校，为近代产业的发展培养应用型人才。

而当时中国的教育情况是怎样的呢？大部分读书人还沉浸在科举功名的旧框框里，全国上下都没有近代教育的概念。零星有一些新式学堂，还都是外国人办的教会学校。这种情况一直延续到 19 世纪末期，即使到 1898 年清政府创办京师大学堂，其课程的设置和培养目标距离现代大学还有相当的距离，毕业生还被赐予贡生、举人、进士等，一直到了 1917 年蔡元培担任校长，才进行了大刀阔斧的根本改革。中国虽然在传统上是一个重视教育的大国，但是观念意识太落后，跟日本相比，差距就一目了然了。

日本在 19 世纪中叶以后，仿效西方文明，在短短的 40 年里，使原来农耕文明的封建国家，基本变成了一个现代文明的工业化国家，这自然是许多种因素合力造成的。但国民教育的普及，大概是最重要的环节。我们知道，任何一个现代国家的建成，关键的元素是人，就是必须要有一个综合素质比较高的国民群体。要促成一个国家或社会的根本转型，首先人的观念和意识要更新。当时新观念的普及，主要是通过报纸、杂志、书籍的传播。福泽谕吉的《文明论之概略》，在当时总人口才 5000 多万的日本，印了几十万册，这是一个极高的发行量了。轰轰烈烈的思想启蒙运动，就是通过文字更新了一般日本人的头脑。大部分日本人也在这短短的几十年里，从只是简单的寺子屋教育进步到成为掌握了现代科技知识的现代国民。即使是当兵，受过现代教育的士兵跟目不识丁的壮丁，实际作战能力也是大相径庭的。这在甲午战争中就显露无遗了。除去其他的原因不说，受过良好训练的日军军官和士兵的战斗力要远远高于多半是文盲的清军士兵。这无疑是中国战败的一个十分重要的原因。

因此，日本近现代国家之所以能够建成，国民的综合素质起到了关键的作用。而促成国民素质大幅度提升的，关键就是近代教育制度的确立、各种类型学校的开设以及义务教育的逐渐普及，也因此促进了日本国家向近现代社会的成功转型。

当然，日本近代教育也存在着一个严重的弊病，即通过学校教育向全体日本人灌输忠君爱国的思想。1890 年以天皇的名义颁布的《教育敕语》，要求所有的学生遵循皇祖皇宗的遗训，崇尚忠孝之德，并要求学生背诵。以后又被日本当局恶意利用，成了军国主义教育的"金科玉律"，导致全体日本人被卷入对外扩张的侵略战争中。这一教训也是很深刻的。

万元日币上的头像人物：福泽谕吉

从这一讲开始，我们的内容就要正式进入明治维新或者说是以明治维新为标志的日本近代的大改革。前面说到，其实这场革新或变革从江户幕府的末期就已经开始，只是进入明治时代以后，有了一场整体的推动，不只是在某些层面或局部的地区，而是整体性的。总体的方向，是向西洋文明看齐，努力使日本成为一个现代西方式的强大国家。这场整体性大改革的推动者，来自民间和官方两个层面，也就是朝野一起合力。相对而言，民间的推动先行了一步，民间推动的最有力的人物，就是福泽谕吉（1835—1901），他的头像，至今仍然被印在日元中金额最大的 1 万元纸币上，可见其地位和影响力。

福泽谕吉无疑是近代日本影响最大的思想家，或者说是明治时期最主要的启蒙思想家，当然也是最重要的舆论领袖。1835 年，他出生于现在九州北部福冈附近的一个藩士的家里，出身算是中等。他 5 岁时开始随同邻近的藩士学习汉学和刀剑。他晚年写过一本自传，据他在自传中所述，他少年时读过差不多所有重要的中国古典，比如《论语》《孟子》《诗经》《书经》《世说》《左传》《战国策》《老子》《庄子》《史记》《前后汉书》等，尤其是《左传》，对其中的第 15 卷曾经通读过 11 次，有趣的篇章都可背诵，由此可知他在汉学方面具有深湛的修养，对于中国的思想和文化也有相当的了解。可是当他 20 岁左右的时候，美国佩里将军的舰队打开了日本的国门，天下大势开始发生变化。他觉得光有东方的学问显然已经不够，于是在 20 岁的时候，他来到大阪，进入当时著名的兰学家绪方洪庵开设在大阪的"适塾"，在这里接触到了荷兰语的文献和近代西方的理化学科。1858 年他又来到江户游学，在已经对外开放的横滨直接接触到了欧美文明。他发现来到日本的洋人中，以英国人居多，这才知道如今的天下，荷兰已经陨落了，如今的世界通用英语，光懂一点荷兰语已经没什么用了。于是他发愤自学英文，希望借助英文这一媒介来了解外部的世界。这个时候日本已与主要的欧美国家签订了通商条约，国门已完全打开。

1860 年、1862 年、1867 年，也就是明治时代还没有开启的时候，福泽谕吉有机会 3 次踏上了美国和欧洲的土地，历时一年半之久。从年龄上来说，他是 25 岁到 32 岁。这一实地的考察和体验，极大地改变了福泽的世界观和价值观，奠定了他成为一个近代日本最伟大的启蒙思想家的基础。这三次欧美之行，福泽谕吉到底看到了什么？感受到了什么？

1860 年 2 月，他作为随员乘坐日本第一艘横渡太平洋的轮船"咸临丸"前往美国，这也是近代日本第一次接触到西方世界，当时的目的是与美国交换双方签署的通商条约。25 岁的福泽也成了近代第一批游历西方的日本人，从横滨启程到达旧金山，历时 37 天。在美国待了 4 个月之久，主要的所在地是旧金山。当时的美国，在西方世界中只能算是一个中等发达的国家，位于西部的旧金山是新开发起来的，在当时还有些荒僻，也没有铁路。但在福泽谕吉等日本人的眼中，已经是一个比较陌生的新世界了。福泽在这里第一次见到了马车，见到了比较宽阔的街道，入住了西式的旅馆，屋里都铺设了地毯，而美国人就这样穿着皮鞋从外面进来踏在地毯上，而日本人穿的几乎都是麻草鞋，走上木板地或榻榻米都是必须脱鞋的。美国人招待他们的宴会都很豪华，温暖的春日里，喝酒却有冰块，抽的烟都是纸烟，还有从没见过的火柴，还有男男女女聚在一起的舞会，到美国人家里去做客，女主人在客厅中招呼客人，男主人却在一旁跑上跑下。这一切都让福泽等日本人感到新鲜，与东亚男尊女卑的思想形成了鲜明的对比，让他直接感受到了西方近代文明的实相。

第一次访美回来，福泽对于西方世界的兴趣更加高涨，学习英文的劲头也更足了。在美国时，福泽还买到了一本中国人编的《华英通语》，这本书后来成了他学习英语的重要工具书。他花了不少时间，将汉文的序文译成日文，并在所有的英文词语上用片假名加注发音，改名叫《增订华英通语》，于1860年旧历八月在日本出版，或许这是最早的一部日本出版的英文学习词典吧。他在自学英语的同时，也教别人学英语，并成了幕府的雇员，专门翻译与外国政府和使节之间的信函文件。当时英国、美国等致日本政府的公函，除了英文之外，都附有荷兰文的译文，怕日本人看不懂英文，福泽原本的荷兰文要比英文好，通过荷兰文可以把英文信函准确地翻译出来，后来英文水平也日益进步，可以直接阅读和翻译英文的书刊。

1862年日本组织了遣欧使节团去访问欧洲，福泽谕吉作为随员，也一同乘坐英国的军舰前往欧洲各国，历时1年，行踪遍及英、法、德、俄、荷兰、葡萄牙诸国。这次开的眼界更大，多次乘坐以前从未见过的火车，在巴黎下榻的旅馆是卢浮宫大酒店，五层楼的石头建筑，有600间客房，可供1000多名旅客下榻，酒店的员工就有500多人，如此的规模，让福泽等日本人吓了一跳。他们一行考察了欧洲各国的银行、邮政、议会、法院、博物馆、矿山学校、医科学校及工厂、聋哑人养护院等，在伦敦恰逢万国博览会（世博会），集中见识了西方文明的成果。这次欧洲之行，给福泽的冲击很大，令他印象深刻。1867年2月，因委托美国建造军舰的事务，他与幕府的官员再度访问美国，这次从旧金山乘坐轮船经巴拿马来到了美国东部的纽约和华盛顿，拜见了美国总统。这一次的北美之行，进一步加深了他对海外世界的了解，由此服膺西方的精神文明和物质文明。这三次的海外之行，使得他成了一个西方文明的鼓吹者。

从1866年开始，福泽谕吉撰写了一系列的介绍、宣扬西洋文明的书籍。除了上面提到的《增订华英通语》之外，他在1866年底出版了《西洋事情》的初版。所谓《西洋事情》，翻译成中文差不多就是西洋概况，应该说，这是第一本向日本读者全面介绍西洋文明的书籍，这里边都写了些什么内容呢？我们来看一下大致的目录，我这里没有翻译，原文就是汉字词语：政治、收税法、国债、纸币（那个时候日本还没有使用纸币）、商人会社、外国交际、兵制、文学技术、学校、新闻纸、病院、博物馆、博览会、蒸汽机关、蒸汽车、瓦斯灯，然而又按照国别分别详细介绍了美国、英国、荷兰、俄国、法国、葡萄牙、普鲁士等国家的政治、海陆军和钱币出纳等情况。以后在 1868 年、1870 年又分别出版了《西洋事情》的外编和二编，增写了许多新的内容。类似的书，还有他在 1869 年出版的《世界国尽》，差不多是一本各国概况一类的书。这些书籍，在今天看来好像没有什么了不起，但在当时差不多具有划时代的意义，使得日本人第一次通过书籍了解到外部的世界，了解到什么是西洋文明。这样的书，其实中国人也写过，比如魏源主持撰写的《海国图志》，在鸦片战争之后的 1842 年就出版了 50 卷本，以后又有 60 卷本和 100 卷本。但是与《西洋事情》相比，第一，《海国图志》还只是一些资料的汇集，几乎完全没有实际的考察和体验，第二，其态度依旧把西方各国看作是比中国低一等的"夷"，并没有认同当时西洋文明的先进性。更要命的是，这部书在国内受到朝廷的非议和压制，只印了很少的 1000 余册，在当时的中国并没有产生很大的影响。而福泽谕吉的《西洋事情》则是一版再版，成了后来日本启蒙思想运动的先声。

　　后来福泽谕吉又将美国的《独立宣言》译成日文刊发在杂志上。1872—1876 年，他断断续续出版了十几本小册子，后来合为一本出版，书名叫《劝学》。1875 年刊行的《文明论之概略》，全面宣扬西洋文明的先进性和西方的人权法治思想，正式奠定了他作为近代日本最重要的启蒙思想家的地位，也成了明治日本的主要精神脉络之一。

来自西方的新风：启蒙思想推动自由民权运动

在上一讲里，讲到了日本近代最重要的一位思想家福泽谕吉，讲到了早期在欧美的三次考察和体验使得他变成了一个西方文明的鼓吹者，比较详细地介绍了他在这方面撰写的最早的一部著作《西洋事情》。当然，真正使他成为一个思想家的，是他的另两部著作：《文明论之概略》和《劝学》。这两种书都被列在了商务印书馆的"世界汉译学术名著"内，早就有了很好的中文译本。《劝学》一书在初版后的 16 年内，竟然印行了 70 万册，这在当时仅有 5000 多万人口的日本，可是一个巨大的数字啊！由福泽谕吉主导的这一场近代日本的启蒙思想运动，到底鼓吹了一些什么思想呢？这里先把上述两本书中的主要思想很简要地说一下。

福泽谕吉首先充分肯定了西洋文明的先进性，认为西方的文明代表着人类发展的未来方向。开放以后的日本，为了避免沦为西方的殖民地，唯有以西方先进国家为楷模，向西方的文明水准看齐。他在《文明论之概略》中比较完整地表述了他对当时世界的理解，他说："若论现今世界的文明，欧洲诸国及美国是最先进的文明国家，土耳其、中国、日本等亚洲诸国，可称为半开化的国家，非洲和澳洲可看作野蛮国家。"他进而指出："现今世界各国，无论它是处于野蛮状态还是半开化状态，若要谋得本国文明的进步，就必须以欧洲文明为目标，确定其为评论的标准。"从这样的认识出发，他认为原先在东亚影响很大的儒家思想已经落伍了，已经成了日本向现代文明推进的负的思想资产，应该抛弃。在《劝学》中，他宣扬了人生而平等的思想，他说："上天不造人上之人，也不造人下之人。"江户时代所规定的"士农工商"这一四民等级的制度必须打破，人应该享有同样的上学和就业机会。这样的理论，在 19 世纪下半叶的欧美已经并不稀罕，但在当时的日本，差不多是振聋发聩的，人们觉得很新鲜、很奇异，因而也激发了人们的思考。可以说，福泽谕吉是当时启蒙思想运动的旗手。

启蒙思想运动中，还有一位比较著名的人物是西周（1829—1897）。我在日文版的《不列颠百科全书》（*Encyclopaedia Britannica*）中看到对他的介绍或定位是"启蒙思想家"。他的家庭原来是津和野的藩医，4 岁时即跟着祖父学习《孝经》，后来进了藩校"养老馆"，潜心研读儒学，以后离开家乡去各处闯荡。1853 年冬，在江户跟着一位藩医学习荷兰语。17 世纪初开始，为防止基督教的流播扰乱人心、动摇政权，江户幕府实施了严格的锁国政策，只在长崎一隅允许与荷兰和中国做贸易。在长崎的出岛开设有荷兰官方的商馆。18 世纪时幕府解除了荷兰文书籍入境的禁令（宗教书依然严禁），在日本逐渐形成了依托荷兰文汲取西洋新知识的"兰学"，一时，除了国学、儒学之外，兰学也是知识人瞩目的对象。西周因而有了学习荷兰文的动机。1854 年国门被美国人打开后，英文受到了人们的关注，西周也在 1856 年开始跟人学习英文。1859 年他当上了幕府开设的蕃书调所的教授助手。1860 年，他与津田真道向幕府提出了去外国留学的愿望。1862 年 6 月成行，差不多 1 年后到达了荷兰的阿姆斯特丹，随后进入莱登大学进行了 3 个月的荷兰语学习，然后专攻法学和经济学。将近 3 年后回到了日本。可以说，西周是在西方接受法学和经济学训练的第一批日本人，回国后立即受到了幕府的器重，担任当时最高学府开成所的教授。他把荷兰教授讲授的《万国公法》（现在一般译为"国际法"）讲义翻译成日文，呈献给幕府。1867 年，他应江户幕府的末代将军德川庆喜之召，向其教授法语，又为德川将军解答了英国议会制度和三权分立体制的问题。1870 年，在自己的宅邸开设私塾育英社，讲授"百学连环"（即百科知识），翌年被新政府的宫内省召去担任皇室的侍读。1873 年担任陆军省第一局第三课课长，以后长期在军部供职。1874 年加入日本最大的启蒙思想团体"明六社"，在《明六杂志》上发表《知说》，出版《百一新论》《致知启蒙》，成了启蒙思想运动中的名著，与福泽谕吉的《文明论之概略》《劝学》等一起，影响了不久兴起的自由民权运动。西周还翻译出版了英国古典经济学家约翰·穆勒的名著《功利主义》，把西语中 philosophy 翻译成汉字的"哲学"。无疑，西周是一位在相当的程度上接受了西方新思想的先驱。

启蒙思想运动中还有一位有力的人物是中村正宇（1832—1891），他早年以儒学家著称，汉诗汉文都写得很好，尤其对朱子学和阳明学比较倾心。后来受到时局的影响，开始关注海外政情，习读英文，1858 年写了一本《洋学论》出版。1866 年被幕府派往英国留学，在伦敦苦读 1 年，如饥似渴地吸吮西洋文化，深深地为西方人励精图治的自立精神所打动，1868 年经法国返回日本。1870 年，他把英国人斯迈尔的 *Self-Help* 这本书改名为《西国立志篇》翻译出来，还加上自己个人的一些论述，全编总共 11 册，书中介绍了产业革命时期英国人的奋斗故事，这些故事和精神鼓舞了一代日本人。1872 年，他又把英国伟大的思想家约翰·穆勒的《论自由》翻译出版，在当时也很有影响，尤其对日后掀起的自由民权运动，真可以说是思想上的雨露春风。中村还参加了1873 年成立的启蒙社团"明六社"的活动，陆续翻译出版了斯迈尔的《西洋品才录》（又译为《品格论》）和美国人爱默生的《报偿论》等，也是当时启蒙思想运动的一面旗帜。

不过真正打出启蒙思想旗号的，应该是森有礼（1847—1889）。萨摩藩在 1863 年夏天被英国舰队重创以后，就改弦更张，把"攘夷"的主张改成了"师夷"，1865 年秘密派遣了 19 名年轻人去英国学习，其中就有森有礼。他在英国留学之后，又去俄国考察，1868 年回来时，幕府已经被打倒了。他一度在明治政府中出任官职，回来后因为主张废除一般武士佩刀而遭到武士们的攻击，不得已退居故乡。不久又被派往美国任职，回国后大力推动启蒙思想运动，创立了"明六社"和《明六杂志》，我们只要稍稍看一下杂志上都发表了哪些文章，就知道明六社的主旨和倾向了：《开化第一话》《评民撰议院设立建言书》（第3号）、《北美合众国的自立》《美国政教》（第5号）、《期望出版自由论》（第6号）、《独立国权议》《开化的推进应依据人民的众论而不惟政府》（第7号）。这些著作和文章在当时蔚成思想启蒙的大潮，与其他启蒙思想家的言论一起，在一定程度上改变了这一时代日本人的价值观和世界观，为稍后兴起的自由民权运动营造了强有力的思想舆论，同时也培植了日本人的近代民族国家意识。

在这样的新思想、新观念的推动下，从19世纪70年代中期开始，日本出现了一场轰轰烈烈的自由民权运动。正式的发起人，应该要算板垣退助（1837—1919）。他原本来自倒幕的土佐藩，明治新政府成立后，他曾在政府里做官，后来与政府中占主流地位的萨摩藩、长州藩出身的官僚意见不合，便退出政府，发动民间运动。恰好这时启蒙思想运动的主要基调是自由民权和人的平等，于是板垣等人便以此为武器，对萨摩藩、长州藩出身的政治家把持的明治政府展开批判。在1874年向政府提出了开设民选议院的建议书，要求日本像西方国家一样制定宪法、开设国会，修改与西方列强签署的不平等条约，并且自己组织成立了政治团体爱国社。这里要指出的是，不少自由民权运动的领导者，本身也是启蒙思想家，比如运动主干的植木枝盛，先后出版了《民权自由论》《天赋人权辩》等，法国留学归来的中江兆民则翻译出版了卢梭的《社会契约论》等。恰好那时候社会上的中小地主、商人、城市里的知识阶级等也对政府不满，于是积极响应这一主张，纷纷成立了各种政治团体，举行集会，出版报纸杂志，鼓吹自己的主张，农村的地主、农民还提出了减轻地租的要求，一时间全国上下热闹非凡。政府不得已，答应10年之后开设国会，但是有些激进分子依然不依不饶，甚至还有些人主张以实际行动来颠覆政府。这就招来了政府的镇压，板垣退助本人也遭到了刺杀。热闹了一阵之后，人们的热情也就渐渐消退，支持者也逐渐下降。到了1882年以后，作为运动的这一热潮慢慢地偃旗息鼓了，但是运动主张的理念已经深入人心，也顺应了民意，明治政府果然在后来颁布了宪法并开设了议会，这是后话。

要指出的一点是，同样规模的启蒙思想运动在 1915 年之前的中国没有真正出现过，1900 年前后曾有严复等人翻译的《天演论》《群学肆言》等西方思想著作的出现，但一来时期较日本晚了将近 30 年，二来这些译著都采用深奥的文言，许多新的词语没有妥帖地翻译出来，限制了其影响力和传播力。而中国朝野普遍意识到要建立现代宪政，则是在 1905 年前后。因此，日本向现代国家转型的基本成功，强有力的启蒙思想运动和由此引发的自由民权运动，是极为重要的两个环节，绝对不可轻视它在日本近现代文明进程中的奠基性的重要作用。可以断定，没有这两个涉及人们观念思想的变革，就不会有后来的社会变革和国家转型。

第
40
讲

岩仓使节团的海外之行在明治维新中有多重要？

上面几讲讲了从江户末年开始，有几位到欧美长期游学、开了眼界的日本人，接受了西方的新思想，并深深感到了日本与西方先进国家之间在现代文明上的巨大差距，于是回国后陆续推进了一场启蒙思想运动，并且进而在这样的思想变革的带动下，在日本掀起了一场自由民权运动，似乎所有这些力量都来自民间，民间是明治维新也就是日本在近代实行国家转型的主要推动者。其实并不完全是这样，一个国家要完成从农业社会向工业社会的现代转型，国家的上层决策即政府的主导才是关键。明治维新是一场日本朝野共同合力的大变革，来自民间和政府两方面的力量都非常重要。

那么，相对比较保守的政府，为什么也会成了这场大变革的推进者呢？这还得从岩仓使节团的海外之行说起。

岩仓使节团，这个词对于我们中国人好像很陌生。这一讲，就来聊一聊这方面的话题。首先，岩仓是一个人名，全名叫岩仓具视（1825—1883），前面讲到倒幕运动时曾出现过一次。他不是来自萨摩藩或长州藩的武士，他出生于京都，是属于宫廷圈子里的人物。当时的朝廷比较保守，岩仓自然也有他比较保守的一面，但相对而言，他是一个比较有远见的人，他协调了萨摩藩和长州藩等各方的力量，也是一个推翻幕府的功臣，被认为是"维新十杰"之一。在后来组成的明治新政府成员中，他不属于任何一个地方上的藩阀，算是一个有朝廷背景的人物。新政府成立后，他当上了外务卿和仅次于太政大臣（首相）的右大臣，位居政府要员中的顶层。明治四年也就是1871年，民间的启蒙思想运动已经萌发，西洋文明、文明开化成了大家经常谈论的词语。进入明治时代的日本将何去何从，自然也是新政府日夜思虑的大事。这一年，新政府决定，组成一个庞大的使节团到海外去考察，一方面试图与欧美各国商议是否能够修改以前签订的通商条约中不合理、不平等的内容，一方面想借机去看看外面的世界，了解天下大势。于是组成了一个以岩仓具视为正使，由推翻幕府的功臣大久保利通（1830—1878，萨摩藩）、木户孝允、伊藤博文（长州藩）等要员为副使的使节团，成员共有107名，其中包含了有5位女性参加的59名留学生，完全可以称得上是一个近代的遣唐使节团，不过目的地不再是中国，而是美国和欧洲。

使节团一行1871年12月23日坐船从横滨出发，历时三个星期，第二年1月15日抵达旧金山。这时美国的南北战争早已结束，整个国家进入了一个大建设大开发的欣欣向荣的时代。一行人入住楼高五层的旧金山大酒店，一楼大堂内光滑的大理石地面、高悬的吊灯、浴室、理发室、桌球场一应俱全，大宴会厅内可同时容纳300多人用餐，客房内都有地毯、软椅，这些都让初出国门的日本人大为赞叹。还让他们耳目一新的是，女性可出入任何公共场所，政府的官邸有她们的身影，海陆军的军校里，女性也聚在一起观看士官们的操练，结束之后，与军官们在舞池内翩翩起舞，这些都让来到新大陆的日本人惊叹不已。参观了各种设施后，留下了一部分留学生，一行人乘坐开通不久的贯穿美国东西大陆的火车向东部出发，上层的要员还体验了设有包厢的卧车，这些自然都是在日本无法体验的旅程。一行人向美国方面详细请教了铁路建设的各项技术问题。2月29日到达华盛顿后，主要官员去拜见了美国总统格兰特，双方在条约修订问题上没有任何进展，当时的美国人不会轻易答应日本人的要求，日本人多少感到了一些屈辱。但是这些日本人仔细参观了美国的国会大厦和国会开会时的场景，还来到了纽约、波士顿，对西方的民主制度有了切身的感受，且对美国人的自由、独立、奋斗的精神颇为感佩。

在这一年的 8 月 6 日，他们从波士顿启程，横渡大西洋，十天之后来到了英国的利物浦，然后坐火车前往伦敦。在伦敦，他们不仅见到了路面行驶的公交车，而且初次见到了还是蒸汽机车的地铁，眼界又扩大了。在英国，这些日本人几乎走遍了所有重要的城市：爱丁堡、纽卡斯尔、曼彻斯特、谢菲尔德、伯明翰等等，所到之处都给他们留下了深刻的印象。在 1872 年 12 月，他们又从英国来到了巴黎，会见了法国总统，在 1873 年先后访问了比利时、荷兰、普鲁士（德国）、俄国、丹麦、瑞典，并再度游历了德国的北部和南部、意大利、奥地利，分别会见了各国的最高领导人。在奥地利，还恰逢万国博览会在这里举行，各国的物产和先进制造品在这里集中展示，这些日本人也等于集中见识了欧美文明的最新成果。1873 年 7 月 21 日一行人坐邮船离开法国马赛，一路经过了诸多亚洲国家，在 9 月 13 日返回横滨。

这次总共历时一年十个月的海外考察，虽然在条约修订的谈判上几乎毫无收获，但却是一次盛大的"洗脑"旅行，他们实际看到了所谓西方先进文明的真实样态，看到了当时的日本与欧美各国之间的巨大差距。更让他们深刻警醒的是 1873 年 3 月 15 日，当时的普鲁士首相俾斯麦在欢迎他们的宴会上所说的一番话，原话的大意是这样的：

> 各位这次在世界各国巡游，看到大家似乎都对你们彬彬有礼的，记得，这只是表面现象而已。而真正的现实是弱肉强食。普鲁士原来只是一个小国，曾经受到过的屈辱令人难忘。大家都认为万国公法（国际法）是保障所有国家权利的，而实际上呢，大国觉得对自己有利的时候才会运用国际法，而对自己不利的时候就诉诸武力了。日本与其要努力把本国建设成一个遵守国际法的国家，还不如走富国强兵的路线，保障自己的独立。

这一席话，恐怕也坚定了日本人要步西方列强后尘的决心。事实上，日本人后来在建设国家的方针上，更多的是以普鲁士也就是德国为楷模的。

这里补充两点。第一点是几乎所有出行的日本人，包括女性，都改理西方人的发型，穿西方人的衣服，以表示自己仿效西方、与西方为伍的姿态；第二点是主要的随从一路作了详细的考察记录，归国后整理了《特命全权大使美欧回览实记》，共100卷，分为5编，印成五大册于1878年出版，为一般民众了解西方开设了一扇官方的窗口。

这次汇聚了明治政府主要领袖的历时将近两年的海外考察，与启蒙思想运动和自由民权运动一起，决定了近代日本的发展方向，即通过殖产兴业的政策来达到富国强兵的目的，以西方列强为榜样，在国内的主要领域全面推行大规模的改革，最终与西方列强并驾齐驱。

具体来说，明治政府制定、推行了哪些政策和措施呢？大概主要有这么几项：（1）推行近代教育，造就高素质的国民。（2）培育近代产业，建立近代金融制度和体系。打开国门之前，日本完全是一个农业文明国家，除了作坊式的手工业之外，没有任何近代工业和矿产业。于是政府就模仿西方国家，首先由国家利用有限的资金重点培植一些工矿企业，达到一定程度后再转卖给民间资本，由此来扶植民营财阀的崛起。比如由岩崎弥太郎创建的三菱商会，在政府的保护下垄断了日本的海运业，在19世纪末成了亚洲最大的航运企业，同时经营矿产、制造业、贸易等，成了日本近代的四大财阀之首。这与晚清中国只注重官办企业而忽视民间企业的政策形成了鲜明的对比。产业的发展与资本的运作是紧密相连的，政府在1873年开始设立国立银行制度，同时民间的钱庄也向现代银行转换，至19世纪末已形成了比较完整的现代金融体系。（3）出国考察的日本人，深深感受到了铁路交通的便捷性，于是明治新政府建立不久，便花大力气建设现代铁路交通。当然，这是一项投资巨大的事业，不可能一蹴而就，但是明治政府为此倾注了极大的努力，在1872年建成第一条横滨到东京新桥的铁路线之后，短短30年间，已经建成了西自马关、东到东北青森的横贯大半个日本的铁路网，极大地促进了人流与物流的发展。顺便说一下，中国的第一条铁路是1876年由英国人建造的上海市内到吴淞的铁路，可是由于官民的强烈反对，并酿成车祸，结果建成不久便由政府出资收购后把铁路拆除了。（4）与此同时，日本仿效西方，积极推进现代军队的建设，以普鲁士陆军为楷模，在全国实行现代征兵制，建立现代军队制度并在训练、装备各个方面都大力向西方靠拢。1874年设立陆军士官学校，1882年设立陆军大学，1888年设立海军大学等，培养具有现代作战能力的军队。同时建立现代警察和医疗卫生制度，民间的现代报业和出版业也蓬勃兴起。

　　总之，以岩仓具视为首的使节团在欧美近两年的考察，很大程度上决定了此后日本发展的方向，明治维新能有后来的结果，都与这次考察密切相关。

亚洲第一部宪法诞生在日本

在启蒙思想运动的鼓动下，日本掀起了自由民权运动，人们要求明治政府开设国会，国家大事应该让广大民众通过代议机构来参与决定。面对这一场民情激扬的大运动，1881 年 10 月 12 日，政府以天皇的名义发布了一个"开设国会"的诏敕，答应 10 年以后开设国会，于是运动才慢慢平息了下来。

那么，政府为什么会答应开设国会，又为什么提出要在 10 年之后呢？答应开设国会，首先是因为思想启蒙以后的民众，要求通过国会来参与国家实际政治的愿望十分强烈，人们不能容忍那些萨摩藩、长州藩出身的政治家来决定国家命运，当时有 24 万人联名签署请愿书，声势浩大，政府也不敢无视民意。另一方面，政府本身通过海外使节团的考察，也意识到了要成为一个西方式的现代国家，没有一部明确的国家宪法，没有一套西方式的政治运作，是很难被西方列强认可的，因此答应了民众的这一要求。那么为什么要 10 年之后呢？当时主持朝政的伊藤博文等人很清楚，一部宪法的制定不是轻而易举的事，国会的开设更是需要一个准备期。当政者的最根本的想法，就是如何维护国家的稳定，并且通过法定的制度和程序来确保当政者对于权力的掌控，这都是需要仔细研究和准备的事情，于是提出了 10 年准备期。

那个时候，民间的不少有识之士已经跃跃欲试，尝试着草拟各种宪法草案，其中比较著名的是自由民权运动领袖之一的植木枝盛起草的《东洋大日本国国宪按》，这部草案中比较多地强调了民众的权利以及对于政府权力的限制。

这样的草案，显然不符合明治政府的想法。政府的要员，那时对于西方政治的运作方式已经作了一些考察和研究，并且大致确定了日本的政体形式，那就是君主制，天皇或皇室是最高统治者，这一点不可动摇，因此美国和法国那样的共和制国家就不在考虑之列。当时要参考的模式，主要有两个，一个是英国，另一个是德国。英国是一个王国，是典型的君主立宪制国家，国家元首是国王，但行政权力的运作主体是内阁或内阁制的政府，国会也具有较大的议事决定权，并且还具有独立的司法体系，是一个比较典型的三权分立的国家，虽有君主，但宪政的色彩比较浓厚。而德意志是一个帝国，皇帝相对拥有比较大的统治权，内阁基本上是在皇帝的指导下运作的。当时在明治政府的上层也形成了两派意见，主管财政（大藏卿）的大隈重信主张学习英国，而曾经在英国留过学的伊藤博文和外务卿井上馨等，则认为英国的政治体制不适合日本，倾向于德国。1881 年日本政坛发生了一场风波，大隈重信被排挤出政府，伊藤博文一派占了上风。

于是，1882 年 3 月，伊藤博文带了一些随员离开日本前往欧洲，主要的目的就是为制定宪法进行实地考察，实际上是对欧国各国政治体制和政治运作的深入调查。这一去，几乎在欧洲待了一年。第一站就来到了德国首都柏林，与柏林大学的公法学教授鲁道夫·冯·格奈斯特，后来又与维也纳大学的国家学教授斯坦因等进行了深入的探讨，在几所大学里旁听了有关的课程。斯坦因的主要思想背景是黑格尔的法哲学和法国社会主义思想，他主张通过君主的权力来介入并调解日益增长的阶级矛盾，并在一定程度上保护劳动者的利益。伊藤博文基本倾向于斯坦因的观点和学说，并试图聘请斯坦因到东京大学来讲学。在这一过程中，伊藤博文的内心渐渐形成了一个日本政治的基本框架。这就是，形式上必须树立天皇的君主权威，以此来凝聚全体日本国民的精神，同时适当引进英国的议会制度，总体上建设一个西方式的君主立宪国家，让日本的中上阶层人士在一定程度上参与日本的政治运作，防止过度的君主制导致权力的僵化和无序，同时要确保萨摩藩、长州藩出身的所谓明治元勋对国家权力的实际控制。

为制定宪法和开设国会，回国以后的伊藤博文做了这样几项准备工作。

首先是把明治政府真正改造成英国式的内阁政府。最初的明治政府，最高首长是太政官，一般由具有宫廷背景的人出任，大致相当于后来的内阁总理大臣，在他下面设置了相关的部门，每一个部门的行政长官被称为"卿"，也就是今天美国国务卿的卿。欧洲回来以后，伊藤博文在1885年正式成立了内阁制，自己出任第一任内阁总理大臣，也就是首相，把以前的某某卿改为某某大臣，最关键的是，把宫廷背景的人排除在了内阁之外，由藩阀出身的人担任内阁的首脑，所有的10个大臣，几乎都由萨摩藩和长州藩出身的人霸占了，只有1个是出身于跟萨摩、长州关系密切的土佐藩，1个原来是德川幕府中的高官。后来饱受人们诟病的藩阀政治，这时候得到了正式的确立。

其次是设立"华族"制度。"华族"这个词，不要说一般的中国人，就是现在的日本人，也感到云里雾里。实际上，这是伊藤博文等人为了采用英国式的两院制议会而设计出来的一个等级。什么人可以进入华族的行列呢？主要是原来有皇室血缘的王公贵族、幕府倒台之前各个藩的大名以及少数家世悠久的望族，这些人在总数567人中占了大半。有意思的是，明治政府还专门列了一些对明治政府的建立具有功勋的人，这些人主要就是来自萨摩藩、长州藩和土佐藩，本来都是一些中层甚至下层的武士，也因此一跃进入华族的行列。这样的设计实际上更多的是为藩阀政治家自己考虑的，这也说明了制度的设计者，往往更多的是考虑自己的利益。对于这567个华族，又按照等级的高低和功勋的大小，列成公侯伯子男五等，这一点下面继续说。

准备工作做得差不多了，于是在1889年2月11日以天皇的名义颁布了《大日本帝国宪法》，一般称为明治宪法。这部宪法的核心框架是什么呢？简单地说，就是一切权力归天皇，天皇是日本的最高统治者、军队的最高统帅，也就是说，主权在天皇，而并不是启蒙思想家和自由民权运动的领袖所追求的主权在民。天皇下面，设立内阁和法院、议会，其负责人名义上都由天皇来任命，政府按照天皇的旨意来运作，议会接受天皇的委托来讨论决定国家大事。内阁、议会、司法都只对天皇负责，而不是对人民负责。在这部宪法中，所有的人民或国民，都变成了臣民，即所有的日本人，都必须效忠于天皇以及天皇国家。然而宪法里面又有一句很巧妙的话，就是天皇要按照宪法来统治日本，也就是说，天皇的具体行为是要受宪法的具体条文制约的。如果我们来考察一下从明治以来一直到日本战败的历史，天皇的实际权力其实并没有在日本近代的政治运作中获得充分的展开。这一点以后再讲。

宪法颁布并生效之后，在1890年的11月25日，日本举行了第一届议会，也意味着议会的正式运作。那么，这议会是由什么组成的呢？哪些人可以成为议员呢？

按照伊藤博文等人的设计，日本新开设的议会，基本仿照英国议会的形式，即上院和下院两院制，上院为贵族院，下院为众议院。贵族院议员仅限于皇族和华族，即具有公侯伯子男爵位的上层社会。皇族成员和公爵、侯爵是当然的贵族院议员，伯爵及以下的华族则根据比率互相推选，因此贵族院是既得利益集团的大本营，总体的倾向偏保守。而众议院照理是民众发表意见的场所，可是又加了许多限定：第一必须是男性，女性没有选举权和被选举权；第二是必须年纳税额在15日元以上的中等收入以上者。这样一来，符合这一条件的只占当时日本总人口的1.1%，女性暂且不说，连中下层的男性也被剥夺了选举权和被选举权。因此，在议会中真正能够代表广大民众说话的人其实很少，这样的制度设计，目的还是维护上层阶级的利益。

这样看来，1890年以后，日本表面上好像宪法和议会都有了，但实际的政治权力，主要还是操纵在萨摩藩、长州藩出身的政治家，以及虽然表面上退出了政治舞台，但实际上握有重大决定权的所谓元老手上，元老是指那些创建了明治政府，而且日后在重要的领域内发挥过重大作用的老资格政治家，像伊藤博文、山县有朋等都做过元老。一般来说，首相的人选，都是要由元老来推举的。至于天皇，名义上是至高无上的，最后的决策也要由他来裁定，但在近代日本政治的运作过程中，其作用实际上是有限的。

洋务运动比明治维新少了什么？

在上面的几讲里讲了在明治维新前后，也就是 1854 年美国人打开了日本国门后日本所推行的一系列改革，奠定了日本国家转型的基础，或者说大致完成了日本从一个前近代的国家向一个近现代国家转型的过程，使得日本在 19 世纪末的时候，已经成了一个亚洲最强大的国家，在世界舞台上迅速地崛起。这一讲想作一个比较，即几乎是同时期，中国也进行了一场被后人称之为"洋务运动"的维新尝试，可是造成的结果却是大相径庭，其缘由究竟是什么？中国的洋务运动比日本的明治维新到底不足在什么地方？这当然不是一个新的话题，前人论述已经不少，这里我想谈谈自己的一点想法。

我觉得洋务运动和明治维新最根本的差别，在于思想、意识、观念上的差别，由此导致了两者在改革的目的和改革领域的广度及深度上的差别，当然其得到的结果也是迥然不同的。

1854 年以后从幕府末年到明治时期 50 年左右的维新，虽然还存在着诸多弊病和不彻底性，但它基本上是一场从思想和制度层面启动的综合性的改革运动，也就是说，这是一场在一定程度上改变了日本人思想观念和政治制度的改革，沿袭了近千年的封建制度（分封土地、建立诸侯）正式解体，原来分割成近百个藩的准地方割据变成了一个统一的帝国，在实施了 200 多年的锁国政策后，日本人看清了整个世界，明白了自己国家在整个世界上的位置。因此明治维新差不多在一开始目标就比较明确，那就是以欧美文明为目标，成为一个与西方并驾齐驱的新兴文明国家。一切的改革都是以此为目的。日本人倡导"和魂洋才"，重点在于日本人传统的精神不可忘却，需要坚持，但制度是可以改变的，西洋的文化、思想、知识和技术都是可以汲取的，将两者加以巧妙的协调和融合，就可以创造出一个新的境界。而中国的洋务运动呢，它的指导思想是"中学为体，西学为用"，"师夷之长技以制夷"，就是说，中国的东西是基本体，这是主要的，不能动的，西方的东西，只是作为一种"用"，中国人需要汲取的，只是它的"技"。虽然从明朝开始，西方的传教士已经传来了新的知识，利玛窦早已给中国人描绘出了世界地图，但却完全无法动摇中国人的天下观和天朝意识。在近代跟西方列强的几次交战中，也一而再、再而三地领教了西方的船坚炮利，但依然把西方国家看作是低自己一等的"夷"，拒绝他们在京城开设公使馆，拒绝与他们平等相待。虽然认可了它的"技"，但并不认为这些国家在整体的文明水准上已超过了中国，而且基本上没有认识到欧美高度的物质文明背后，是它原本有古希腊文明作为基础又在文艺复兴时代后重新构建起来的近代精神文明。因此，洋务运动的领袖，基本上都没有对近代西方的思想、政治制度产生过兴趣，他们所着力推行的领域，始终只是停留在架设电报线、建造新机器、开发矿业、开办实用性的新学堂等这些实务性的层面，也就是说，洋务运动，只是使用国家资本催生出了一部分的新兴产业，包括对近代海军的培育，但却没有触及一丁点中国的政治制度，也没有使得从上到下的中国人的世界观、价值观获得根本的改变，至少在甲午战争失败之前，"华夷思想"依然是中国人认识自我和他者的基础，大部分的中国人依然认为中国的本体不需要改变，需要改进的只是某些技术的层面。结果甲午一战，立即显示出了谁是成功者，谁是失败者。在福泽谕吉的眼中，经过将近30年的维新，日本已经成了东亚新兴文明国家的代表，而同时期的中国，依然是一个抱残守缺的"野蛮国家"。

　　是什么造成了两者之间的巨大差异呢？我觉得最根本的，还是在于意识、观念，用现在的话来说就是世界观和价值观的差异。在战国时代前后逐渐形成的"华夷思想"，在此后两千多年的中国文明史中，一直是认识"我"与他者的基本理念，也是辨别何谓文明的一个基本尺度。它的中心思想就是华夏、中土地区是天下的中心，是文明水准最高的地区，因而中土地区的王朝被称为"天朝"，四周则是文明水准相对较低的蛮夷区域。虽然历史上汉民族的王朝国家曾经两次被来自所谓"北狄"地区的他民族征服，但中华王朝的文化命脉却一直不曾中断。这种长久的生命力，赋予了"天朝"正统性与合理性，这种观念和意识，随着时间的推移，不仅没有弱化，反而越来越固化，因而"祖宗之法不可变"几乎成了朝野绝大多数中国人的基本共识。当西方文明随着大航海时代被打通的海路日益向东方涌来的时候，中国人在很长时间里没有意识到这种冲击和挑战的严峻性，当然也不愿意承认这种外来文明在整体上的先进性，只是消极地应对，对自己作局部性的表层性的改变。日本人原本也受到中国"华夷思想"的影响，开始时称西方为"南蛮"或"蕃"，但在1862年就改称"洋"，这一字之改，就显示了日本人世界观的转变。这是因为，近代以前，日本在历史上一直是外来文明的接受国，虽然也有所谓"神国"和"皇国"的臆想，但这种臆想在很大程度上是营造和想象出来的，实际上缺乏内在的底气。因此，日本人的历史因袭远远没有中国人那么沉重，他们对待事务，更多地会出于一种现实主义的考量，而不会过分沉湎或拘泥于以往的传统。

造成日本人世界观和价值观的改变，还有一个重要的原因，这就是促进或引领明治维新的主要领袖型人物，无论是民间还是政府，早年都曾经游学欧美，民间的比如福泽谕吉、中村正直、森有礼，官方的比如伊藤博文、井上馨，都曾在19世纪60—70年代在海外待过少则几个月、多则几年，且绝大部分都在青年时代，大抵掌握了欧美国家的主要语文。他们在欧美亲身感受到了西方近代文明的先进性，很清楚当时的日本与欧美之间在近现代文明上的差距，承认日本只是一个半开化的国家。因而有了19世纪60年代中期开始的启蒙思想运动和之后的自由民权运动。这两场运动，再加上日本执政者在明治初年将近两年的海外考察，改变了至少半数以上日本人的思想观念。而中国洋务运动的发起者曾国藩、李鸿章等，或者一辈子从来没有出过洋，或者到了老年才出了国门，而且中国的领袖，都不通晓外国语文，这严重阻碍了他们对于西洋文明的认识。他们也从来没有想到或者不屑于派遣本国青年到欧美去留学，直到在美国人的帮助下自费从耶鲁大学毕业的容闳一再建议，才在 1872年派出了幼童去美国留学，1877 年才派出了严复等人去英国学习近现代海军制度。中国的官方人物中，1877 年到达伦敦的首任驻英公使郭嵩焘，差不多是第一个亲身体验西方文明的高级官员，他撰写的《使西纪程》，几乎是一部可以与岩仓具视使节团的考察报告相媲美的优秀著作，可是却遭到了同僚的诋毁和朝廷的压制，他本人也因此失去了所有的官职。这与福泽谕吉等人在日本著书公然宣扬西洋文明的命运形成了鲜明的对比。

正是这种守旧甚至可说是愚昧顽劣的落后意识和思想，严重阻碍了中国的朝野对于自己与世界的正确认识，导致了清王朝没有或者不敢从制度和观念上实行根本的改革，所有的官府制度一切照旧，因而也没有放开手脚培育近代的产业（只有少量的官办企业），没有建立近现代的教育制度和教育体系（科举制度直到 1905 年才被废除），没有建设以铁路为中心的近现代交通网络，没有用现代的制度和训练方式培育起一支现代的军队，自然，对于现代司法体系、现代警察制度、现代医疗卫生体系和设施的建设，就更为忽视了。官方更不敢通过现代教育制度和现代新闻出版体系来造就具有新理念、新知识的现代新国民。而在这些领域，日本虽不能说完美，却都在一一推进。在官方和民间的努力下，以四大财阀为主轴的现代产业大致发展起来；从寻常小学到帝国大学，遍布全国的各级教育机构陆续建立起来；通过开设陆军士官学校、陆军大学、海军大学以及建立征兵制等方式组建了一支全新的海陆军；1890 年仿照欧洲的君主立宪制正式确立，两院制的国会开始运作，虽然缺陷多多，但至少在门面上，现代司法体系建立起来了；以日本人为主体的现代新闻业和出版业蓬蓬勃勃。而同时期中国的主要报纸和杂志，一开始几乎都是由洋人创办的。少量的铁路也几乎都是外国资本开建的，除了官商合办的轮船招商局，航运业基本上是外国资本一统天下。

　　由此可见，历史因袭的沉重、观念的陈旧落后和现代知识的匮乏，一开始就阻碍了中国人对于自己与世界的正确认识，也决定了洋务运动最终只是一些表层的动作，或者花钱买一些新机器、新轮船而已，而不能从思想制度和知识的层面来根本改变这个日益衰败没落的国家。也就是说，新思想、新观念、新知识，是洋务运动比明治维新缺少的根本的东西。

"废佛毁释"·"国家神道"·"教育敕语"

在有关日本近代部分的几讲中，我差不多是用了肯定的，甚至还带点赞扬的口吻来叙述的，不过各位或许也注意到了，我用的词语几乎都是"基本上""大致上""总体上"，可以说从来没有全盘肯定过。我也注意到了，有些评述明治维新的文章，用了"全盘西化"这样的词语来描述，实际上这个词语非常不准确。

这一讲想来说说近代日本或明治维新的另一面，那就是当明治日本的领袖们在推进一系列的改革，总体上瞄准了西方列强作为国家发展的方向时，为了在经历700年左右的幕府时代之后，从精神上把全体日本人重新凝聚起来，必须制造或者强化一种具有日本符号的东西，使它成为近代日本人的精神旨归，甚至是可以为之献身的东西。明治的领袖们想到了两个意象，这就是"天皇"和"神国"或者"皇国"。下面要讲到的"废佛毁释""国家神道"以及"教育敕语"等一系列举措，可以说直接培育了近代日本人过度的国家主义意识和极度膨胀的民族主义情绪，其结果是把日本引入了帝国主义和军国主义的歧路。

在712年和720年分别完成的《古事记》和《日本书纪》中，编撰者们为了渲染日本宏大浩荡悠久的历史，通过神话和传说，杜撰了一个可以上溯1000多年的天皇的谱系，最早的神武天皇诞生于公元前660年的远古时代。而天皇则是神的子孙，是皇祖神天照大神的后代。然而有点悲惨的是，平安时代末期，皇室的权威下坠，朝廷之外的豪族们另外建立了幕府政权，历经镰仓、室町、江户三个时期，其间，朝廷只是被闲置在京都，稍有反抗，天皇本人还会被囚禁甚至流放到荒岛上去。1868 年，16 岁的明治天皇终于被倒幕势力重新扶上了政坛的顶端，再次成了一国的元首。可是，暌违了差不多 700 年之后，如何使天皇成为一个名副其实的、俯瞰天下的君王呢？

于是，明治的领袖们一边推行学习西方的路线，一边却在思考通过什么方式重新建立天皇和皇室的权威。有一个逻辑就是，天皇是具有神格的，是天照大神繁衍的后代，日本是一个众多神灵庇佑的神国，或者是具有万世一系天皇血脉的皇国，如今的天皇，就是代表了神的意志，全体日本人，不再是以前某一个藩的居民，而是天皇的臣民，而与众神相关的神道，是土著日本人的原始信仰。这些，都是将全体日本人在精神上凝聚起来的本土思想资源。于是，明治政府就炮制了一个代表国家意识形态的"国家神道"。

可是，在明治政府刚刚建立起来的时候，神道还不具有非常崇高的地位。那时候，外来的宗教——佛教拥有更大的势力、更大的地盘、更大的影响力。日本自奈良时代开始，倡导"神佛习合"和"本地垂迹"的思想，即经过中国大陆、朝鲜半岛传来的印度佛教，以及具体体现的各种佛，都是神圣的，他们来到日本后，与日本原有的各种神祇合为一体，或者是佛体现了日本原有的神祇，或者是神祇体现了佛的灵性。因此长期以来，或者是佛教的寺院与神社紧挨在一起，或者是寺院里建有神社，或者神社里建有佛寺，一般被称为神宫寺。相对而言，佛寺的地位比神社还要高一些，尤其是在江户时代，幕府当局为了禁绝基督教，还把各地的佛教寺院当作管理民众户籍的派出所，因而寺院拥有了很大的权势。明治政府要把神道抬举起来，就必须把佛教打压下去。

于是，新政府在 1868 年 4 月 20 日（旧历三月二十七日，那个时候年号还没有改为明治，天皇也还在京都）由太政官发布"神佛判然令"，也就是要把神道和佛教截然分开的命令，两者不可合在一起。1870 年 2 月，以天皇的名义发布"大教宣布之诏"，等于是宣布神道为日本的国教，恢复以前的神祇官制度，设立教导局、宣教使，以政府的力量竭力抬高神道、神社的地位。在官方的引导下，日本全国掀起了一阵狂热的"废佛毁释"运动，即废除佛教、毁坏释迦牟尼佛像的运动，强迫大量的僧人、尼姑还俗，寺院的建筑被毁坏，佛像被打碎，佛经被用来作为商品的包装纸，僧人们被赶出了寺院。最典型的是，奈良著名的兴福寺里后来被列为国宝的五重塔，当时曾以 250 日元出售给商人，拆卸了以后当废旧物品来卖。中国的历史上，也曾发生过几次灭佛的政府行为，845 年前后唐武宗会昌年间毁佛的举动声势最为浩大，中国的佛教也因此遭到严重打击。明治政府的毁佛举措，当时也曾遭到了部分僧人和民众的强烈反对，但仍有大约三分之一的寺院建筑和佛像等遭到了破坏。明治当局为了抬举神道，居然做出了如此愚蠢的举动。这就是今天说起来都令日本人觉得汗颜的"废佛毁释"运动。

明治政府抬举神道的最终目的，在于炮制一个"国家神道"。在明治之前，神道自然早就有了，但国家神道是没有的。神道原本是日本民族在早期的文明进程中自然形成的一种原始信仰，它最基本的内容是祖先崇拜和神灵崇拜，但是没有偶像，没有唯一绝对的神，没有宗教的经典。大约 7 世纪前后，在佛教等的刺激下，才出现了固定的祭祀场所——神社，各地都有各地不同的神灵。然而明治政府所炮制的国家神道，把天皇家族的皇祖神天照大神定为全体日本人必须尊崇的神，天皇具有神格，并通过国家对于神社制度的严格管理，把神道变成了一种国家意识形态。明治政府重新把全国所有规模比较大、历史比较悠久的神社列入了官方的体系，分成"官币"和"国币"两大类，官币由皇家来出钱支持，国币由政府出钱支持，其实都是国家的财政。每一类再分成大中小三档，另外再设立一档"别格"，就是有点特别的，比如大家都知晓的靖国神社，就属于官币别格。这样，几乎所有重要的神社，都在官方权力的笼罩之下了。虽然政府并未明确规定神道是日本的国家宗教，也没有明确国家神道的具体内涵，宪法上也允许人民有信教的自由，但实际上却把神道变成了日本人的一种民族身份认同，如果不信奉神道，你就失去了做一个日本人的资格，而要做一个日本人，就必须尊崇、敬畏作为皇祖神的天照大神，就必须遵从、爱戴、忠于天皇，热爱天皇的国家并为之作出奉献。

明治政府觉得这还不够，还要通过各种渠道来向民众灌输效忠天皇、效忠天皇国家的思想。其中最重要的，大概要推1882年颁布的《军人敕谕》和1890年颁布的《教育敕语》。《军人敕谕》是根据长州藩出身的、当时的陆军卿也就是陆军大臣山县有朋等的提议，由当年的启蒙思想家、后来在陆军机关供职的西周起草撰写。里面一开始就强调日本军队世世代代是由天皇所统帅的，军人必须具备忠节、礼仪、武勇、信义和质素这五个基本要素，鼓吹军人的生命轻于鸿毛，上司的命令就等于是天皇的命令等等。后来，每个应征入伍的日本人，必须熟读《军人敕谕》，并印在军人手册上。而《教育敕语》，则是每一个入学的儿童和少年必须时时诵读牢记的，里面的主要内容是：我皇祖皇宗在很早就开创了国家，树德深厚，我国臣民要克忠克孝，万众一心。《教育敕语》里也吸纳了部分的儒家思想，比如要求臣民孝敬父母、友爱兄弟、夫妇相随、朋友相信等等，但最后强调，一旦国家需求，就要义勇奉公，扶助浩荡宏大的皇运。要知道，日本在明治后期，也就是1905年左右，已经普及了小学的义务教育，入学率达到98%，也就是说，几乎每一个日本人，都在小学阶段就被灌输了诸如《教育敕语》里所宣扬的那些忠君爱国的思想，天皇等于日本国家，皇国、神国、皇军的思想就慢慢地渗透到了几乎每一个日本人的心里。

这是明治政府在推行文明开化政策的同时，又着力推行的一个非常保守、非常专制封建的国家政策，且持续良久，到了1940年前后，可以说是达到了登峰造极的地步。它塑造并膨胀了日本人的民族主义情绪和国家主义意识，培育了日本人对于天皇国家的愚忠愚孝的情感。当局后来发动的一系列对外扩张战争，得到了大部分国民的支持，每一次日军在海外的胜利，民众都会打着灯笼上街游行庆贺。所有这一切，与明治初期开始推行的国家神道等一系列的愚民教育是密切相关的，从某种程度上来说，也是官方对民众洗脑的结果。

琉球群岛是如何被日本"处分"的？

先讲一个结果。

1872年10月，在日本政府的要求下，琉球王国的国王尚泰派使臣去了东京，向重新执政掌权的明治天皇表示祝贺。天皇就封尚泰为琉球藩王，位列日本的华族行列。也就是说，不再把琉球看作一个国家，而只是日本的一个藩。事实上，日本在1871年就实行了"废藩置县"，所有的藩都已被废除，改为府县制，而独独把琉球仍然设为一个藩。不过，国王尚泰对此并不予认可。

1879年3月，由日本官方派来的官吏松田道之，率领两个中队也就是两个连的兵力，强行占领了琉球王国的王城首里，把国王尚泰强行带到东京，并宣布将琉球藩改为日本的冲绳县。从此，琉球在事实上就划入了日本国的版图，虽然中国方面很长一段时期一直没有对此表示认可。

那么，琉球问题的来龙去脉到底是怎样的呢？这一讲想把这个问题梳理清楚。

相对而言，琉球群岛上的农耕文明开始得比较晚，大概在10世纪出现了稻米耕作。14世纪时，在现在的冲绳本岛上形成了中山、山南、山北三个国家。1372年，朱元璋派杨载携诏书出使琉球，昭告明王朝的成立："朕为臣民推戴，即位皇帝，定有天下之号曰大明，建元洪武。是用遣使外夷，播告朕意，使者所至，蛮夷酋长称臣入贡。惟尔琉球，在中国东南，远据海外，未及报知。兹特遣使往谕，尔其知之。"琉球国中山王察度首先领诏，并立刻派遣王弟泰期与杨载一同来中国，奉表称臣，其他小国也争相称臣。这是琉球与中国正式交往的开始。1429 年形成统一的琉球王国，依旧向明及以后的清进贡称臣，使用汉字，沿用明清的年号。

据琉球 1701 年成书的《中山世谱》的记载，1392 年朱元璋下令派遣具有较高知识和技能的福建三十六姓人士（具体人数不详，应该有数百人，除闽人外，还有不少客家人）移居琉球，以推动琉球社会文化和经济的发展。这批人后来集中居于首里的久米村，世称久米三十六姓。其中较为出色的大概是蔡姓，不仅将中国大陆的先进工艺等传到了琉球，琉球的许多史书也是这些汉人或其后裔用汉文撰述的，1682 年出生的蔡温曾经官至相当于宰相的三司。他们的子弟，也是自幼诵读四书五经，于是怀念故土，祭祀先祖，1676 年在首里附近的泉崎建造了一座孔庙，称为"至圣庙"。这些建筑在 1945 年间美军攻占冲绳的战争中不幸遭到毁坏，1975 年在当地华人后裔的努力下得到了重建。

在明清两代，琉球王国一直向中国称臣朝贡，定期派遣使者来到大陆。为了便于接待，朝廷就指令福建地方政府在福州建造了一个"柔远驿"，意思是怀柔远来使者的驿站，俗称琉球馆，现在福州还留存了遗迹纪念馆，我曾专门去看过，规模比当年要小得多。当年的朝贡，也成了一种贸易，周边的小国带些物品过来贡献给中原朝廷，中原朝廷则回赠他们数倍的物品。因此琉球方面就很热衷于这样的朝贡贸易。我在冲绳的首里王宫内看到了今天的冲绳人自己做的一个模型，展示了这样的一个场景：从中国过来的册封使站在一个台上，宣读中原王朝对于琉球国王的册封书，琉球国王则恭恭敬敬地接受册封，一大批琉球的文武百官跪坐在后面。这一场景表明今天的冲绳人依然非常认可过去的这一段历史。

从地理上来说，琉球群岛处于东亚大陆南部和东南亚至日本列岛的连接点上，受季风和黑潮海流的影响，历史上琉球与日本应该也有交往。1609 年，江户幕府刚刚建立不久，位于九州最南部的萨摩藩的藩主岛津氏在幕府的许可下，派出 3000 人分乘 100 艘船进攻琉球，迫使当时的尚宁王降服求和。当地很多的琉球人认为，这是萨摩藩对琉球的侵略，我在那霸中央市场遇见一位卖豆腐糕的女摊主，她就告诉我是"萨摩侵略"。以后 200 多年的江户时期，在萨摩藩的要求下，琉球曾派遣了 18 次"谢恩使"和"庆贺使"前往江户，以表示对日本的臣服。萨摩藩在琉球也一直有派驻机构，在日本的锁国时代，萨摩藩曾通过琉球兴盛的海外贸易获得了一定的经济利益。此后，琉球向中国和日本两边称臣。有资料表明，永乐二年（1404）开始，明朝派往琉球的册封使共 15 次，琉球使用明的年号。明亡以后，至 19 世纪中叶的清王朝期间，一直维持了这样的朝贡册封关系。

　　1871 年，琉球南部的宫古岛有一艘纳贡的船，因风浪漂流到了台湾岛，遭到了台湾土著居民牡丹社的杀害。本来这件事情差不多也过去了，一年多以后传到了日本人那里，日本觉得这件事情可以做点文章，借此向中国方面表明日本对于琉球的立场。1873 年 3 月，到中国来交换两国条约批准文书的外务卿副岛种臣就向清王朝的总理各国事务衙门提出了这件事，表示琉球是日本的属国，清政府应该惩办杀人者。中国方面表示琉球不是日本的属国，而杀人者是"化外之地"的生蕃，即没有开化的土人，中国政府不予处置。日本表示中国不处置，那就由日本来解决，于是在 1874 年 4 月决定向台湾出兵，并希望英国和美国援助船只和兵员，但后来英国和美国认为，如果这一举动中国方面认为是侵略行为，英美将禁止与日本合作。但日本还是一意孤行，由陆军中将西乡从道率领 3600 名兵员进攻台湾，杀死了牡丹社的首领和其他民众，日本方面也有 500 人因患上了疟疾而病死。本来这是一次日本侵略台湾的行为，可日本方面却在当年的 9 月派了大久保利通来到北京，与恭亲王交涉，要求中国方面赔偿日本出兵的损失，软弱的清政府虽然对日本的行为提出了抗议，但后来竟然在英国人的调停下，向日本支付了总共 50 万的银两，作为对战死病死的日本兵的补偿。日本不仅获得了钱财，更重要的是，向中国方面强硬表示了琉球属于日本的立场。

但是琉球方面却更愿意臣服中国，当日本当局一再要求琉球彻底断绝与中国的往来并完全归属日本的时候，琉球方面曾多次派人来到中国，要求清政府阻止日本的这一做法。1879 年初，当琉球人获知首任中国驻日公使何如璋一行来到日本时，又暗中派人向中国公使求助。中国方面虽然向日本一再提出了抗议，却迟迟没有实际的行动。日本方面一看琉球不肯归属日本，就决定软硬兼施，一方面派出了许多人到琉球对王室和上层官员进行劝说，一方面则准备动用武力。当时琉球的下层民众对于归属中国还是归属日本，并不是非常关心，但中上层人士却对日本表现了明显的排斥感，不愿意归入日本，但中国未能施以援手，又让他们感到很失望。日本当局决定动用武力，强行把琉球并入日本的版图。1879 年 3 月，明治政府的琉球处分官松田道之率领 160 名警察、400 名左右的步兵开进琉球本岛的那霸，向琉球王室宣布废除琉球藩，设立冲绳县，命令藩王交出一切土地、人民和公文函件，并将原来的琉球国王、当时是琉球藩王的尚泰强行带往东京。日本有良知的历史学家佐藤三郎专门写过一篇长文《对处理琉球藩问题的考察》，他引述历史文献，对当时的场景作了这样的描述：

> 松田还将由他指挥的军队、警察派驻到各岛的要地，以防备琉球官民的反抗及逃往清国。对日本政府的这一强硬处理，琉球方面于 28 日递交了由摄政伊江王子及今归仁王子、三司官、各地区士族代表 43 人联名签署的请愿书，希望日本方面能够免予处分，但松田断然拒绝了这一请求。此后琉球方面又多次提出了请求，但由于日本方面的态度强硬，最后良策告罄，无计可施，卧病中的旧藩王只得于 29 日夜 10 时，在"士族官吏数百人簇拥于坐轿四周、妇女百姓哀痛号泣者不可胜数、惨不忍睹"的凄怆的情状中离开居城，移居到了中城王子的宅第。(《近代日中交涉史研究》，东京吉川弘文馆，1984 年。)

由此，琉球就在 1879 年 3 月被归入了日本的版图。

　　但是对于日本的立场，中国政府一直没有承认。日本也觉得自己底气有点不硬。1880 年卸任的美国总统格兰特到远东游历，于是中日双方都委托他来调停琉球问题。美国人提出了一个折中的方案，将琉球群岛一分为二，宫古岛及以南岛屿给中国，以北归日本，并修改中日通商条约，使日本享有与欧美相同的优惠特权。双方一开始表示同意，但后来中国拒绝了日本在通商上的优惠特权，没有在协议上签字。一直到后来的甲午战争之后，连台湾岛也割让给了日本，冲绳自然也就在日本的管辖之下了。二战以后，美国人曾一度占领了冲绳并对其实施行政管辖，1972 年 5 月，美国将管辖权交还给了日本，于是形成了今天冲绳的现状。

甲午战争为什么会发生？

说起甲午战争，我们中国人都非常熟悉。几乎所有的历史教科书里都会说到。此外，还有那么多的书籍、文章、电影、电视剧、网络媒体，再加上前几年正逢甲午战争爆发两个甲子，总之，大家一点儿都不陌生。这一讲的重点，不是讲战争本身，而是重点探讨两个问题：第一是战争为什么会发生？第二是中国为什么会战败？

先讲第一个，甲午战争为何会发生？大家受过教科书的教育，会回答，那很简单啦，日本帝国主义为了占领朝鲜和中国，挑起了这场战争呗。结论或许并不错，但事情却没有那么简单。我们先要弄明白，日本怎么就变成了一个帝国主义国家呢？它怎么就敢于挑起这场战争呢？日本人自己当时怎么看待这场战争？

我们先了解一下什么叫帝国主义，因为这个词在本书中还会经常使用。一般来说，帝国主义指的是某一个国家以它的力量和权威作为背景，试图把自己的势力扩展到本国之外地区的这一种思想和实践，很多时候是伴随着武力的手段，也就是说，扩张性和侵略性是它的一个基本倾向。如果以此来定义的话，那么古代开始就有了帝国主义的现象，包括古代的苏美尔帝国、巴比伦帝国、中华帝国、东西罗马帝国、蒙古帝国等等，大航海时代以后，就把这种扩张和侵略的空间拓展到了全世界，这一倾向在19世纪的西方列强中表现得十分明显。日本在历史上的一次明显的对外侵略战争，就是16世纪末期丰臣秀吉时代侵略朝鲜并进而侵略中国的战争，结果失败了。此后的将近270年里，日本就一直比较内敛，只顾自己岛内的事情。到了19世纪下半期，怎么又开始野心蠢蠢欲动了呢？这在一定程度上是受了近代西方列强的刺激。日本以放弃鲁莽对抗的方式暂时换得了西方的和平进入，同时它立即醒悟到了，自强和扩张才是拯救日本的正确道路，对于近代日本而言，它一开始就同时选择了这两条路径。自强，前面已经说了不少，从上一讲的吞并琉球开始，主要讲它的对外扩张。日本之所以选择了扩张的国策，是因为它在对这个世界考察的过程中，或者说在自身发展的历程中，意识到了资源（包括自然资源和劳动力资源）和市场的重要性。而当时要获得资源和市场，以武力为背景的对外扩张是各国列强的基本选择。

1869年，明治维新的大幕刚刚拉开，新政府就决定把周边可以占有的土地全都纳入自己的版图里。第一个便是北海道。北海道在1869年9月之前，日语中称为"虾夷"或者虾夷之地，也就是没有受到文明熏陶的土著人居住地的意思，这一土著人，后来被认为是阿依努人。大概从镰仓时代开始，有少量本州北部的人，越过津轻海峡，在今天北海道最南端的一个小半岛——松前半岛建立了居住地，江户时代出现了松前藩或福山藩。但是由于气候寒冷，无法种植水稻，因而人口极少。明治政府成立后，觉得虾夷这块广大的地方应该明确列为日本的领土，于是就在1869年9月将虾夷改名叫北海道，同时设立北海道开拓使，模仿美国开发西部的方式，请美国人来做顾问，逐渐推进北海道地区的开发和建设，同时鼓励本土的居民向北迁移，才有了今天北海道的面貌。顺便讲一下，为什么叫北海道呢？历史上，日本曾经模仿过中国唐朝的行政区划，把国内的主要地区划为7个道，比如东海道、山阴道、山阳道、南海道、西海道等等，倒是还没有过北海道，于是就把虾夷这个地方称为北海道。

接下去有把琉球划入日本版图的武力行为，上一讲已经讲过。

接着日本就把目光伸向了朝鲜半岛。在16世纪末已经有过进犯朝鲜的战争。话说在明治政府刚刚成立的明治元年十二月（公元1869年1月），就通过对马藩向朝鲜送去了一封国书，意思是新的明治政府已经成立，希望朝鲜派人来庆贺。日本对对方的称谓是朝鲜国王，自己则称天皇，并且使用了中国朝廷才会对朝鲜使用的"皇室""奉敕"这样的词语，朝鲜认为你日本等于是把我朝鲜看低一等了，于是拒绝日本的国书，也不派人来朝贺。明治政府里有一些人也有点狂起来了，觉得你朝鲜有什么了不起，就主张再一次用武力打它一下，这就是历史上所谓的"征韩论"，后来由于岩仓具视等人的反对，这一想法就没有付诸实施。但是看到西方列强都在纷纷扩大自己的势力范围，日本觉得自己既然想要成为欧美这样的文明国家，也应该在周边建立起自己的势力范围。另外，日本还有一个想法，就是那个时候北方的俄国在占领了东北亚的北部地区后，正逐渐把目标往南部拓展，试图占据中国的东北部和朝鲜半岛，日本觉得这对自己的国防安全构成了威胁，就力图在朝鲜半岛为自己设置阻止俄国南下的屏障。于是，在解决琉球问题的同时，就试图把势力扩张到半岛上去。

而朝鲜那时候是个什么情况呢？1392 年由李成桂建立的朝鲜王朝，已经走过了将近 500 个年头，整个国家在大院君的实际统治下，正处于一个保守锁国的状态。美国、法国等曾纷纷动用武力试图打开朝鲜的国门，居然都被奇迹般地击退了。用武力打开朝鲜国门的，竟然是被西方武力打开国门的日本。日本学到了西洋先进的近代文明，也学会了西方列强的帝国主义行径。1875年 9 月，日本派出了一艘军舰"云扬号"，未经许可驶入汉江出海口处的江华岛附近，差不多就是今天的仁川机场一带，进行水路测量，其间放下一艘小船企图登岸，遭到朝鲜守军炮台的炮击，然后日本军舰向朝鲜炮台猛烈开炮，摧毁了朝鲜的防御力量。日军随后登陆烧杀抢掠，并且迫使朝鲜方面在第二年即 1876 年与日本签署了《日朝友好条约》（又称为江华岛条约），主要内容有：两国派驻使节，开辟釜山等两个港口为开放口岸，允许在此设立日本侨民居住区，通用日本货币，日本拥有领事裁判权，与日本贸易的商品全部免税等等。日本等于是使用了美国对待日本的方式，或者说使用了比当年的美国人更加蛮横强硬的手段，获得了比美国更多的利益。

从此以后，日本就一步步向朝鲜渗透和扩张，这势必会与中国的利益发生冲突。历史上，朝鲜一直是中国的属国，在中国主导的东亚朝贡册封体系之内，也可以说是在中国的势力范围之内，朝鲜也奉中国为宗主国。日本在朝鲜扩张势力，显然是动了中国的奶酪。1884年，日本策动了甲申事变，就是受日本支持的金玉均等一批所谓的改革派发动军事政变，企图推翻李氏王朝另立新政府。后来在朝鲜方面的请求下，中国出兵平定了这场政变。金玉均等人也在日本的保护下仓皇逃往日本避难。历史上称为"甲申事变"。这件事使得日本朝野非常气恼。这时日本经过十多年的维新，国力已经渐渐强盛，于是就向中国方面提出，为了保障朝鲜的独立，中日两国同时从半岛撤兵，如有一方要向朝鲜派兵，必须事先照会对方。1885年两国就这一点达成协议，由伊藤博文和李鸿章在天津签署了条约。

1894年，朝鲜国内爆发了反政府的东学党起义，相当一部分的民众不满政府的统治揭竿而起，一下子占领了很多地方，朝廷的存亡迫在眉睫。李氏王朝在6月3日正式向中国请求援助，于是中国又一次出兵朝鲜，并根据《天津条约》告知了日本方面。而日本方面事先已经获知中国可能派兵的打算，经过全盘考量，觉得这是一次在朝鲜问题上与中国全面较量的好时机，企图借此事端，将中国的势力驱逐出朝鲜半岛。在中国决定派兵之前的6月2日，日本内阁就决定派出一个人数庞大的"混成旅团"：由战时编制2个联队（共6000人）再加上1个骑兵炮兵大队、工兵队、辎重兵队、卫生队、野战医院、兵站部组成的总共8035人的"大兵"，是一个可以进行独立战斗的军事集团。而中国方面在开始的时候，对于日本的动机和力量估计不足，认为日本也许会以保护侨民的名义向朝鲜派遣几百兵力而已。等到日本大军在仁川登陆，中国才意识到了事态的严重性，于是一方面向朝鲜增派军队，到6月底派往朝鲜的总兵力达到2465人，另一方面试图通过英国等西方国家从中调停。

但是日本已决定一意孤行，不仅在东学党起义已经基本平息的情况下拒绝撤兵，并且蛮横地在7月23日凌晨进攻朝鲜王宫，捕获朝鲜国王，迫使他把权力移交给大院君，于是大院君宣布废除与中国签订的所有条约，要求中国撤军。另外，日本的海军已经浩浩荡荡地驶向朝鲜近海，7月25日日军炮击运送中国兵员的"高升号"，于是，甲午战争全面爆发。

　　简单总结一下。在历史上，朝鲜半岛一直在东亚传统的朝贡册封体系之内，属于中国的势力可以涵盖的范围。日本明治政府成立之后，步西方列强的后尘，在推进国家转型的同时，不断向周边扩展自己的势力，力图把半岛纳入自己的势力范围之内，这必定与中国的利益发生冲突。到后来，中国意识到了日本咄咄逼人的攻势，试图通过西方力量的介入，与日本达成某种妥协。但日本已经决定孤注一掷，它要达成的不是妥协，而是独霸半岛，把中国的势力彻底驱逐出朝鲜。也就是说，甲午战争的爆发，是近代日本一系列扩张政策的必然结果。

近代史拐点：甲午战争中国为何失败？

甲午战争的结果，可以说是东亚近代史的一个拐点。在西方文明的强势挑战之下，差不多从 1860 年前后开始，中日两国不得不作出一个应对。中国是自上而下，主要在沿海地区，推行了洋务运动，试图通过器物层面的改良改进，使中国依然在东亚保持天朝大国的地位。日本是经历了若干反抗的尝试之后，醒悟到了西方文明远在自己之上，于是把西方列强看作自己的楷模，欧美的图景是自己未来发展的方向，试图从思想观念和制度上入手，推及整个社会和产业的革新，经过 30 余年的励精图治，基本完成了国家从前近代向近现代的转型。甲午战争差不多就是对中日两国这 30 多年来，对于西方挑战在应对方法和道路上的一次验证。结果是，中国输了，日本赢了，或者说，中国的方法和道路基本上失败了，日本的方法和道路基本上成功了。

因此，甲午战争不仅仅是中日之间的一次军事较量，而且是综合国力的整体较量。对于这场战争进行军事战略和战术的检讨分析是有价值的，但决定成败的根本原因，却并不仅仅局限于军事领域。可以说，在国家治理、教育的发展和人口素质的提升、近代产业和交通的建设、民众意识和观念的转变、军队和装备的现代化等各方面，中国与日本的差距，在甲午战争中集中显现出来。

在这场战争将要发生和发生的初期阶段，对两国舆论关于这场战争的认识稍作比较，或许有助于我们对这一段历史的全面认识。

说起来非常有趣，对于这场战争的即将爆发乃至真的爆发，两国的舆论都可谓群情激奋。据日本历史学家佐藤三郎对于光绪二十一年（1895）8 月出版的《时事新编》初集 6 卷的分析研究可了解到，当时中国人认为朝鲜历来是中国的属国，日本将魔爪伸向半岛，向中国挑战，无疑是侵略行为，是非正义的，因此义理在中国这一边。对于日本的国力和军力，大部分中国人都比较小看，认为日本的国土只是中国的一个省，人口只是中国的十分之一，可动员的兵力只有 15 万左右；在海军力量上，中国也占有优势，一旦开战，日本或许在开始时稍占上风，但旷日持久，肯定无法支撑，中国的胜利是必定的。而当时从前线传来的战报，也几乎都是中国方面连战连胜，捷报频传。有很多当年的宣传画，都把中国军队画得长城铁壁，固若金汤，气势如虹。

而日本的舆论是怎样的呢？当时舆论界最有影响力的民间人士应该是福泽谕吉，这个人在前面多次提到，是日本最早看西方的人士之一，也是启蒙思想运动的第一号领袖。根据自己在欧美的体验，他觉得昔日的东方文明已经完全不足以与当今的西方文明相提并论，以儒学为核心的思想遗产是一种病态的历史因袭，对于东亚国家的现代文明进程起着阻碍的作用，应该加以摈弃。1884 年甲申事变在朝鲜的失败，完全是由于中国和朝鲜冥顽不化的旧势力造成的，因此对于日本来说，已经完全没有必要与这两个亚洲邻国做朋友，跟这样落后的国家站在一起，都是日本的耻辱，会让西方国家笑话，所以日本要脱离亚洲，与欧美国家为伍。这就是福泽谕吉在自己主编的《时事新报》上发表的《脱亚论》的中心思想。如今日本要与中国为了朝鲜问题打一仗，福泽谕吉认为，这是一场文明对于野蛮的战争，日本是站在文明国家的立场上，中国则代表了顽固不化的落后野蛮的势力。对于日本军队出兵朝鲜的举动，福泽谕吉表示坚决支持："我国应该利用这次机会，引导朝鲜人来推进该国的文明事业，着手电信的架设，铁道的铺设，于邮政、警察、财政、兵制诸领域开展一般的组织改良，与文明开化的事业一起，在世界上保持一个独立国家的体面。"（《朝鲜的独立》，《福泽谕吉全集》第 14 卷，岩波书店，1960 年）因此，"日本兵驻扎在该地，不只是为了保护（日本）人民，也是促进朝鲜文明进步的必要处置"（《日本不可轻易撤兵》，《福泽谕吉全集》第14卷）。7月25日，日本海军在丰岛附近的海面对中国运兵船发起攻击，甲午战争由此爆发。福泽立即表明了他对这场战争的看法："战争本身虽然发生于日清两国之间，探其根源，则是谋取文明开化的进步一方，与阻碍其进步的一方之间的战斗，绝非简单的两国之争。"（《日清战争是文明对野蛮的战争》，《福泽谕吉全集》第14卷）这样一来，福泽谕吉就为日本发起的这场对外战争贴上了一个"文明对于野蛮的战争"的标签，把日本的对外扩张战争完全正义化了。

福泽谕吉是一个舆论领袖，他的这一观点通过媒体宣传出来之后，很多日本人觉得，哎，真是这样哎！于是人们觉得这一场战争，日本人的目的是要把文明的力量传播到朝鲜去，传播到中国去，打破那里顽固不化的旧势力，促进那里的文明进步。连一直倡导和平的基督教思想家内村鉴三也在这样的气氛下公开支持日本对中国的战争，他认为："日中两国的关系是代表了新文明的小国和代表了旧文明的大国之间的关系。"他以两千多年前希腊与波斯的战争为例，将日本视为城邦国家希腊，虽然力量较弱，却是代表了新兴的文明，最终战胜了体积庞大的波斯帝国。他认为"旧的因为其大，往往就轻侮新的，而小的因为其新，往往就厌恶旧的"，最后"促进进步的往往获胜，而阻碍进步的，往往失败"（《日中关系》，《内村鉴三全集》第3卷，岩波书店，1983年）。

福泽谕吉他们不仅在舆论上这么鼓吹，还以实际行动来支持这场战争。福泽与三井财阀、三菱财阀以及涩泽荣一等最具有影响力的财界人士以及位居华族的高层人士联名发起了"筹集军资"的聚会，决定成立报国会，呼吁日本人民为筹集军资捐献资金，并公开表示自己捐出1万日元（约相当于当时一般日本人月薪的几百倍）。8月中旬开始募集第一次军事公债3000万日元、第二次公债5000万日元。结果第一次军事公债筹得了7694万日元，第二次筹得了9027万日元，创造出了举国一致的气氛，使得整个日本民族陷入了战争的狂潮之中。

其实，这场战争也是日本培育了几十年的国家主义意识和情绪，说得具体一点，就是所谓的"皇国"意识"神国"思想的一次大爆发。前面曾提及，日本的明治维新是从思想和制度入手的，但事实上，无论在思想上还是在制度上，都是非常不彻底的，它在部分引进了西方的人权思想和议会制度的同时，还通过国家神道、教育敕语等方式向全体日本人灌输了绝对君权思想。它的所谓议会制度也是非常不完善的，差不多在 1920 年之前，日本就从来没有实现过真正的政党内阁。相反，它在走上资本主义道路的同时，双脚也踏上了向外武力扩张的帝国主义道路。在近代日本，资本主义和帝国主义几乎是同时开始的。所谓文明与野蛮的对决，在某种程度上也只是一种自欺欺人的宣传。具有强烈国家主义情结甚至是帝国主义思想的德富苏峰在当时就表现得非常赤裸裸，战争刚刚爆发，苏峰就断定这是一个"扩张性的日本进行扩张性活动的好时机"，要"善用这样的好时机，使国家获得超越性的飞跃，同时使自己个人在国民扩张史的首页留下英名"。在日本军队还没有踏上中国国土的时候，苏峰就提出了他的帝国主义设想："倘若能北占旅顺口，南据台湾，清国再怎么庞大，也犹如一头被揪住了鼻子和尾巴的大象，大则大矣，却已失去了运动其庞大身躯的自由。到了这一步，不仅是一个清国，还北可控制俄国，南可应对英国，这样我们才可发挥出东亚的霸权。"（《日本膨胀论》，《德富苏峰集》，东京筑摩书房，1974 年）

战争的结果，大家都已知道，中国的北洋水师全军覆没，中国向日本赔偿了 2.3 亿两银两，割让了台湾岛和澎湖列岛等土地。洋务运动由此宣告失败，李鸿章黯然下台，历史上中国所谓的天朝大国的地位彻底瓦解。而日本则因此向欧美各国宣布，自己已经成长为一个与他们一样的世界文明国家，从此以后，日本取得了与他们并驾齐驱的地位。整个东亚的局势，发生了根本性的转变，东亚的近代史，也由此翻开了新的一章。

壮烈的台湾军民抗日斗争

　　甲午战败，巨额的赔款自然让中国人心痛不已，然而更为心痛的，是把台湾全岛和附属的澎湖列岛等也割让给了日本。这一讲先来稍微说一下台湾的历史和日本对它的野心。

　　台湾在很长的历史时期中差不多一直是一处巨大的无主之地。宋朝开始在澎湖列岛戍兵防守，元朝开始试图经营台湾，并有福建沿海一带的居民移居到台湾，但还没有对台湾实行行政管辖。明朝开始，移居台湾的大陆居民渐有增加。然而 17 世纪初开始，荷兰人势力进入台湾海峡，先是占据了澎湖岛，在 1624 年正式进入台湾，并在当年击败了占据台湾北部的西班牙人，基本占领了整个台湾。据估计，这时在台湾居住的大陆移民也就是汉人，有 80 万人左右。而这个时候，以郑芝龙也就是郑成功的父亲为首的海上商业军事集团也要利用台湾这个地方来展开东亚的贸易，于是就与荷兰人之间发生了冲突。郑芝龙集团在鼎盛时期拥有近 20 万的兵力、5000 余艘大小船只，在力量上绝对压过荷兰人。可是清兵打到福建时，他投降了清王朝。他的儿子郑成功率领武装力量继续抗清，在大陆失败后就转入台湾。1661 年，郑成功率领 25000 人大军向占据台湾的荷兰人发动进攻，第二年 2 月迫使荷兰人投降，结束了荷兰人对台湾 38 年的统治。这一年 5 月郑成功病故，他的部将以台湾为根据地继续抗清。1683 年，

已经完全平定了中国大陆的清政府，决定拔除这颗抗清的铁钉，派遣水陆官兵 2 万余人攻克台湾，第二年设立台湾府。从此，福建一带的居民大量移居到了台湾。1885 年，清政府进一步认识到了台湾的重要性，改台湾府为台湾省，并派了洋务派人物刘铭传担任台湾首任巡抚。刘铭传到任后，积极开发建设台湾省，以中国人自己的力量在 1893 年建成了一条自基隆到新竹、全长 120.7 千米的铁路，台湾的各种近代产业和城市建设也开始起步。

就在这时候，清政府 1895 年签署的《马关条约》中把台湾岛和澎湖列岛等割让给了日本。这对于居住在台湾的中国人而言，自然是一个晴天霹雳。事实上，日本对于台湾的觊觎，也是由来已久。早在江户时代的 17 世纪初期，日本就曾企图染指台湾，只是由于当时它的国力还不够强大，加上后来施行的锁国政策，最后也就不了了之了。但是台湾重要的地理位置，日本从来就没有忽视过。幕府末年的吉田松阴，就曾有过占取台湾的设想。甲午开战不久，曾经两度出任日本内阁首相的松方正义，向参谋次长川上操六提交了一份意见书，把台湾提到了很高的位置，认为若不占领台湾就结束战争的话，"将成为百年的遗憾千秋的悔恨"，"为我国前途计"，须采取"北守南攻的方针"。他将台湾定位为可向马来半岛和南洋群岛推进的根据地。这样的想法，并非松方一个人持有。松方称这一意见书是"天下有识之士的公论"，并说伊藤博文也对此表示了"同感同情"。在马关与中方进行谈判的外务大臣陆奥宗光于当年撰写了一份意见书：《关于台湾岛的镇抚之策》。他提出了这样的想法：（1）把台湾作为将来向中国大陆和南洋群岛扩展版图时的根据地；（2）开发资源，培育工业，掌握通商的权益。为此目的，陆奥认为，镇抚统治的关键有三条，"第一要以武威压住岛民；第二是从台湾逐渐削弱支那的民俗；第三鼓励我国民众向台湾迁移"（据原田敬一：《日清日俄战争》，岩波书店，2007 年）。

1895 年 6 月 2 日，日本派驻台湾首任总督桦山资纪在台北北面的海面上与李鸿章的长子李经方办理完台湾割让手续之后，在占领的台北举行了台湾总督府开始执政的仪式。日本原以为可以比较顺利地接手台湾，不料遭到了本地人民的顽强抵抗。以丘逢甲等为首的台湾本地居民，强烈要求清政府撤回割地的决定，但最后《马关条约》生效，台湾还是被从祖国割裂了出来。于是丘逢甲等就在 5 月 23 日成立了一个"台湾民主国"，发表宣言说："我台民与其事敌，无如死。"推举接任刘铭传来任巡抚的唐景崧为总统，丘逢甲自己担任副总统，那时巡抚手下的官军还有将近 9000 人，不料在日本近卫师团登陆以后，大部分官军就纷纷溃逃了，唐景崧混在人群里匆匆逃离了台湾。

台湾军务帮办刘永福，号称"民主国大将军"，率领一部分清军，以台南府为据点进行了顽强的抗战。刘将军是一位因在中法战争中率领黑旗军击败了法军而声名鹊起的英雄，在台湾也是"据自然之峻险，筑垒掘壕"，持续抗战。遭遇了顽强抵抗的桦山总督，要求日本政府增派军队。接到了桦山的报告后，大本营从在辽东半岛的第二师团中抽调出了混成第四旅团，派往台湾。7 月中旬，桦山总督要求再增援一个半师团的军力。

日军平定台湾的困难还不只是来自台湾民众的武装抵抗。水土病的疟疾、因炎夏中供水不足而饮用生水导致的痢疾（吐泻病）、因营养不足引发的脚气病等传播了开来，来自日军前方的报告说："八月中旬抵达埭的时候，各队的患病者人数超过了健康者的一半"，由于患病者层出不穷，降低了战斗力。8 月 29 日占领了中部彰化的近卫师团，并未继续向南方推进，一直休整调养到了 10 月 3 日，日军的官报说："各队的人员几乎都已减半"，情况颇为窘迫。

终于又向南方推进的近卫师团，10 月 9 日占领了嘉义。包括在台南南北海岸登陆的增援部队，从三个方面进攻台南府。19 日，刘将军撤离台南府，向厦门遁去，台湾民主国瓦解。在攻占台湾的途中，近卫师团长白川宫能久亲王、第一旅团长川村、第二旅团长阪井都患上了疟疾，最后能久亲王因病死亡。

日军基本占领了台湾以后，台湾民众的抵抗也没有停息。1895 年 12 月，日本控制的台湾北部的宜兰遭到了包围，第二年元旦，台北城遭到了袭击等，高山族在各地纷纷起义，对日本统治的抵抗，一直持续到 1902 年。据日本官方的记录，"土匪袭击台北两次，袭击台中两次，此外袭击各地的守备队办公署支厅宪兵驻守地共五十几次，袭击警察派出所等就不胜枚举了"。日本总督府的镇压越凶残，台湾民众的抵抗也就越激烈。

当时日军对于反抗的台湾民众的杀戮相当残暴。后来当过台湾总督府民政厅长的后藤新平曾坦白说，1896—1902 年期间，"在捆缚和押解过程中反抗"而杀害的有 5673 人，"被判处死刑的" 2999 人，"由讨伐队处死的" 3279 人，共计"杀害"了 11951 人，其中经过法庭审判被处死的仅有 3000 人而已。

据日本官方的统计，在所谓"平定"台湾的过程中，日本投入了大约 76000 名兵力（军人 49835 人、日本军夫 26216 人），日军的死伤者为 5320 人（战死者 164 人，负伤后或患病死去的 4642 人，负伤者 514 人），杀害了中国士兵和居民 14000 人。以这样血腥的代价，最后才获得了台湾。

后来日本采用中国宋朝时产生的保甲制度，实际上是一项让民众互相监视的残酷的连坐制度，如果有一人反抗，全家遭殃，一户人出了问题，全村人都遭到牵连。日本占领者用这样的方法，最后终将民众的反抗镇压了下去。

台湾被划入了所谓大日本帝国的版图，1910 年大韩帝国也遭到了同样的命运。日本虽然统治了这两个地方，在版图上也与日本本土连成了一体，但民众的待遇却大不一样。所谓的大日本帝国的宪法并不适用于它的海外殖民地，台湾和韩国（日本一直使用"朝鲜"）的本土居民并没有选举权和被选举权，根本没有公民的资格来参与日本国内的政治。有意思的是，在日本的政治词典中，也一直避免使用"殖民地"这个词语。到 20 世纪 20 年代末期，产生了两个怪异的词语，叫"内地"和"外地"，内地指占有殖民地之前的日本本土，而外地，一开始是指被日本占领的海外殖民地台湾和朝鲜，到了后来，日本人把以各种形态纳入日本势力范围的地方也称为外地，比如伪满洲国的中国东北、后来被日本占领的中国沿海地区以及 1940 年以后陆续占领的东南亚地区。

总之，日本占领台湾，绝不是一帆风顺的，差不多有六七年的时间，一直遭到来自各个地区的台湾民众的顽强抵抗，日本人自身付出了沉重的代价，而台湾居民则至少有 14000 人遭到杀害。

第48讲　伊藤博文是一个怎样的人？

伊藤博文（1841—1909）是一个怎样的人？先从我自己个人的印象说起。

我第一次知道伊藤博文这个人，是在 1979 年，看了一部朝鲜电影《安重根击毙伊藤博文》，由此知晓了伊藤博文是一个侵略朝鲜的元凶，1909 年被韩国义士安重根在哈尔滨开枪打死。在那个时代的是非判断中，伊藤博文无疑就是一个坏人。

可是后来去了日本，才知道伊藤博文还有许多的侧面。1963—1986 年间，他是 1000 日元纸币的头像人物。要成为本国钱币上的头像人物，那自然是要受到日本人至少是大部分日本人爱戴的。在日本的国会议事堂，也就是国会大厦正门进入的大堂一隅，有一尊伊藤博文的铜像，另外在参议院的前庭，矗立着高达 11 米的伊藤博文的铜像。2005 年夏，我去山口县萩市游历，那里留存了 3 处跟伊藤博文相关的纪念建筑，一处是伊藤博文青年时代之前居住的房屋，只是一幢稍稍有些简陋的木屋。另一处是松下村塾，伊藤博文少年时曾在这里上过学，开设村塾的是幕府末年大名鼎鼎的吉田松阴。再有一处是伊藤博文的别邸。伊藤晚年阔气了以后，1907 年在东京盖了一座大宅第，这处别邸是把大宅第的一部分移建过来的，进入参观时要脱鞋。里面差不多是一个伊藤博文生平事迹的陈列馆，非常有意思也令我印象非常深刻的是，最后只是说伊藤博文在 1909 年去世。怎么死的，在哪里死的，都被掩盖了，或者说是为尊者讳。

当然，伊藤博文在日本也有各种各样的评价。不过从上述的纸币头像人物、纪念铜像、纪念设施等，可知他在日本基本上是一个正面人物。六七年前，日本的国际日本文化研究中心教授泷井一博送给我一本他的著作《伊藤博文：知性的政治家》，书的腰封上写着这几个大字：构建了近代日本骨架的政治家。这一评价大致是成立的。差不多可以说，伊藤博文是明治日本的主要创建者。

下面分两部分聊聊伊藤博文。第一是伊藤博文这个人的主要生平，他为近代日本到底做了些什么；第二是他跟中国以及韩国或朝鲜的关系，由此来说明他在国内和东亚地区的不同形象是如何形成的。

1841 年底，伊藤博文出生在长州藩（今山口县）的一户农民家里，父亲后来做了伊藤家的养子，全家也改姓伊藤。那个叫伊藤的，也只是连下级武士都算不上的"足轻"，就是平时为主君种地，战时出去打仗的人，身份很低。或许可以说，伊藤博文出身于一个下中农的家庭。小时候读过一点书，很小就去江户谋生，后来经人介绍，进入吉田松阴开设的村塾里念书。吉田是一个很有想法、敢作敢为的人，既主张尊王攘夷，又想偷渡到欧美去看看世界。他的思想显然对伊藤博文影响不小，他那时也嚷着要把外国人赶出日本，于是在 1868 年底跟着高杉晋作等人去打砸英国的公使馆，也算是一个蛮激进的青年。当时的长州藩自然也是主张尊王攘夷的，可是他们暗中又觉得应该出去看看"夷"的世界到底是什么样的，于是就在 1863 年 5 月选派了 5 个年轻人偷偷地去英国留学，其中就有伊藤博文，这一年他被升格为武士。在海上漂荡了 4 个月左右，他们到达了伦敦，进入伦敦大学学院学习。后来伊藤博文出了名之后，伦敦大学学院还在学校的庭院里为他建了一块纪念碑。他们在那里学了些什么，并不清楚，不过伊藤博文却在短短的半年中，把英语大致学会了。本来是计划在英国留学 3 年，后来他们从《泰晤士报》上看到了长州藩在关门海峡炮击美国商船、西方各国准备报复的消息，就匆匆中断学业，跑回日本。后来长州藩果然遭到了四国联合舰队的摧毁性打击，再后来跟西方人的交涉中，据说伊藤学会的一点英文出了不少力。后来有证据表明，伊藤确实能够用英语与西方人交流，也能用英文撰写简单的信函文件。

1868 年明治政府建立以后，他成了重要的一员。后来他为了考察货币制度，去了美国几个月。1871 年底，作为副团长，他与岩仓考察团去欧美游历了将近两年。1863—1873 年，他屡次去欧美留学考察，对近代欧美文明有了非常翔实的了解，也由此决定了日本今后整体的发展方向，是向欧美各国看齐，即迈向所谓西方式的文明国家行列。1877 年和 1878 年，当初所谓"维新三杰"的西乡隆盛、大久保利通和木户孝允，或死于非命，或因病去世，这时资格比较浅的伊藤博文就成了明治政府的核心人物，从此以后明治日本的推进者，主要就是他了。

伊藤博文对于日本向近现代化上的推进，最重要的着眼点是注重制度的变革，具体来说，就是把日本建成一个现代宪政国家。在这方面，他主要做了三件事。

第一是在 1889 年制定了宪法。宪法是为一个国家奠定根本骨架的核心存在。前面说到，在启蒙思想和自由民权运动的推动下，民间出现了制定宪法、开设国会的强烈呼声，并且有些人还积极地草拟了民权色彩很浓厚的宪法草案。以伊藤博文为首的明治政府对此十分谨慎。1882 年 3 月，他自己带领了一个团队出访欧洲，专门考察各国的宪法和议会制度，最后决定取法普鲁士，草拟的宪法突出了天皇的绝对权力，实际上也是政府的绝对权力，即政府可以最终掌控整个国家的命脉，而削弱了人民参与政治的权利。名义上似乎体现了西方的三权分立思想，但实际上行政和立法、司法都被置于天皇的权威之下。这部宪法还有一个致命的弱点，那就是把军队的统帅权交由天皇，主掌军队的陆军省和海军省不属于内阁的一部分，而直接由天皇领导，这也使得军部在日后获得特殊的环境后，可以急剧膨胀，甚至操控整个内阁，使得日本走向军国主义成为可能。因此，从形式上来说，在伊藤博文等的努力下，诞生了亚洲第一部宪法，大致塑造了宪政国家的雏形，但在内容上却是留下了很大的弊病。

第二是在 1890 年开设了议会。这方面伊藤基本参考了英国的议会制度，设立上下两院制。而所谓的上院即贵族院，基本上都是由世袭的权贵把持，很难代表民意，而下院的众议院，有选举权和被选举权的也只是占全国人口1.1% 的高额纳税者，基本排除了中下层人民参与政治的权利。在这一方面，距离一个真正的民主国家还有相当的距离。

第三是在 1885 年开创了现代内阁制度。这一年废除了明治以后设立的包含行政、立法、司法各项权限在内的太政官制度，建立了大致向英国看齐的内阁制度，由总理大臣统领内阁。不过在后来颁布的宪法中，天皇是整个国家统治权的总揽者。

从这个意义上来说，伊藤博文是一个在制度框架上奠定了明治日本的政治家。就他的政治才能来说，大概类似于中国同时期的李鸿章。但是他与李鸿章有两点较大的差别。第一他年轻时即在欧美待过多年，具有新的世界观和价值观，这一点超越了李鸿章；第二是除了名义上的天皇之外，他基本上是一个最高权力者，是一个可以比较随心所欲推行自己政治主张的人，而李鸿章的上面，还有清人掌权的朝廷，李鸿章推行的洋务新政，必须看朝廷的脸色行事，难以充分施展自己的抱负。

在说到对待中国的态度上，伊藤博文当然是一个坚定的国家主义者。在1895 年《马关条约》的谈判上，他借着日军在战场上连战连捷的优势地位，对李鸿章可谓毫不手软，严词厉色，步步紧逼。1898 年 9 月他到中国来旅行，受到中国朝野的欢迎。他虽然主张中国应该全面引进西方文明制度，却并不对光绪皇帝准备推行新政的态度表示明确支持，一是他不愿自己卷入中国的政治纷争，而另外恐怕他也担心如果中国实行了根本的制度改革，一旦强大起来，日本就无法在东亚占据优势地位，因此他不肯公开表态支持康、梁的维新派。只是在戊戌变法失败后，他倒是向身处困境的康、梁伸出了援手，通过日本的力量让他们逃往日本避难。

至于在朝鲜问题上，现在已有充分的资料显示，他是一个力图使日本全面掌控朝鲜的推进者，使用了软硬兼施的方式逼迫朝鲜就范，他还自己出任第一任朝鲜统监。后来日本公然吞并了朝鲜，也只是沿承了伊藤博文等制定的对朝政策而已。他被安重根击毙，从韩国或朝鲜的立场来看，也是咎由自取。

　　这里简单地作一个评价。对于近代日本而言，伊藤博文基本上是一个功臣，在某种程度上甚至是近代日本的缔造者，但对于东亚邻国而言，他更多的是具有帝国主义者的一面。

日本与俄国为什么会爆发战争？

大家也许在中学历史教科书里都学到过，1904—1905年间日本和俄国之间爆发了大规模的战争。可是日本跟俄国并不接壤，怎么就会打起来呢？这场战争对于日本乃至整个东亚造成了怎样的影响，并形成了怎样的东亚新格局呢？尤其是作为被莫名其妙当作了战场的中国来说，后来遭遇到了怎样的命运呢？在这一讲里，就围绕这些话题跟大家说说。

大家一定还记得，在《马关条约》签订之后，俄国联手德国和法国站出来说，你日本也太贪心了，割了台湾，还要占据辽东半岛，太过分了，应该吐出来，把辽东半岛归还给中国。日本自然是不愿意，可是面对这三个西方大国，也不敢贸然作对，最后只得忍下一口恶气，把辽东半岛退了出来，不过向中国追要了3000万两银两。俄国自然不是什么好人，它的目的绝不是为了中国，它早就盯上了中国东北、当时称为满洲的地方。可是日本被迫退出辽东半岛，给了当时沉浸在胜利气氛中的全体日本人当头一棒，愤怒、沮丧、屈辱一齐涌上了心头。后来成了社会主义者的大杉荣回忆说，当时教室的黑板上，老师画了一个东亚地图，辽东半岛这一块被涂成红色，然后在旁边大大地写了四个汉字"卧薪尝胆"，对着学生高声叫嚷说："卧薪尝胆，我们一定要报复！"于是许多日本人的心头，就这样对俄国人埋下了仇恨的种子，试图有朝一日报仇雪恨。民族主义，有时就是这样一种失去了理性的狂热情绪。恐怕很少有日本人会冷静地思考一下，这辽东半岛本来就是中国的领土，如果无端地被日本或其他国家占据，辽东人民、全体中国人民又会有怎样的屈辱感呢？

总之，当时的日本朝野普遍弥漫着这样一种愤激的情绪。当然，情绪还不是日本向俄国开战的真正原因。因为日本的主政者明白，俄国毕竟与当时的中国不一样，它是一个庞大的西方帝国，虽然起步发展要比英国、法国晚，但到了19世纪末期，无论是经济还是军事，都已是一个绝不可小觑的西方大国。日本当局虽然对于俄国主导的三国干涉恨得咬牙切齿，但开战的主要原因，还不是简单的仇恨情绪，导致差不多10年以后两国大动干戈的，还是日俄两国在东北亚，准确地说，在朝鲜半岛和中国东北地区利益的全面冲突。

在甲午战争一讲里曾经说过，日本向中国开战的主要原因，是要把中国的势力赶出朝鲜半岛，把朝鲜纳入自己的势力范围里。中国是无奈地退了出来，可是日本并没有如愿以偿。为什么呢？朝鲜看到你气势汹汹的日本在俄国面前也不得不乖乖认输，于是就决定向更为强大的俄国靠拢。当时主掌政权的明成王后（日本一直称她为"闵妃"）就明显表现出了亲俄的态度，对日本人爱理不理。这让日本人大为恼火，自己花费了极大的财力和官兵的性命打赢了中国，却依然无法掌控朝鲜。于是在日本驻朝鲜公使三浦梧楼的策动下，1895年10月8日的夜晚，大约几百名日本守备队的军人、浪人等冲进朝鲜的王宫，用枪杀、砍杀、泼洒汽油的残忍手段，活活烧死了明成王后和其他一些亲俄的大臣，企图重新抬出相对比较亲日的大院君也就是高宗国王的父亲来主导政权。这一野蛮的行为当然激起了海内外舆论一片哗然，也激起了朝鲜民众对日本的强烈反弹。三浦梧楼等人匆匆逃回日本，虽然受到了审讯，却以证据不足都被释放了。

俄国在得到了黑龙江以北、乌苏里江以东的大片土地之后，又向南继续扩张，企图在满洲也就是中国的东北获得更多的利益。事实上，在俄国领衔出面干涉了辽东半岛之后，中国也有相当一部分人非常感激俄国，俄国也趁机以恩人自居，1896年6月李鸿章去俄国参加沙皇尼古拉二世加冕典礼时，与俄国签署了中俄同盟条约，同意由俄国主导的华俄道胜银行融资建造一条中东铁路，在中国境内将俄国的塔契与符拉迪沃斯托克连接起来。1898 年，俄国又迫使中国把极具战略意义的旅顺和大连一带租借给它，租期 25 年，并计划修建一条自长春到大连的铁路。1896 年 2 月，由于朝鲜国内出现了反对朝廷的民众动乱，高宗国王等政府高官在俄国公使馆内躲避了一年左右，俄国趁机获得了鸭绿江沿岸的森林采伐权和在仁川等地建设煤炭堆场的权利。在甲午战争之后，日本原本希望从此朝鲜就属于日本的势力范围，如今俄国不仅在满洲做得风生水起，还把触角伸向了朝鲜，这使日本十分恼火。但这时候它还不敢直接与俄国对抗，只是在暗中厉兵秣马，并试图在国际上寻找同盟力量，以图日后反击俄国。

1902 年 1 月，日本与英国订立了同盟条约，英国表示支持日本在中国和朝鲜半岛的权益，一旦日本与第三国发生战争，英国将持中立立场。这等于是英国站在了日本的一边，这使日本很受鼓舞，日本居然跟一个世界第一流的强国建立了同盟关系。英国的本意，自然是利用日本来阻遏俄国势力向中国南部扩张。

差不多与此同时，俄国加紧了在满洲的扩张。1900 年利用义和团事变向中国派遣了大量军队，第二年合约签订后俄国依然赖着不肯撤兵，后来在各国的压力下进行了第一期的撤兵，但余下的军队仍然滞留在满洲。日本觉得如此一来，俄国不仅完全挤压了日本向中国东北扩张的空间，还直接威胁到了日本在朝鲜半岛的权益。日本政府试图通过外交途径与俄国交涉这些问题。这时日本国内民间层面出现了强烈的民族主义倾向，最著名的表现是"对俄同志会"的组建和"七博士意见书"。所谓对俄同志会，是由民间国家主义的大佬头山满等发起成立的，并推举贵族阶层的领头人物近卫笃麿担任会长，要求政府对俄国采取强硬态度。七博士意见书则是几个具有博士头衔的东京大学、学习院大学教授联名上书给桂太郎首相，强烈要求政府挺起腰杆，不惜与俄国决一死战。于是乎，除了基督教主义者内村鉴三等发出过一些微弱的反战言论外，日本的大部分媒体都陷入了主战的狂潮中。

在这样的情况下，日本决定向俄国发起挑战。1904 年 2 月 18 日，日本海军突然袭击旅顺港内的俄国海军，陆军也在朝鲜登陆，向驻扎在满洲的俄国军队发起进攻，于是日俄战争爆发。开始时日本打得比较顺手，陆战和海战都处于优势地位，但不久俄国通过刚刚建成的西伯利亚铁路从欧洲运送来大量的兵力，反过来重创日军，尤其是奉天会战打得十分惨烈，俄国和日本分别投入了35万和25万兵力，结果俄军死伤9万，日军死伤7万，双方打得精疲力竭，几乎都支撑不下去了。其实真正遭殃的，是无辜的中国东北人民。1905年5月在东乡平八郎的指挥下，日本海军击败了俄国的波罗的海舰队，使战局出现了转机，日本重新占据上风。但是俄国依然不愿意和谈。倒是日本请求美国总统老罗斯福来出面调停，于是双方在这一年的9月5日签署了朴茨茅斯协议，战争结束。结果是，俄国承认日本对朝鲜的霸权，把大连、旅顺的租借权出让给日本，俄国在满洲的势力退居到中部以北，萨哈林岛的南部划给日本，但拒绝任何赔偿。日本民间的国家主义势力对这一结果很不满意，在东京的日比谷公园举行声势浩大的抗议大会，最后演变成大规模的骚乱，与军警发生激烈冲突，死了17人，500人负伤。

其实，日本绝对是这场战争的得益者。俄国势力退出朝鲜后，日本就一步步向朝鲜进逼，最后在1910年8月吞并了朝鲜，还接管了俄国让出的旅顺、大连一带，自己给它起了一个地名，叫"关东州"。这里的所谓关东，就是山海关以东的意思，日本在这里设立了行政管辖机构"关东都督府"，并获得了建造南满铁路并在铁路沿线驻军的权利。为此，日本1906年在大连设立了"南满洲铁道株式会社"，简称"满铁"，而关东都督府下面的守备队，则在1919年演变成了关东军。通过日俄战争，日本不仅占据了甲午战争后被迫归还的辽东半岛，还以此为根据地，不断把势力向北部扩张。也就是说，日俄战争阻止了俄国势力的南下，日本成了东北亚的无敌霸主，朝鲜则暂时从地球上消失了，对于中国而言，东北的外国列强，从一家独占变成了两家分割。从此以后，日本完全成了一个与西方列强并驾齐驱的帝国主义国家。

革命与新知：日本对于近代中国留学生的意义

可以说，自从中原王朝诞生以后，中国人从来不屑于到海外去留学。重臣出使域外，这很早就有，西汉时张骞出使西域，后来周边属国来朝贡，也有陪送回去的。到海外去巡游的，最出名的就是明朝的郑和下西洋，但那大都是宣示皇恩浩荡。要派学生到别国去留学，中国人大概从没有那样的念想。玄奘出游印度，则是佛教上的一次交流，算不得留学。19世纪下半叶，外来的西洋文明冲击东亚，也让中国人多少感受到了外面的东西还真有比中国先进的。于是在容闳的建议下，经曾国藩等人上书，派了72名幼童去美国，但要到以前文化输出国的日本去留学，说来都要被人耻笑。然而甲午一战，中国惨败，国人开始对这个蕞尔小国刮目相看。《马关条约》签署后的第二年，就派了13名留学生东渡日本。到了1906年前后，公费和自费留日的中国人达到了8000人左右，以至于后来鲁迅写到，每到赏樱季节，成群结队、头顶上盘着大辫子的清国留学生，成了上野公园内的一道风景。

那么，明治末期、大正前期的日本，对于中国留学生而言，到底意味着什么呢？这一时期的日本，对于那个年代的留日中国青年来说，可以用10个字来概括，那就是：革命的温床，新知的媒介。可以肯定地说，如果没有日本这个温床，就没有后来辛亥革命的发生，没有日本这个媒介，近代的新知识不可能那么迅捷地传到中国。

先来说一下革命的温床。

晚清末年，由于清政府的腐败堕落，致使中国国力日益衰颓，一批有识之士试图以恢复中华为旗帜来推翻腐朽的清政府统治。1894 年由孙中山在檀香山发起成立的"兴中会"就是最初的努力，但是檀香山距中国本土太过遥远，而在中国本土进行反清革命风险又太大，于是 1895 年孙中山便来到日本，试图在这里寻求日本友人的帮助，以日本作为活动基地，完成推翻清政府统治的革命。那时理解和支持中国革命的人在日本连寥若晨星也谈不上。1898 年，湖广总督张之洞发表《劝学篇》，竭力宣扬中国人去日本留学的好处。此后不久，大约有两三百名官费和自费的留学生踏上了岛国日本，日本方面也出于各种目的欢迎中国人的东渡，开办了成城学校、振武学校、东京同文书院等各类专供中国人学习的学校，另外在早稻田大学、法政大学等开设了相应的预备学校，有些经过预备学校升入各类大学甚至东京、京都和九州的帝国大学，在 1905 年前后达到了一个高潮。当时去日本留学的，差不多百分之百都是汉人，满人几乎没有。这些或少年或青年或中年的中国人来到日本后，接触了各种新思想、新知识，也目睹了明治维新后变化了的日本，更觉得故土中国的闭塞和落后。由于孙中山等人的鼓吹，不少留日的中国人心中滋生了反清革命的思想，更由于黄兴、宋教仁等一批在中国策划反清起义失败而流亡到日本的革命志士的加入，反清革命的阵营就越来越壮大，终于在孙中山的"兴中会"和黄兴等的"华兴会"的基础上，于 1905 年 8 月在东京成立了中国同盟会，明确提出了"驱除鞑虏，恢复中华，创立民国，平均地权"的政治纲领。中国同盟会后来逐渐演变成了中国国民党，是中国近现代史上最重要的政治力量之一，而该组织的核心人员，几乎都具有留日的经历。这里大致按照年代顺序介绍几个后来在中国的政治舞台上叱咤风云的人物。

阎锡山。这个人物大家都熟悉，长期在老家山西经营，在国民党内也是一个非常有势力的大佬，1930 年跟蒋介石发生过争权夺势的中原大战，在国民党快要在大陆倒台的时候，还曾担任过行政院长。1903 年他 20 岁那年负笈日本，先在东京专门学校等处读书，学习日语，后来进了专门为中国人进入日本陆军士官学校而开设的振武学校学习军事，毕业后被编入日本陆军的弘前步兵第 31 连队当兵，然后再考入陆军士官学校，1909 年毕业后回国，差不多是早期中国人在日本接受正规军事教育的第一批人。在日本期间就加入同盟会，参加反清革命活动。顺便说一下，当年高举反袁大旗的蔡锷等也是陆军士官学校毕业的。

宋教仁。1904 年末与黄兴等在湖南发起的反清起义失败后亡命日本，还只有 22 岁的他，立即进了顺天中学学习，后来又去法政大学、早稻田大学清国留学生部预科听课，掌握了日语和现代基础知识，尤其留意西方各国政治制度，受人之托，编译了不少各国宪政和军政制度的文献，对日本的体制也进行了考察，并结交了宫崎滔天、内田良平、北一辉等一批日本人。在日本待了将近 6 年后返回祖国。1911 年武昌起义爆发后，立即赶到南京和武汉，实地组织指挥。民国成立后，竭力倡导政党内阁，与孙中山等一起，将同盟会改组为国民党，企图通过国会的力量阻止袁世凯的独断专行，结果在 1913 年 3 月被袁世凯派人刺杀。

汪精卫。1904 年获得官费去日本留学，进入法政大学的速成科学习，其间接触革命思想，为孙中山的学说所倾倒，是同盟会的创始成员，并编辑同盟会的机关报《民报》。速成科结业后升入专门部，继续革命活动，成了孙中山的左右手，孙中山去世后，一度曾是国民党的第一号人物。

至于蒋介石，大家就更熟悉了。不过蒋介石在革命派里算是一个晚辈，他在 1906 年曾去过日本，想要进入陆军士官学校，但未能如愿，就回国进了保定陆军速成学堂，1907 年由保定陆军学校派往日本，进入振武学校。蒋介石的目的还是想进陆军士官学校，但振武学校毕业后就被编入日本陆军第 13 师团高田连队，在日本的军队里有过一年多的实际体验。辛亥革命爆发后，他回到国内参加了革命活动。

其他的国民党元老比如张继、居正、张群，以及重要的将军如何应钦、程潜、汤恩伯等，都有留日经历或是陆军士官学校毕业的。不仅早期的国民党与日本渊源很深，中国共产党的创始人和早期领导人陈独秀，以及李大钊等都在日本留过学，还有一位一大代表、早期共产党的理论家李汉俊（中共一大就是在他与兄长居住的寓所举行的），更是 14 岁时就负笈日本，在日本待了十多年，虽然是东京帝国大学工学部毕业的，却对马克思主义的理论相当精通，回国后撰写翻译了一系列宣扬马克思主义的文章和书籍，是中共早期的重要领袖之一。

此外，还有更多的人是到日本获取新知。民国时期中国曾有一份影响极大的报纸《大公报》（如今在香港还有），当年的三个创始人张季鸾、胡政之和吴鼎昌，都是 1906 年前后在日本留学的，他们也是在日本相识，日后结为同志，一起创办了这份在中国近现代史上声名卓著的民间报纸。还有日后成为弘一法师的李叔同，是第一批到日本学习西洋音乐美术的人，正儿八经在东京美术学校读了 4 年书。最早的西洋油画等不是直接从欧美学来的，而是间接地来自日本，西洋式的作曲和记谱，主要也是从日本学来的。李叔同的一首《送别》，大家想必都很熟悉，此外他还创作了大量的现代歌曲。《送别》的曲调来自日本作曲家犬童球溪的《旅愁》，虽然最早其实是一首美国的民歌。李叔同还在日本创立了中国最早的话剧社团"春柳社"，出演了《茶花女》和《汤姆叔叔的小屋》，而话剧这一文艺样式主要来自日本的新剧。当年还有一些人到日本去学习医学，诸如鲁迅、郭沫若、陶晶孙等，除了陶晶孙后来还继续医学研究之外，这些人后来都成了著名的文学家。中国早年最著名的文学团体之一"创造社"就成立于东京，核心成员郭沫若、田汉、郁达夫等都曾在日本长期留学。郁达夫是东京帝国大学经济学部毕业的，但是人们记得他的只是一个出色的作家。当然，还有不少在日本学习土木工程和法学、会计等。这些人通过日本这一媒介，汲取了西洋的新知识，对于 20 世纪前期中国的发展，发挥了极大的作用。

因此，1900—1920 年间的日本，对于当时的中国留学生来说，它最大的意义就在于两个方面：一是革命的温床，没有这样一个温床，日后辛亥革命的成功是很难想象的；二是新知的媒介，日本本身虽然还没有创造出足够的新知识，但它已经把西洋的新知识传播到了本土并加以了充分的消化和吸收，它成了年轻的中国人获得近现代新知识的十分重要而便捷的媒介，没有这样的一个媒介，近现代中国的历史，恐怕会是另一种面貌。

日本教习与中国近代教育的起步

这一讲跟上一讲一样,虽然不少内容讲到了中国,我却把它归在了日本文明史的范畴里,理由是这些内容可说是明治以后生成的日本新文明对于周边尤其是邻国中国的极为重要的影响,这一段历史,在中国的教科书甚至一般的历史书刊中都鲜有记载。了解这些历史,对于我们更为准确清晰地把握近现代复杂的中日关系史,是有很大裨益的。

近代史上,曾有一个"日本教习"的词语。什么叫教习?就是教员的意思。1898 年京师大学堂也就是北京大学建立的时候,学校的首长不叫校长,叫"总教习",差不多就是教务长的意思吧。中国近代史上很有名的严复、吴汝纶,就被任命过京师大学堂的总教习。那么所谓日本教习,就是日本教员的意思。

20 世纪初,在中国怎么会有日本教习呢?这跟上一讲的内容紧密相关。1895 年甲午战争中国失败之后,无论是官府还是民间,都痛切地感到学习日本的必要,于是在这之后渐渐掀起了一个留学日本的热潮。清政府一开始很热心,要求各地选派官费生,由国家出钱,派年轻人去日本学习新知识。可是在上一讲里讲到过,日本后来成了进步青年试图推翻清王朝的革命的温床。留学生到了日本,摆脱了清政府的束缚,面对清政府的腐败,逐渐萌生了革命的念头。于是在日本建立各种团体,出版各种报纸和杂志，这些报纸和杂志通过各种途径运送到了中国本土，比如梁启超他们编的《清议报》、革命派编的《民报》以及宣扬革命的书刊如《警世钟》《猛回头》等，对国内的知识青年起到了很大的警醒作用。这自然不是清政府所希望的，于是在 1902 年左右，清政府就逐渐改变了方针，他们一方面向日本派出了留学生监督，企图在当地监视、管理中国留学生，限制、取缔学生们的反清活动，另一方面，减少官费留学生的派遣，取而代之的是在中国兴办各类学校。1902 年，清政府颁布诏书，决定开办新学堂，设法聘请日本教员到中国来任教，这样不仅可以防止在日中国人的反清活动，而且费用也可以减少，同样可以培育具有新知识的人才。在这样的背景下，清政府方面开始与日本方面接洽，而且答应给日本教习比较高的工资待遇。

1902 年，吴汝纶被任命为京师大学堂总教习，但他没有接受，而是要求去日本考察教育。在日本期间，他受清政府的旨意，与日本教育界人士商议是否能聘请日本教员到中国来教书的事情。于是这些教育界人士就向文部省和帝国教育会提出，请他们代为遴选、训练和招聘一定数量的日本教习到中国去。在接到中国方面的要求后，日本文部省决定由帝国教育会来承担这件事，原则上是从日本的师范毕业生以及现任中学、师范教员中选拔，由帝国教育会来进行短期训练，并且专门建立了"清国派遣教员养成所"，大约花半年的时间，让这些选拔出来的教员了解中国的历史、地理、语言和风俗人情，同时还从具有教授中国留学生经验的大学、高等学校中招聘一批相对水准比较高的教员。当然，因为不同的专业需求，还有不少教习来自警察学校、法政学校、财政学校等等，但是最多的应该是来自嘉纳治五郎担任校长的东京师范学校。

根据汪向荣的研究和统计，1903 年来华的日本教习为 99 人，1904 年 163 人，1909 年 424 人，1912 年 63 人。1903—1918 年间，加上其他顾问教师，总人数在 1672 人。当然，限于当时记录的缺损，这不可能是一份完善的统计，遗漏或重叠在所难免。分布的地区有京师、直隶省直至内陆的四川、贵州、云南、甘肃和蒙古等，以京师、直隶和江苏为最多。学校类别有高中初各等的教育机构，包括法政、财政、实业、军事、农业等，也有女子学校。这些日本教习开设的课程一般有日语、物理、化学或统称为理科、博物、商科、法学、历史、地理、图画，有非常具体的技术操作，诸如陶瓷器、漆器工艺、染色、织布、铸造工艺、木工、测量等，也有与军事相关的军操、体育等。还有些日本人只是担任课程的翻译。日本人的讲课，绝大部分都是需要翻译的，担任翻译的，除了少量的日本人之外，大部分是从日本留学归来的中国人。这些学校，基本都开设了日语课程，因此到了后来，也有不少学生可以直接听讲日语授课。来到中国讲课的日本教习，也是良莠不齐，有的学问相当好，本来就是或是回国之后担任了日本各大学的教授，也有一些水平一般，甚至还有少数是鱼目混珠、滥竽充数的。有的人授课态度非常认真诚恳，富于献身精神，也有少数只是来挣点钱的。说到挣钱，当时中国方面为吸引日本教习来华，给予了优厚的待遇，其薪水大致为同等中国人的5—10倍，是日本国内的3—5倍，基本上在150—500元之间，无论从哪方面看，都是相当高的，因此吸引了相当多的日本人踊跃来华，客观上也为这一时期的中国造就了不少人才。

这里要比较突出地讲的一点是，20世纪以后中国所使用的大量的有关社会科学和医学方面的汉字词语，多半是通过日本教习来华授课的途径传入中国的。其中具体的形式，就是当时所使用的教科书和日本教习的讲义。当时的教科书，大都是临时编起来的，主要参考的范本就是在日本的学校中所使用的教科书，翻译者为留日学生和懂中文的日本人，许多新的词语一时无法消化，却因为是汉字词语，意思大抵能看懂，就直接借用了。而日本的这些新的汉字词语呢，基本上都是在19世纪后半期、西洋文明传入日本之后，日本人对应西洋词语的意思自己创制出来的汉字词语，其中少数利用了中国古典中原有的词语而赋予了新的词义，比如经济，在古文中主要是经世济民的意思，日本人把它来对应economy，物理，原来主要是事物的道理的意思，日本人把它来对应physics，分析，原来是把两个物体分离的意思，日本人则把它来对应analysis。除了少数这类词之外，大都是日本人在接受新概念时自己的创制，比如人权、特权、方法、主义、表象、战线、环境、医学、入场券、服务、组织、纪律、政治、革命、政府、党、方针、政策、申请、解决、理论、哲学、原则、经济、科学、商业、干部、健康、社会主义、资本主义、法律、封建、美学、文学、美术、抽象、化学、分子、原子、质量、固体、时间、空间、理论、美术、喜剧、悲剧、共产主义、右翼、左翼、运动、共和国、失恋、接吻、唯物论、人民、国债、引渡、盲从、哲学、法人等等，甚至连很多医学词语也是如此，比如糖尿病、高血压、血糖等等。这恐怕是今天的中国人很少知晓的。我们都理所当然地以为这些本来就是中文词语，殊不知它们竟然都是外来语，主要就是在1900—1910年间通过日本教习、日本教科书和留日学生带到中国来的。除了少数科学专门词语之外，有中文基础的人大抵都可看懂，并且从上下文中来把握它的意思。马克思、恩格斯的《共产党宣言》，就是当年留日回来的陈望道直接从日文搬过来的，Communist Party，日本人把它翻译成汉字的共产党，以后中国也就一直沿用共产党的译名。因此，近代日本对于近代中国而言，是一个新知识的媒介，这一媒介的意义不仅是地域上的，也是文字上的，很多西方人创造出来的新知识、新概念，就这样通过日本、通过现代日语传到了中国，并在一定程度上改变了近代中国。因此，文明的传播，从来就不是单向的，一般都是互动的、双向的，流动的方向，大致取决于文明内涵的高低，即从高向低流动。

第 52 讲

明治维新 150 周年，我们可以思考什么？

我在写这份讲稿的今天，是 2018 年 10 月 23 日，正好是日本明治维新启幕 150 周年的日子。这一天，在东京的宪政纪念馆内，由政府主导，举行了隆重的纪念大会，学界和社会各界也有各种形式的纪念活动。即使是大海西面的中国，也有各种的纪念研讨会，一些媒体诸如《东方历史评论》等，还策划出版了纪念专辑。

日本方面的各种纪念，这里姑且不加讨论，那么，中国作为一个外国，对 150 年以前以年号更改为标志而开始的这场明治维新，为什么抱有这么大的兴趣和关注呢？我想，主要的理由恐怕还是在于，因这场明治维新而诞生的近代日本，与作为邻邦的中国，在近现代 100 多年的岁月里，或者说，在从前近代国家向近现代国家转型的过程中，发生了太多的令人顿足、令人扼腕、令人叹息、令人思考的大事件和大问题，而这些事件和问题，一直与今天的整个东亚紧密相连，甚至在一定程度上影响着东亚的未来。这一段似乎已经过去的历史，依然有太多令今天的中国人深思的地方。那么，我们究竟可以思考什么呢？

我想，第一个问题，就是为什么在 19 世纪新兴的西方文明向传统的东方文明发起强势挑战的时候，日本和中国表现出了迥然不同的应对态度？有充分的文献表明，西洋文明最初在东亚的登陆，中国几乎都要早于日本，日本在 17 世纪初期开始，有过一个长达 200 多年的锁国时代。但是，为什么当 1853 年、1854 年美国东印度舰队试图敲开日本国门的时候，日本没有盲目地进行武力抗拒，而是在经过痛苦的商议之后，最后接受了美国的要求，和平打开了国门？我的理解是，日本民族总体来说，是一个现实主义的民族，也就是说，对现实利益的考量，是这个民族思考国家问题的一个基本出发点。江户中后期孕育出的"兰学"，已经使日本人了解到西方新知识的先进性，从中国在鸦片战争中败给了英国的消息中，日本人又窥测到了西方国家的强势崛起。日本国土狭小，当时还缺乏现代的海防力量，如果贸然迎战，不仅溃败无疑，还可能招致整个国家沦为西方殖民地的险境。为避免重蹈中国的覆辙，幕府当局经过痛苦的审时度势之后，在 1854 年有些屈辱地与美国签署了条约，将下田等三个港口向美国船只开放。此后，西洋列强纷纷强势登陆日本。1858 年，日本与英国、法国、俄国、荷兰等先后签署了不平等的通商条约。这遭到了地方势力的强烈反弹，长州、萨摩等几个藩打出了"尊王攘夷"的旗帜，试图驱逐外来的势力，并推翻在他们看来是软弱的幕府政权。于是在 1862 年和 1863 年，分别发生了萨摩藩武士刺杀英国人和长州藩武士炮击美国商船的激烈举动，结果招来了西方各国的严酷报复，鹿儿岛和下关两个地方遭到了西方舰队的毁灭性炮击。地方上的攘夷力量，立即感受到了西方的强大，于是他们立即放弃了无谓的抗击，迅速转为虚心学习西方的姿态。他们虽然会有屈辱感，但他们没有沉重的历史因袭，为了国家和民族的长久利益，必要的话，可以忍辱负重，卧薪尝胆，以求自我救赎和日后的崛起。

相比较而言，中国则有沉重的历史因袭，这历史因袭主要来自两千多年的由朝贡册封体制培育起来的天朝观念和华夷秩序，以中国为中心的天下观成了中国人的世界观，利玛窦绘制的《坤舆万国全图》和由西方传教士带来的新知识，几乎没有动摇中国人的天朝意识和天下观，以致当马嘎尔尼率领一个庞大的英国使团试图以和平的方式打开中国国门时，遭到了以乾隆为首的清朝廷的断然拒绝。当英国人在将近 50 年后以炮舰轰毁了中国沿海的炮台时，朝廷虽然感到震惊，还是未能从根本上改变华夷的观念，依然力图保持对周边居高临下的姿态。所谓祖宗之法不可变，对于崭新的西洋文明的强势出现，并没有意识到中国正面临着一场史无前例的大变局，因而只是采取了敷衍、消极的应对态度，这一态度，就决定了中日两国在近代历程上的巨大差异。

今天的世界，也依然处于动荡和变革中，各种文明在博弈中交汇，在交汇中碰撞。如何冷静透彻地审时度势，找准中国在世界上的正确定位，也将决定中国未来的发展方向。

第二个问题是，在中国和日本都难以抵挡西洋文明的强势进入时，两国为什么采取了大相径庭的应对方式？日本有所谓的明治维新，中国有所谓的洋务运动，但最后的结局却是日本在甲午一战中打败了中国？我的理解是，关键在对于西洋文明的认识上，双方存在着巨大的差异。

在整个19世纪，中国差不多都没有从沉重的历史因袭中走出来，一直固守几千年来的陈旧的天下观，一直以居高临下的姿态来环视周边的世界，一直认为中国的本体不可改变。西洋的坚船利炮使惨败的中国人感到震惊，李鸿章等有识之士掀起了洋务运动，却只是觉得西洋在器物的层面有胜于中国的地方，中国要从西洋汲取的，也只是"器"和"技"的元素，而完全没有意识到产生先进的器和技的背后，有着更为深层的思想和制度层面的强大支撑。因此，洋务运动一开始就排斥西洋的思想和制度，并且在一定程度上，依然荒诞地把西洋纳入中国天下体系内。1862年在北京设立的同文馆，还只是把西洋的语言文字看作中国天下体系的一种同文，第二年在上海的江南制造局内设立了一个外国语文学习和翻译的机构，起的名字却叫"广方言馆"，依然把西洋文字看作一种天下体系内的方言，而且学习翻译的范围，完全局限在技术的文献，拒绝一切涉及思想和制度的元素。后来有马尾船政学堂、北洋水师学堂等的设立，也只是局限在器物层面的学习。甚至到了甲午战败之后，比较开明的张之洞依然主张"中学为体，西学为用"，仍然只是把西洋文明看作一种"用"。也就是说，经历了半个多世纪的磨难，绝大部分中国人依然没有认识到西洋文明在思想和制度上的先进价值，整个国家的基本框架，包括政府运作、教育体制、军队体系、司法制度和机构等等，可以说与鸦片战争之前，并没有根本的变化，基本上还停留在前近代的状态。因而在与西洋诸国，包括后来的日本的冲突中，屡战屡败，国力日益衰败。

而日本在被迫打开国门后不久，通过各种机会，有一批先知得以游历了欧美诸国，后来又有政府高层在欧美两年的游历考察。他们敏锐地察见到了西洋文明在整体上的先进性，开始从理念、意识上服膺西洋文明，诸如福泽谕吉等一批启蒙思想家撰写了《西洋事情》《文明论之概略》等著作，明确将达到了现代文明高度的西洋各国列为自己学习模仿的对象，希望从制度层面入手，改造整个旧日本。于是现代教育制度、现代产业的培植和发展、以铁路网为代表的现代交通建设、书报杂志等新兴大众传媒、现代军队和警察体系的建立等，渐次得以完成，宪法的颁布和国会的开设，则标志着日本在政治制度上大致完成了向现代民族国家的转型。所有这些源于内在的改革，最后在日本的整个国力和国民素质上体现出来。

这一问题给我们的警示，就是改革绝对不能仅仅停留在器物的层面，必须在思想、制度上加以全面推进，才可能有真正的质的飞跃。

第三个需要思考的问题是，日本为什么最后走上了武力扩张的道路？这是因为，明治维新看上去是一场全面的改革维新运动，却不是一场革命性的变革。以天皇制为首的绝对君权体制不仅没有得到柔性的改良，反而在人为炮制的"国家神道"的背景下，蜕变为由少数人掌控的寡头政治，在受到西方民主思想影响的同时，以《军人敕谕》《教育敕语》为代表的封建思想被以洗脑的方式灌输给了全体的国民和军人。日本在甲午、日俄两场战争中的胜利，又使得一般日本人的民族主义情绪极度膨胀，甚至帝国主义的思想受到了一般民众的欢迎。这些方面，西方在近代的扩张表现，给日本人树立了一个拙劣的榜样，因而在向西方文明学习的过程中，帝国主义的思想和行径也同时得到了孕育，最后导致日本走上了一条对外武力扩张的道路。因此，日本在向现代国家转型的过程中，也背负着来自西方的一个巨大的负资产。

  这一问题给我们的警示意义，就是在任何时候都必须坚持和平主义的准则，在国势崛起、国力强盛的时候，也必须时时抑制狭隘的民族主义的膨胀，在释放大国影响力的同时，必须时时记得大国的责任，保持清醒的理性头脑，使得整个地球上的人类，都走上健康发展的道路。

  就我个人来看，我觉得这是我们在明治维新 150 周年的时刻，应该思考的几个问题。

走向军国主义的不归路

涨潮时被浸没的宫岛鸟居

神社内的茅草顶建筑

深秋的五重塔

福州开元寺内空海的
纪念像

金阁寺的另一面

具有宋朝遗风的寺院入门

沿承宋朝遗风的寺院建筑

以富士山为背景的佛塔

日本城上的天守阁

秋日的日本庭园

赏秋的和服女子

深秋的东京大学校园

昔日的端午节如今演变成了鲤鱼节

国立京都博物馆

一般用于午饭的定食

抹茶与和果子

大正年代是一个怎样的时代？

"大正"本身只是一个天皇的年号。1912 年 7 月明治天皇去世，他的第三个儿子嘉仁即位，定年号为"大正"，一直到他去世的 1926 年，这一时期在日本历史上叫作大正年代。它本来只是一个天皇的和平更迭，并没有特别的意思，然而在谈论这个时代的时候，人们经常使用的词语往往是"大正民主运动"和"大正浪漫"。这一讲就围绕这两个词语展开。

所谓民主运动，顾名思义，就是争取民主的运动。在日本的大正时期，说得再具体一点，就是争取普选即所有成年男子都有选举权的运动。在时间上，是以 1912 年 12 月开始的第一次护宪运动为起点，1925 年 3 月《普选法》的通过为归结点。这并不是一场以某个人或某个政党为主导、连贯有序的政治运动，但其目标比较明确，就是打倒藩阀政治，从而实现政党政治和普选制度。这一目标大抵是实现了，却是相当不彻底。

日本虽然在明治时期 1889 年颁布了宪法，1890 年开设了国会，但实际上宪法却是一个突出天皇绝对君权、民主色彩很弱的大法。而所谓国会，由贵族院和众议院组成，前者的成员是皇族和明治后获得公侯伯子男爵位的上层权贵以及大额纳税者（即最富有的阶层），后者虽由选举产生，但是有选举权的，仅限于年度缴纳国税 15 日元（在当时的日本这已经颇为可观了）以上的男子，全国共

45万人，不过占4000万总人口的1%多一点点。主掌历届内阁的，除了有过一次不彻底且短暂的政党内阁外，基本上是当年在推翻江户幕府中立了"功勋"的萨摩藩（大致相当于后来的鹿儿岛县）和长州藩（山口县）出身的武士（诸如山县有朋、伊藤博文等）或属于他们一派的政治力量（所谓的藩阀政治），民众尤其是中下层阶级参与政治的程度很低。

明治时期的日本，虽然在甲午战争和日俄战争中获得了胜利，但民众生活却未见明显的改善。庞大的军费，大部分是由增加税收的途径获得的。因此当人们获知结束日俄战争的朴茨茅斯条约未能得到赔款和割地后，在东京日比谷爆发了大规模的暴乱，其中具有浓厚的扩张国权的色彩，但从冲击政府衙门的行为来看，更多的是发泄了人们对藩阀政治的不满。此后，各种民众运动此起彼伏，日后的一个高潮，便是1918年爆发的全国性的"米骚动"。这种矛头指向当局的社会动向，便是大正民主运动得以展开的民众基础。

但是，一场大规模的政治运动，必须具有思想上的领袖和一定的政党力量。思想上最主要的领袖是吉野作造（1878—1933）。这里稍微说一下吉野作造这个人。吉野在年轻时就成了一个基督徒，在东京帝国大学念书的时候，阅读了多种社会主义的书籍，接受了为民众谋幸福的思想。1906年他带着妻女来到天津，担任直隶总督袁世凯的长子袁克定的私人教师，其间曾在新开设的北洋政法学堂中讲授政治学和国法学，学生中有后来中共创始人之一的李大钊。1910年去欧美游学3年，归国后升任东京大学教授。或许是早年接受的社会主义影响，或许是在欧洲实际感受到的民主政治，回国后他就以《中央公论》为阵地，鼓吹"民本主义"（最早使用这个词的人是新闻记者茅原华山），批判藩阀政治，主张普选。民本主义，其实就是民主主义，即Democracy的日语表述。但日文汉字的表述为何不用"民主"而用"民本"呢？这是因为《大日本帝国宪法》第一章明文规定国家主权在于天皇，天皇拥有所有有关国家的最高权力，而"民主"一词则表示主权在民，与宪法和天皇的统治发生冲突，有冒渎天皇的危险，因此在二战结束之前，日本禁用"民主"两字，除了

"民本"之外，一般用音译的"德谟克拉西"表示。吉野曾经发表了长达100多页的论文《论宪政本意及其贯彻之途径》，阐述了他对民本主义的认识，讨论了政治目的、方针的决定、政治制度、政治制度的运用，论文大量介绍了以欧洲为中心的各国的历史和现状，从而展开了民本主义论。他主张，要用"宪政"（民本主义）的理念改革那些封建专制的旧体制和旧势力，同时实行自由主义改革，实现政党政治，扩大选举权。他希望通过普选制度来提升民众的政治参与度，从而改良国家的政治。

吉野的理论提出之后，社会上展开了一场有关德谟克拉西的大讨论，民本思想逐渐深入人心。吉野后来又以东京大学为平台，于1918年组织了"黎明会"和"新人会"，出版了杂志《德谟克拉西》等，以演讲会等形式向民众宣传民主和宪政思想。在这样的氛围中，以平民出身的政友会领袖原敬为首相的第一个真正意义上的政党内阁于1918年9月诞生，除了海军大臣、陆军大臣（按明治时期立下的规矩，海陆军大臣须由军人担任）等之外，其他内阁成员均来自政友会。这样的政党内阁，后来勉强维持到1932年的犬养毅内阁为止。1925年，在宪政会等政党的大力推动下，终于在第五十届议会上通过了《普选法》，给予25岁以上的"帝国男性臣民"选举权。于是，有选举权的人从328万增加到1240万。1928年2月，实施了第一次《普选法》框架内的大选。政党内阁的诞生和《普选法》的实施，是大正民主运动的结果。

接着再说说"大正浪漫"。

明治时期，日本打过两次大的战争，中日甲午战争和日俄战争。大正时代相对是一个太平年代，政治也相对比较稳定，经济上也就有了一定的发展。大正时代，日本形成了东京、大阪、横滨、京都、名古屋、神户六大都市，大正元年（1912）东京的人口突破了200万，到大正末年，市区人口逼近250万，大抵与当时的上海相当。近代或现代都市的形成，必定会带来相应的现代都市生活。

首先是出行。作为市区及与郊区相连接的手段，轨道交通（日语称之为

"电车"）陆陆续续地建设了起来，到了大正末年，现在东京市内的环城铁路山手线、中央线和总武线大抵已经建成。大正末年，有轨电车已成了日本许多大中城市的重要交通工具。私人汽车也出现了，1915 年时日本有汽车 1244 辆，大正末年的 1926 年，汽车已达到 24970 辆，翻了 20 倍。虽然远未达到普及的程度，但汽车的行驶，已是都市中一道寻常的风景。

其次是娱乐生活的多样化。大正元年的 1912 年，日本第一家电影公司"日本活动写真会社"（简称"日活"，当时日本将电影翻译为"活动写真"）成立，1916 年"日活"制作了日本第一部动画片《猴子与螃蟹的大战》，开了日本动漫的先河。此后电影成了人们最喜爱的娱乐方式。1917 年，东京市内有电影院 69 家。1913 年，日本近代最重要的现代剧团"艺术座"成立，催发了日本现代演剧的兴旺景象，这一年《喀秋莎之歌》大流行。现在大家都比较熟悉的"宝塚歌剧团"就诞生于大正初年。1913 年宝塚歌唱队成立，以后又陆续成立了宝塚少女歌剧团、宝塚音乐歌剧学校。宝塚歌剧团的演出，至今盛行不衰，舞台上的靓丽女子形象，促进了女子烫发的流行。1916—1917 年间，《妇女公论》《妇女之友》等杂志纷纷创刊，造就了现代女性的登场。日本国产的唱机开始发售，咖啡馆和啤酒馆开始出现在街头。1919 年，"帝国美术院"成立并举办了第一届"帝国美术院展览会"，这一脉络，就是延续至今的代表日本最高水平的"日本美术展览会"。1921 年，全国有电影院 548 家，剧场 1623 家，曲艺演出场 368 家。1922 年，资生堂开设美容讲习所，女子短发大流行，全国城乡使用电灯的家庭达到 70%。1925年，收音机广播开始，当时收听广播采用付费的签约形式，当年东京的签约者有 131373 人，大阪 47942 人，名古屋 14290 人，当时矿石收音机的价格是 10 日元，真空管收音机 120 日元，后者对一般家庭而言还是十分昂贵的。1926 年，日本放送协会（NHK）和新交响乐团（后来演变为今日的 NHK 交响乐团）成立。顺便说及，1926 年时，光东京市内就有娼妓 15000 人左右。

媒体和通讯也在大正时代空前发达。1924 年，《大阪每日新闻》和《大阪朝日新闻》分别宣布其发行量已突破 100 万份。顺便提及，根据第 2 次国势调查，1925 年日本国内的人口达到了 5918 万左右。中国在 1949 年以前，没有一份报纸的发行量达到过 30 万份。

那个时期，人们便把这种以都市生活为代表的新气象称为"大正浪漫"。

第 54 讲 法西斯主义的萌发与军部的崛起

14 年的大正时代，并不只是一个充满着民主和浪漫的玫瑰色的时代。昭和前期非常强势的法西斯主义和日益膨胀的军部势力，其实在大正时代就已经显出了明显的端倪。

这里用到了一个"法西斯主义"的词语。在我们的印象中，法西斯好像总是与希特勒德国连在一起，确实，希特勒的德国是法西斯的一个典型表现，不过法西斯主义并不局限于德国。法西斯主义兴起于一战结束不久的意大利，其主体倾向是否定议会民主制并压制劳动阶级的革命运动，它同时排斥自由主义和社会主义，高唱政治独裁、军国主义和极端国家主义，在 20 世纪 30 年代的德国达到了登峰造极的地步。这一思潮也在 1920 年前后传到了日本，与主张绝对君权的所谓日本的"国体"是相吻合的，明里暗里获得了许多人的共鸣。因此，大正时期的 20 世纪 20 年代，也正是日本法西斯主义萌芽和抬头的时期。

事实上，明治时期日本的近代国家的转型就非常不彻底。尽管明治时代制定了宪法、建立了国会，形式上日本似乎已成了一个立宪国家，但在此前后，藩阀政府有意炮制了一个"国家神道"，将天皇抬到了至高无上的人格神的地位，并通过《军人敕谕》（1882）和《教育敕语》（1890）的制定，对军人和民众反复灌输忠君爱国思想，树立天皇的绝对权威，以各种手段压制民众对当局的

非议和反抗。早在 1891 年 5 月，政府就公布实施了第 46 号紧急敕令，其内容是要对报纸杂志、文书图书实行事先审查，违者将处以短期禁锢、罚款等刑事处罚。但按照宪法，还必须得到议会事后的批准，由于部分议员的反对，最后遭到了废除，不过在实际操作上，政府对媒体和书刊的出版一直严加控制。1900 年山县有朋内阁制定了《治安警察法》，要求组织政治团体或举行政治性集会时，必须向当局提出申请，并禁止军人、警察、女性、教员、学生和未成年者等加入政治社团，"在需要保持安宁秩序的情况下"，警察可对户外集会进行限制、禁止和解散，内务大臣可下令禁止结社。1909 年 4 月，政府在以前的《新闻纸条例》的基础上，颁布了《新闻纸法》，，旨在压制言论和报道的自由，抹杀民众对政府的批评。

大正时代被认为是民主运动高涨和政党内阁实现的时期，但明治以来对以知识阶层为主体的民众舆论压制的脉络，在大正时代不仅没有弱化，反而随着左翼力量的崛起，逐渐呈现出了法西斯主义的色彩。大正后期的 1925 年 4 月，加藤高明（对华"二十一条"的炮制者）内阁颁布了《治安维持法》。第一条规定："以变革国体以及否定私有财产制度为目的的结社者，以及知情后还加入此种组织者，处以十年以下徒刑以及监禁。"其实施的范围，包括当时日本的殖民地台湾、朝鲜和桦太（萨哈林岛）。顺便说及，这些殖民地的当地居民，并不享有宪法或普选法所规定的政治权利。该法案在草拟时期，就遭到舆论的强烈反对，自由主义和社会主义两方面都对此展开了激烈的批评。《东京朝日新闻》1925 年 1 月 17 日的社论称此法案实际上是"蹂躏人权、压制人权"，它把国民的思想生活当成了警察取缔的对象，集会结社的自由也变得荡然无存。21 个劳动团体的代表者聚集起来组成了恶法案反对同盟，强烈反对这一法案。但是，众议院还是在当年的 3 月以 246 人赞成、18 人反对的表决通过了这项法案（据成田龙一：《大正民主》，岩波书店，2009 年）。到了昭和时期，这项法律又被多次修改，内容越来越严厉，不仅涉及实际的反政府运动，连思想学术上的所谓"异端"也遭到严厉镇压，在 1945 年 10 月废止之前，依据该项法律被逮捕而遭到判刑的思想犯达到了数万人。

　　此外，为了压制"异端思想"，1911 年在警视厅内设立了所谓思想警察的特别高等课（简称"特高"），到了 1923 年在许多地方上的都道府县也设立了特高警察，1928 年则扩展到了全国所有的地区。说得明白一点，所谓特高警察，并不是针对通常意义上的刑事犯罪，而是专门针对所谓的思想犯，就是在思想上批判政府并且以合法的方式反抗政府的人。有所谓思想犯的国家，多少都具有一定的法西斯主义倾向。

　　下面再讲一下军部势力的崛起。在明治国家建立不久的 19 世纪 70 年代，可以说军部在日本并没有什么势力。最早是把推翻幕府的各地武装力量进行了整编，其中央的管辖部门是 1872 年从兵部省分离出来的陆军省和海军省，下面的军事单位叫镇台，1873 年把原有的 4 个镇台扩充到 6 个，在建制上，每个镇台拥有 2—3 个联队（大致相当于中国后来的团）的兵力，全国总共拥有15 个联队、18000 名兵力，现在看起来，真的是不多。这一年，明治政府还颁布了"全民皆兵"的征兵令，即符合条件的男子，都有当兵的义务。1878年，发生了镇压九州南部士族反叛政府的所谓西南战争，军力因此有所壮大。第二年的 1879 年，学习普鲁士的军事制度，把老式的镇台制改成了现代的师团制。以后，随着日本逐步向海外扩张，军力也就不断增长，每个师团的兵力远远超过了原来 1 个镇台的兵力。改组后的 1 个师团，下辖 2 个旅团，每个旅团就有 2 个步兵联队（团），此外还有骑兵联队、炮兵联队、工兵联队、辎重兵联队各 1 个，以及师团直属的卫生队、野战医院、通信队等等。到了战争时期，每个师团在兵员上又有不小的扩充。这样一来，日本的实际兵力一直在扩大，而且除了陆军之外，还有不断壮大的海军。一旦发生海外战争，日本的军队立即可以扩充到 30 万—40 万的兵力，这在中日甲午战争和日俄战争中得到了充分的体现。

　　军队壮大以后，军人就试图在国家政治上谋求自己的发言权。明治维新不久，当局还是比较注意，尽可能以文官来统制军队，避免军人干政。但后来随着军人势力的壮大，这一情形就逐渐发生了变化。这里，有一个叫山县有朋（1838—1922）的人起到了关键的作用。山县有朋这个人跟伊藤博文一样，也是长州藩出身，在资历上比伊藤还要老一些，他在 1873 年就当上了陆军大臣（当时还叫陆军卿），执掌了军事大权，历史上以保守著称的那个《军人敕谕》就是由他策划并经他以天皇的名义发布的。在宪法颁布的那一年，他还出任了内阁总理大臣。在他的影响力之下，大日本帝国宪法规定了在政府内阁的建制中，唯有陆军大臣和海军大臣不属于首相领导，而直接隶属于天皇，陆军、海军大臣直接听命于天皇，有事也直接向天皇报告。在 1898 年他第二次担任内阁总理大臣以后，还建立了一项非常有害的制度，那就是军部大臣必须由现役军人担任，排除了文官领导军队的可能性，这就大大扩大了军人在日本国家政治中的话语权。我们知道，现在的西方国家或者实行西方政治制度的国家，内阁中的国防部长都必须由文官或者是退役军人担任，目的就是为了防止军人干政。而在近代日本，这一情形恰恰相反。这就为后来军国主义在日本的发生和发展，在制度上奠定了基础。

事实上，在大正时代担任过首相的 9 个人中，差不多一半是军人出身，桂太郎是陆军大将，一辈子都与军队有关，山本权兵卫是海军中将，担任过海军大臣，寺内正毅是陆军大将出身，加藤友三郎是海军大将。一般来说，军人出身的政治家，对内差不多都是比较顽固的保守派，对外基本上都是强硬派，这也大致决定了大正时期的整个政治倾向。军部的力量，也在大正的基础上，到了昭和前期达到一个巅峰阶段，而这一局面的酿成，则是在大正时期。

因此，我们在考察大正时代的整体面貌时，既要看到它有所谓大正民主和大正浪漫的一面，同时也切不可忽视在这十几年里，法西斯主义正在逐渐萌芽，军部的势力日益崛起这一事实，不然我们就无法合理解释，昭和前期的日本怎么会全面走向军国主义这段历史。

左翼力量的兴起与陨落

这里所说的左翼力量，主要是指代表工人、农民等社会中下层的利益而在政治舞台上展现出来的力量，说得通俗一点，就是社会主义的思想和运动。

日本差不多是除了欧美国家之外，世界上近代产业起步最早且发展较为迅速的国家，特别是政府主导的钢铁厂、造船厂以及后来缫丝、纺织业的快速崛起，由此造成了现代产业工人的登场。以在 10 人以上的工厂内劳动的工人来计算，1900 年时，全日本工人已达到 40 万人以上。他们基本上来自乡村，在都市社会中处于底层，劳作和生活状况颇为悲惨。19 世纪末期开始，一批社会活动家和媒体对他们穷困的处境寄予了较高的关切和同情，一些知识人受欧美劳工运动和社会主义思想的启示，对日本渐趋形成的资本主义制度进行了批判和抨击，因此，日本也是除欧美之外社会主义思想传播最早的国家之一。在他们的影响下，工人们开始慢慢觉醒，与企业主之间的劳动纷争也逐渐增多。1897 年 7 月，成立了"劳动组合期成会"，并尝试着用罢工的形式来争取自己的权利。

日本早期的社会主义领袖主要有两个人。一个是片山潜（1859—1933）。片山 1884 年去了美国，通过苦学从耶鲁大学毕业，1895 年回国后立即投身到刚刚兴起的劳工运动中，是"劳动组合期成会"的骨干人物。在 1904 年于阿姆斯特丹举行的第二届国际社会主义者大会上当

选副主席。他主张通过议会选举来改善政治，提高劳工阶级的生产和生活待遇。1907 年他创办了《社会新闻》，倡导普选，使劳工阶级通过选举权来发出他们自己的声音。另一个是幸德秋水（1871—1911）。幸德秋水早年师从留法归来的卢梭的信徒中江兆民，并在其影响下学习唯物论，后来在东京担当了多家报纸的记者，广泛接触到了各种社会问题。1901 年与堺利彦（1871—1933）、片山潜等组成了日本社会民主党，倡导社会主义运动，但成立当天即遭到了当局的禁止。他在 1901 年撰写了《廿世纪之帝国主义怪物》，1903 年出版了《社会主义神髓》。这是除欧美之外最早的批判帝国主义、宣传社会主义的著作。日俄战争时期，他创办了《平民新闻》，发出了当时日本国内极为罕见的反战声音。他还与堺利彦一起，在这份报纸上首次译介了《共产党宣言》（1904），但立即遭到了当局的查禁，不久被逮捕入狱。出狱后他去了美国，思想上更多地倾向于无政府主义。回国以后他与主张议会道路的片山潜形成了对立，主张以直接的行动来改变日本的政治。1910 年 5 月，当局借口一批社会主义者和无政府主义者策划对天皇的暗杀行动，进行了全国范围的大搜捕，幸德秋水也被卷入其中。翌年 1 月，包括他在内的 24 名被告被秘密处以死刑（日本历史上称为"大逆事件"）。社会主义运动也由此被严厉禁止，片山潜等纷纷逃往国外，刚刚兴起的左翼运动被当局的铁拳彻底击溃。

在明治末年产业工人渐趋形成的基础上，社会主义的思想和运动已经达到了相当的气候，但这一思想和运动从根本上来说是反体制的，因此也被当局以谋杀天皇的"大虐罪"的名目进行极其残酷的镇压。虽然此后在严厉压制的情况下，左翼的声音沉寂了较长的一个时期，但明治时代这一准备期，毕竟为大正时代的社会主义乃至共产主义思想的高扬和组织运动的高涨奠定了基础。

"大逆事件"后，社会主义运动进入了一个寒冬期。不过一些活动家依然坚持着隐蔽的工作。到了 1915 年，高压的气氛稍得舒缓，活动家们又开始酝酿着掀起新的高潮。堺利彦在当年的 9 月发行了一种新杂志《新社会》，尝试新的起步。事实上在这一时期，民众的生活并未因第一次世界大战时期日本经济的虚假繁荣而得到任何的实惠。1918 年时，实际的经济收入只有战前的 70%，到了 7 月，因政府调节政策的失败和商人的囤积投机，米价比半年前猛涨一倍以上，于是爆发了一场全国性的骚动（史称"米骚动"）。民众冲击投机商人、高利贷者和地主，范围波及全国 1 道 3 府 32 个县，直接参加者估计达到了 70 万人，真可谓声势浩大，政府出动了警察和军队进行镇压。在这场危机中，寺内内阁因此垮台，诞生了第一个真正意义上的政党内阁（以政友会为基础的原敬内阁）。

在这样的背景下，社会主义者从潜伏的状态重新回到了政治舞台上。堺利彦 1919 年在《新社会》里打出了"马克思主义旗号"。他在第二年把杂志名改为《新社会评论》，最终在 9 月改为《社会主义》。1919 年 1 月，毕业于东京帝国大学政治学科、后来担任京都帝国大学教授的河上肇（1879—1946）出版个人志《社会问题研究》。4 月，堺利彦和后来的日本共产党创始人之一的山川均（1880—1958）发行《社会主义研究》。10 月，著名的社会主义者同时又是无政府主义者的大杉荣（1885—1923）创办了《劳工运动》。

日本社会主义同盟的成立，是社会主义运动复活的一个指标。日期标注为 1920 年 11 月的宗旨书称，同盟在"广义上涵盖一切社会主义者"，发起人向"种种劳动团体""各大学的学生团体""诸种思想集团""历来的各种社会主义者"呼吁。日本社会主义同盟在它的"宣言"中称，"要从根本上破坏现代资本主义制度"，祈求自由、平等、和平、正义、友爱的"新社会""新组织""新文明"，以"阶级斗争"为手段。其主要成员就包含上述的堺利彦、山川均等马克思主义者，以及大杉荣等无政府主义者。成员还有文学家、律师和社会活动家等。确实，这时在文坛上也出现了若干具有社会主义倾向的作家和刊物，比较有代表性的是毕业于巴黎大学、1919 年归国的小牧近江（1894—1978），他受法国反战作家巴比塞的影响较大，首次将《国际歌》译成了日文，并于 1921 年创办了《播种人》，这是日本第一份具有无产阶级文学性质的杂志，虽然持续的时期不久，但却具有里程碑的意义。

日本的社会主义者一直与欧洲的社会主义或共产主义运动保持着联系，1919 年在莫斯科创建的第三国际，非常重视亚洲的共产主义运动。1922 年 7 月 15 日，以大杉荣为委员长的日本共产党秘密成立，11 月，第三国际认可它是其日本支部。但是日本共产党却未能将全日本的社会主义者和共产主义者统合起来，也难以出现一位非常具有权威的领袖，持社会主义或共产主义倾向的人们，在如何联系工农、是以议会的形式还是直接行动的手段改造日本社会等问题上，各种意见纷呈，派别林立。1925 年 12 月，农民劳动党成立。1926 年 3 月，又成立了以大山郁夫为委员长的劳动农民党（简称"劳农党"），不久，党内一批意见偏右的人又脱离了劳农党，成立了社会民众党。在文坛上，也出现了不同的无产阶级文学的派别，1924 年创刊的《文艺战线》开始时具有相当的影响力，它沿承了小牧近江的《播种人》的路线，但几年之后，"全日本无产者艺术联盟"的机关杂志《战旗》，取代了《文艺战线》在左翼文坛上的领导地位。

总之，在大正时代的后期，各种左翼政党纷纷登场，甚至在议会上取得了一定的席位，一时间，在整个日本社会上具有相当的影响力。文坛上的"普罗文学"也成了人们不敢小觑的新生力量，事实上也涌现出了诸如小林多喜二、叶山嘉树等一批成就斐然的作家。但却始终无法凝成一股巨大的革命力量，左翼阵营内各种派别林立，在实际的运动中并未取得理想的成果。

前一讲讲过，为了压制"异端思想"，警视厅内设立了所谓思想警察的特别高等课（简称"特高"），到了 1923 年在许多地方上的都道府县也设立了特高警察，1928 年则扩展到了全国所有地区。1923 年 5 月，特高警察根据获得的共产党的文件，对建立不久、尚处于地下状态的日共进行了第一次大搜捕，逮捕了堺利彦、山川均等 80 名共产党人。1928 年 3 月 15 日，当局对日本共产党展开了第二次全国范围的大搜捕，逮捕了 1500 人。1929 年 4 月 16 日，又展开了第三次大搜捕，逮捕了 800 人，几乎将日本共产党的领袖一网打尽，日本共产党由此遭到了毁灭性的打击。一些原来的日共党员或骨干分子在狱中纷纷表示忏悔和转向（包括党的领袖佐野学和锅山贞观以及原来的左翼作家林房雄等），而坚贞不屈的小林多喜二则被拷打致死。

　　到了昭和初期，在法西斯统治的高压之下，不仅日本的左翼力量被彻底扑灭，自由主义者也遭到了集体噤声，整个思想界一片肃杀之气。

日本为何将"满蒙"视为生命线?

在进入正题之前,先要解释一下,"满蒙"这个词在中文里是没有的,也就是说,在中文的语境中,原本并没有"满蒙"这一个地理概念。这个词是日本人造出来的。在使用"满蒙"这个词之前,日本人一般使用"满洲"这个词。

这里,我们又要把历史再往前追溯一下。在19世纪上半叶,日本不少人认为传统的中国疆域只是所谓"中华十八省",大致是今天长城以南至海南岛、东部沿海至甘肃一带。今天中国的东北一带被认为是满洲,这一词语来自满语Manju,用汉字写出来就是满洲,这一片区域也被称为Manchuria,被看作是汉民族王朝之外的区域。这一种认识并不符合历史事实本身。实际上在西汉的时候,辽东已经在西汉的版图内,汉武帝还曾在朝鲜半岛设立了汉四郡。盛唐时的版图较西汉更为扩大。元帝国则囊括了整个东北。明代时也曾在关外的大部分地区设立了军事管理组织"卫",在不同的时期实施了程度不同的军事管辖。清兵入关以后建立了大清王朝,满洲自然就是大清国的疆域了。19世纪中叶,前后大批关内的汉人经山海关涌入了满洲,也就是中国的东北地区,所谓满洲地区的人口,从17世纪末期的150余万,增加到了19世纪末期的1000多万,其中大部分是汉人。这是19世纪中叶以后俄国和日本觊觎满洲,也就是中国东北地区时的现状。

由于俄国经济上的资本主义、政治军事上的帝国主义出现得比日本要早，因而俄国早在日本明治维新之前就将扩张的势头伸向了满洲，也就是中国的东北地区。1858年的《中俄瑷珲条约》、1860年的《中俄北京条约》，迫使清政府将黑龙江以北、乌苏里江以东的陆地和库页岛划入了沙皇俄国的版图。沙俄虽然获得了海参崴即符拉迪沃斯托克这一重要港口，但由于地处高纬度的北方，一年中有将近一半的岁月处于冰冻状态，因而将目光瞄准了南边相对比较温暖的中国满洲地区，并且把它的势力不断地往南扩张。

而日本呢，通过学习西方的大幅度革新运动也就是所谓的明治维新，国家渐渐强大起来，羽翼变得日益丰满，因而就步西方列强的后尘，把扩张的矛头伸向了朝鲜半岛和东北亚大陆。通过甲午一战，不仅驱逐了中国在半岛的传统势力，还在《马关条约》中贪婪地提出了要中国割让辽东半岛的无理要求。日本的这一要求与俄国经营满洲的谋划发生了尖锐的冲突，于是俄国就拉拢法国和德国一起出面干涉，迫使日本吐出了已经到嘴边的果实。俄国自己趁机在1898年获得了包括旅顺、大连在内的租借权，并大兴土木地开发建造大连港，以补足符拉迪沃斯托克的缺陷。这个时候，日本痛切地认识到，日本如果要向东北亚扩张，俄国是它的第一竞争对手，也是第一威胁。而满洲地区广大的腹地和肥沃的土地、丰富的矿藏资源这些巨大的诱惑使得它在1904年不惜铤而走险与俄国开战，在付出了20多万兵员的牺牲之后，终于获得了满洲南部也就是长春以南的中国东北地区南部的铁路铺设权和矿产开采权，并且强行继承了俄国对于大连、旅顺地区的租借权，在1915年又将25年的租借期延长到了99年，并且擅自把这一地区称为"关东州"，在1906年设立了"南满洲铁道株式会社"的同时，还设立了"关东都督府"，俨然把这一区域看作日本的"殖民地"。

再把话题回到这一讲的标题，日本为何将"满蒙"视为生命线？近代日本在汲取西方文明的时候，还看到了一个西方列强成长的过程，那就是要在海外开拓殖民地或扩张自己的势力范围，以获得自己所缺乏的农产品和矿产资源以及广大的市场。不仅如此，日本还意识到自己在国土面积和人口上都称不上是一个大国，要确保本国的安全和国家利益不受损害，必须把国防线设置在国境线之外的领域。因此从明治中期开始，也就是在日本刚刚有点强大的时候，即开始锐意着手海外扩张，把北海道彻底收入囊中，又用武力兼并了琉球。此后的 1889 年 12 月，陆军大臣出身的山县有朋首相在日本第一届帝国议会上发表的施政演说中，提出了"主权线"和"利益线"这两个概念。所谓主权线，就是国家行政权力所能管辖到的国境线，而利益线，则是"与主权线的安危密切相关的区域"，必须保护，因而要求国会大幅度增加海陆军的经费。山县有朋的这两个概念，实际上来自上一年到东京讲学的维也纳大学斯坦因教授的"权势疆域"和"利益疆域"的说法，只是山县有朋的表述更通俗易懂。当时日本至少是把朝鲜半岛列为自己的利益线，因而在几年以后挑起了甲午战争。在朝鲜半岛成了日本的主权线之后，它就要再向外拓展自己的利益线，于是，整个满洲就进入了日本的视线。日本一直在宣扬俄国的南下威胁论，并且在全国上下发起了一场声势浩大的"支那保全论"，就是表面上声称要保全中国的领土主权完整，不要受到外国的肢解和侵犯。这外国指的是谁呀？就是俄国。于是日本在各界成立了一个同仇敌忾的所谓"俄国同志会"，鼓吹对俄国采取强硬的态度和行动，日俄战争的策动就是所谓保卫利益线的具体而宏大的军事行动。作为战后的结果，日本与俄国背着中国于 1907—1916 年之间，4 次秘密商议，签署了日俄之间的秘密协议，基本内容就是俄国承认日本在朝鲜的特殊权益，即朝鲜半岛完全归入日本的势力范围，日本承认俄国对于蒙古的掌控权，认可俄国在蒙古的特殊权益，同时瓜分中国的东北地区，那时候称为满洲，大致以长春为中界点，以北称为北满，属于俄国的势力范围，以南称为南满，属于日本的势力范围。

但是，中国的东北地区，除了大部分分为黑龙江、吉林和奉天三个省之外，还有一部分在内蒙古的范围，横跨当时的察哈尔省、热河省、绥远省等，于是日本就把这些地区称为"东蒙"，把满洲连在一起。在 1915 年前后，日语中出现了"满蒙"这个词语，在地理上大致包括今天内蒙古东部在内的整个中国东北地区。日本初步的计划是把南满以及与南满相邻的内蒙古东部地区控制在自己的手里，伺机再逐渐北上。

日本要在中国扩展势力，为何首先选中了满蒙呢？我个人认为，日本人可能有这样几点考量。

第一点是，中国人口众多、物产比较富饶的长江中下游流域，大抵已经被英国等老牌帝国主义国家划作自己的势力范围，并且已经进行了几十年的经营，培植了自己的相关产业，日本在1902年就与英国结成了日英同盟，不可能大规模地与英国直接争抢这里的地盘。而华北呢，则是中国历史上的心脏地带，此时不仅已经有了英国、德国的势力进来，而且传统的中国力量也比较雄厚，日本很难在这些区域开辟出一个广大的、日本可以独占的地区，因而将目光瞄准了满蒙，也就是中国的东北。

第二点是，在日本人的认识中，满蒙原本不是汉人的地方，历史上与中原王朝的关系比较疏远。就民族而言，除了近年来大量流入的汉人之外，还有原本的满人及其他原住民的少数民族，再加上后来西移的朝鲜人、北下的俄国人，以及日本人自己。因此，占领满蒙与占领中国本土不一样，应该不会激起中国人在民族感情上的强烈反抗，相对容易统治、容易经营。

第三点是，满蒙疆域广大，资源极为丰富，尤其是各种矿产和农作物，相对而言是地广人稀，便于日本人日后的殖民，通过大量的移民和殖民，把它变成日本海外帝国的一部分。

第四点是，日本已经意识到，自己在东亚和世界上的强势崛起，日后势必会与俄国和美国等西方势力发生正面冲突，日本只是一个区区岛国，本身的面积和资源、市场很有限，不足以与俄美、到了后来主要是与美国发生正面的对抗，而满蒙则给日本提供了一个广大的根据地，即便日本本土遇到危机，广大的满蒙也是一个上佳的缓冲地。而且占据满蒙之后，可以步步南进，蚕食中国更多的领土和资源。

基于以上的考量，关东军高级参谋在1927年5月的一次演讲中说：为了日本的生存，为了确保将原料产地和成品市场置于本国的势力之下，为了与世界大国为伍，确保国民在经济上的生存，当务之急就是把满蒙变成日本的领土。后来出任日本外务大臣的松冈洋右在 1931 年 1 月正式提出了"满蒙是日本的生命线"这一著名的言论，这也非常明确地概括了自甲午战争以来日本在东北亚逐步推进的扩张政策的基本构想和行动的出发点，所谓生命线，就是必须倾注全力来夺取和确保的。事实上，日本 20 世纪以后在东亚大陆的一系列扩张行动，都是依据这一基本理念来推进的。

参谋本部：日本对外战争的策源地

我在阅读和思考日本近代史的时候，经常会有些史实在脑海中交织在一起：1928 年 6 月 4 日，关东军参谋河本大作策划炸死了张作霖；1931 年 9 月 18 日，关东军参谋石原莞尔、关东军高级参谋板垣征四郎策动了"九一八"事变；1937—1939 年，参谋本部中国班长（后升任中国课长）的今井武夫主持了日本与蒋介石政府的秘密和谈；1939 年，担任"梅机关"负责人的参谋本部中国课长影佐祯昭谋划、策动了汪伪政府的成立；关东军参谋辻政信，1939 年在中蒙边界的诺门坎策动了日本与苏联激烈的军事冲突……在近代日本的对外军事扩张尤其是对中国的侵略行动中，每每总是有参谋、参谋本部的魅影。日本的参谋本部到底是一个怎样的存在？一个参谋为什么会有如此大的能耐？在这一讲里，主要说一下在近代日本军事力量的崛起、成长过程中，或者说在近代日本国家走向军国主义的历程中，参谋本部在本质上究竟是一个怎样的存在，它在机制体制上又具有怎样的特点。

首先我想说明，日本陆军参谋本部只是一个机关，所有机关内的人物和隶属于此的参谋只是某一个具体的角色，把近代以来日本对外扩张政策的制定和推行都归咎于参谋本部本身，是只见树木不见森林的褊狭。参谋本部的诞生以及日后的运作，是近代日本在国家主义的鼓动下，试图从一个边缘的岛国走向与西方列强并驾齐驱的扩张性的强大帝国的进程中，自然或者必然会产生的现象。而参谋本部独特的体制机制以及处心积虑的积极运作，则大大加快了这一进程，从另一个角度来说，也促进了日本帝国灭亡的进程。

我们先从体制上来考察参谋本部。日本在近代实施国家转型的过程中，也十分注意军队本身的转型。明治初期的日军，只是推翻江户幕府的各地军事力量，缺乏系统性的统一管辖。1871—1873年间，先后设立了东京、大阪、镇西、东北、名古屋、广岛6个镇台，总兵力1.8万人，1888年改镇台为师团制，每个师团一般有4个联队（团），军力有所扩张。从管辖体制上来说，1872年从最初的兵部省分出了陆军省和海军省，行政长官一开始由文官担任，官职叫"卿"，仿效英美的文官控制体制，以防止军队对政府的背叛。山县有朋自己担任陆军卿的1874年，在陆军省内设立了参谋局，局长由现役军人担任，由于山县有朋的竭力经营，文官体制逐渐遭到破坏，海陆两军的长官就改为军人出任，这时山县有朋自己也成了陆军大将。在山县有朋的主导下，日本1878年设立了参谋本部。参谋本部不是日本独创的军事机构，最初形成于19世纪初的欧洲，而具有日后参谋部功能的参谋本部，则是普鲁士1815年在柏林建立的。明治以后日本在建设新式军队的过程中，经过各种摸索和借鉴，最后决定以普鲁士为楷模，设立了普鲁士式的参谋本部。一度曾经在陆军和海军两方面都设立，最后因为不易协调，于是在1893年另外设立了海军军令部，参谋本部则成了纯粹的陆军机关，在地位上几乎与陆军省并驾齐驱，具体负责战略的谋划、作战的策划、情报的调查和收集等，下设若干个局，局下面是课，课下面是班。几乎所有的成员都是陆军士官学校和陆军大学双料毕业的，集聚了当时日本社会的精英分子。

1885年，伊藤博文创建了以总理大臣（首相）为首脑的内阁制。从道理上来说，陆军省和海军省也是内阁的一部分，但是由于山县有朋等人的长期策划和运作，日本产生了一个有些奇怪的机制，即作为内阁官僚的海陆两军大臣却并不听命于总理大臣的领导，而直属于天皇，天皇作为国家军队的最高统帅，可直接指挥海陆两军。这一机制在1889年制订的大日本帝国宪法中被确定下来，而海陆两军的大臣则由军人出任，文官没有资格担任，以至于在后来的日本政治实践中，内阁总理大臣也往往由军人出任。这就在日后逐步形成了所谓军部的力量，并且日益膨胀和庞大，到了昭和以后，几乎主导了日本整个对外政策的走向。

那么，参谋本部为什么能获得那么高的地位和那么大的能量呢？第一，就地位而言，它是军事最高统帅天皇的辅佐机构，直接听命于天皇，内阁根本无法左右它。另外，陆军方面也非常聪明，尽可能抬出有影响力的皇室成员来担任参谋本部的最高长官，比如，在日本对外扩张最为积极的1931—1941年期间，担任参谋总长的是来自皇室的闲院宫载仁亲王，碍于皇族的权威，陆军大臣和海军大臣都不敢插手参谋本部，参谋本部则倚靠了皇族的背景，狐假虎威，恣意妄为。第二，参谋本部的成员，基本上都是陆军士官学校和陆军大学双料毕业的精英分子，长期研究战略战术，对于世界局势、历史地理、军事技术都有深入的研究，担任课长和班长的中级军官，具有充沛的精力和勃勃的野心，一些具体的作战计划、政策纲要往往都是这些职务不是很高的课长、班长的作品，皇室出身的参谋总长几乎不管事，大抵由主持日常运作的参谋次长统领全局，一般由局长裁定的决定，即可付诸实施。因而在参谋本部的具体运作中，活跃的往往是课长、班长的身影，一系列事件、事变大都是由他们策动的，并在相当的程度上左右了内阁也就是政府的对外战略。

不过需要指出的是，参谋本部里的人也并不是个个都是好战的狂热分子，在参谋本部内部，也一直存在着强硬派和温和派，只是在最终起决定作用的，往往都是好战的强硬派。这里通过石原莞尔和影佐祯昭两个个案，来考察一下参谋本部的具体运作情形。

1889年出生的石原莞尔于1909年和1918年分别毕业于陆军士官学校和陆军大学。在陆军中升至大尉和中队长（连长），1921年被派往中国的汉口待了一年多，回国后在陆军大学担任教官，不久又被派往德国柏林学习军事。1928年以步兵中佐的军衔担任了关东军参谋。1931年，在未获得陆军中央正式许可的情况下，与关东军高级参谋板垣征四郎一起策动了"九一八"事变，由此拉开了日本占领整个中国东北的序幕。石原等人为什么不惜冒着违背陆军中央指示的风险做出了如此惊人的军事举动呢？前面已经讲到，当时日本当局已经把所谓的满蒙列为日本的生命线，石原等人认为，列强的争霸，最终将归结为东西方，即日本与美国或者苏联之间的一场生死决战。而日本以目前的国土、资源、人口，均不足以与美国等展开这样一场生死决战，必须在中国的满蒙开辟一个广大的根据地，由日本人经营，最后以此作为坚实的立足点来与美国或苏联进行军事较量。他在撰写的《最终战争论》《战争史大观》等著作中，充分表述了自己的这一思想。出于这样的一种战略思想，石原等人策动了关东军高层，悍然发动了攻击张学良东北军的"九一八"事变。石原的思想和举动，是极端国家主义在参谋本部系统的典型表现。照理，这是一场没有获得陆军中央尤其是军队统帅即天皇许可的行动，按照军法，会遭到非常严厉的制裁。但这样的行动，与整个日本的对外战略是一致的，事后石原等人不仅没有受到任何惩罚，反而官升一级，在1935年担任了核心的参谋本部作战课长，1937年晋升为少将、参谋本部作战局长。1937年卢沟桥事变爆发后，他出于日后可能进攻苏联的考虑，一开始主张不要将军事行动扩大化，但最后还是主导了派兵的决定。后来因为他反对东条英机内阁与美国作战的决定，战后被远东军事法庭免于起诉。

影佐祯昭也先后毕业于陆军士官学校和陆军大学，有不错的汉文汉学的修养。1929年被参谋本部派往上海，后来担任参谋本部的中国班长、课长和谋略课课长。抗日战争全面爆发以后，影佐被指派担任了设在上海的所谓"梅机关"机关长，主要策划实施汪精卫脱离重庆政府，并在南京成立一个伪政府的计划。相对而言，影佐祯昭在参谋本部内算是一个温和派，不主张战争的扩大化，希望树立一个亲日的政府，通过所谓和平的方式来获得日本的利益。他在一定程度上也理解汪伪集团的苦楚，原来由他草拟的日本与汪伪之间的协议，内容也算温和，但屡屡为参谋本部内的一些强硬派所诟病，他内心也有些痛苦。当然，他最后还是代表日本军方，逼迫汪伪集团签署了丧权辱国的所谓"日华协议"。需要指出的是，整个主导和操纵扶植汪伪政府建立行动的，不是日本的外务省，甚至不是陆军省，而是参谋本部。

　　由上述两个例子可看出，无论在体制还是机制上，参谋本部在近代的日本，都是一个怪异的存在。由于它直属于天皇，最高长官又屡屡有皇族的背景，其成员绝大部分都是具有极端国家主义思想的精英分子，能量极大，甚至可以绑架政府，最后将参谋本部变成了日本对外侵略战争的策源地。这样的极端国家主义思想以及如此异常的体制机制，都应该引起后人的高度重视和警惕。

第58讲　日本为何最终对中国发动了全面战争？

这个问题好像大家都能回答，这是日本帝国主义的本性所决定的。可是问题是，日本什么时候开始产生帝国主义的本性？对外扩张难道只是最高当局少数人制定的国策吗？它是一开始就具有了全面系统的武力扩张的计划和战略谋略吗？

问题似乎没有那么简单。历史研究，切忌的就是简单的线性描述。世界上现在看上去比较弱小、比较和平的民族和国家，当年也可能曾经称霸一地一时。如今面积只有4万多平方千米、人口才500多万、给人的印象是一片田园牧歌的丹麦，在15世纪却是通过武力征服了欧洲的北部，如今的瑞典、挪威、冰岛等都曾在它的版图之内；小小的葡萄牙，15—16世纪时通过大航海的举动迅速崛起，扩张的势力西到南美、东到东亚，也曾经是跋扈一时的海上强国；连今天显得安详宁静的奥地利，在19世纪后半期也兼并了匈牙利，并试图将势头扩展到巴尔干半岛，最后成了第一次世界大战爆发的导火线之一。至于诸如英、法、德、美等近代西方列强的崛起和扩张，大家就比较熟悉了。我们再把眼光回到日本。19世纪以来西方列强几次三番试图打开日本国门的行为，激发了日本的民族意识和国家意识的觉醒，并使日本人逐渐意识到只有模仿西方、发愤图强，才可使自己免于沦为西方的殖民地。这一过程中，日本人的国家主义倾向膨胀起来，而且越来越强

烈。这一倾向可以说是全国性的、全民性的，用日语的词语来表示，就是要伸张"国权"，即向海外伸张日本的国家权益。这一思想被认为是具有正当性的价值旨归，因为被日本人视为仿效对象的欧美诸国，就是活生生的模范。因而才有了之后一系列的吞并琉球、甲午战争、日俄战争、吞并韩国的武力扩张行为，几乎所有的扩张行为，都得到了民间舆论的支持。19 世纪末期，日本产生了像"玄洋社""黑龙会"等诸多高举国家主义大旗的右翼民间组织，它们是日本当局推行对外扩张政策的基础和动力。

但并不是所有的日本人一开始都主张用武力的方式来获取海外利益。19 世纪下半期，日本曾掀起了一个亚洲主义的思潮和运动，比较温和的一派，主张通过贸易来获得日本在东亚大陆的利益，也有主张联手中国等亚洲国家来对抗欧美，但前提是日本必须是这个联盟的盟主，日本必须是领袖，这其实也染上了帝国主义的色彩。最终，强硬的一派越来越占据上风，社会上的精英分子，大都热衷于如何在海外谋得日本更多的国家利益，大多数的人，渐渐丧失了理性的思考和批判精神。而随着 20 世纪 20 年代末期世界性的极端民族主义、极端国家主义的蔓延，日本也陷入了法西斯主义的泥坑，成了一个军部主导的集权国家，对外扩张的欲望日益膨胀，企图通过海外扩张来摆脱因世界性的经济危机而陷入的困境。这种扩张行为，几乎到了利令智昏的地步。

在占据了中国的东北之后，日本又以各种借口将势力继续向南扩张，先是策动了所谓的第一次上海事变，即 1932 年 1 月 28 日的淞沪事变，逼迫中国的军队撤出上海一带，接着以军事强势，逼迫中国签署了《塘沽协定》《何应钦梅津美治郎协定》，逼迫国民党放弃对平津地区的实际行政管辖，同时又炮制操纵了所谓冀东自治政府，试图把华北从中国分离出来。

1937 年 7 月 7 日凌晨北平郊外卢沟桥的零散枪声，成了日本全面侵华战争的导火线。由此引发的中日间的军事冲突，本身只是一次小规模的偶发事件。中日双方，可说都没有做好全面对抗的充分准备。一开始，日本最高当局围绕是否向事发地区派兵的问题，曾有强力军事干预和不扩大事态两种意见。7 月 9 日，陆军大臣杉山元向内阁提出了一个派兵 3 个师团的提案，未获通过。7 月 10 日，实际主持参谋本部工作的石原莞尔未能说服部下主战的要求，制定了一份从朝鲜军、关东军各派 1 个师团，国内派遣 3 个师团的出兵计划，事后却跑到首相近卫文麿那里，希望内阁不要通过这份议案。后来由于在事发当地暂时签署了停战协定而没有立即实施。卢沟桥事变中日军的挑衅和态度的张狂，再次激怒了中国人民。此时国共合作的态势已经基本形成，中国人强忍了多年的民族情感再一次高涨，7 月 17 日，蒋介石发表了庐山讲话，表明中国人不愿继续退让的姿态，并积极调动军队北上。于是日本内阁通过了出兵的决定，7 月 28 日，日军向中方发动了全面总攻击，华北的战火正式燃起。紧接着，抗战中中国兵力投入最多的一次战役淞沪会战爆发，战火从华北蔓延到了华东。3 个月之后的 11 月 12 日，日军攻陷上海，12 月 13 日占领首都南京。在 1938 年的徐州会战中，尽管中国军队进行了激烈的抵抗，长江下游的北部地区还是落入了日军之手。1938 年 10 月 21 日，日军攻陷广州，几天后的 27 日，战时指挥中心武汉陷落。至此，日军几乎控制了从东北到华中的大部分地区以及东南沿海一带。这一切，恐怕未必是卢沟桥事变爆发时日本方面就已经谋划好的。面对如此广大的占领区，日本一时都不知如何来有效处理。结果是策动成立了汪精卫伪政府，暂时维持了控制的局面。

现在仔细看来，日本从明治中期以后，就开始谋划向海外、当时主要是朝鲜半岛和中国大陆的扩张策略。朝鲜的国土不大，日本后来索性将其吞并了，但是要吞并如此广大的中国，日本一开始还没有这样的野心。20 世纪初期，它主要是垂涎中国的东北地区，特别是一批少壮派势力，试图在中国的满洲推行他们的理想国家建设计划。继而得陇望蜀，又向华北推进，当地的关东军和天津驻屯军从中获得了不少好处，包括关税和鸦片的种植及贸易，他们是竭力主张把卢沟桥事变扩大化的强力推手。卢沟桥事变发生时的近卫文麿内阁，稍稍还带有些许政党内阁的色彩，但实际上军部的势力已经掌控了日本的政局，具有名门望族背景的近卫文麿本人，最终也沦为军部手中的一个玩偶。

占领了中国主要地区的日军，在力量上已难以全面向中西部推进，它后来发动的几次军事进攻和对重庆、昆明的大规模空袭，目的是为了摧毁重庆政府以及中国人民的抗日决心和意志。而在占领区内，则主要通过汪伪政府来获得日本的利益。

　　然而，日本对中国的大规模侵略行径，触犯了英美尤其是美国在东亚的利益。另外，从政治理念和道义上来说，美国也认为日本的行为违背了由西方主导的国际法原理，破坏了由国际联盟主导的国际秩序。于是，日美之间的矛盾日益升级，最终导致了双方的全面冲突。

日本为什么会对美国开战？

　　相当一部分的中国人至今都觉得很纳闷，只是一个区区岛国的日本，为什么会狂妄无知到向庞大的美国开战？而且当时开战的对象还不只是一个美国，同时还包括英国与荷兰。它怎么敢于走到这一步呢？要知道，日本不比希特勒德国，它不是某一个独裁者可以贸然决定的，原则上日本上有天皇、下有内阁，并且还有陆海两军的互相制约，另外，多多少少还有一点舆论的声音。它是怎么最后作出向美国大动干戈的决定，并且还真的干起来的呢？这一讲里，就来厘清这一前因后果、来龙去脉。

　　前面讲到过，早在 1930 年左右，在一部分的日本人，尤其是时任关东军参谋的石原莞尔头脑中，就认为世界竞争的最后较量，就是东方的日本与西方的美国之间一决雌雄的大战。不过这一认识，在当时的整个日本社会并不普遍。逐渐使得日美关系日益对立并导致战争爆发的原因，主要在于日本对中国的全面侵略战争和欧洲战场上第二次世界大战的爆发。

　　日本在向中国步步逼近并最终挑起全面战争的 1937—1938 年间，正是欧洲地区法西斯德国等强势崛起、战云密布的时代。作为国际联盟核心成员的英法等老牌资本主义国家，面对风云多变的欧洲局势，已经自顾不暇，没有精力和能力再来关心和干预在远东发生的中日冲突，而美国一向奉行孤立主义，不愿意过多地卷入与本国利益没有直接关联的他国事务，因而使得日本能够长驱直入，在东亚为所欲为、称王称霸。日本人的猖狂举动，最后还是影响了美国在远东的利益，且一直认为自己是正义与和平维护者的美国，也感到日本在中国的暴行给中国人民带来了太多的灾难。美国传媒大王亨利·卢斯（H.R.Luce）旗下发行量极大的《生活》杂志 1937 年 10 月 4 日刊发了一张"上海南站日军空袭下的儿童"的照片，一个满身鲜血的幼儿在火车站废墟上惶恐大哭，据说这张照片的读者达到了 1 亿 3600 万人，震惊了整个美国。亨利·卢斯出生于中国，并在中国度过了少年时代，对中国怀有深厚的感情，他利用自己掌握的媒体《时代》《生活》等，以谴责的立场大量报道了日军对中国的侵略行径，由此激起了一般美国民众对中国的同情。同时由于宋美龄和胡适大使等在美国各地的演讲等活动，美国一般的舆论逐渐转向同情中国、谴责日本。但是美国政府依然保持中立立场，除了在经济上通过《桐油借款》等贷给了中国总共 6 亿多美元外，并未在军事上公开支持和帮助中国。

1939 年 9 月第二次世界大战在欧洲爆发。1940 年夏，英国遭到了德国的大规模空袭。而就在这一年的 9 月，日本与德国、意大利签署了三国同盟条约，在军事上形成了所谓的轴心国关系，这使美国颇为恼火。在这之前的 1939 年 6 月，日本借口天津的英国租界内藏匿了抗日分子，悍然对英租界进行了交通封锁及进出人员、货物的检查，英国立即对此提出抗议，但日本凭借军事优势依然我行我素，并在国内掀起了反英的热潮，在东京日比谷公会堂举行了声势浩大的反英集会。这一切都使得美国十分不悦。于是美国在 1939 年 7 月 26 日正式通知日本，废除两国之间 1894 年签署、1899 年生效的《日美通商航海条约》。这对日本而言，是一个非常沉重的打击，因为日本大量的货物贸易，包括相当的生产资料都要仰仗从美国进口，同时美国也是日本的一个重要商品市场。日本不得不非常郑重地考虑这一问题。

日本密切注视着欧洲战场的变化，伺机吞噬法国和荷兰在东亚的地盘，开辟新的能源来源地，以弥补美国废除通商航海条约后对日本造成的损失。在获知法国已经投降德国后，1940 年 9 月日本趁机在法属印度支那的北部，即主要是越南的北部登陆并占领了这一区域，除了扩大自己的地盘外，还有一个目的，就是封锁英国人通过这一途径将援助物资输送到中国的西南地区。美国立即作出了反应，就在当月底表示美国将禁止向日本出口钢铁和废铁，对金属和机械制品也逐渐采取了出口许可制度。此前日本的钢铁和钢铁原料，在很大程度上依赖美国的进口。美国的这一决定，对日本真可谓是雪上加霜，日本人认为，这是美国人在掐日本的脖子。于是，日美之间的关系越来越紧张。

不过双方还是试图挽回每况愈下的双边关系。1940 年底，有两位美国天主教牧师在政府的授意下来到日本，间接地与日本官方商议缓和关系的方案，以期达成一项谅解备忘录。但是双方的分歧太大，在关键问题上难以达成一致。第一，日本不想从中国撤军，第二，日本还想继续南进，即向东南亚扩张势力。因为那个时候，日本的盟国德国在欧洲战场上屡屡得胜，并在 1941 年 6 月 22 日以闪电战的方式突然向苏联发动了进攻，于是日本也趁机在 7 月 28 日在法属印度支那的南部登陆，继而占领了整个印度支那。这使得美国越发不能忍受，于是宣布冻结日本在美国的一切资产，8 月 1 日又宣布，除了棉花和食品之外，禁止包括石油在内的所有物资输往日本。

这一制裁措施，再一次切中了日本的要害。石油是日本命脉性的资源，虽然已经储藏了大量石油，但它的战争经济主要依赖于美国的石油供给。这一来源被切断后，日本国内主战的声音顿时高涨起来，主张在日本国力衰弱之前对美开战，试图在短期内取胜。另一方面，日本打算出兵荷兰的殖民地印度尼西亚，期望在那里开采石油，以获得石油的补给。日本心里也明白，如果占领印尼，恐怕就意味着与美国交战。然而当时的近卫文麿政府还是力图避免走到这一步。日方向美国提出，希望进行日本首相与美国总统罗斯福的直接会谈，在最高领导人的层面达成一项和平协议，地点可安排在夏威夷。但罗斯福总统的表态比较谨慎，并认为夏威夷的地点不妥，或许可改在阿拉斯加。日本方面立即积极响应，组成了一个最具实力的谈判阵容。但此后罗斯福却发出信息，认为目前最高级别的会谈时机尚不成熟，可安排低一层级的官员先行预备谈判。这使得日本感到十分不快，于是在 1941 年 9 月 9 日举行的御前会议上作出了一项名曰"帝国国策遂行要领"的决议，决定"为了帝国的自存自卫，不惜对美开战"。过了一个多月，由于无法与军部有效协调，近卫内阁辞职。接替他担任首相的是陆军大将东条英机。东条可以说是一个强硬派的代表。

11 月 26 日，美国国务卿哈尔通过日本驻美大使递交了一份备忘录，我曾仔细阅读过这份备忘录的英文和日文文本，其关键的内容有这样几条：日本政府从中国和印度支那全面撤走所有的陆海空三军以及警察力量；美国政府和日本政府只承认重庆的中华民国政府，而不在政治经济军事上支持任何其他政权。其他的内容这里姑且不讨论，这关键的两点是日本无论如何不愿意接受的。当时担任外相的东乡茂德在战后的东京审判上这样说："美国的这份备忘录，不仅只是要求日本放弃经过多年的牺牲获得的成果，而且还要日本放弃在国际上的远东大国地位。这等于是要日本作出国家性的自杀行为。为对抗这样的挑战，保卫日本，留给我们的唯一选择就是战争了。"日本觉得哈尔递交的备忘录是完全无法接受的最后通牒。于是就有了大家所熟知的 1941 年 12 月 7 日的日军偷袭珍珠港行为，日美战争以及有英国等英联邦国家共同参与的太平洋战争爆发了。战争的细节，这里就不多说了。

由此我们可以看出，日美之间之所以会发生无法避免的战争冲突，其中非常重要的原因之一，是美国坚持要求日本从中国全面撤军，并且只承认重庆的国民政府而放弃对汪伪政府的支持。在这一点上，美国自然也有自己的国家利益在里面，但如此坚定地主张国际道义和正义，也确实非常令人感佩。而日本在中国已经获得的利益，是它几十年来处心积虑谋划，用日本人的话来说，是他们付出了巨大牺牲得到的，绝不可能轻易吐出来。于是，日美战争就不可避免地爆发了。

战争时期日本民众的生活窘相

　　1923 年关东大地震以后的十来年里，是日本社会相对比较稳定的时期，其间虽然也经历了大正和昭和的天皇更替以及 20 年代末期的经济萧条，但国内的经济和社会整体都处于向上的阶段，文化也比较繁荣。但随着日本在海外侵略战争的日益扩大，食物的供应日益紧缺，往昔正常的民众生活也逐渐瓦解。造成食物紧缺的原因，不仅是由于军队对粮食的需求大幅度增加，还由于担当粮食生产的青壮年劳力被征调到海外的战场和军需工厂、运输道路的建设等，大片耕地荒芜，本国的粮食生产逐年减少，更由于太平洋战争爆发后，美英等国对日本实行海上封锁和海外资产冻结，不可能再从海外进口粮食（虽然从殖民地的朝鲜半岛和台湾的粮食征用并未停止，但数量也在减少）。这些综合的原因，导致了日本民众食物供应的严重紧缺。

　　1938 年，政府颁布了《国家动员令法》，为了推行海外战争，一切军事优先，城市和乡村到处贴满了"在战争胜利之前，必须节衣缩食"之类的标语。1939 年 12 月 1 日，开始实施"白米禁止令"，即不准食用纯粹的白米饭，于是白米饭从日本人的餐桌上消失。政府鼓励民众将麦粒、大豆、薯类掺杂在大米中煮成混合米饭，并将面类和面包升格为主食，限制酒类酿造中的粮食使用。从1940 年 4 月 29 日起，对大米、味噌、酱油和砂糖、火柴等生活必需品实行凭票供应。砂糖每人每月 300 克，火柴每人每天 5 根。8 月 1 日开始，在东京的百货公司餐厅、政府机构和公司食堂的午饭中彻底取消白米饭。街上出现了一种称为"节米食堂"的小饭馆，门口贴着这样的广告文："自 7 月 20 日起实行节米。节米午饭，口味上佳，营养满点。请在自己家中仿造试行。7 月 20 日，放入大豆的昆布饭；7 月 22 日，南瓜饭；7 月 24 日，麦饭；7 月 27 日，放有鲱鱼的面条饭；7 月 29 日，落雁甘露饭（具体内容不详）；7 月 31 日，营养饭（具体内容不详）；8 月 2 日，萝卜饭。"这一年的 6 月起，在东京、横滨等地，啤酒也实行了家庭配给制，但由于实物的不足和配给机构的不完备，事实上零售店里几乎看不到啤酒。另外，自 9 月起，禁止在料理店和饮食店内午饭时供应酒类，并对顾客的餐费进行限制，早饭最高每人 1 日元，午饭 2.5 日元，晚饭 5 日元。于是，饭馆也无法供应像样的饭菜，像样的餐馆逐渐消失。为节省电力，广告灯和霓虹灯也被取消。1941 年，粮食供应继续恶化。为增加粮食收成，当局鼓励民众开荒耕地，广种粮食。铁路沿线的间隙空间被用来种植玉米，丘陵地带原本的桑田被改造成稻田和麦田。政府还向全国推广大豆、马铃薯、胡萝卜等 21 种所谓营养蔬菜的空地栽培法，号召民众广泛种植。肉店里出现了以前从来不吃的狗肉、海马肉、海狗肉。根据政府颁布的"米谷配给通账制"，东京、横滨等六大城市的市民实行外食券制和大米定量制，每人每天 330 克。这一年，食用油、面粉、鸡蛋等也实行了配给，鸡蛋平均每天 2 人 1 个。东京上野动物园的动物也面临严峻的食物不足，结果将一些多余的动物处死，射杀了 3 头喜马拉雅熊。因为肉食的严重不足，原本出于卫生的原因在东京市 15 个区范围内严禁养猪，如今只要向区长提出申请，即可获得准许。

当年一般民众的生活情形我们可在作家永井荷风的《断肠亭日记》中窥见一二。永井荷风是日本大正、昭和前期十分出名的小说家，在 1942 年的部分，我们可以见到如下的记录：

一月初五。寒气难忍。据邻居所言，自去年岁末起，盐和酱油已经断货，酒杂店内何时会到货，尚无指望。砂糖亦需十日以后才有配给。战争得胜而食物却日益匮乏的时代终于渐渐来临了。

一月初八。晴。下午去银座购物。每户人家前皆伸出国旗。向人询问后得知，每月一日的兴亚禁酒日自今年起更改至今日。

九月十三日。晴。秋暑犹炽。曝下五叟夫妇携煮小豆来。盖为对日前余所赠日本酒配给券的还礼罢。

十二月三十一日。晴，有风，至夜停歇。邻家送来芋芳、萝卜。该是对余日前所赠牛肉配给券的还礼罢。肉类虽有配给，但坚硬难嚼，每每赠予邻家。……余今年夏日突感胃痛，痛苦不堪，曾去土州桥医院诊治，病状至今亦未有好转，而本月起配给米中混有玉米，消化愈加恶化。世间传言，谓明年春起，配给米将改为糙米，未知余肠胃的消化能力是否能抵挡得住。余之寿命大抵亦可预测矣。宋诗云世间多事悔长生，余亦不欲求长生矣。

1943 年 4 月起，东京市内原有的 1000 家左右的吃茶店随着空袭警报令的发布一律停业，改为救护所。跟美国和英国开战以后，为进一步驱逐英美的影响，内务省情报局下令禁止大约 1000 种英美音乐的演奏和唱片发行，并将日本英语杂志的名称一律改为汉字名称。1944 年，日本在太平洋战场上节节败退，战局每况愈下，国内民众的日子也就越来越苦了。从年初起禁止种植西瓜、甜瓜等水果。为了从有限的食物中获取最大的热量和营养，神奈川县粮食营团出版了一册有 120 页篇幅的《决战食生活功夫集》，配有许多手绘的插图，介绍如何在有限的食物中获得最大程度的营养，比如马铃薯、瓜果、藕等的皮和边边角角的食用方法，南瓜籽的吃法（日本人原本不吃瓜子），如何将一升酱油当做两升用，如何将同等的大米煮成多出 30% 的米饭等等。这实在是穷途末路的无奈之举。

这里以日本作家高见顺在 1945 年写的日记作为素材，再进行一些比较具有现实临场感的叙说。他在当时的日记中写道："因这场战争，日本人的风俗恐怕会发生彻底的变化。穿着裙子和袜子的西洋式的女子形象如今已经完全看不见了。也许是因为缺乏裙子的布料和袜子，现在看见的都是田野的劳动裤和裤子形式的决战服。"物资的严重匮乏是主因之一，但战争爆发前后当局竭力摈斥英美色彩的政策是直接的原因，"华盛顿鞋店"被改成了"东条鞋店"，东京等大都市的酒吧和咖啡馆都遭到了关闭，仅有当局许可的所谓"国民酒场"在艰难地苦撑着。2月某日，高见顺等来到了东京赤坂的一家以前常去的"国民酒场"："说是五点半开始的，可此时只有四点半，已经在巷子里排起了长队，二列纵队。人们的服装，与半年前相比大相径庭，都是带着防空头巾、裹着绑腿的严肃的战时服装，而且都一样的脏兮兮的。就像以前建筑工地上的队伍。……排队的人时刻在增加，见到队伍中有熟人，就悄悄地夹在他后面，我们前面的人越来越多了。咳，不要插队！后面响起了愤怒的吼声。"排队是为了领到酒票，每人限1张，1张限1瓶啤酒，另加酒钱。酒票有限，排在后面的人就没有了，因为加塞，有时会发生争吵甚至斗殴。所谓喝酒，也不是悠然地享受，屋内没有像样的桌椅，往往是站着一气喝完。

像样的餐馆也消失了踪影，偶尔看到一家卖吃食的店，门口也排着队："从队伍快速移动的情形来看，供应的食物显然相当粗陋而且量少。排到付款的账台前，果然看见贴着一张纸，上面写着'代用食一元'，准备了零票往里一瞥，果然量很少，盘子里装了一点点，这代用食到底是什么东西，光看也看不清楚，白乎乎的里面夹杂着黑黑的、像是洋栖菜的东西，显然很难吃，看着都让人倒胃口。"（《败战日记》，东京中央公论新社，2005年）

永井荷风和高见顺，他们都是作家，在社会上至少是中等阶层，日常生活尚且如此艰难，普通的民众就更是穷苦不堪了。所以，日本穷兵黩武地连年对外战争，不仅给被侵略的国家和地区的人民带来了深重的灾难，本国人民的生活也是每况愈下，甚至部分人到了衣不蔽体、食不果腹的窘境。战争有多么的可恶，由此也可见一斑。

从东京大空袭到原子弹：美国对日本的轰炸

我在日本的时候，碰到过几次"8·15"，即日本的战败日。每每在这日子的前后，日本的媒体尤其是电视台，就会播放许多日本在战败临近时，日本人惨遭战争厄运的苦难，而极少提及在日本人遭到苦难之前，作为加害者的他们给受侵略或攻击的国家的人民带来的灾难。外国人给日本带来的最大苦难，便是自1944年底开始至临近战败时的大空袭，以及最后的原子弹轰炸。这外国人，就是美国人，在当时，只有美国人才有这样的能耐。对于这一历史的实相，我以前也知道得不多，后来读了很多文献，又在日本电视上看到了一些图像，才深切地感受到了，战争真的不像有些人所想象的那样壮烈、激扬、火一般的沸腾，更多的往往与悲惨、凄凉、恐惧、血肉横飞连在一起。

在中国战场，日军大约从1937年开始对上海、南京、武汉、重庆、昆明等地的非军事目标展开了大规模的轰炸，尤其对于重庆等地的连续轰炸，更是持续了几年，大量无辜的平民惨死于日军的轰炸之下。遭受轰炸时的恐惧和苦难，作为轰炸者的日本人完全不知晓，直到有一天，日军偷袭珍珠港之后将近半年的1942年4月18日，美国陆军航空兵从太平洋上的航空母舰上首次派出了16架战机对东京、名古屋、神户展开了空中打击，虽然没有造成太大的损害，却使日本人第一次感到了恐慌。因燃油不足，美军的飞机在回程中停在了当时由国民党政府控制的浙江西部的江山机场。因飞行距离过长，风险较大，美军后来就暂时停止了这样的空袭。直到1944年6月16日，美军的100架B29轰炸机从成都出发，对九州地区进行了轰炸。此后，美国占据了太平洋西南部关岛一带的马里亚纳群岛，1944年11月24日开始，从那里的空军基地出动B29轰炸机对东京等大城市开始了频率越来越高的轰炸，这时日本人才意识到，惯于向外扩张的战争，这次真的打到了家门口。B29轰炸机在当时是性能非常优越的飞机，其续航能力和飞行高度以及搭载炸弹的重量、精准的瞄准器，都是日本无法企及的。日本新开发的战斗机，其实战的飞行高度不及B29，高射炮的射击高度也很难打中B29。从11月下旬开始到第二年的2月，美军共出动了22次、共计2000架次以上的轰炸机，对日本的工厂区，尤其是飞机等军用产品的制造工厂进行了精准的轰炸，日本的空军和地面防空部队几乎无可奈何，这使得日本人感到相当恐慌。

1945年2月开始，美国方面调整了策略，把以前只是对准军需工厂的轰炸扩展到一般的城市街区，日本人曾经吹嘘他们有不少军需品的工厂和作坊就夹藏在居民区，于是美军扩大到了普通的市民生活区。2月4日，美军对神户的港湾设施和元町等市中心进行了轰炸，投放了大量的燃烧弹，造成了不少平民的死伤。3月10日，这是一个东京市民至今仍难以忘怀的恐怖日子。B29轰炸机为了避开日军飞机的拦截，选择在这一天漆黑的凌晨，出动了334架飞机，低空俯冲，投下了炸弹以及更多的燃烧弹。美国人知道，日本的建筑多为木结构，一点火星就可将其化为灰烬。果然，这一次的大空袭，有23万户的住家被烧毁，将近12万市民被烧死或烧伤。从一些文人留下的日记中，可看出当时的惨景。外交评论家清泽洌在当天的日记中这样写道：

> 在蒲田车站，有一对眼睛发红、全身都是灰土的夫妇，听他们说，浅草那边烧了起来，连观音菩萨也被烧毁了。随着离东京市内越来越近，裹着棉被的人也多了起来。从滨松町那里，有许多人沿着铁轨在行走，跟当

年东京大地震时的情景一样。新桥站附近也是一片燃烧的烟火。特别是汐留车站，还是一片熊熊大火。这里是东京最大的运输车站，方圆几百米的空间，原本都应该是堆积着高高的货堆，如今都已化为一片灰烬了。令人感到惊讶的是，投弹极其精准地瞄准了货物堆场。……听说浅草、本所、深川一带差不多也烧毁了。而且由于刮大风，有的人跳进水里淹死了，有的人在防空洞里被烟熏死了，路上到处可见死尸。情形惨不忍睹。吉原也被烧掉了。(《暗黑日记 1942—1945》，岩波书店，2013 年，第 284—285 页。)

作家永井荷风的住房也在这天凌晨被烧毁了，他在日记中记述了这一天他从居所中匆忙逃出躲过一劫的情景：

　　夜半有空袭，翌晓四时偏奇馆（荷风寓所名）遭焚烧。……户外火光自窗户映照至余枕边，并为邻人的大声呼叫惊起，匆忙将日志及草稿装入皮包内奔至庭院，见谷町一带火光冲天，又遥远的北方亦有火光映照，火星随烈风纷纷落至庭院，余环顾四方，心想恐怕难避一劫，遂匆匆穿过烟火奔至大街……(《断肠亭日乘》第 29 卷，收入《永井荷风全集》第 25 卷，岩波书店，1994 年，第 306 页。)

作家高见顺与其他一批文人居住在镰仓，当天附近并未直接遭到空袭。3 月 12 日他坐车前往东京察看究竟：

　　到了东京站想换乘山手线，走到站台一看，满是受灾者的人群，就像是乞丐一般的惨淡模样，不觉使我倒吸了一口冷气。男的女的全都脸色苍白，随处有烧伤的痕迹，即使没有烧伤，鼻子周边也被烟火熏得发黑，垂着红红的双眼。有的人眉毛也烧着了。有的穿着水迹斑斑的棉背心背负着小孩，小孩的防空头巾被烧焦了，很多人只穿着日本式的布袜，还有人光着脚。

到了浅草一带：

> 街边的房屋都烧毁了。全都。从车站向前望，一片焦土。太可怕
> 了，真是难以言说的可怕。超出想象。（《败战日记》，东京中央公论新社，
> 2005 年，第 126—127 页。）

第一次东京大空袭之后，美军又对名古屋、大阪、神户发动了大规模空
袭，大阪的情况比较惨，有 13 万户住家被烧毁。5 月 25 日，美军再次对东
京进行了大规模空袭。6 月以后，又对横滨、川崎、鹿儿岛、福冈、宫崎等总
共 54 座大小城市展开了空袭，人口 10 万以上的城市幸免于难的大概只有古
都奈良和京都了。一直到 8 月 15 日，日本宣布接受《波茨坦公告》，也就是投
降的那一天，美军还出动了总计 700 架次的 B29 轰炸机对秋田、小田原、熊
谷、伊势崎等 5 个城市进行了大规模的空袭。就日本方面的统计，到日本战败
为止，美军总共出动了 15000 架次 B29 轰炸机，日本稍有规模的城市几乎都
有美军轰炸机的光顾。至于 1945 年 8 月 6 日和 9 日对广岛、长崎的原子弹轰
炸，大家已经很熟悉了，这里不再赘述。

平心而论，对于一般平民的无差别轰炸，是有违国际道义和人道主义精神
的。但战争往往就是如此的蛮横残酷，盟军对于德国柏林等主要城市的毁灭性
轰炸也是一样。而在此之前，日本早就已经对中国等国家实施了野蛮的无差别
轰炸。面对日军在海外的残暴行径，日本人对受害提出的抗议和不平，也就显
得虚弱无力。日本人在申述苦难、鸣放冤屈的同时，首先应该反省一下自己作
为一个加害者的罪责。

无条件投降的决定是怎么作出的？

日本大概从来没有想到，它会有战败的一天。1894年发动近代以来第一次有规模的对外战争凯旋，获得了2.3亿两银两的赔款和台湾的占有；1904年再次悍然发动对俄国的战争，虽然打得相当艰难，最后还是获胜了；以后在中国的领土上，从北到南，横行恣肆，步步扩展，虽然遭到了中国军民的顽强抵抗，却几乎一直是连战连胜，整个日本人的所谓"大和魂"，达到了极度膨胀的境地。以后一路向南，占据了法属印度支那，偷袭珍珠港，击溃英国在东南亚的势力，占据了马来半岛和印尼群岛。在那时日本人所画的大日本帝国的版图中，整个东亚，从北到南，都在太阳旗的照耀下。然而1942年6月的中途岛之战以后，日本便感到了美军的强大攻势，此后双方虽各有胜负，但日本已经明显处于守势和败势，到了1945年，日本渐渐走向了穷途末路。

1945年初，美军夺回菲律宾，之后经过苦战，全歼硫磺岛上的日本守军。2月，美英苏在雅尔塔举行会议，商议战后如何处置德国和日本的问题。在对日本频频发动空袭的同时，4月，美军开始进攻冲绳本岛，两个多月后，冲绳的日本守军被全部消灭。美军已经逼近日本本土。与此同时，盟军在5月8日攻占柏林，希特勒德国全面崩溃，欧战结束。

这时日本全国上下，已是哀鸿一片，民众已经被战争拖得精疲力竭，除了在中国战场上还盘踞着相当的日军之外，日本国内几乎已经没有可以投入有效作战的有生力量了。但是日本的上层，依然没有表现出或不敢表现出投降的意向。1945 年 3 月，日本内阁决定组建国民义勇队，动员国民学校初等科毕业生，也就是从初中毕业生直到 65 岁以下的男子以及 45 岁以下的女子组成辅助部队，从事防空、阵地构筑、运输、警备等活动，与军队一起参与辅助战斗。在 6 月 8 日召开的御前会议，也就是有天皇出席、内阁最主要的大臣参加的最高层会议上，通过了《今后应该采取的战争指导基本大纲》，总体的意思是，在日本本土上与盟军决一死战，以"护持国体、保卫皇上"。当时媒体鼓吹的口号是"一亿玉碎"，即一亿日本人宁为玉碎不为瓦全，誓死与盟军战斗到最后一滴血。

口号是喊得很响，但日本人的底气却越来越不足了。频频加码的美军空袭，已把日本的大部分城市炸成了一片焦土，民众天天生活在缺衣少食和恐惧之中。而在另外一个世界里，美国、中国、英国在德国柏林西南的波茨坦举行了十天的会议后，于 7 月 26 日发表了针对日本的《波茨坦公告》，敦促日本投降，并公布了对战后日本处理的基本原则，但是没有明确涉及是否保留天皇制的问题。

这时的日本上层开始出现动摇和分化。外务大臣东乡茂德立即向天皇和最高战争指导会议表示，《波茨坦公告》可以接受，日本倘若拒绝，将会引起非常严重的后果。铃木贯太郎首相对他的意见表示了赞同，至少日本应该对这一公告加以研讨，因而没有对这一公告表示公开的态度。但他们的想法遭到了陆军和海军的强烈反对。军部认为应该明确地对这一公告加以批驳。于是铃木首相在 7 月 28 日的记者会上表示："这份公告没有任何重大的价值。我们只是对此加以默杀。我们将会坚定地将战争进行到底。"日语中的"默杀"，就是不予理会，嗤之以鼻，让它自己销声匿迹的意思。

然而 8 月 6 日上午，美国向广岛投下了一颗原子弹。其威力之大、造成的伤害之严重，使日本上层感到了震惊。几乎与此同时，苏联根据斯大林与罗斯福在雅尔塔会议上达成的谅解，废弃《苏日中立条约》，在 8 月 8 日（日本时间 8 月 9 日）宣布对日作战，苏联红军进入中国的满洲，向盘踞在那里的日本关东军发起全面攻击。这时日本完全是四面楚歌的感觉了。铃木首相决定接受《波茨坦公告》。但日本军部仍然心存侥幸，认为美国或许就这么一颗原子弹。就在此时，传来了长崎遭受原子弹轰炸的消息，最后一丝的侥幸心理也被彻底浇灭。

9 日上午 11 时，再次举行最高战争指导会议。东乡外相认为，只要能"护持国体"，也就是保留天皇制，可以接受《波茨坦公告》。但军部的陆军大臣阿南惟几、参谋总长梅津美治郎主张在战争罪犯、解除武装、占领的范围等几个方面应该提出日本的条件。双方意见僵持不下，9 日深夜 11 时 50 分，会议在皇宫的防空洞内继续进行。除了铃木首相之外，会议参加者的意见形成了对立的三对三，东乡外相、平沼枢密院议长和米内海军大臣表示可以接受，但陆军大臣、参谋总长和海军军令部总长表示反对。这时铃木首相站了起来，他自己没有表态，而是把皮球踢给了天皇，请求天皇作出"圣断"。天皇让首相坐下之后，平静地开口说道："我赞成外务大臣的意见。"说罢，天皇用带着白手套的大拇指擦了一下有点模糊的镜片，继续说道："按照目前的状况，如果战争继续进行下去的话，将会增加无辜国民的苦恼，最后不仅会导致民族的灭绝，并会使世界人类陷于更加严峻的不幸。我不忍心看到作为左膀右臂的军人被人收缴武器，并被认定为战争罪犯。但是为了顾全大局，我要学习明治天皇当年对待三国干涉时的态度，接受难以忍耐的现实，救人民于苦难，为求世界人类的幸福，我下了这样的决心。"（《终战史录》）按照当时的制度，在政府作出一项重大决定时，除了首相的签署之外，还需要担负辅弼之责的所有内阁大臣的副署才可生效。由于天皇的所谓"圣断"，军部的其他大臣也就难以违抗了。于是在最高会议之后举行的内阁会议上，接受《波茨坦公告》的决定获得了通过。

8 月 10 日上午 9 时，日本外务省向中立国家瑞士和瑞典发去英文电报，表示接受《波茨坦公告》。第二天，美国以国务卿伯恩斯的名义给瑞士发送了盟国的回函，表示在日本投降之后，天皇和政府的国家统治权限将从属于盟军最高司令部。这就意味着战后日本将置于盟军的管辖之下。这下不仅是陆军，连原本对投降表示赞同的海军军令部、枢密院议长也表示了激烈的反对。于是在 14 日上午，召开了最高战争指导会议与内阁的联席会议，天皇再次表示了接受《波茨坦公告》的决心，认为如此可以避免日本国家和民族的毁灭，日后还可留下种子，图谋民族和国家的复兴。于是，会议上没有再出现反对的声音。下午，所有成员在事先准备好的结束战争的诏书上署上了名。天皇朗读了诏书，录制后的唱片被保存在皇宫侍从室内，预定 15 日中午播放。

但是，陆军的一部分中下级军官却对这一决定表现出了强硬的反弹，他们认为是有人胁迫天皇作出了这一决定。于是 14 日夜晚，陆军省军务局的田中少佐、竹下中佐、椎崎中佐等人要求守卫皇室的近卫师团长发动兵变，占领宫城，遭到拒绝后用手枪打死了师团长，并伪造师团长的命令封锁了皇宫内的交通，寻找录音唱片。东部司令官田中大将接报以后，立即带领兵员冲入皇宫内，将反叛的一行人镇压了下去，事态才得以平息。对这一事件负有责任的人第二天都自杀了，8 月 15 日凌晨，阿南陆军大臣也切腹自杀。这一充满戏剧性的变故，在 1967 年拍摄的电影《日本最漫长的一天》中得到了精彩的再现。

天皇在 15 日中午 12 时如期发布了结束战争的诏书，但诏书中没有出现任何有关投降的词语。据撰写了两卷本《昭和史》的东京大学教授中村隆英的回忆，事先录制的诏书，满是杂音，且又是文绉绉的书面语，一般民众都不明白天皇到底在说什么，只有一句算是听懂了，那就是："朕已命令帝国政府，接受美英中苏四国的公告。"对于大多数日本人来说，漫长的战争终于结束了，解脱感、解放感和战败的屈辱感、沮丧感交杂在了一起，真可谓是五味杂陈，一言难尽。

第三轮大飞跃：
日本战后的进程

美国对日占领政策的大转向

1945 年 8 月 28 日，盟军先遣部队飞抵东京西南面、位于神奈川县境内的厚木机场，开始了对日本的军事占领。两天后，占领军最高司令官麦克阿瑟元帅抵达日本。

如何处置战后的日本，其实美国早就制定了一套比较绵密的计划。早在 1944 年 12 月，美国政府内部就成立了一个协调国务院、陆军部、海军部三部委的协调委员会（State-War-Navy Coordinating Committee，简称 SWNCC），正式开始研究对日本的战后占领政策。1945 年 6 月，制定了一个"初期占领方针"。这些意见和方针经与同盟国的英国、中国等商议后，大部分纳入 7 月 26 日发表的《波茨坦公告》里。

这份公告由 13 项内容组成，要点是：永远根除军国主义的权力和势力；在日本的新秩序建立起来之前对日本各地实行占领；履行《开罗宣言》；日本的主权局限于本州、北海道、九州、四国以及盟国决定的各小岛内；彻底解除日本军队的武装；惩罚战争罪犯；去除恢复民主的障碍；尊重基本人权；允许日本维持一定程度的产业，以维持日常的经济和实物赔偿，但禁止有可能重建军备的产业；允许日本日后参加国际贸易活动；在达到了上述目的之后，盟国立即从日本撤军。

对日本的占领，名义上是盟国共同进行，实际上除了非常少的一部分英军参与之外，对日占领军均由美军组

成，盟国任命美国太平洋陆军司令麦克阿瑟为占领日本的盟军最高司令官。其间虽然也有一个由盟国各成员国组成的"远东委员会"，名义上是对日占领政策的最高决定机构，实际上却是基本被晾在一边，没有多少实质上的话语权。1945 年 9 月 6 日，美国政府发布命令，赋予麦克阿瑟统治日本的最高权限。这也意味着战后对日本的占领和统治权，都在以麦克阿瑟为首的美国人手里。对日本的占领统治方式，具体的程序是：占领军的命令由最高司令官向日本政府发布，然后由日本政府负责进行实施，也就是说，是一种间接统治的方式。

美国早期对日本的占领政策，基本上都是在《波茨坦公告》的内容框架内草拟制定的。1945 年 9 月 22 日，美国发表了《投降后美国对日本的早期方针》。这项方针开宗明义地表明，占领管理的最终目的是，防止日本产生对美国的威胁和对世界和平与安全的威胁，建立一个和平且负责任的日本政府。具体的措施是：去除军国主义和极端国家主义；在政治、经济等各个领域推行"非军事化和民主化"。说白一点，就是不让日本成为一个与美国以及包括（国民党）中国在内的东亚地区对立的存在，也就是说，不让日本再成为一个强国。

根据这样的方针，盟军总司令部对东条英机等 39 名原军政要员发出了逮捕令，不久，又在日本国内逮捕了 1000 名以上的战争嫌疑人。与盟国的其他国家一起，1946 年 1 月 19 日在东京设立远东国际军事法庭，指定了 124 人为甲级战犯嫌疑者，超过 1 万人为乙级和丙级战犯嫌疑者。当月颁布了"公职追放令"，将军国主义者和极端国家主义者开除公职，不允许他们再出现在公众的视野中，有 20 万人左右因战争责任被开除公职。这是一场声势浩大的清算战争罪行的举动，确实有相当数量的军界、政界、经济界甚至舆论教育界的头面人物受到了较为严厉的处罚。

对于日本的战争赔偿问题，美国向日本两度派遣了以博雷（Pauley）为团长的调查团，对战后日本的情况进行了调查考察，其结果归纳为 1945 年 12 月发表的中间报告和 1946 年 11 月发表的最终报告。报告表示，为了摧毁日本再度发动战争的能力，日本的钢铁、机床工业等基础工业将被消除四分之三，日本的船舶保有量限制在 150 万吨以内，禁止日本向远东地区以外的港口进行商业航行，禁止一切军需产业，将电力生产设备至少减少一半。该报告还建议，为了维持日本的和平经济，应该把日本超过亚洲近邻国家水平的部分作为战争赔偿移交给亚洲其他国家。也就是说，战后日本在经济上的重建目标，只是一个亚洲中等水平、不具有重工业的国家。

由此可知，与日本进行了三年多惨烈战争、作出了巨大的财力、物力、人力牺牲的美国，对于日本实在是有些心有余悸，害怕日本重新崛起，因此在战争罪犯的处置和经济能力的压制上，真的是采取了相当严厉的措施。

但是，这样的一个占领管理方针，到 1948 年 10 月却发生了重大的转折，这一对日方针的重大转折，可以说是决定了战后日本的未来，也在相当的程度上重新构建了远东或者说是东亚新的政治军事格局。为什么会发生重大的转折？这些转折具体体现在哪里呢？

战后不久，尤其从 1946 年开始，美英等国与苏联在意识形态、国家利益上逐渐发生了冲突。苏联借着对法西斯德国的进攻，沿途在波兰、罗马尼亚、匈牙利等东欧国家建立了共产党政权，形成了社会主义或共产主义阵营，与美英等传统的欧美国家形成了对立。在东亚，中国共产党的力量正在逐渐壮大，国共内战爆发，共产党的军队不断取得胜利。同时，南北朝鲜分裂，共产党在北部朝鲜建立了政权。也就是说，冷战的格局渐次形成，出现了互不相容的两大对立阵营。

这一变化了的国际形势，也就是所谓冷战格局的形成使得美国大幅度地调整了对日政策。新设立不久的美国国家安全会议（NSC）于 1948 年 10 月制定了"美国对日本的政策建议"（NSC13-2），主要的内容是：鉴于苏联等的"共产主义扩张政策"在全世界引起的危机，第一，对日媾和将不再是一个惩罚性的协议；第二，为保障媾和后日本的安全，将增强警察的力量，及创建警察预备军；第三，削减盟军总司令部的权限，增强日本政府的责任；第四，对日政策的重点在于帮助日本经济复兴，中止或放缓对日本的"非军事化和民主化"的推进。接替博雷在 1947 年和 1948 年两度来日本进行调查的斯特赖克调查团发出了与博雷相反的建议：将日本的战争赔偿缩小到原定的三分之一，且仅限于军事设施。1948 年，美国的陆军部长罗伊尔提出要把日本建成"极权主义的防波堤"。也就是说，今后的日本，将是欧美资本主义阵营中的重要一员，不应该极力打压，而是适当扶植。

与此同时，美国占领军放缓甚至取消了对战争责任者的追究。在反共的大旗下，日本的右翼势力重新复活。1950 年 6 月朝鲜战争的爆发，则加速了这一势头，麦克阿瑟写信给吉田茂首相，指示他可建立警察预备队，由此日本走上了重新装备武装力量的道路。1952 年，日本政府两次颁布条令取消对战争责任者开除公职的处分，第一批被列为甲级战犯嫌疑人的岸信介在入狱 3 年后于 1948 年 12 月被无罪释放，出狱不久重启政治活动，1957 年作为自民党总裁就任日本第 56 届内阁首相。甲级战犯嫌疑人尚且有如此辉煌的战后政治生涯，更不用说一般的战争责任者了。

最后再简单总结归纳一下。在战争将要结束以及战后不久，美国惧怕日本重新崛起，重新成为美国在远东的强大对手，因而制定了削弱日本的政策，解除一切武装力量，裁撤可能转为军需工业的大部分重工业设备，把它作为战争赔偿转移到亚洲其他受战争伤害的国家，并对负有战争罪责的所有人员进行惩罚，或关入监狱等待审判，或开除公职不让他们再回到重要的舞台。但随着1948 年冷战格局的形成，美国对日方针作了重大的调整，把它定位为"极权主义的防波堤"，即阻挡共产主义势力扩展的防护墙，因而允许日本重新建立以警察为主体的有限武装力量，保留并恢复重工业建设，解除对战争嫌疑人的制裁和处分，战争的罪责没有得到及时清算，使得右翼势力在日本再度复活，这也是以后相当一部分的日本人对昔日的战争罪行缺乏深刻忏悔反省的重要原因之一。

麦克阿瑟对日本进行了哪些改造？

尽管美国的对日占领管理政策在 1948 年下半年出现了重大的改变，但以总司令麦克阿瑟为首的美国占领当局依然依照《波茨坦公告》的基本精神，对战后的日本进行了大刀阔斧的重大改造。可以毫不夸大地说，1945 年下半年开始至 1952 年 4 月《旧金山和约》生效为止，美国对日本的重大改造，奠定了战后日本的基本进程，建构了战后日本国家和社会的基本框架，塑造了战后日本的基本形象，也是战后日本经济起飞的基本前提之一。尽管今天有些日本历史学家试图削弱美国人的功绩，强调日本人的自主能力，但客观地说，日本人的角色出演自然很重要，因为日本人是整个战后改造的主体或受体，但美国人所起的作用则是关键的，一部新宪法的制定过程就充分说明了这一点。在相当长的历史过程中形成的一个国家的内在积习与基本框架，倘若没有内生性的革命或外来的强有力的干预，不进行一些根本性的破坏和颠覆，旧的因袭和制度性的弊病是很难得到彻底根除的。

那么，麦克阿瑟对日本进行了哪些改造呢？

第一，在政治制度和思想的层面推行改造。这部分最重要的内容是新宪法的制定和颁布，这里就不展开了。在新宪法颁布之前，首先是中止天皇作为最高权力者以及三军统帅的地位，切除高度集权的独裁制度的根本，并让天皇在 1946 年元旦发表"人间宣言"，自我表明天皇不再具有神格，只是一个与大家一样的人，这就彻底破除了笼罩在天皇头上的神圣的光环，使他不再具有至高无上的权威，同时冻结皇室财产。其次，占领军发布了一系列推行政治民主化的备忘录和指示，1945 年 9 月 10 日发布《关于言论和新闻自由的备忘录》，这等于是废除了自明治时期就颁布的《新闻纸条例》《新闻纸法》等一系列钳制民众舆论、禁止批评政府的严苛法规，使得日本人民差不多第一次获得了言论和新闻的自由；10 月 4 日，占领军发布《废除限制政治、民事、宗教自由的备忘录》，允许人民可以自由议论天皇、释放政治犯、撤销思想警察、罢免对内镇压的内务大臣和全体特高警察，人民可以自由组织政党，有选择宗教和政治信仰的自由。以东久弥宫为首相的政府表示对此难以执行，占领军就迫使内阁总辞职，换上了币原喜重郎内阁。1940 年 10 月在近卫文麿内阁的推进下，日本全国成立了所谓的"大政翼赞会"，将全国的所有政党和社团组织都纳入其麾下，事实上也解散了所有其他的政治党团和组织，全国只允许一种声音。占领军这一备忘录（在日本一般被称为"自由指令"）的发布，全国人民欢欣雀跃，各种政党也如雨后春笋一般纷纷成立，连被严厉压制了将近 30 年的日本共产党，也得以重新恢复，在 10 月 20 日推出了第一期的机关报《赤旗》。日本政府在 10 月 10 日释放了 2500 名政治犯。占领军在 10 月 8 日进一步明确发布了有关政治改革的五大指令，具体是：（1）女性解放并授予她们参政权；（2）鼓励工会组织的建立并废除童工；（3）学校教育的自由化；（4）废除秘密警察制度和思想管制；（5）去除经济垄断并实行经济制度的民主化。这五大指令，可以说每一项都对日本原来的制度和积弊进行了根本性的扫荡，在日本社会上引起了强烈的反响。果然，根据 1945 年 12 月公布的新选举法，女性获得了选举权和被选举权，在第二年的众议院大选上，有 39 位女性当选为议员，这在日本历史上是破天荒的。根据这一指令，1945 年 12 月制定了《工会组织法》（日文是《劳动组合法》），以后又进行了修订，从法律上保障了工人的基本权益。在教育领域，1945 年 10 月 22 日，占领军发布了《关于日本教育制度的备忘录》，其实在这之前，日本政府就主动删除了学生教科书中留存的战争时期的荒唐内容，这时又废除了 1890

年颁布的《教育敕语》，并废除了充满忠君爱国思想的"修身课"，禁止对学生进行洗脑教育。

第二，在经济层面推行差不多具有革命性的改造。主要在两个方面。（1），农地改革。日本在明治以后虽然也推行了多次租税改革，但对于土地所有权却几乎没有触动。美国占领军意识到，战后日本如果要建设一个稳定和相对公平的社会，财产在一定程度上的平均化是必须的，其中比较重要的一块就是所谓的"平均地权"，消除土地的过于集中。根据占领军的精神，日本政府也在1945年12月制定了一个农地改革的方案，但占领军认为这一方案只是小修小补，没有对现有的土地制度伤筋动骨，不能解决根本问题，于是在1946年10月对原来的《农地调整法》进行了大幅度的修订，公布了第二轮农地改革的新方案。主要内容就是：每一家农户（包括大地主）只能拥有自己能够耕作的土地，面积限定在1公顷，超过的部分则由国家强制收购，而在乡村拥有大量土地却不居住在乡村的地主，其土地基本收归国有，国家以低价收购的土地，再以更低的价格出售给只有少量土地或没有土地的佃农，这样一来，就实现了耕者有其田。这是一种以和平的方式进行的革命性的土地改革，从此在日本消灭了地主阶级和无地的佃农，并在实施过程中获得了很大的成功。这一成功的经验后来被许多国家和地区仿效，包括中国的台湾。（2）解散财阀，消除少数资本对国民经济的垄断。1945年10月22日，占领军发布了《关于解散主要金融机构和企业及其生产的备忘录》，决定对包括三井、三菱、住友、安田等四大财阀在内的18家财阀进行强行解散。为什么要这样做呢？首先，美国方面认为，这些财阀及其旗下的大企业，在长期的战争期间，与政府紧紧勾结在一起，在日本展开的一系列对外扩张战争中，这些财阀起到了非常恶劣的作用，也可以说是日本政府推行战争政策的帮凶，他们在政府主导的军需工业及相关经济活动中获得了巨大的利益。为了消除军国主义的祸害，防止日本再度出现军备化，必须对他们进行惩罚，剥夺他们赚取的经济利益。其次，这些与政府关系密切的大企业，在相关的产业和经济活动中，占据了垄断的地位，不利于自由主义市场经济的运作，相反，将会构成很大的障碍。他们在暗中实际已形成了很大的政治和经济力量，如果不用重拳对其进行打击，日后又可能形成阻碍社会进步的消极势力。因而占领局当局痛下决心，作出了这一决断。不过，占领军在具体的操作中，并不是对垄断资本或者说三井、三菱等企业本身的解散，而是消除它们的最顶层，打碎它们集团性的组织肌体，使得它们无法再形成一个庞大的经济体，而具体的若干企业依然可以沿承原来的集团名称存活和发展。这就是我们今天所看到的诸如三菱银行、三菱电机、三菱重工、三菱汽车、三菱化学、三菱商事等企业，它们虽然存在一定的关联，却并非一个有机的经济集团，各自在不同的领域内展开独立的经济活动，并不隶属于某一财阀。

其他的改革举措还可以举出许多，比如切断所有宗教组织与官方的关系，尤其是与神道和神社的关系，颁布《宗教法人法》，在信教自由的基础上，所有的宗教组织都实行法人化，独立运作，不再与政府有丝毫的关系。这样一来，宗教组织既不能借助政府的力量来狐假虎威，政府也不能利用宗教团体来推行有利于官方意识形态的活动。

当然，也不必过于美化美国占领军的成就。美国一边在日本推行民主化，一边却对对占领军的政策持有异议或反对的言论加以管制甚至扼杀。在1948年对日方针大调整以后，对左翼的力量加以一定的限制，对于日本共产党的活动严加监视并试图打压。因此，对美国人所倡导的所谓民主自由，也不必过于盲信或过度赞美。但总体来说，美国占领军最初几年对日本的改革，真可以说是伤筋动骨的大改造，奠定了战后日本社会在各个领域内的基本格局。日本能够在战后呈现出一个与战争时期以及战前迥然不同的面貌，甚至可以说是展现出了两个日本，美国占领军以及他们的统帅麦克阿瑟可谓功莫大焉。至今，日本人仍然铭记着麦克阿瑟的功绩，并为他塑造了高大的纪念铜像。

但是，也有一个问题引起了我的思考。从世界的范围来看，无论是当时还是日后，日本都是美国占领和改造成功的极其罕见的一个案例。以后美国曾试图对中南美洲一些国家进行的武装干预，对阿富汗、伊拉克的军事打击和武装占领以及战后的改造，不仅没有获得一点骄人的成就，甚至还陷入了泥潭。何以独独在日本取得了相对完满的收官？我觉得，除了美国的主导作用之外，日本本身的内在因素也绝不可小觑。首先，日本民族是一个相对比较善于在强大的权威前低头的民族。当时强大的权威，一个是美国在军事、经济、文化上占有的强大的优势，日本人一旦认清，就比较甘于屈从其强大的权势，这在19世纪中叶西洋文明强势进入日本时就体现出来了；另一个是当时依然存在的天皇的权威，天皇亲自发布诏书，表示接受《波茨坦公告》，表示接受美国的占领和管理，同时美国也适当照顾到了天皇的权威，依然保留天皇的国家元首地位，没有对天皇进行战争责任的追究，纵然军部仍然有一批人不愿意屈从，但在两大权威的威压之下，只能以自杀来表示有限的反抗，而未能形成集团性或游击队式的武装抵抗。其次，日本民族从根本上来说不是一个宗教性的民族（尽管有对神道和佛教的认同），没有自己必须死守的宗教原理，因而也不大可能对以基督教精神为主体的美国文明表现出一种强烈的对抗和排斥。再次，日本人在历史的长河中，尤其在近代以来，形成了比较一致的民族认同和民族凝聚力，整体上比较认可和尊重秩序及规则，比较听从上面的指令，这也大大提高了具体执行的效率。当然，或许还可举出一些原因，但上述几条，我认为是美国对战后日本改造成功的主要内因。

如何看待战后日本的新宪法？

　　虽然不能无视日本人本身的因素，但战后日本也就是今天的日本得以形成，以麦克阿瑟为主体的美国占领军对日本的根本改造，其作用之巨大，可以说超出了一般中国人的认识。虽然所有的改造措施都十分重要，但最根本的，还是战后宪法也就是今天日本国宪法的制定，以根本大法的形式，为战后日本或者说此后日本的发展，奠定了最基本的法理基础。从制定颁布到今天的 2019 年，时光已经过去了 73 年，这部宪法还没有做过丝毫的改动。

　　那么，（1）这部宪法是怎么制定出来的呢？（2）它具体有些什么内容呢？它与此前的明治宪法，即所谓的《大日本帝国宪法》有着怎样的关联和区别呢？

　　第一，考虑到 1945 年 7 月下旬发表的《波茨坦公告》的基本原则和美国政府早期对战后日本的基本方针，美国占领当局认为必须尽快制定一部不同于明治宪法的日本新宪法。在占领当局指示下，日本政府在 1945 年 10 月 25 日设立了一个"宪法调查委员会"，成员共有 13 人，大多由东京大学教授以及政府法制局长等组成，委员长是原来担任过东京大学教授的国务大臣松本蒸治。1946 年 2 月 1 日，由媒体公布了该委员会制定的一份修改宪法的试案，即不是一份重新草拟的新宪法草案，而是对原来《大日本帝国宪法》的修正案。虽然在日本人看来，修改的幅度已经很大，实际上仍然没有突破旧宪法的窠臼，仍然是力图维护原本的天皇体制。对此，麦克阿瑟非常不满意，3日自己书写了一份要点，即新的宪法必须根据这三个要点来草拟。这三点内容是：（1）天皇的地位是国家元首，皇位继承可世袭，天皇对人民的意志负责；（2）日本放弃作为解决纷争和维护自身安全手段的战争，决不允许任何形式的日本陆海空军存在，绝不给予日本任何形式的交战者权力；（3）废除日本的封建制度，除了皇族之外，废除华族。皇室的预算，参照英国的皇室。这里，美国占领当局的态度虽然严厉，但仍允许保留天皇。根据美国人对日本社会的考察，包括国务院委托人类学家本尼迪克特从文化人类学的角度所作的研究（其结果就是《菊与刀》这部著作），占领当局认为不宜将天皇制废除，将现在的昭和天皇列为战犯进行审判恐怕也是不适宜的，因此天皇制可以在一定的前提下予以保留，但明治宪法中赋予天皇的绝对大权以及天皇的地位意义必须得到根本的修改。昭和天皇本人也非常担忧自己的命运，在1945年9月27日，即麦克阿瑟抵达日本没多久，就主动去拜访他，表示了自己的低姿态。于是占领军决定不将昭和天皇列入战犯名录，可继续保留他的天皇位置，但要求必须在1946年元旦向全国人民发布一个诏书，表明自己与国民之间的关系是相互信赖和敬爱的关系，自己并不是依据神话和传说炮制的神，跟大家一样，只是一个人。这些词语也是美国人草拟的。这就彻底摘除了长期以来笼罩在天皇头上的炫目的光环。

于是，占领当局即总司令部下面的民政局，根据麦克阿瑟的三点要求，草拟了一份新宪法草案，由惠特尼准将在1946年2月13日将英文草案交给了外务大臣吉田茂。日本对美国方面自行草拟新宪法草案感到十分吃惊，他们力图说服美国人：能否在松本宪法调查委员会试案的框架内做出一个修正案？但美国人拒绝了日方的要求。美国人认定，完全依靠日本人自己的努力，已经无法做出一份完全符合《波茨坦公告》精神的新宪法。日本方面不得已，只得以美国人的草案为基础，讨论制定出新宪法的草案，并在3月4日与美方进行了通宵达旦的商议，双方达成了谅解，并交由日本内阁会议讨论通过，4月17日，对外公布了新宪法草案，以观察舆论的反应。日本民众感到，这一份新的草案与原先公布的试案，不仅在内容上发生了很大的变化，而且行文上也很欧化。这是因为美国人怕日本人自己再大幅度润色之后，会失去美国人要求的精髓，因而新的草案在很大程度上只是英文的日文翻译而已。一般的民众对于新宪法草案还是感到欢欣鼓舞，于是这份草案在不久后成立的新议会上进行了讨论并获得通过，在 1946 年 11 月 3 日正式公布，半年后的 1947 年 5 月 3 日实施，一直到今天。

第二，与 1889 年颁布的《大日本帝国宪法》相比较，新宪法具有什么样的特点，它的基本内容体现在什么方面呢？首先来看一下天皇。在旧的宪法中，天皇是至高无上的存在，是神圣不可侵犯的，天皇握有所有的最高权力，是陆海军的最高统帅，内阁总理大臣是他任命的，内阁在他的领导下执行他的意志，国会只是他的辅佐机关，司法是执行他的判断，民众是他统治下的臣民，用一句简单的话来概括，就是主权在于天皇。而新宪法中，天皇只是国民统合的象征，虽然贵为国家元首，但实际上没有任何国家权力，在法律上与普通公民一样，既拥有公民的基本权利，也必须遵守所有的法律，这差不多是新宪法与旧宪法之间最大的区别之一。其次，关于军队和战争。旧宪法规定，天皇是陆海军的最高统帅，国民有服兵役的义务。新宪法规定，国家不再拥有军队，人民也不必服兵役。后来日本虽然在美国的鼓励下组建了自卫队，但自卫队成员实行招募制，人民依然没有服兵役的义务。另外，根据《波茨坦公告》的精神，在麦克阿瑟的旨意下，日本放弃作为解决国际纷争手段的战争，即国家没有发动战争的权利，这被写入了宪法第九条，在全世界都是极为罕见的，甚至可以说是绝无仅有的，因而新宪法被称为和平宪法。再次，在立法、司法和行政上，国会不再是天皇的辅弼机关，而是国家的最高立法机构，可独立制定法律法规，废除战前具有特权的贵族院，改为参众两院，所有议员均由民选产生，同时，各级司法机关也不必听命于任何权力，可独立行使司法判决，并可裁定行政机关的行为是否违宪，而行政机关的政府首脑则由国会指定，自行组阁，不必再听命于天皇，内阁对国会负责，实际上也是对全民负责。最后，国民。新宪法的重点就是主权在民，国家尊重国民的基本人权，所有达到法定年龄的日本人，均具有选举和被选举权，无论男女，国民的基本人权神圣不可侵犯，即言论、出版、集会、罢工、接受教育、工作、居住等的自由和生存权利必须得到保障，同时也必须承担让孩子接受教育、纳税、工作的义务。

这样的一部新宪法，为战后日本新国家的建设，在制度和法理上奠定了坚实的基础。可以说，这在人类文明史上也是一部非常健康合理的宪法，从某种意义上来说，它从根本上切除了日本近代以来在国家政治体制上的重大弊端，对明治以来的日本发展轨道作了极为重大的甚至是颠覆性的修正，从头至尾贯穿了人民至上与和平主义的理念，防止国家权力的高度集中，从制度上避免了独裁和集权统治的出现，有力地防止了以前军国主义的死灰复燃，让人民得以生活在一个相对合理公平的社会中。虽然在主要内容上，这多多少少可以说是一部外来的占领者强加给日本人的宪法，但在客观上，却是一部为战后日本、为日本人民造福的新宪法。可以毫不夸大地说，没有这部战后的新宪法，就没有后来日本展现出来的新面貌。

废墟中的崛起：经济起飞的奇迹

　　由于长达近10年的穷兵黩武以及战败前夕美军对日本的大规模空袭，停战的时候，日本经济已经濒临崩溃的边缘，民众的生活陷入了极端的贫困状态。再加上战争末期疏散到各地的800万城市居民以及从海外撤回的600万军人和海外侨民，食物短缺折磨着大部分的日本人。随之而起的是黑市经济的猖獗，物价飞涨，人们变卖仅存的家当来换取低劣的食物。空袭摧毁了许多人的家园，到处可见临时搭建起来的铁皮棚屋。尤其是儿童，严重营养不良，缺衣少食。根据东京教育局1946年5月对下属49所学校的调查，儿童的营养状况确实非常严峻，一日三餐中1次米饭也无法吃到的占42.9%，能吃到1次的占42.5%。学生的体重在明显下降，骨骼发育不良。政府决定在美国方面的帮助下，为小学生提供饭食。从1947年1月20日开始，对全国主要城市的学校实行每周2次的免费供食，从这一年秋天起，又将范围逐渐向全国扩展。而供食的食物来源，主要是占领军提供的5000吨军用罐头食品和亚洲救济联盟提供的脱脂奶粉、肉肠、面粉等。战后的日本，尤其是城市地区，用废墟一词来描述也不会太过分。

　　那么，是什么使得日本在20世纪50年代后期出现了经济高速增长，并在60年代末期成了资本主义世界中的第二大经济体呢？大概有这样的几个主要原因。

第一，美国对日方针的改变。根据最初美国对战后日本的处理方针，只是把日本维持在一个亚洲中等农业国家的水平，因此将拆除日本大部分的工业生产设备，作为战争赔偿转移至亚洲其他的战争受害国家。如果这一方针真的实施的话，那将会对日本的战后复苏带来釜底抽薪般的打击，日本的战后重建恐怕会艰难得多。然而，1948年初，世界冷战格局已经基本形成，美国试图把日本建成为"极权主义的防波堤"，于是大幅度修改了对日方针。在经济上，把原本准备拆除运走的估值为16.48亿日元的设备，削减至6.62亿日元，赔偿规模降低至原来的五分之二。到了1949年5月，索性取消了赔偿计划。因而战前的绝大部分生产设备都得以留存下来，这是日本战后经济得以复苏的硬件基础。

第二，朝鲜战争带来的特需经济刺激。战后的最初几年，由于物资短缺、黑市猖獗，造成了严重的通货膨胀，一年之内物价上涨3倍，随后实行强制的抑制通胀政策，又导致了通货紧缩，消费不振。更严重的是，由于日本国内生产有限，对外出口一直徘徊在低水平上，这也就使得日本难以从海外购买大量的原材料。虽然经过美国占领当局和日本政府的共同努力，提出了战后重建计划，但都难以有明显的起色。就在这时，1950年6月，朝鲜战争爆发了。朝鲜战争本来跟日本没有直接的关系，但是大量的美国兵被运送到东亚来，驻扎在日本的美军也有相当一部分被派往朝鲜战场。前方打仗，需要各种军用物资、后勤供给和战争服务，于是，日本就成了最佳的后援地。根据驻日美军兵站部的要求，日本原来的一部分军需工厂就直接转而为美军制造武器或者武器维修，其工厂数达到了586家，这些原本作为战争赔偿要被拆除转移到其他国家的设备，一下子就恢复了元气，红红火火地开工了。包括服务业在内的美军特需，1951年为6亿美元，1952年和1953年都为8亿美元，占到了日本出口外汇的大约60%—70%，外汇额的急剧增加，为日后日本购买海外的原材料提供了经济保障。另一方面，特需经济也带动了就业和其他相关产业，正在低水准徘徊的日本经济一下子被激活了。因此，朝鲜战争的爆发，在很大程度上救活了日本经济。

第三，日本在战前已经具备了良好的教育体系和科研水平，即便在战争时期，为了开发尖端的武器装备，在科研上也投入了相当的人力、财力，战后不久的 1949 年，京都大学教授汤川秀树获得了诺贝尔物理学奖，就是一个明证。尤其是应用型的工科领域，非常注重与工矿现场的实际结合，因而能较快地将科研成果转换为实际的应用。这些有一定教育水准的员工和比较先进的技术，也是战后日本经济得以快速崛起的重要原因之一。

第四，1951 年 9 月，在美国的主导下，日本与联合国的大部分成员国签署了《旧金山和约》，标志着日本重新回归国际舞台，并在经济上纳入世界贸易的渠道。此后，日本就通过国际贸易的方式从海外购得能源和工业原材料，然后再把工业产品输往世界各地。尤其是二战以后，中东地区的石油开采规模日趋扩大，相关国家的炼油技术也日益提高，能源产品相对廉价，同时日本在战前技术的基础上培育了建造大型油轮和货船的能力，加之在 1973 年爆发第四次中东战争之前，世界总体局势稳定，美国的技术转移、世界的和平环境和国际分工体系的逐渐形成，为日本战后经济起飞创造了外部的可能性。

当然，还有绝对不可忽视的一点是，日本国内的政治稳定，尤其是在1955 年，由自由党和民主党的合并产生的自民党政权的长期执政，以及由社会党左派和右派重新携手后形成的主要反对党力量，也就是人们常说的 1955 年体制，大体保证了各种政治力量在法制环境中的理性竞合，也大致保证了各阶层各集团的利益诉求得到比较合理的实现，因而使得日本在 1955 年以后出现了超长期的政治基本稳定。岸信介内阁、池田勇人内阁、佐藤荣作内阁都保持了 3—8 年的长期执政，其间虽然也爆发了反美、反政府的左翼运动，但整个政局没有出现乱象，政治的稳定，也是日本经济持续 10 多年保持高速增长的重要前提。这里还要提一下的是，由于在战后相当长的时期内，日本基本上不保有军力，这也使得它在军备或国防上的支出很低，1955 年的国防开支占国民生产总值的 1.7%，1967 年则跌破了 1%，这使得日本能够把更多的资金投入经济建设和其他的民生领域。

在上述这些主要因素（当然还可举出一些）的综合作用之下，日本在

1951 年前后经济情况开始转好。到了 1955 年，不仅主要的经济指标恢复到了战前最好年份的 1937 年，在很多方面还超过了战前，比如实际的国民生产总值，在 1952 年就已经达到战前水平，1955 年人均国民生产总值超过了战前，这意味着经济已经从战后最初阶段非常艰难的状态中走了出来。因此在回顾了 1955 年之后的《经济白皮书》上宣称，日本已经不是战后时代。而到了 1960 年，日本的实际国民生产总值已经超过了战前的 2 倍，于是在这一年的 12 月，池田勇人内阁制定了一个长期经济计划，将 1961—1970 年 10 年内的 GDP 增长率定为 7.2%，国民实际收入翻一番，这就是著名的"国民所得倍增计划"。虽然在这一期间日本也经历了短暂的经济不景气，但总体而言，这十几年差不多是日本历史上经济发展最快的时期。政府的这些计划都得到了实现，在 1968 年，日本的国民经济总值达到了 1428 亿美元，超过了联邦德国，成为世界第二大经济体，创造了战后世界经济的奇迹。

但是，经济的高速发展也带来了不可忽视的负面结果，比如物价的快速上涨，一定程度的贫富分化，最为严峻也是人们为此付出最大代价的，是急剧恶化的环境污染。钢铁、化工业的迅速发展，导致了大量废气的排放，重金属向土壤和水源、近海的排出，引起了城市地区雾霾的发生。因食用了含有大量水银的近海鱼类而引发的"水俣病"、在富山县一带发生的"疼疼病"，都是因为食用了水污染、土壤污染造成的有毒食物而爆发的环境污染病症，一时引起了民众的恐慌。我记得以前读过一本有吉佐和子撰写的《复合污染》的调查报告，尖锐地把矛头指向政府和相关企业。好在政府和企业不久即高度重视，采取了一系列防治措施，经过 20 多年的不懈努力，才大致消除了这些现象，恢复了日本的青山绿水。

东京奥运会：国际舞台的新亮相

　　1964 年 10 月在东京举行的第 18 届夏季奥运会，为日本提供了一个向世界展示战后日本新面貌的极佳机会。也乘着奥运会的东风，日本的高速公路、新干线开始起步，整个社会进入了一个史无前例的繁荣时代。日本的民众差不多也首次感受到了跻身发达国家行列的自豪感。

　　本来，日本在战前就应该有一次举行奥运会的机会，1936 年在德国柏林举行的国际奥委会大会上，决定了下一届的奥运会于 1940 年在日本东京举行。可是此后日本发动了对华全面侵略战争，受到了英美等一些国家的舆论谴责，而日本也忙于战争，几乎把国家大部分的财力资源投到了战争或军备工业中，已经没有精力和财力来举办奥运会。于是在 1938 年向国际奥委会正式表示放弃 1940 年的举办权，举办地改为了芬兰的赫尔辛基。而事实上由于二战的爆发，这一届的奥运会也未能如期举行。1948 年，在中断了 2 届之后，奥运会终于得以在瑞士恢复举行，但由于二战中的战争责任，德国和日本都未能获得参赛权。直到 1952 年，日本才获得了参加赫尔辛基奥运会的资格。虽然经济还处于恢复期，但日本已积极地申办奥运会，以圆战前就曾怀有的梦想。于是 1955 年在慕尼黑举行的国际奥委会上决定第 18 届奥运会将于 1964 年在东京举行。

　　恰好这时日本经济已经达到并超过了战前的最高指

标；政治上，由比较稳定的执政党和反对党力量构成的 55 体制也正式确立，日本整个社会进入了大踏步的发展期。日本人雄心勃勃，厉兵秣马，力图把这一届奥运会办成向全世界展示日本战后新面貌的窗口。投资预算是 1 万亿日元，而当时日本整个国家的年度预算也恰好是 1 万亿日元。重点在于推进东京的城市建设和全国一定范围内的基础设施建设。遭受美军空袭重创的东京，在经历了 10 年左右缓慢的战后重建之后，决定乘着奥运会的东风，着手推进大规模的道路、桥梁、场馆建设。首先是投资 31 亿日元将原先的代代木练兵场改建成大会的主场馆，还包括附设的游泳池、冰球场、篮球场等，设计新颖而先进，附近还建设了供市民休憩的公园、NHK 新的广播电视大楼，面貌焕然一新。在这之前，还在 1958 年就建成了当时东京地标性的建筑东京塔，高度为 333 米，除了播送电视节目的功能外，主要用作观光，在 125 米和 225 米两个地方设有观光台，可以一览东京市内的整个景观。现在看来，尤其是与 2012 年建成的高达 634 米的天空树相比，当然已不算什么，可在当时却是整个东京人甚至是日本人的骄傲。奥运会举办前的 1958 年，日本已开始着手兴建名古屋到神户之间的高速公路（名神高速），虽然最后的完工在 1965 年，但在奥运会举办时已经有一部分开通了，标志着日本已拥有高速公路。此后在 1969 年又建成了东京到名古屋之间的高速公路（东名高速），与名神高速相连接，构成了日本战后第一条太平洋沿岸的陆上快速大动脉。东京市内也开通了一部分首都高速公路。最让日本人感到兴奋的是，连接东京和大阪之间的时速 210 千米的东海道新干线，也就是日本的第一条高铁，也赶在奥运会召开之前开通了。而日本的参赛运动员也很争气，在当时仅有 20 个种类的比赛项目中，获得了史无前例的 16 块金牌。整个日本一片沸腾，全国人民欢欣鼓舞。而大会的运营和管理也是井井有条、合理高效，以至于当年的奥委会主席盛赞这是史上办得最出色的一届奥运会。

1964 年的东京奥运会，拉近了日本与世界的距离，日本也进一步融入了世界的潮流中。虽然奥运会之后日本经历了短暂的经济不景气，但第二年就重新出现了蓬勃的景象。这一高速增长一直持续到 1973 年第四次中东战争爆发所造成的对西方国家的石油禁运发生为止。1956—1972 年 17 年间的年均经济增长率在 9.3%，创造了一个持续高增长的奇迹。日本的粗钢生产量占世界的比重从 1960 年的 6.4% 上升到 1970 年的 15.7%，船舶的制造吨位数也在 10 年间从 20.7% 上升到 48.3%，几乎占到了一半，乘用车从 1.3% 上升到 14.2%，商业用车从 1.6% 上升到 30.5%，升幅都是惊人的。这也意味着，到了 20 世纪 70 年代初，日本已俨然成了一个世界经济大国，令全世界对它刮目相看。

1955 年前后开始，不仅食物的供应恢复到了战前最好的水平，重新呈现出了昭和初年市面繁盛的景象，事实上，由于美军的长期占领和在政治上、军事上与美国的结盟，在生活文化上美国对日本的影响也是巨大的。战后的日本，政治和经济社会融入西方世界中，人们的生活方式也越来越西化。1961 年，美国的可口可乐再次登陆日本市场。可口可乐公司凭借强大的广告宣传和美国的影响力，以清凉爽口为卖点，迅速在日本打开了市场，从此，日本迎来了可口可乐的时代。1965 年 12 月，可口可乐推出了灌装饮品，更加便于自动售货机内销售，销量也因此迅速上升。1969 年，日本可口可乐公司的年销售额达到了 26 亿日元，成了当时日本第一的食品制造商。食品相关的烹调器具、冷藏设备、新的销售方式等也从 20 世纪 50 年代末期起渗透到了普通日本人的生活中。首先受到大众欢迎的是电饭煲。1955 年 12 月，东京芝浦电气公司（即后来的"东芝"）研制出了一种完全自动的煮饭锅，售价 3200 日元，只要启动电源，届时米饭就可自动煮好，这使得家庭主妇们欣喜不已。虽然在当时这一价格还是比较高昂的，仍然受到了市场的热烈欢迎。1957 年，电饭煲的销售量已经突破 100 万台。以前几乎与一般平民无缘的电冰箱也开始进入寻常百姓的家庭。1953 年，松下电器推出了一种可自动调节温度的电冰箱，容量 3.5 平方英尺的售价 12.9 万日元。这一价格当然不是普通家庭可以问津的，此后随着生产量的加大和技术的革新，价格也逐年下降，到了 1963 年，日本国内的普及率达到 39.1%（第二年即 1964 年，生产量已经达到 300 万台，普及率达到 47%），1972 年，冰箱的普及率更是上升到 97%。顺便提及，1963

年黑白电视机的普及率为 88.7%，洗衣机的普及率为 66.4%。

　　与此同时，各种新的消费方式也从欧美传到了日本。1953 年，在东京的青山出现了日本第一家超市"纪国屋"，翌年从美国引进了购物卡的方式，并且流行起了美国式的方形纸袋。这以后，超市的数量逐年增加，进入 60 年代后出现了飞跃性的发展，1962 年时增加到了 2700 家，第二年又猛增到了 5000 家。此后，超市成了日本人日常生活尤其是饮食生活的一个不可缺少的存在。1958 年 5 月，在东京新桥的酒店中首次出现了按杯出售酒类的自动售货机，后来发展为饮料售卖机。1962 年，可口可乐在重新登陆日本后不久就推出了可口可乐专用的自动售卖机。以后售卖的范围逐渐扩大到了大米、各种酒类、香烟、口香糖等，当然最主要的还是饮料，包括碳酸饮料、果汁、咖啡等等，而且分成冷热两类，顾客可按自己的需求自由选择。此后自动售货机的数量在日本一路飙升，1970 年时，其数量突破了 100 万台，到 1984 年时已经达到 514 万台，超过美国，成了全世界使用自动售货机最多的国家。无论在闹市街头，还是在偏僻的乡村公路边，随处可看到各种自动售货机，而且物品都价格低廉。

　　日本人从 20 世纪 50 年代末期开始追求的所谓三种神器：洗衣机、吸尘器、黑白电视机，10 年之后就已经迅速普及；人们开始追求新的三种神器：彩电、家庭电话和私家轿车，到 70 年代中期也在全国普及。而东京奥运会的成功举办，可以说是日本经济高速增长期的一个熠熠生辉的亮点。

20 世纪 60 年代：社会运动的潮涨潮落

　　有一个现象非常有意思，也值得仔细吟味思考，那就是，20 世纪 60 年代前后，既是日本经济高速增长的年代，同时也是战后日本社会运动潮涨潮落、跌宕起伏的时代。何以会在经济连续增长、整个社会正在向渐趋富裕的消费社会转型的时候，人们的政治热情也喷涌了出来？继而在 70 年代初期出现了极端化的倾向，再之后，则戛然而止。在几经博弈、几经对峙之后，日本社会从 70 年代中期开始，终于走向了一种有秩序的范式。在此之后，社会上的各种力量，无论在经济水准上，还是政治主张上，都渐渐走向同质化，整个日本进入了一个相对和谐、安稳的状态。

　　20 世纪 50 年代末至 70 年代初，引起全日本人民关注的，或是有相当一部分的日本人参与的社会运动，主要有这么几次。

　　首先爆发的是 1959—1960 年的反对《日美安保条约》修订案的国民运动，而引发或触发这一运动爆发的，是稍前的反对"警职法"修正案的运动。1958 年 10 月，岸信介政府向国会提交了警察职务执行法（简称"警职法"）修正案。这一修正案打着重视维持公共秩序的名目，赋予了警察更多的权力。如可以随意入室，随意闯入劳动组合（工会）办公室、宿舍等；凭借一纸"制止"令，便可随意取缔集会；或者以"持有凶器"为由，无须持有搜查令，即可对他人任意搜身；无须出示逮捕证，即可对他人实施"保护"……这一修正案不由得让人联想起战前的治安维持法及宪兵的蛮横跋扈。人们担心战后的民主社会遭到破坏，于是左翼的社会党、共产党、总评（日本劳动组合总评议会的简称）等首先站出来表明了反对的态度，随即有更多的民众参与的"反对恶意修改警职法国民会议"的组织宣告成立。以这一组织为核心，数百万人被动员了起来，转而实施了好几次罢工和大众行动，最终迫使自民党政府放弃了这一修正案。战后第一次大规模的社会运动，以民众的胜利而告终。可是，岸信介政府随即又向国会提交了《日美安保条约》的修正案，旨在向美国让渡更多的权力，以确保美国对日本军事安全的保障。由于在20世纪40年代末期已经形成了两大阵营对峙的冷战时代，美国被视为反共势力的最大堡垒，而在整个50年代，由于战后宪法保障的民主制度在日本的建立，日本的思想界和学术界乃至部分的媒体，温和的自由主义和马克思主义几乎成了主流的意识形态。从政治的立场出发，人们对于战后美国的政治角色怀着一定程度的不满，不希望日本过于紧密地追随美国，过于向右侧倾倒。为反对条约修正案的通过，总评、社会党、共产党等134个团体于1959年3月宣布建立"阻止安保修订国民会议"。成立大会上，人们要求阻止修订《安保条约》并予以废除，以实现日本正在不断努力推行的积极中立的共同目标。运动的组织层力图推进这一反对运动，在1959年发起了好几次大规模的抗议示威，其中有一次游行队伍冲进了国会大厦，造成了秩序的混乱，引起了舆论的批评。与此同时，另一方面，对安保修订提出反对声明的团体逐渐增加，"安保问题研究会"（1959年3月建立）、"批判安保大会"（1959年10月建立）等开始开展行动，前者以学者为主体，后者集结了1万会员，其中还包括以作家、评论家为核心的电影、戏剧等各界文化人士。与之相对，赞成安保修订的"新日本协议会""推进安保学生联盟"等团体也相继成立，社会在一定程度上出现了分裂。1960年5月20日凌晨，自民党占多数的众议院强行表决，通过了新的《安保条约》。这下，反对安保运动一下子增强了倒阁运动的色彩，人们对于强硬运营议会的愤怒不断高涨。于是，激荡的一个月开始了。从第二天开始，为抗议如此强硬的政策，在野党对国会实施完全抵制。对于上一年游行队伍闯入国会曾表示批评的舆论，现在对自民党倚仗自己在议会占多数而进行强行表决的行径，也表示了强烈的反对。报纸等媒体同时转向要求追究政府和自民党的责任，要求岸信介内阁下台、众议院解散的大众运动蓬勃展开。大学生是运动的主体。6 月 4 日，国民会议在全国动员了 560 万人（实际参加者要少于这一数字）。6 月 15 日，游行人群与警察发生了冲突，混乱中，东京大学的一名女生倒地死亡，新兴的电视媒体对现场作了及时的报道，于是，人们的愤怒都转向了政府当局。然而岸信介内阁还是通过国会的法定程序，最终让新的《安保条约》得以生效，愤怒的民众转而要求岸信介内阁总辞职，岸信介本人必须下台。一开始还能自信满满的岸信介面对强大的舆论压力，最后不得不下台。

在这之后，又发生过反对越南战争、反对核武器等市民运动。而大规模的社会运动，到 1968 年又达到了一个高潮。这次运动在日语中被称为"大学纷争"，即大学是主要的舞台，学生完全成了主角。大学的数量，从 1960 年的 245 所增加到 1967 年的 396 所，学生人数从 67 万人增加到 116 万人。日本的左翼社会运动，在 20 世纪 50 年代中期至 60 年代，其核心主体日本共产党数度发生分裂，旗下演变为好几个派别，另一支强有力的组织是"全日本学生自治会总联合"（简称"全学联"），彼此的主张经常发生龃龉，学生也各自有自己的政治倾向，一个时期下来，郁积了相当的情绪。这时，整个世界出现了左翼运动的热潮。1966 年中国发生了"红卫兵运动"，1968 年法国发生了以巴黎学生为主体的五月革命，都试图对现行的社会秩序进行改革，结果导致了流血冲突。受此影响，日本的大学生也开始蠢蠢欲动，1968 年 12 月，只是一次很偶然的东京大学医学部接受实习学生名额的争议，引发了全校性的纷争。在学生的呼声中，校长被迫辞职，"全学联"依然不甘罢休，要求进行大学改革、社会改造，并组织学生占领了校园内的安田讲堂，号召学生罢课，校园陷入一片混乱。学校当局不得不请警视厅出动了 8000 名机动队队员，强行解散学生，学生则上街游行。这场运动从东京扩散到了关西地区的京都大学、立命馆大学等，一时间，日本有 77 所大学都卷入了纷争，陷入了动荡。对此，政府以立法的方式采取了强硬的措施。半年之后，运动渐渐平息下来。

第三次，与其说是社会运动，不如说是严重的社会事件。1970 年左右，日本极端的左翼力量衍生出了"联合赤军"这一主张暴力革命的组织。他们通过暴力的方式袭击商店、仓库，夺得了武器和财物，然后转入山里，企图走武装革命的道路，并且试图与世界革命结合起来，走向国际舞台。当然其人数很少，只是几十个人而已，尽管如此，他们却是内斗不已，常常以暴力的手段处死异己分子。1972 年 2 月，他们被警察发现，便逃往长野县轻井泽的浅间山庄，在那里与警察发生了激烈的战斗，双方对峙了 218 个小时，最后被警察制服。所有这一切，都被电视媒体连续实况报道，吸引了全体日本人的眼球，收视率达到 90%。人们的实际介入度虽然不高，却是触动了绝大部分日本人的心弦。从此以后，暴力形式的反政府运动被罩上了负面的色彩，人们的政治热情也迅速降低，左翼的力量逐渐退潮。

那么，为何会在 20 世纪 60 年代前后出现这样的社会运动呢？我的理解是，第一，战后相对的民主体制，给左翼政治力量（包括共产党、社会党、总评、"全共斗"等）提供了前所未有的活动空间，他们试图通过大规模的社会运动来实现自己的政治理念，与现行的体制进行对抗，同时来获得社会的存在感。1960 年的反安保协议，基本上就是这样的一次运动，至少在迫使岸信介内阁下台上，获得了成功。第二，到了 1968 年前后，战后出生的一代人已经成年，他们相对在一个比较民主自由的环境中长大，较少受旧观念的束缚，个性相对比较张扬，自我主张的欲求比较强烈，恰好此时在全世界范围内出现了反体制反传统的学生运动。作为一种连锁反应，日本的学生也试图在社会上发出自己的声音，但实际上他们并没有自己清晰的政治诉求，于是就导致了校园纷争的发生，其形式已经展现出了偏激的端倪，也未必能获得社会大多数的支持，结果喧闹一阵之后，也就不了了之。第三，在战后各种元素交杂的日本社会中，其实依然存在着某种压抑和扭曲，由此滋生出了极端的右翼和左翼势力，前者比如 1960 年 10 月社会党委员长浅沼稻次郎遭到右翼分子刺杀的事件、1970 年 11 月作家三岛由纪夫组织的"后盾会"胁迫自卫队兵变失败后切腹自杀的事件等，后者则是被称为新左派的"联合赤军"的极端暴力行为等。他们或从极右或从极左的立场出发，空想和臆造出了一些激进主义的理念，试图通过极端的行为来达成这些怪异的理念，结果在大众眼里，都演变成了疯狂的闹剧。其实，不管是哪一种形态的社会运动或社会事件，恰好是日本从战前体制向战后社会演进的过程中，必然会发生的力量碰撞和角逐，有些明确且正当的政治诉求，容易赢得大众的同情、理解和支持，有些则更多的是一种情绪的倾泻或理念的极端张扬，缺乏广泛的社会基础，甚至表现出了更多的破坏性，因而更多的是招来了社会的冷眼，成了昙花一现的闹剧而已。

那么，为何在此后的几十年间，直到今天，这样的运动或社会动荡几乎再也没有大规模出现呢？原因自然也有很多，最主要的是 20 世纪 60 年代前后正是日本经济高速增长期，进入 70 年代中期以后，"所得倍增计划"早已实现，消费社会和"饱食时代"的来到，极大地缩小了社会的阶层差异，阶级的矛盾对立已经基本消失，工人的春斗，也仅仅局限于保障经济收入平衡而已。日本人产生了"一亿总中流"的感觉，觉得人人都已进入中产阶级，整个社会呈现出了繁荣祥和的灿烂景象。而经历了各种政治力量的博弈之后，日本社会已形成了良性有序的范式，人们认为，只要遵守规矩和秩序，个体和社会就会朝着良性的状态演进。人们对于政治的热情大大降低，无论是国会还是地方行政首长的选举，投票率一直都在 60% 左右徘徊，人们觉得个人已经很难介入国家的实际政治，只要当政者不要太越轨（民主政治制度也基本保证了一般不会出现离谱的越轨行为），日子总还能过得下去。2015 年夏天，安倍政府试图在国会强行通过安保关联法案，由此日本将获得集体自卫权。一部分人担心这一法案的通过，会将日本牵涉进无谓的战争纷扰，因而在自由主义和温和左翼的知识阶层以及部分市民中激起了强烈的反弹，人们通过集会、演讲、到国会门前游行的方式来表明自己的反对态度。那时我恰好在京都大学做半年的研究

员，目睹和经历了这些场景，但所有的抗议形式都是和平的。最后的结果几乎
与 1960 年的安保修正案一样，在自民党占多数的国会中得到了强行通过，反
对的人们感到了失望和沮丧，但没有发生进一步的激烈举动，年轻人也很少参
与，这一状况，与 60 年代的情形已经大相径庭了。如今的日本人，大都已经
失去了热情、激情和理想，甚至是思考，大部分人都遵奉规矩和秩序，面对这
个鲜活的世界，不少人失去了好奇的冲动，这是 70 年代以后形成的一个新的
社会范式。

中日邦交正常化的漫漫长路

　　在我儿时的记忆中，关于日本，大概只有不多的几次。一次是 1965 年 9 月，我在上海四川北路上的川公路第一小学念二年级，学校近旁的群众电影院（原本是 1931 年建成的广东大戏院）挂出了欢迎日本青年访华团的标语，街上也不时可见到身穿藏青色西服、胸前佩戴着中日友好纪念章的日本青年身影，这些与我在电影《地道战》《地雷战》《小兵张嘎》中见到的日本鬼子的形象大相径庭。但那时我还小，对时事完全不懂，只记得有很多穿着体面的日本人来到了上海。很久以后读文献才知道，那次是中日友协、中华全国青联等团体邀请来的 500 名访华青年团成员，也是中日邦交恢复之前日本人最大规模的一次访华活动。还有一次，就是 1972 年读中学时，知道了日本首相田中角荣来到中国，与周恩来总理签署发表了"中日联合声明"，两国宣布恢复外交关系。从 1945 年 8 月日本宣布投降，到 1972 年 9 月中日才恢复彼此的邦交，真是历经了漫漫长路。

　　日本战败以后，有 5 年多的时期一直处于美国占领的状态下，而中国不久也经历了内战，彼此暂时无暇谈及关系的正常化。1951 年 4 月，在美国的主导和斡旋之下，在旧金山举行了对日媾和大会，中国本来应该是最重要的主角，美国却在冷战思维的指导下，将海峡两岸的中国人都排斥在了签约国之外。而在旧金山和约签署之后，美国却竭力鼓动日本和在台湾的所谓"中华民国"进行单独的媾和谈判，并在1952年4月签署了所谓的"中华民国与日本国间的和平条约"（当时在日本被称为"日华和平条约"）。条约宣布日本与"中华民国"之间结束战争状态，并在附属的议定书中，"中华民国"宣布根据旧金山和约有关条款放弃"日本所应提供之劳役利益"。我查看了相关的文献，并无放弃战争赔偿的明确条款。当时所谓"中华民国"所占据的，只是台湾岛和澎湖列岛等，完全没有资格代表整个中国，即便签署了这样的条约，也丝毫不意味着日本与中国已经恢复了正式的关系。

在新成立的中华人民共和国这边，明确表示愿意在《波茨坦公告》的基础上与日本建立正式的国家关系。但是美国却竭力排斥新中国在国际上的地位和作用，也竭力阻挠日本与中国展开正常的交往，而战后的吉田茂政府在外交上几乎完全屈从了美国的反共政策，拒绝与新中国进行良性的互动。然而战后日本的左翼力量比较活跃，社会党、公明党和共产党、总评以及中小产业界等都对政府的对华政策表示了不满，主张通过各种渠道与新中国发展关系。这些力量在1950年9月底发起成立了日中友好协会，还创办了机关报《日本与中国》，并在全国几乎所有的都道府县成立了支部，大家所熟悉的内山完造担任了全国协会的理事长。产业界还在艰难的情况下与中国展开了进出口贸易，虽然贸易量有限，而且还必须通过香港转口和结汇。为解决在华日本侨民及其财产的问题，1953年1月日本第一次派出了红十字会代表团访问中国，之后，中国政府妥善解决了日本侨民的最后遣返问题。在强大的舆论压力下，日本政府也不得不允许中国红十字会团访问日本，1954年10月，以中国红十字会会长、担任过中国卫生部部长的李德全为团长，廖承志为副团长的中国代表团，作为新中国第一个正式的访日团来到了东京，引起了空前的轰动，日本的民众对此表示了热烈的欢迎。

1954年底，民主党的鸠山一郎内阁成立，表现出了平缓温和的对华政策，中国也立即对此表示了响应，《人民日报》发表了题为《论日本和中国恢复正常关系》的社论，呼吁两国建立正常的国家关系。中国方面还积极主动地邀请日本文化界、艺术界、产业界等各个领域的人士访问中国，让他们来了解变化中的新中国。日本方面稍微重要些的团过来，周恩来总理往往亲自接见，与他们进行直接的交谈。1956 年 6 月，在中国首次举办了日本电影周，1955—1957 年 3 年间，日本共有 293 个团体、3272 人到中国来访问，中国也有 27 个团、382 人访问了日本，其中有以郭沫若为团长的中国科学院访日团（1955 年底）、以梅兰芳为团长的中国京剧团（1956 年）等。但是反共的岸信介内阁上台后，中日关系就出现了大倒退。直到 1960 年池田勇人接掌首相后，中日关系又出现了较大的松动。1962 年 10 月，曾经在鸠山内阁中担任过通产大臣的著名企业家高碕达之助率领一个庞大的企业家团来中国访问，周总理亲自举行了隆重的欢迎晚宴，结果，与中国代表廖承志之间签署了《关于发展中日民间贸易的备忘录》，以 5 年为一期，这一贸易后来被称为高碕—廖承志贸易。高碕担任会长的"日中综合贸易联络协议会"事务所在北京设立了代表处，廖承志办事处也在东京设立了代表处，首席代表就是在中日学界非常著名的孙平化。中国也在 1963 年 10 月成立了中日友好协会，1964 年实现了两国新闻记者的互派和常驻。

1964 年底，池田因为健康原因而卸任首相一职，由岸信介的胞弟佐藤荣作接任。佐藤在对华问题上也紧紧跟从美国，再加上不久中国"文化大革命"爆发，暂时进入了一个非常时期，中日关系也进入了低潮期。然而，到了 70 年代，国际风云变幻，1972 年 2 月美国总统尼克松造访中国，与中国领导人握手言和，这使日本朝野感到极为震惊，形成了所谓的"尼克松冲击"，日本出现了与中国改善关系的强烈呼声。1972 年 7 月，田中角荣接任自民党总裁和首相，立即着手实际推进两国关系的正常化，中国立即对此表示了欢迎。7 月下旬，田中首相派公明党委员长竹入义胜到北京来，周总理与他进行了三个晚上的长谈，双方敲定了邦交正常化的基本原则，中国方面宣布，欢迎并正式邀请田中首相访问中国。在取得了美国方面的认可后，田中角荣决定尽快启程去中国。1972 年 9 月 25 日，田中首相在大平正芳外相的陪同下，乘专机抵达北京，周总理等中国主要领导人亲自前往机场迎接。从当天下午到 28 日下午，

　　周恩来与田中角荣等进行了 4 次会谈，终于达成协议，29 日上午在人民大会堂举行了《中日联合声明》的签署仪式。二战结束后，中国和日本之间经历了漫长的迂回曲折、跌宕起伏，至此终于达到了一个正常的状态。在中国方面，为此付出了重大辛劳和贡献的应该有周恩来、廖承志、孙平化等前辈，日本方面则有清贫廉政的政治家松村谦三、内山完造、高碕达之助、大平正芳等人，这是我们应该深深记取的。

　　《中日联合声明》的主要内容中比较具有实质性的，有日本方面充分尊重和理解中国政府关于台湾是中华人民共和国领土不可分割的一部分这一立场，日本政府当即宣布 1952 年与台湾方面签署的条约作废，另外，中国放弃对日本的战争赔款要求，也引起了全世界尤其是中日两国民众的瞩目。或许是对于中国宽容大度的回报吧，自 1979 年起，日本对中国实施政府开发援助项目（ODA），至该项目结束的 2018 年为止，总共对中国实施了 36500 亿日元的资金援助，其中无偿资金合作约 1600 亿日元，技术合作约 1850 亿日元，其他基本是低息贷款。这笔巨大的资金，对中国改革开放 40 年的建设历程，无疑具有很大的帮助。

　　1978 年 8 月，两国又签署了《中日和平友好条约》，进一步明确和巩固了两国的健康友好关系，日本明确承认中华人民共和国政府是中国唯一的合法中央政府，并重申，在相互关系中，用和平手段解决一切争端，而不诉诸武力和武力威胁。从此以后，中日两国的关系完全步入正轨。尤其在经济贸易领域的合作，在最初的 30 年中出现了突飞猛进的发展。2013 年前后，因为政治关系跌入一个低谷，贸易额也出现了数年的停滞，2017 年再次呈现出增长的势头，2018 年达到了历史最高的 3537 亿 7293 万美元。健康而稳定的中日双边关系，得益的最终是两国人民，并有利于世界的和平与稳定。

20世纪80年代的雄心和野望：成为有影响力的大国

　　尽管有若干的跌宕起伏，20世纪50年代后期开始，日本经济出现了一个长达十多年的高速增长期，然而这一顺风满帆的增长在1973年末，却因为第四次中东战争的爆发而受到了挫折。阿拉伯石油产出国不满西方国家对以色列的偏袒态度，对包括日本在内的大部分欧美国家实行了大幅度的石油出口限额，并大幅度提高了原油价格，这使得能源供应四分之三依赖石油的日本大为震惊，国内的石油储备只有40天左右而已，因而在日本全国上下引起了一片恐慌，不仅企业忙于应对，市场上也出现了一片抢购狂潮，物价随之飙升。后来日本政府几经努力，赶紧派副总理三木武夫去阿拉伯世界解释示好。最后危机虽然得以缓解，但石油的价格已经猛然上涨了4倍，导致日本国内的物价在1974年前后飙升了20%左右，日本经济的高速增长也因此打上了休止符。

　　好在经过近30年的励精图治，日本经济已经有了比较扎实的基盘，国内的消费市场也已经建立起来。尽管高速的增长已经结束，此后的十多年里，依然有4%左右的稳定增长。在世界的目光中，日本俨然成了一个受人瞩目的优等生。英国的《伦敦经济学人》杂志以三期连载的篇幅，刊载了日本特辑，出现了"令人惊讶的日本""冉冉升起的朝日"这样炫目的大标题。以后美国国务院正式创造了"日本株式会社"这一词语来概括日本企业的经营模式，美国的东亚研究家傅高义撰写了《日本第一》，日本政府的产业政策也受到了广泛的好评。日本是非常看重外部世界尤其是西方世界对自己的评价的，欧美的一片赞美声，不免让日本人沾沾自喜，得意满面。而事实上，到了 1980 年前后，日本已完成了"经济大国"的形象塑造，进入了西方七国俱乐部。这一时期，日本经济上的强盛，主要体现在两个方面。

第一是日本制造的家用电器、医疗器械、船舶、汽车、半导体、计算器几乎风靡全世界，以其品质优秀、价格适中而受到了全世界的青睐。比如，汽车产量从 1960 年的 16.5 万辆增长到 1980 年的 618 万辆，电视机从 1960 年的 358 万台上升到 1980 年的 1385 万台，粗钢从 2214 万吨上升到 11138 万吨，工业品大量出口，20 年间日本赢得了巨额的外贸顺差，外汇储备连年快速上升，国家经济实力大大增强。

第二是积累了相当的财富后，日本的资本开始向海外大规模输出，利用美国里根政府实施的高利率政策，日本有相当的资本流入美国的债券证券市场，获得了较高的利益回报。同时日本加快了海外直接投资的步伐，尤其在北美、南美和东南亚，在当地开设各类制造企业，由此日本在海外的资产也稳步上升，从 1971 年的 328 亿美元上升到 1985 年的 4377 亿美元，上升了 13 倍以上，日本差不多成了世界上最大的债权国。

而且这样的势头，此后还延续了差不多 10 年。

于是，海外的旅游胜地出现了大量的日本观光客。五星酒店的住客、世界名牌的买主，不少都是日本人，日本人在世界上成了有钱人的代名词。

20 世纪 80 年代前期，日本经济发展的奇迹引起了全世界的惊叹和赞美。在某种程度上，日本成了一个模范国家。它的企业文化、经济管理模式首先受到了欧美先进国家的关注和研究，它在世界上尤其是东南亚地区，受到了人们的仰视，资本和技术的输出、ODA 援助的实施，使得日本由此奠定了它在东亚区域的经济领袖地位。日本的古典文化随同它的流行文化风靡全球，日本的电视剧在东亚各国屡屡创下了收视纪录，日本的流行歌成了热门的背景音乐，日本的动漫和游戏，更是迷倒了一代年轻人。

此时，对日本民族精神的内省、对近代日本的批判性思考已经大为减弱，战后一个时期曾经有较大势力的左翼力量，在富裕的中产阶级迅速成长起来之后，逐渐走向衰弱。随之而起的，是日本要成为一个政治大国甚至军事大国的欲求，在相当一部分的民众中滋生开来。

1982 年 11 月，雄心勃勃的中曾根康弘就任日本首相，此后一直执政到1987 年 11 月，是战后任期最长的内阁之一。他在国内大刀阔斧地在财政和行政上实施了一系列的重大改革，比较引人注目的是实现了国营铁路的民营化，总体上获得了日本民众的喝彩。在政治上，中曾根康弘政府明确提出了"回归保守"的口号，中曾根提出的另一个理念是"健康的民族主义"。因为民族主义一词在战后一直带有一定的贬义色彩，中曾根企图用"健康的"（日文原文是"健全的"）这一定语赋予它新的意义。1985 年 10 月，他在外国记者俱乐部会见记者时说："我认为，我们必须要有具有自信心的民主主义的基石，而构成这一基石的另一方面是健康的民族主义。"基于这一想法，中曾根在日本推行"战后政治的总结算"，力图修改宪法，努力摆脱战后美国的影子，因此，他强调要确立"日本的国家定位"。1985 年 7 月，他在法国索邦大学作演讲时指出："已经占了世界经济一成水平的日本，却还缩在远东的一个角落里，如同与国际社会无缘似的，我们不能再对承担国际义务和责任闭目无视了。"（中曾根的言论等引自日本历史科学协议会编：《日本现代史》，东京青木书店，2001 年，第 461—462 页）有日本学者评论说，中曾根的这些言论表明，作为经济大国的日本，应该具有领袖国家一员的自觉来承担相应的作用和责任。为鼓起日本民族的自信心，中曾根甚至以首相的官方身份第一次参拜了列入甲级战犯牌位后的靖国神社。中曾根的言行虽然受到了左翼和一部分中道力量的批评，但还是受到了日本国内舆论较为广泛的好评，这也说明中曾根的大国主义政策，表达了相当一部分国民的心声。

事实上，20 世纪 80 年代，日本人的民族自豪感也空前高扬，日本国内出现了谋求联合国常任理事国的呼声。同时有日本学者认为，80 年代在整个东亚（包括东南亚）渐次出现了一个从劳动密集型的轻工业向以装备工业为主体的重工业、再向高科技产业发展的所谓逐渐递增前行的雁型模式。而日本则是整个雁阵的领头雁，自己在资金、技术和管理上为整个东亚作出了出色的榜样，东亚正在跟随自己向前飞行，自己多少扮演着经济领袖的角色。部分日本人觉得，战后以来，自己一直受到美国方面的压制，现在终于又抬起头来，赢得了世界的尊敬，日本应该在世界舞台上扮演更为重要的角色。于是，当时针对美国的民族主义思潮重新涌动起来，值得注意的是，这种思潮往往带有右翼的色彩。以国家主义和皇道思想为指向的右翼力量，对于美国影响中的现代民主理念、对战前日本的否定和军事上对日本的掌控政策的反抗，在战后一直存在，主要体现为对战后和平宪法的不满。80 年代初期日本实现了经济大国并跻身 G7 的行列，这一脉的力量越来越表现出要挣脱美国、再度成为独立的强大帝国的反美倾向，石原慎太郎与人合著的《可以说"不"的日本》(1989)、《依然可以说"不"的日本——日美之间的根本问题》(1990)、《可以坚决说"不"的日本》(1991)，可以说是集中体现了这一思潮的声音。

　　总之，到了 80 年代后期，随着日本经济地位的大幅度提升，以及国际社会的赞誉声迭起，日本国内试图以经济大国为基点向政治大国迈进的欲望滋生了。仔细想来，这样欲望的产生自有其内在的合理逻辑，但是任何欲望都应该有一个度。无疑，这在一定程度上是一种民族主义情绪的膨胀，与明治晚期的日本有一些相像。民族主义或者说国家主义（这在英语中是一个词，即 nationalism）在很多场合往往是一把双刃剑，它在凝聚国民精神上可以成为一种良性的张力，但如果不加以理性的规范和适当的羁缚，其膨胀的激情也可以走向褊狭与狂热的歧途，最终不仅会危害整个国际社会，也会将自己的国家引向末路。纵观世界文明史，任何国家都是如此。一个民主和理性的社会对此应该时时保持冷静而清醒的头脑。

泡沫经济的发生与崩溃

1991年11月，我第一次访问日本，从经济起步不久的上海一下子来到了霓虹闪烁、车水马龙的东京，下榻在商业中心之一的池袋西口的大都会酒店。这时一位庆应大学的教授在请我吃饭时对我说，日本的泡沫经济开始崩溃了，你在街上感觉不到出现了不景气的迹象吗？说真的，我一点都感觉不到。我不知道什么叫泡沫经济，我不知道此前的日本是什么样的，这是我第一次踏上日本的土地，到处灯红酒绿、人头攒动。那时上海的夜还是有点黑黑的，全国高速公路仅仅通了上海市内到嘉定的一小段，整个上海没有一条地铁，没有一家超市，没有一家便利店，街头连电话亭也没有，当然更不知道购物中心是什么东西。那位教授的话，让我感到云里雾里。

我对经济基本上是门外汉，但对有些道理能够理解。后来读了不少文献，慢慢懂得了什么叫泡沫经济，它是如何发生的，又是如何破灭的，它对后来的日本究竟意味着什么。

所谓泡沫经济或者经济泡沫，关键词是泡沫，意思是土地、股票等资本的价格被快速拉升到了远远超出其实际价值的水准，也就是说价格虚高，背离了它实际的价值。这样的情形在日本是如何大规模产生的呢？20世纪80年代前半期，日元兑换美元等国际硬通货的价格比较低，250日元才能兑换1美元，这使得日本的产品在国际市场上具有良好的竞争力，也使得日本的外贸一直出现顺差，也就是收支的盈余，支撑了日本在 80 年代的经济繁荣。美国的经济却因为众多贸易伙伴国的盈余而长年出现贸易逆差，美国人觉得这是国际市场上对美元实际价值的过高估计造成的，于是就在 1985 年 9 月召集世界上最发达的 5 个国家的财政部长、央行行长在纽约的广场酒店开会，达成了其他世界主要货币兑美元升值的协议，这就是所谓的"广场协议"。结果日元在翌日就立即出现了升值，一年以后，升到了 150 日元兑换 1 美元。这样，原本就觉得很有钱的日本人，一下子就觉得更有钱了，海外资产和海外商品在日本人眼中一下子跌去了 60%，于是大量的日本人前往海外旅游购物，一些日本富商出手阔绰地在海外购买土地、房产、珠宝、古董、名画。日本的股市迅速上升，人们争相投资房地产和股市，于是土地价格进一步暴涨，东京都的土地价格从 1980 年到 1988 年上涨了 4.7 倍，全国的土地价格上涨了将近 2.8 倍，据当时有人估算，说是东京山手线内的土地价格，差不多可以买下整个美国。于是乎，全国上下，一片欢欣雀跃。

但是任何事情都可能是双刃剑。日元升值以后，日本产品的价格在海外的竞争力就下降了，很多企业反而面临着倒闭的险境。于是央行就出台了金融宽松政策，大幅度降低贷款利率，目的是降低企业的融资成本，使企业重新振作起来。但是贷款利率的降低却进一步激起了人们投资的欲望，资本逐利的铁则导引着市场的行为，人们设法从银行获得低息的融资，来投入增值更快的房地产和股市，结果是房地产和股市进一步暴涨，股市从 1986 年的 13000 点猛然上涨到 1989 年底的 38957 点，已经完全脱离了它实际的价值，因而形成了虚假的泡沫。这时政府意识到了危机，赶紧采取金融紧缩政策。1990 年 3 月政府出台了"不动产融资总量限制"，限制银行贷款给投资者炒房炒股，且大幅度提高贷款的利率。这样一来，投资者的资金链出现了断裂，房产和土地的分期付款无法如期偿还，于是房地产价格出现了暴跌，银行一下子背负了大量的坏账，金融机构的运作也陷入了困境。这时又曝出了政界人物与企业界甚至黑社会互相勾结，黑金交易、买空卖空、行贿受贿等的丑闻。连带地，股市出现了大跌，从将近 40000 点，经过几年的风雨飘摇之后，一度曾跌到了将近 10000 点，当年曾拥有大量股票价值的人，自以为已经腰缠万贯，结果连续几年，逐渐被掏空，更有因为难以偿还房地产贷款的人，深陷债台高筑的困境，不得不廉价变卖房产，从一个有钱人的地位，一下跌入了负债人的困境。

事实上，我 1991 年 11 月第一次去日本的时候，泡沫经济已经开始崩溃，但还只是刚刚开始，不少人还没有意识到它的严峻性，消费的热潮虽然比起一两年前已经明显退潮，各个公司的交际费也开始削减，高档的场所已经比以前冷清了许多，但对于我这个从经济相对落后国家来的人而言，还感觉不到，当时东京的夜晚，比上海明亮璀璨，东京街头的繁华，也远过于上海。

值得一提的是，就在日本的泡沫经济或者说一定程度上的虚假繁荣达到顶点的 1989 年，这一年的 1 月 7 日，裕仁天皇去世了，标志着自 1926 年末开始的昭和时代的终结。同时，后来持续了 30 年之久的平成年代开启了大幕。

如今的人们，对于平成年代已有了各种各样的叙述和评价，这里暂时不展开。但是，平成的最初七八年里，媒体里却是坏消息接连不断，在大多数人的脸上，泡沫崩溃之前的那种喜悦、得意、快活、热气腾腾、兴高采烈的神情慢慢消失了，人们的面色变得冷峻起来。1992 年以后，东洋信用金融、Cosmo 证券、木津信用组合等纷纷倒闭，给人们的心灵上蒙上了一层阴影。然而，寒潮依然是一波接着一波，1997 年，影响更大的三洋证券、北海道拓殖银行、山一证券又相继破产，尤其是后者，是当时日本的四大证券公司之一（另外三家是野村证券、大和证券、日兴证券），在一般人的心目中，犹如航空母舰一般，是不可能沉没的，然而居然也轰然倒塌了，许多人都感到一阵恐慌。而事实上，这几年里，许多日本企业因为资金链断裂而不得不宣告倒闭。还有一些企业，竭尽全力躲过危机，但是以前在日本企业中极少出现的裁员情况却是频频出现，还出现了一个英文词语 restructure（重建、调整）的日本版词语リストラ，在日语的语境中实际上就是裁员的意思。很多人都在担心被公司突然裁员，但这样的厄运每每还是会临头。一些人被公司裁员后不好意思对家人说，或怕连累家人，每天还装作去上班的样子，结果就是坐在东京轨交环线山手线的电车上，一圈一圈又一圈，天气还不错的时候，到一个小公园的长椅上坐上半天，到了下班时间再装模作样地回家，每天唉声叹气，愁眉苦脸，而且事情总有穿帮的一天，到后来换来的是更大的痛苦。这些情况后来都被媒体揭露出来，使得整个日本社会都蒙上了一层阴影。我有一位日本朋友，已经退休，经济泡沫的时候买了很多股票，自己也有一些不动产，总觉得自己这一生还比较成功，花起钱来也比较阔绰，结果没多久，股市狂跌，不动产的价格也连连下跌，原先拥有的财富日益缩水，他渐渐觉得富裕这个词跟自己没什么关系了。各大公司，一再紧缩所谓的交际费（就是可以陪同客户吃喝玩乐的费用），结果，各种高档餐饮、娱乐、高尔夫球场甚至色情行业，都渐渐萧条起来，连锁引起了很多人的失业。可以说，平成时代，开局就被一片愁云惨雾笼罩。日本的经济，似乎一下子回到了 20 世纪 70 年代末期，于是出现了一个词语，叫作"失去的十年"。然而事实上，经济低迷并没有在 10 年之后走出谷底。

后泡沫经济时代：日本真的停滞了吗？

　　我是 1991 年第一次去日本的，此后几乎每年去，也断断续续在日本各地待了四年多的时光，对平成时代的日本，多少有些感性认识，也时常阅读书报，几乎每天看电视，不时与各类日本人和在日本的华人交往交谈。在这一讲里，主要依据各种数据，对后泡沫经济时代的日本，尽可能作出一个客观的描述。

　　首先，从主要的经济指数出发，我们来看一下这 30 年来日本社会到底是如有些媒体所说的，是在对外界装傻装弱，实际却是在发愤图强，在核心技术上依然是一个领先世界的科技产业强国，还是一个"失去了三十年的"低迷停滞状态？重要的，还是要由数据来说话。房价和股价，上一讲已说过了，不再赘述。国内生产总值增长率，这 30 年间，平均大约在 1%，20 世纪 90 年代比较糟糕，甚至出现了负增长。2000 年以后，虽有起伏，但在努力走出困境，尤其是近年来，有的年份出现了超过 1% 的增长。尽管如此，这一增长率，不要说与同时期中国的 7%—8% 无法比，甚至与同时期美国的 2.5%—3% 也有明显的差距，20 世纪 60 年代的平均大约 7%—8% 的增长率，更是一个遥远时代的回忆了。通货膨胀率或者说物价上涨指数（对一个国家的经济增长而言，这是一个必要的比率），根据国际货币基金组织发布的数据，在 1996—2016 年的 20 年间，美国累计上涨了 46.0%，英国是

41.0%，法国是 31.5%，德国是 29.1%，而日本只有 2.4%，远远低于其他发达国家。对于民众而言，物价稳定或许是一件好事，但消费也因此难以扩大，经济增长缺乏动力。

那么，日本为什么会出现长达 30 年、恐怕在今后相当一个时期内仍然会延续的经济低迷呢？当然，这里有国际经济变动的原因，有日本国内产业结构、产业政策等方面的原因。除此之外，经济学教授冢崎公义还指出了如下的三个原因。一是劳动力严重不足，在经济高速增长期，每年都有大量的劳动力人口从农村向城市移动，如今这一移动基本已经停止，因为农村已经没有剩余的人口可以向城市移动，而城市呢，出生率也比以前大为降低，也就是说，能够提供有效劳动力的青壮年人口在逐年减少，人口红利已经完全没有了；二是因机械化而带来的劳动生产率上升的势头已经大大减缓，因为无论在工业领域还是在农村的田间，各种机械早已普及，生产效率上升的空间已极为有限，以前曾经出现的玫瑰色的光亮已经大大消退；三是少子化、老龄化的问题日益加剧，这一点稍后再展开。当然，还可以找出若干其他的原因，比如日本没有有效及时地开发出经济增长的新领域，整个社会的创新机制和创新能力还无法与美国等国匹敌等。

其次，这 30 年间，与经济数据相对应的，出现了几个大的变化。

第一，少子化和人口老龄化的问题日益严峻。这一问题在 20 世纪 80 年代已经出现，但现在是日益显示了严峻性。在战后不久的 1947—1949 年间，每年的新生儿出生 270 万人，一对夫妇大约生育 4.32 人，是战后历史上最高的。以后有高有低，第二次出生高峰出现在 1973 年前后，大约有 200 万人，一对夫妇大约生育 2.14 人。以后渐渐减少，1984 年出生人数跌破了 150 万人。泡沫经济崩溃以后，出生人口连续下降，到最近的 2016 年，早已跌破100 万，只有 97 万多人，家庭生育率降到了 1.44 人。据统计，2012—2017年期间，日本总人口减少了一个斯德哥尔摩城市的人口数，即 106 万多。截至 2017 年 10 月，日本总人口 1 亿 2671 万人。据预测，在今后的 40 年间，总人口将会减少 45%，而且要记得，相当一部分是青壮年人口。与此同时，日本的医疗水平在不断提高，人们的平均寿命在一点点延长，据日本劳动省发布的最新数据，2017 年男性为 81.09 岁，女性为 87.26 岁，在世界上，女性居第二位，男性居第三位。同时，65 岁以上的老年人占到了总人口的 27.7%，也就是说，接近三分之一的人口超过了 65 岁，是目前世界上最高的，这一情形还将持续严峻。据日本内阁府 2017 年发布的老龄社会白皮书，在泡沫经济的崩溃还没有充分显现的 1990 年，是 5.8 个劳动力人口养活 1 个老年人（65 岁及以上），2000 年的时候变成 3.9 个人养活 1 个，到 2025 年时，2.1 个人养活 1 个老年人，之后的情形，还将继续糟糕。近年来，日本对来自东南亚的外来劳动者，悄悄降低了签证的门槛，人们发现日本各地的低端服务型行业，诸如餐饮、超市、便利店等的临时从业人员，来自越南的年轻人多了起来，他们大都是借了学习的名义来到日本的打工者，一些来自印尼的卫生学校毕业生，来到日本努力学习，设法考取准入资格，在医院或养老机构当起了护理员，而多年来以所谓"研修"的名义来到各工厂打工的中国人也不在少数。日本的劳动力短缺，在相当的程度上阻碍了经济的跃进，甚至影响到了整个社会机器的良性运转。从这一点来看，日本的前景，在总体上，恐怕难以再现 20 世纪 60 年代前后的灿烂景象。

第二，泡沫经济崩溃以后，一直到今天，日本人的实际收入在下降。我这里有一份日本官方发布的统计，从 1995—2011 年的 17 年里，人均年收入从 457 万日元，小幅下降到了 409 万日元。这期间，1998 年曾上升到 467 万日元，换句话说，到了现在，每个月的净收入比 1998 年减少了 5 万日元。考虑到物价的小幅度上涨，日本人的实际生活水平无疑比 30 年前下降了。

第三，由此日本社会在战后首次出现了比较明显的贫富差别，或者说是一定程度的贫困化，也就是日语中近年来频频出现的"下流社会"或者社会的"下流化"。一定程度的贫困化的出现，当然有各种原因，其中一个比较重要的原因，是出现了派遣员工的现象和制度，就是说有一些人毕业后或想要重新就业时，一时难以找到正式的就业机会，就去派遣公司登记，派遣公司根据招聘公司的要求，向这些公司派遣员工，一般的签约期是数天到 6 个月，期满后需要再次签约。也就是说该员工虽然在某公司工作，却只是一个临时工，不享受该公司的奖金福利，他只是与派遣公司签订劳动合同，由派遣公司负责社保医保，而大多数的合同都是有期限的，因此工作不稳定，收入也相对比较低，一旦合同到期，就往往会遭遇失业。虽然日本社会建立了比较完善的救济制度，依然难免会产生穷人。从统计上来看，纯粹的派遣员工人数似乎并不很多，2000年时是39万，2017年为219万，占整个就业人数的2.4%。但此外还有992万的非全日制员工、424万的临时打工者、394万的合同工等，加起来人数也相当可观。这些人的工作相对缺乏稳定性，且几乎没有晋升的可能性，收入也较正式员工为低，这些人很容易沦为社会的底层。处于社会底层的，还有一部分是单亲妈妈。我在2007年的《中央公论》杂志上读到这样一篇报道，一位在普通的缺乏家庭温暖的环境中成长的单身母亲，年轻时学习相对不是很用功，高中还没念完就草草结婚，不久发现男方几乎没有家庭责任，也没有什么经济能力，于是婚姻破裂，独自养育孩子，靠开小货车送快递为生，不仅收入比较低，还几乎没有时间教育孩子，在这样的环境中长大的孩子，很容易成为熊孩子。这样的情形，并不是个别的，男人无法依靠，父母（很多上一代也是单亲家庭）疏远了自己，而自己也没有太好的技能，只能做一些简单的劳动，自己的孩子也难以在身心两方面得到健康的成长，从某种意义上说，贫穷往往也会一代一代地传递。由以上各种元素叠加，于是，从2000年前后开始，日本渐渐形成了一个所谓"下流社会"，虽然穷人的数量和贫困程度远比发展中国家甚至美国的穷人都要好得多，但相对于整个社会，日本毕竟已经产生了穷人阶层。

当然，在这30年中，日本并不都是一片阴云惨雾，时时有太阳的光亮透过云层照射出令人鼓舞的光芒。在有些领域，日本依然在稳步发展，在有些高科技领域、医疗技术和设施、高端制造业甚至航天科技等方面，依然有不少骄人的成就，有些在整个世界上仍然处于领先的地位，并且出现了多名诺贝尔奖的获得者，是欧美之外诺奖获得者最多的一个国家。另外不可忽视的一个事实是，日本在海外的资产数额连续27年一直居于世界首位，2017年达到了 2012.431 万亿日元，扣去负债数，在海外的纯资产数额为 328.447 万亿日元，数额较前几年有所增加。这也说明了，这 30 年间，日本的经济虽然整体上是在走下坡路，确实有着难以根治的结构性缺陷，但日本依然是一个很有底蕴、很有实力的国家，整个社会的肌体还比较健康，目前并没有尖锐的社会矛盾，世界第三经济体的地位，一时还很难撼动。

平成时代的变与不变

上一讲主要是根据日本官方公布的各种最新数据，对泡沫崩溃后日本的经济状况以及社会问题进行了一个概述，听起来有点枯燥，但我觉得了解一些基本的数据是非常有必要的。我并不是经济学出身，但学术研究的方法大致是相通的，没有翔实的文献和数据作依据，结论往往很难成立。不过在这一讲里，我更多的是从个人的体验出发，讲述我眼中的平成时代的变与不变。在这一讲里，也许感性的色彩更浓一些。

先说它的变。

首先，随着日本整个社会结构发生的变化，人们尤其是年轻一代的观念和生活方式也发生了显著的变化。在泡沫经济还没有充分鼓胀起来的 20 世纪 80 年代，日本已经完全成了工业化国家，它的第一产业和第二产业早已实现了现代化，第三产业也蓬勃兴起，发展到了一个比较成熟的阶段，它本身已经在逐渐向后工业或者后现代的国家转型。恰在这时，经济泡沫一下子被鼓吹了起来，又在几年内遭到了破灭，这在某种程度上，可说是加速了日本向后工业社会演变的进程。所谓后工业或后现代社会的基本特征是什么呢？一般的理解是，当机械化的文明已经发展到了相当成熟的时候，当物质生活得到了空前的富足时，人们对所谓的现代化社会的价值观产生了困惑和怀疑，铺天盖地的发达的情报信息使人们感到了一定程度的眩晕，人

们渐渐丧失了追求成功的热情和激情，这种所谓的成功一直被解读为出人头地、事业有成。这样的价值观渐渐遭到了冷落。大多数人，尤其是年轻人已经不再热衷于拥抱轰轰烈烈，人们会更在意平凡的日常生活，在意日常岁月中的小的欢喜和小的陶醉，也就是村上春树小说中所传递出来的"小确幸"，因此，随意和惬意是人们喜欢的状态。泡沫经济的崩溃也让很多人开始反思和反省，泡沫崩溃导致的经济上的黯淡，使得人们不可能再像以前那样出手阔绰。于是，人们——尤其是中青年人——的价值观、生活方式、消费理念在这30年间发生了较大的变化。

再说它的不变。

1991年我初到日本时，那时泡沫经济刚刚开始崩溃，崩溃后的迹象还没有充分显露出来。那时来自改革开放起步不久的中国的我，觉得日本完全就是一个发达国家的典范。在超高层大厦林立的东京新宿西口，上午八九点上班的时间，一大群衣着光鲜、穿着或深色或浅色的剪裁精致的毛料大衣、皮鞋铮亮的大公司大酒店的员工，步履匆匆而又体型挺拔的身影，给初到日本的我留下了非常深刻的印象。那时泡沫崩溃的阴影还没有充分显现，市面上依然是一片霓虹闪烁、灯红酒绿，公司里的白领自不必说，大学教授也几乎个个都是西装革履，头发梳得整齐油亮，街头行驶的，大都是中级以上的车，电视里依然满是名车的广告。差不多10年以后，情况就发生了较大的变化，首先是人们的意识发生了变化，同时口袋也变得瘪了起来。光鲜亮丽似乎已不是人们热切追求的了，穿西服系领带的标准形象变得越来越少见，人们都穿得随随便便，尤其是大学里的教员，西装革履去上课已经十分少见，只有职员还是比较守规矩地穿着西服，以至于在大学里你要辨别谁是教员谁是职员，看衣着就能大致明白个八九。为了节省能源，政府层面开始倡导夏天的凉爽装，至少是上班时间不必再系领带。经过几年的推动，人们的衣着变得越来越随性、随意。对于女性而言，以前几近疯狂的名牌包、名牌服饰、名牌首饰、名牌手表等，也渐渐失去了往日耀眼的光彩，价廉物美的"优衣库""无印良品"成了人们经常光顾的地方。东京等大城市，偶尔还会看见几辆高级车，而到地方上去，几乎 90% 都是廉价的、小排量的代步车，对个人而言，汽车几乎已完全失去了往日装点门面、抬高身价、炫耀摆阔的意义，只要性能还不错、省油、能代步就好。

在求学就业方面，昔日的进名校、进大公司的人生轨迹虽然还没有完全崩塌，但热衷的程度已完全不可与 30 年前相比了。与 30 多年前人们的勃勃野心或者说雄心相比，今天的大多数年轻人只想求得简单的舒适、安逸，自己开一家面包烘焙店，与朋友一起研制咖喱饭的新口味，然后开一家咖喱饭馆，年轻的女性觉得开一家花店就很开心了。越来越多的年轻人只想在日常的平凡生活中找寻可以预见、可以捕捉的幸福，海外留学、海外工作、海外旅行，都不大能够激起他们强烈的兴趣。与其借了大量的贷款买一个大房子，还不如没有什么负债压力的小房子更舒心。打拼、奋斗、冒险、勇闯……这些词语对许多人来说已经变得陌生了。大学毕业生的月薪，大抵都在 20 万日元左右，年轻人口袋里很少有存款。截至 2017 年，日本的个人金融资产共有 1800 万亿日元，而其中的 60% 在年逾六旬的老人手里，老年人看到日本经济前景暗淡，想到自己老后不安定的生活，都不敢乱花钱，而年轻人手里极少有可观的存款，这就严重阻碍了日本消费市场的扩展。针对这一现象，2016 年底，日本著名的经济评论家大前研一出版了一部畅销书，书名就叫《低欲望社会》，认为在经济不景气的平成时代成长起来的日本新一代，对未来已经放弃了远大的志向，日本国家难以在这一代手里重新崛起。因而，新一代的日本年轻人，又被称为"佛系青年""草食动物"，他们安于现状，得过且过，这与以前在战后不久出生的"团块世代"，恰好形成了鲜明的对照。

可是，从另一角度看，低欲望也未必是个贬义词。看淡了（或者说是被迫看淡了）20 世纪 80 年代的浮华喧嚣，疏离了外在的豪奢热闹，而只在日常的营生中寻求生活的小确幸，不再追求需要奋力打拼才能得到或者也不一定能得到的功名利禄，对于整个社会乃至整个世界，也未必不是好事。过多地追求所谓社会的进步和发展，是要以能源和环境的付出为代价的。一个社会到了相当的成熟期，或许应该降低发展的速度甚至是零增长，如今的北欧国家，大都处于这一比较良性的状态。或许正因为人们的欲望普遍比较低，人们的愤怒、怨恨的情绪也就很难滋生，社会经济发展虽然停滞，有些人的经济水平虽然下降，却没有滋生出尖锐的社会矛盾，也没有产生大规模的社会动乱。倘若任凭欲望膨胀泛滥、野心横行肆虐，恐怕会招来社会的动荡和灾难。当然，只是如同行尸走肉，甚至以啃老来维持生计的，则应毫不犹豫地加以摈弃。

　　以我自己这28年来在日本断断续续的体验，可以感到这么多年来，日本依然有很多东西没怎么发生变化。在观念上，多年以来培育起来的公共道德、公民社会的概念依然根深蒂固，绝大多数日本人依然遵纪守法、循规蹈矩，在享受公民权利的同时，也自觉履行公民的义务。对于工作，基本上仍然是兢兢业业、克勤克俭。整个社会的服务水准，比起30年前，或许有些下降，但在世界范围内，仍然堪称第一。以人为本的理念深入人心，无论是做社会体系、制度的设计，还是进行设施硬件的设计，都是以个体的人的使用方便为最大的前提。所有这些理念和态度，历经了平成时代的经济低迷，仍然贯穿到了今天。

　　或许是经济的不景气，或许是一个社会发展到了成熟的阶段时自然会这样，日本整个社会的外貌，变化也很小。28年前，我初到日本，看到街头均匀地布满了红色的英伦风的电话亭，车站、机场到处都有排列整齐的公用电话，每每会感叹日本社会的先进。28年过去了，风景依旧，虽然手机早已普及。28年前，超市的物品早已琳琅满目，便利店遍地开花，自动售货机遍布城乡，今天还是风景依旧，只是便利店里的便当花样更多、口味更佳，而价格几乎还是28年前的。在中国已经突变到几乎人人用手机支付的时代，日本人依然在使用现金，最多的是信用卡或银行卡，而这在28年前也早已普及。28年前，我在早稻田大学使用其落成不久的图书馆时，惊叹其设施的先进和设计的人性化，今天重新踏入，风景依旧，只是桌椅有些老旧了，而馆内复印机的复印费，还是28年前的10日元一张。在中国，人们经常会使用"时光穿越"这个词来形容变化的剧烈，而在日本，几乎一切还如30年前一样。前两年我得半日之闲，去阔别了20余年的早稻田大学一带怀旧，几乎每一户店家都还在，每一幢房子还是以前的高度，每一条小巷走起来如同昨天刚刚来过那样熟门熟路。令人惊讶的是，历经了 30 年的风风雨雨，竟然没有岁月留下的沧桑感，建筑的外观还是新新的，仿佛一切就在昨天。

这就是我体验到的、感受到的平成时代的变与不变。

解读日本：古往今来的文明流脉

文化：穿梭在古代与现代

国风时代的日本文学

从这部分开始，会有几讲讲一下日本的文学。在前面的"平安时代：从'唐风'文化到'国风'文化""日本语文的诞生"等几讲中，已经提到了日本假名文学的诞生、日本的和歌、随笔文学和小说等，这里想就文学本身作一点展开。国风这个词，主要针对外来的唐风来使用，重点是强调日本本土的文化和文学。在日本民族自己的语文诞生之前，汉字是唯一的书写媒介，记录历史、抒发感情，都要通过汉文和汉诗。在文学上，汉诗集《怀风藻》是最初的成就，作者大部分是皇族、贵族和高级僧侣，之后又产生了《凌云集》《文华秀丽集》《经国集》这三大敕撰，也就是由天皇下诏编纂的汉诗集。

但是，汉字汉文的表现形式与自己本民族的语言并不一致，记录历史、撰写公文或许还过得去，因为日本早年的政治制度和法律体系是源于中国，但抒发情感、表达个人细微的感受，汉字汉文或许多少还是有点戴着镣铐的感觉，难以自由尽兴。于是在历史的演进中，与语言的发音基本一致的假名诞生了。平安时代开始，在大陆文化的培育和刺激下，本土文化也开始逐渐走向成熟，诞生了日本自己的韵文——"歌"，以及主要用假名撰写的散文——小说和随笔，它的表现形式和表现内容都非常日本，后人就把它称为国风文学。因为篇幅关系，这一讲中，韵文主要讲《万叶集》和《古今和歌集》，散文主要讲日记文学及小说《源氏物语》和《今昔物语》。

2019 年新的年号"令和"取自《万叶集》，使得《万叶集》火了一把。《万叶集》总共有 20 卷，收录了长短不一的 4536 首和歌，在篇幅上远远超过了中国的《诗经》，不过它的成书年代却要比《诗经》差不多晚了 1200 年左右，大概在 8 世纪下半叶。作者的范围比较广，上至皇家贵族，下至地方上的平民，内容也相当庞杂。与《怀风藻》等汉诗集相比，《万叶集》无疑是和歌集，它记录的是日本人用本民族语言吟咏的"歌"。但要强调一点是，它里面没有出现一个平假名和片假名，百分之百都是汉字。为什么？因为平假名等还没有诞生。那么，汉字又如何来记录日本人自己的语言呢？当时的日本人就想了一个办法，利用汉字的日本式读音，把一部分汉字来做表音文字，而不取它原本的意义，以此来记录日本人的语言。这类仅仅只有注音功能的汉字，就被称为万叶假名。但是问题来了，《万叶集》问世后不久，除了里面极少数用汉文写的序文等之外，几乎所有的歌，后人都看不懂了。我手头有一套朝日新闻社 1977 年出版的"日本古典选"系列的 5 卷本《万叶集》，我试着阅读用汉字堆砌起来的原文（现在已被附在最后），说实话，宛如天书一般，完全是云里雾里。而这一切，对于日本人来说，也完全是云里雾里，因此问世不久的大约 500 年里，就被搁置在冷宫里了，因为看不懂。后来出了一些专门的学者，对此反复加以研究和解读，就像我们破读甲骨文一样，终于破解了那些注音汉字的意思，重新把它用汉字和假名整理出来，并加以注释，就形成了今天出版的《万叶集》。因此，《万叶集》的内容虽然是纯粹的和歌，记录的文字却仍然是百分百的汉字。它可以说是日本文学的鼻祖，同时在形式上也是一个过渡期的产物。

《古今和歌集》，就如同它的名称所表示的那样，是一部纯粹的和歌集，是奉了醍醐天皇的命令，由纪贯之（868—945）等人大约在 10 世纪前期编撰而成的，收录了基本上是 9 世纪也就是平安前期的和歌 1095 首。与《万叶集》相比，《古今和歌集》的不同点主要在以下几个方面。第一，在形式上，它已经是汉字和平假名共同使用的日文，而且长歌极少，基本上都是短歌。第二，就作者而言，它没有《万叶集》那么广泛，基本上就是生活在都城内的贵族阶级，而且是一些中层甚至是中下层的贵族，宫廷的上层人物几乎没有和歌的作品。第三，由于作者的生活范围相当狭窄，生活内容相对单调，因此和歌所吟咏的内容也就不那么丰富多彩。而且与中国的汉文学传统相比，和歌的作者更注重的是身边的生活、身边的环境，他们对于外部的世界也就是整个社会，几乎都缺乏关切，尽管那个时候儒家思想早已传入日本，但是在和歌的世界中，它的影迹似乎很疏淡，一般日本普通民众的世界，距离他们似乎也很遥远。那个时代，佛教的影响已经很大，在和歌集中也有些与佛教仪式相关的描写，但作者的关切几乎都在现世，对于佛教关注的来世也就是彼岸世界，差不多都没有反映。因此，和歌在内容上，主要记述身边的琐事和自己所处的环境，抒写自己对于恋爱、情感以及四季的纤细感受，也就是说，日本文学的世俗性而非政治性的性格，在《古今和歌集》中基本上奠定了。第四，要特别说一下，就是《古今和歌集》中对于四季变换的描写，占了相当的篇幅。在 20 卷的《万叶集》中，与四季相关的占了十分之一，而且主要也是借四季来抒发爱情的。但是在 20 卷《古今和歌集》中，描写四季的有 6 卷，占了总篇幅的 33% 以上，大都是专门吟咏四季的景物及和歌作者对于四季变化的纤细敏感的感受，虽然他们生活的世界很狭小，他们接触的自然也很有限，但也因为如此，他们对于有限的外在世界的观察和体悟就格外细腻，善于调动视觉、听觉、触觉、嗅觉等各种感官去感受四季的细微变化，酿成了公家文化中高度发达的审美意识，对后世的日本民族对于美的感觉和美的意识的养成，产生了极为深远的影响。但是，毋庸讳言，以宫廷环境为主题的公家文化的柔弱、狭小甚至有些病态的情感，也在《古今和歌集》以及后来的大部分和歌集中表露无遗。日本著名的文化批评家加藤周一指出："实际上，在九世纪所决定的对于美的感受性的形态，不仅贯穿了整个平安时代，而且在贵族统治的政治没落之后也长久地持续着，通过能和连歌，一直影响到了歌舞伎和俳谐，直到今天。八世纪之前一直影响到今天的美学类型，几乎完全没有。"（《日本文学史序说》（上），东京筑摩书房，1991 年，第 139 页）这一论断基本上是成立的。

　　几乎在《古今和歌集》问世的同时，日本兴起了一个用假名撰写的随笔文学，它的大部分形式是日记，且作者大都是生活在宫廷圈子的女性，因此日语中又称为"女房文学"。女房这个词，现在日语中差不多都用来指称自己的妻子，但它的原意是高级宫女的房间，后来泛指在宫中有地位的女子。日记文学的开山之作是纪贯之的《土佐日记》，借一个女子的口吻，叙写了从土佐回到京都的55天旅程的一路见闻和内在的心情，里面插入了许多和歌以及有关和歌的意见。之后有10世纪中叶的《蜻蛉日记》，作为大臣妻子的作者详细记录了自己的婚姻生活，以及对于拥有多名配偶的丈夫的嫉妒、苦涩和苦恼的情感，虽然是波澜不惊，心理描写却是相当细腻，甚至被认为是日本心理小说的开端。《枕草子》《紫式部日记》《赞岐典侍日记》是典型的"女房文学"，写的都是宫廷生活的日常琐事，却处处透显出了女性观察的绵密细致，不乏精彩的人性感叹，《枕草子》更像是一部季节的风物诗。

　　在这样的和歌和随笔文学的基础上，最后诞生了日本成熟的长篇小说。最早有《宇津保物语》（970年左右）、《落洼物语》（10世纪末）、《竹取物语》《伊势物语》（大致同时期）等，11世纪初，《源氏物语》问世了。作者被认为是紫式部。主人公光源氏是一位容貌秀丽、才华出色的王子，小说的大半部分写的是他一生与多名女子的交游，宴饮酬酢，春风得意。到后来，心爱的女子紫上去世了，荣华由此坍塌，体会到了人生的酸楚。小说的后半部则是在他死后发生的故事，犹如《红楼梦》的后四十回，弥漫着世间的凄楚悲凉。从文学性上来说，《源氏物语》无疑应该列在第一，但实际上在叙说的口吻、人物的塑造、故事的展开上，仍有许多难解难读的地方，它的成就，也不必过分夸大。

　　在12世纪前半期诞生的《今昔物语集》，是日本篇幅最大的一部短篇故事集，大致分为印度、中国、日本三个大部，把以前的佛教故事、中国的传奇和日本早年的物语重新进行敷衍改编，总共有1040篇，稍稍有点类似中国明朝的"二拍"，内容思想也比较庞杂，对后来日本文学的展开具有一定的影响。

　　总之，到了平安时期，以日本语文为媒介的日本民族文学开始走向成熟，涌现出了包括和歌、长篇物语、短篇故事在内的一大批有影响的作品。可以说，列岛本土的文学，到了这一时代才算真正的成立，构成了日本文化的主体之一，在很大的程度上形塑了后世日本人的道德价值和审美理念。

"五山"与五山文学

在这一讲里,我想讲清这样几个话题:(1)什么是五山?(2)五山文学是什么?(3)五山文学在日本的文学史或日本人的精神史上到底具有什么样的意义?

第一,什么是五山?五山这个词语,准确地说,"五山十刹",是宋朝中国人依据印度"五精舍"的说法创造出来的。大家知道,最初从印度那里传来了"禅",然后由中国人在唐朝创制出了禅宗,可以说是佛教在中国的一种新形态。宋朝时,禅寺就已经很兴盛了。南宋时,13世纪初的嘉定年间,有一个礼部侍郎叫史弥远,向朝廷奏请设立禅林的五山十刹制度,简单地说,就是把当时林林总总的大小禅寺分个级别、定个高低,以五山为最高,底下还有十刹。当时定的五山是:杭州及周边的径山寺、灵隐寺、净慈寺以及宁波郊外的天童寺、阿育王寺。在南宋及以后的时期,这五座禅寺就被定为中国最高级别的禅寺。日本在9世纪停止派遣遣唐使之后,日本与中国的官方往来差不多就中断了。北宋的时候,官方和民间的往来也比较少。但是到了南宋,日本的平安时代已经结束,开始了武士当权的镰仓时代,有一些道德学问都很高的僧人坐了商船到中国来,比如荣西、道元等,把南宋时期的禅宗传到了日本。当时掌权的北条家族,也想借助中国文化的力量与京都那边的传统势力相抗衡,于是模仿南宋的五山制度,在镰仓也设立了五山,分别是建长寺、圆觉寺、

寿福寺、净智寺和净妙寺。在镰仓幕府倒台之后，1335 年京都方面另外建立了京都五山，觉得自己在权威上要高于偏远的镰仓，因而停止了镰仓的五山，直到 1386 年才认可了镰仓的五山，因此日本就有了两套五山制度。京都的五山，从顺序上来说，分别是天龙寺、相国寺、建仁寺、东福寺和万寿寺，另外把最初曾列为五山最高格的南禅寺，定为别格，也就是特别的位置。顺便说一下，属于禅宗寺院的五山，在日本基本上都是属于中国传过去的临济宗。换句话说，日本的五山，是禅宗内临济宗的寺院，在如今日本的佛教中具有极大的影响力。这两地的五山，都成了从镰仓时代晚期到室町时代中期的日本文化高地，并由此诞生了五山文学，带动了日本禅学、庭园、建筑、茶文化的发展。我曾经踏访过京都的五山，当年的万寿寺今天已成了东福寺的一部分，它的名字差不多也被湮没了，而其他几座寺院，在今天的京都依然享有崇高的地位。镰仓的五山，我曾去看过建长寺和圆觉寺，面貌与初建时的格局有了一些改变，但依旧古色苍然。

　　第二，五山文学是什么？五山文学就是诞生在寺院里的日本汉文学。为什么要特别把佛寺的文学拿出来讲一下呢？第一，日本的镰仓时代和室町时代，都是武家将军掌权的幕府时代，以朝廷的王公贵族为中心的公家势力已经大为衰败，日本的文化和艺术的精华差不多转到了寺院里，僧人成了整个社会最有学问、最有文化的人，寺院和僧人的地位很高，朝廷和幕府都非常看重他们，在禅林中形成的文学，在日本就获得了很高的地位。第二，五山文学可以说纯然是汉文学，与中国的禅林有着极为密切的关系，这才是我真正感兴趣的地方。融入了更多日本本土元素的国风文化兴盛起来，汉诗汉文就渐渐淡出了日本的主流文坛。差不多一直到了中国的南宋时期，由于民间贸易的展开，两国的僧人就坐着商船互有往来，禅宗就是在这个时候传入日本的。1246 年，临济宗高僧兰溪道隆受镰仓幕府第五代将军（当时叫执权）北条时赖的邀请来到镰仓，开创了后来被列为镰仓五山之首的建长寺；1279 年，已经是天童山景德寺首座的无学祖元，受镰仓幕府第八代将军北条时宗的邀请来到了日本，成了镰仓五山之一的圆觉寺的开山祖，最后在日本终老。还有一个叫一山一宁的，也是一位高僧，后来做了普陀山观音寺的住持。元王朝建立后，曾经两次攻打日本，都没有成功，于是就派了一山一宁作为和平谈判的使者去敦劝日本服从元朝，结果被当作间谍关了起来，但最后他的道德和学问折服了日本朝野，先后做了镰仓建长寺、圆觉寺和京都南禅寺的住持，受到了日本皇室的高度尊敬。这些高僧到了日本，把中国宋朝禅僧中流行的一些偈颂、诗文以及宋朝的木版印刷技术也一并带到了日本。那个时代，日本人看中国，还有较多仰视的姿态，于是五山的禅僧也开始模仿宋元的禅僧，吟诗作文，大约从镰仓时代晚期到室町时代中期（13—15世纪），在京都五山和镰仓五山中涌现出了一大批文学造诣很深的僧人，留下了许多汉诗文集。在日本朝野的眼中，这些人都是很崇高的存在，在日本文学史上留下了独特的硕果，木版印刷也被称为"五山版"。限于篇幅，这里主要介绍三位，一位是雪村友梅（1290—1346），另外两位就是被后人称为五山文学双璧的义堂周兴（1325—1388）和绝海中津（1336—1405）。

　　雪村友梅很小的时候就出家，在建长寺当来自中国的一山一宁的侍童，从小就受到一山一宁的教诲。18岁的时候坐船来到了元朝的中国，在元大都也就是北京待了两年，遍访各处高僧。由于那个时候元与日本的关系恶化，他也因此受到牵连而被捕入狱，幸好免于一死，就在中国各地游历，阅读了大量中国的经史子集，积累了深湛的汉学修养，最后担任了长安南山翠微寺的住持，被元王朝授予"宝觉真空禅师"的称号。在中国待了24年后，雪村回到了日本，受到了禅林和官方的敬仰，曾出任建仁寺等寺的住持。他在文学上的成就，体现在诗文集《岷峨集》和《宝觉真空禅师语录》中。这里试举后者中的一首："枯似荣兮俭似奢，醉霜枫叶染辰砂。一枝折向铜壶里，胜对春三二月花。"将佛界与俗界、实像与虚像自然地熔为一炉，让读者自己去仔细玩味。

　　义堂周兴和绝海中津都是日本著名的禅僧，也是造诣极高的造园家梦窗疏石（1275—1351）的弟子。义堂虽然没有去过中国，汉文学的造诣却是很深，曾出任五山的建仁寺、南禅寺的住持，留下了用汉文撰写的日记《空华日工集》和汉诗文集《空华集》。绝海中津应该是五山文学中成就最为辉煌的一位，被后人评为达到了日本中世（镰仓—室町时期）文学的顶峰。他 14 岁时从家乡来到京都的天龙寺，侍奉梦窗疏石，梦窗去世后便辗转在多个寺院参禅。34 岁时，渡海来到中国杭州，进入中天竺寺，后来又入灵隐寺等，拜名僧学禅，在中国总共待了 10 年，不仅佛法造诣很深，还习得了当时流行于中国禅寺的四六骈文体。四六句式的骈文体，在中国起源于汉末，南北朝时达到了成熟的境地，隋唐以后，科举考试中以诗赋取士，当时官方的公文基本上都是四六文体，宋以后在禅林中达到了新的高度，有学问的僧人，往往以能写得一手漂亮的四六骈文为自矜。绝海中津在杭州浸润 10 年，骈文的水准也为禅林所赞叹。回到日本后，很多著名的禅寺都请他来当住持，室町时代很有作为的第三代将军足利义满很看重他，请他来当自己创建的鹿苑寺的住持，但不久他就与足利义满意见不合，隐遁到山里，多年以后双方才重归于好。绝海中津不仅诗文十分出色，还把从中国传来的四六文体在日本的禅林中广泛传播，掀起了四六骈文体的热潮，影响一直沿承到了近代。他的作品集主要有《蕉坚稿》《绝海和尚语录》等。试举前者中的一首《宿北山故人房》："拟访北山友，来书偶见招。入门松日落，对榻夜灯烧。诗苦寸肠断，钟清诸妄消。天明辞胜侣，云雪涨溪桥。"诗苦寸肠断，或许是寻常诗人的感慨，钟清诸妄消，则又进入了一个禅林的世界。

第三，五山文学在日本的文学史或日本人的精神史上到底具有什么样的意义？五山文学可以说是中国的宋元文学通过禅林的路径在日本生发出来的汉文学，它是原本的汉文学传统在日本衰微沉寂了近 400 年后，经过禅僧的努力，重新绽放出了熠熠光辉。汉文学在日本虽然是一种外来的文学形式，却大大提升了日本人的文学品位和文学修养，在本民族的和歌、物语等体裁之外，有了一种更加精致整齐、美丽凝练的表现形式，与千百年来传承下来的中国古典和日本汉诗汉文一起，滋养了日本人的精神和日本人的文采，在一定程度上甚至已经渗入了日本人的骨髓。在今天的日语表现中，四六句式的词语依然比比皆是，这在很大的程度上都应归功于五山文学。在以后的江户时代，汉诗文也依然是日本雅文化的主干，成了学问学养的代名词。直到近代的明治和大正初期，中层以上的日本人，一般具有良好的汉学修养，几乎都可以写得一手不错的汉诗汉文。不仅文人如此，哪怕是赳赳武夫，比如日俄战争时期担任第三军司令的乃木希典，也能出口成章，做得一手气势铿锵的汉诗。室町以后日本人有如此好的汉学修养，当年隆盛的五山文学，可谓功不可没。2007 年 7 月底，东京国立博物馆举办了"京都五山·禅文化"的特别展，短短一个多月内，就有 10 万人观展，且每人的人场券高达 1500 日元（约 100 元人民币），可见五山、五山文学的魅力依然绵延不绝。

娱乐色彩浓郁的江户文学

在近代以前的日本文明史中，江户时代或许是一个最为有趣、最具有日本情调的时代，尤其在 17 世纪末期到 19 世纪初期的将近 200 年中，是今天人们认为的传统的日本文化达到成熟、走向绚烂的时期。其最重要的前提是江户时代绵延了 200 多年的社会安定和经济发展，这个在前面已经展开过了，这里不再赘述。其结果就是带来了城市的繁荣和市民阶级的诞生。市民阶级这个词有点新，历史上一般称为町人或者庶民，町人主要是指居住在城市里的居民，以商人阶级为主，庶民则是相对于王公贵族和中高级武士阶层的中下层民众。

城里的居民在衣食大抵获得满足之后，就要寻求快活、寻求娱乐。于是在文学上，就催生了两大类型的成熟，一个是戏剧，一个是小说。前者主要是大家都听说过的歌舞伎和人形净琉璃，后者则是形形色色的物语小说，日本的文学史上把它称为"戏作文学"。这两者几乎是同步进行的，其发祥地和兴盛地是被称为三大城市的京都、大阪和江户。

先来说说戏剧中的歌舞伎。歌舞伎最初出现在 16 世纪末，最早是一种女性的舞蹈团体表演。1603 年进入京都后，受到上层和庶民的广泛欢迎。后来他们就女扮男装，或者在一些茶屋里表演，或者形成一种歌舞剧的形态。后来当局认为有伤风化，禁止女子演出，也禁止年轻的男子成为主体。再后来，就诞生了类似于梅兰芳这样的男扮女装的角色，如今日本的歌舞伎，依然是清一色的男演员。江户时代最终形成的歌舞伎，是一种集台词、音乐、舞蹈于一体的戏剧形式，或演绎历史故事，或表现当今社会的各种世相。最为经典的剧目，就是1784年在大阪竹本座第一次公演的《忠臣藏》，以不久前发生的47名赤穗义士为主君报仇的事迹编写而成，宣扬了武士忠于主君、重视荣誉、轻视生命、集体献身的价值观，200多年来长演不衰。除了故事外，演员的演技是决定这一出歌舞伎是否卖座的关键，一些经典剧目，故事观众大都已经耳熟能详，人们来观剧，主要是冲着演员来的，这与中国的京剧也有点相似。不过与中国的传统戏剧不同的是，歌舞伎重要演技派的名角，历来都是这一家族世代传承的，比如市川团十郎，第一代的创建者生于1660年，至今已经传到第十二代，由于第十二代年事已高，实际上现在最当红的是他的继承者、长子市川海老藏，不仅演技做工好，长得也是相貌堂堂，一直是媒体的焦点人物。如今的观众，虽然以年长者居多，也不乏年轻人的身影，演剧的盛况虽然已不可与江户时代相比，但却如一棵常青树，一直受到部分日本人的追捧和喜爱。

再说一下戏剧中的人形净琉璃。净琉璃原本是一种有音乐伴奏的说唱剧。16世纪后半期，中国的三弦经琉球传到了日本，演变成了一种用拨片弹奏的三味线，净琉璃因此诞生，后来又加上了人形也就是木偶或偶人，操纵者和偶人同时出现在舞台上，称为人形净琉璃。根据剧情，偶人表现出不同的形体动作，另外有称为"大夫（太夫）"的人来依照独特的曲调念出不同人物的台词，伴有三味线演奏的音乐。与歌舞伎不同的是，人形净琉璃最关键的不是演员，而是剧本，是故事，人们来观赏的，除了偶人的操作、台词的念白以及音乐之外，主要还是来欣赏故事剧情，因此，剧本的创作差不多是决定一出人形净琉璃是否成功的关键。17世纪末期，诞生了日本最伟大的人形净琉璃剧本的创作家近松门左卫门（1653—1724）。他出身比较低微，但富有文学才华。这里又要提到一个名叫竹本义太夫（1651—1714）的人，他出身农家，自幼喜爱戏剧，跟着名师到处学艺，34岁的时候，自己在大阪的道顿堀（今天依然是一个有名的商业街区）开设了一家名曰"竹本座"的剧场，并创造了一种"义太夫节"的念白曲调。竹本义太夫一眼相中了近松门左卫门，请他来撰写剧本。第一个比较成功的是根据历史故事改编的《出世景清》。使他一举成名的是《曾根崎心中》，根据当时发生的真人真事撰写，说的是大阪一家酱油店的伙计，跟一个青楼女子好上了，酱油店老板要把自己的侄女嫁给他，竟然遭到了他的回绝，老板就很不开心，恰好那时老板借给他的一笔欠款被他的朋友骗走了，无法如期偿还，于是就跟那个青楼女子在曾根崎的树林里双双殉情。殉情，日语写作"心中"。剧本表现的是江户社会中人情与义理、金钱与爱情之间错综复杂的关系，最后导致了一起人间悲剧。这出戏获得了极大的成功，场场爆满，连演不衰，竹本义太夫为经营剧场而欠下的一屁股债也瞬间还清了。这个故事后来还被改成了歌舞伎的剧本。1715 年，近松门左卫门根据郑成功抗清复明的事迹创作了《国姓爷合战》的剧本，因为郑成功出生于日本的平户，他的母亲是日本人，因而日本人对他也很感兴趣。这部净琉璃以中日两国为舞台，故事宏大壮丽，情节跌宕起伏，已经成了人形净琉璃的一部经典曲目，也被改编成歌舞伎上演。时至今日，歌舞伎和人形净琉璃仍然是代表日本古典表演艺术的最重要种类之二。

在日本历史上，江户时代是小说的创作和阅读达到空前繁盛的时期，造成这一现象的，大概有三个重要的原因：一是城市的发展，尤其是商业的繁盛，造成了大批城市居民尤其是商人阶级的诞生，他们本身非常有故事，而他们也非常喜欢阅读故事；二是印刷技术和印刷业的迅速发展，使得各种小说读本如雨后春笋一般，充斥了各种书肆坊间；三是江户时代以寺子屋为代表的基础教育机构遍地开花，日本没有科举考试制度，一般人们接受教育，目的不是为了考取功名做官晋爵，而是为了书写、阅读和算账，因而在市民阶层中，识字率相当高，这就为文学作品提供了广大的阅读阶层。还有一个原因，当年明清时期中国的小说也作为商品通过长崎口岸流入日本各地，为日本的小说创作提供了新的样本。如果翻阅一下这一时期的文学史，会看到诸如假名草子、浮世草子、草双纸、洒落本、读本、滑稽本、人情本等各式名称，在时期上也会有些先后不同，这里不作具体的细究，大体都可以把它们理解为 17—19 世纪上半叶出现的各式都市小说，情形有点类似中国明朝冯梦龙和凌濛初等编订的"三言二拍"。

一开始，江户小说的兴盛地是商业都市大阪，最著名的作家便是井原西鹤（1642—1693）。他显然是一个绝顶聪明的人，最早是一位俳谐即充满了机智诙谐的短歌的作者，后来就以大阪的商人生活为题材撰写小说，创作了《好色一代男》《好色一代女》《日本永代藏》《世间胸算用》等一大批小说，赢得了无数的读者。《好色一代男》，写一个富裕商人家庭出身的浪荡公子世之介，自幼在女人堆里长大，一辈子在女色中寻求欢乐，一开始在家里与表姐、堂姐、女佣、寡妇等身边的女性发生各色各样的恋爱，34 岁以后，父亲去世，他继承了庞大的财产，于是拿了这笔钱在大阪、京都和江户各处的青楼里买笑买色，寻欢作乐，最后在 60 岁的时候，与 7 个同伴坐上了名曰"好色丸"的船只，驶向了一座名曰"女护岛"的地方再去寻求刺激的人生。粗粗看来，这是一部情色小说，但井原西鹤在声色犬马之外，还用写实主义的手法十分精彩地写出了各色市井人生，间或夹杂些人生教训，而不只是沦为一个浅薄的故事，几百年来各种版本在日本一直畅销不衰。《日本永代藏》则是一部由 30 个故事组成的短篇小说集，中心思想是商人应该靠自己的节俭、勤奋和聪明致富，换句话说，差不多是一部训导人们应该如何发家致富的作品，还包括一些致富以后不注意守财而潦倒没落的故事。本来或许会沦为比较无趣的教训故事，但作者以他出色的文学才华，非常生动地描写了都市中的各种商业活动，以及在商业舞台上跃动的各色人等，以及由他们表现出来的丰富的人性。总之，井原西鹤的小说故事性和文学性都很出色，它的中心思想或许与中国明朝末期的好货好色的人生追求有几许吻合，更多地表达了城市商人的人生思想。

作为书籍的文学作品的出现，背后一定有出版业的发达作为背景。17 世纪下半期至 18 世纪前期的大阪和京都，出版业和书肆业极为兴盛。在这之前，出版几乎都掌握在大的寺院、贵族和各地大名的手中。17 世纪中期前后开始，民间的出版业兴盛起来，光京都一地，就有各类可以印刷出版书籍的机构近

100家。其中比较著名的有京都的八文字屋，书店老板不是等米下锅，而是很会做策划营销，他物色了一些很会玩乐又有些文采的人物，跟他们一起商议构思小说创作，其中比较走红的是江岛其碛，他是一个公子哥儿，经常出入各种青楼酒肆，对各家青楼的名妓十分熟识，于是就炮制出了诸如《倾城色三味线》等一系列的通俗小说，多少有些海淫海色，格调很低，缺乏井原西鹤的目光和制作故事的能力，虽然当时很受一帮酒足饭饱的富裕市民的欢迎，但在文学史上却没有什么地位。

再往后，政治文化中心转移到了东面的江户。18世纪中期前后，作为文化商品制造地的江户迅速崛起，各类通俗小说大为繁荣，涌现出了诸如曲亭马琴等一批著名的小说家，他的超长篇小说《南总里八犬传》，在情节构造、人物描写上受到中国《水浒传》的影响比较大。限于篇幅，这里就不展开了。后人把江户时期这类主要供人消遣的文学称为"戏作文学"。

日本近代文学是怎样发生的?

日本近代文学的发生，就如同日本近代社会的开启一样，主要是在西洋文明的刺激和冲击之下展开的，倘若没有近代西洋文明的传入，大概就没有后来的日本近代文学的诞生。因此，在开始的阶段，主要是翻译和介绍西洋文学，然后是各种模仿和学习，之后形成了日本近代文学的整体面貌。

上一讲已经说到，江户时代的日本文学总体上被人称为"戏作文学"，主要供市民阶层消遣娱乐，从中获得快感的同时，也接受一些人生训导，故事都会比较好看，但对于人性、社会的思考却相对薄弱。19 世纪 70 年代后期，伴随着启蒙思想运动和自由民权运动的发生，有些人从政治诉求的目的出发，开始编译一些西洋的政治小说，比如从英国政坛大佬、政治小说家李顿的《欧内斯特·马特弗斯》改编过来的《花柳春话》(织田纯一郎译，1878)，根据英国著名的历史小说家司各特的《莱莫默尔的新娘》编译的《春风情话》(坪内逍遥，1880) 等，主要是为日本读者打开了一扇西方的窗口，起的书名仍然不脱江户戏作文学的窠臼。类似的还有法国科幻作家儒勒·凡尔纳的《八十天环游地球》等，追求新异奇幻。受此影响，日本出现了几种影响较大的政治小说，比如矢野龙溪的《经国美谈》(1883)、柴四郎的《佳人之奇遇》(1885)，这两部小说梁启超避难到了日本后，曾在 20 世纪初把它们翻译成中文。矢野龙溪很熟悉英美的法律，曾经怀抱一腔热血试图推进日本的民主政治，后来因为染病卧床，于是就把自己的政治理念以小说的形式抒发出来。柴四郎曾经到美国游学 6 年，目睹了世界政治风云的变幻，于是就通过小说来谈论政治话题。这类作品虽然迥异于传统的戏作文学，所取的素材和描述的人物场景也具有时代的新鲜感，但毕竟还不是真正意义上的近代文学。

一般认为，日本近代文学的真正起步，在理论上是坪内逍遥（1859—1935）1885 年问世的《小说神髓》，在实践上是二叶亭四迷（1864—1909）1887 年付梓的长篇小说《浮云》。坪内逍遥 1883 年从东京大学政治经济科毕业后到了早稻田大学的前身、东京专门学校去教书，可以阅读英文，他当时读了一些西方的文艺理论书，于是就自己撰写了一部文学论著作《小说神髓》，主张小说的重点第一是人情，第二是事态风俗，不应该拘泥于劝善惩恶的说教功能。这部书在理论上谈不上有多大的体系性和深刻性，但被认为是日本近代文学在理论上的开山之作。稍后从东京外语学校俄语专业毕业的二叶亭四迷也出了一本《小说总论》，较多地汲取了俄国批评家别林斯基等人的写实主义理论。坪内逍遥也按照自己倡导的新理论创作了一部小说《当世书生气质》，但在文学上却谈不上是一部成功之作。倒是二叶亭四迷在实际创作上作出了杰出的建树。通晓俄文的他，开始时从翻译文学入手，他翻译了屠格涅夫的《猎人笔记》中的几个短篇，受西方文字的影响，他突破了日文旧式的文言表述，创造了一种"言文一致"的新文体，类似于中国五四时期出现的白话文学，优美、简约、凝练的文字获得了读者的高度认可，于是他就在 1887—1889 年间推出了自己创作的长篇小说《浮云》，描写了一个受过近代教育、在政府机构中担任下级官吏的知识人文三的家世、恋爱和内心的孤独等，在故事的精彩性上也许并不算动人，但却注重描述人物的内心世界以及对于社会的思考，已经完全不同于江户时代的戏作文学，被认为是日本近代小说的先驱之作。

与小说相比，诗歌的革新要滞后一些。这是因为在当时，任何一种文学样式如果要从传统的窠臼中突破出来，没有外来新风的刺激几乎是不可能的，而诗坛上擅长写作俳句、短歌和汉诗的文人，一般都不通西洋语文，而一些深谙西洋语文的人物，诸如福泽谕吉、中江兆民等人，都热衷于鼓吹启蒙思想，精力多投于政治运动，因而在诗坛上，差不多是旧态依然。这期间也有像中村正宇这样自海外回来的人翻译过一点英美诗人朗费罗、拜伦等的诗作，但当时都是用汉诗体译出，形式上仍然是传统的五言七言诗，使人感受不到西洋的新风，而且数量也很少，无法酿成革新的空气。这种冷寂的状态一直到了 1882 年才被打破。当时有外出正一等三位东京大学的教授，分别出身于社会学、植物学、哲学专业，通晓英文，联手出版了一部《新体诗抄》，摈弃了方整的汉诗形式，把五七调的短歌拉长，翻译出了 14 首西洋诗，又加上自己创作的 5 首新诗。门外汉弄文学，难免有些不高明，却给当时的诗坛注入了一股鲜活的清泉，引来了人们的喝彩，出现了不少仿制的诗作集，但旧文学的痕迹依然很深。

1889 年 8 月问世的《于母影》，标志着日本新诗坛的真正成立。这部诗集的译者是森鸥外（1869—1922）及其文学社团新声社的同人。森鸥外从东京大学医学部毕业后不久，去德国留学，主业自然还是医学，但他酷爱文学和美学，日后受德语文学的影响巨大。《于母影》选取的原诗是歌德、海涅、拜伦等各位大家的抒情味很浓的诗作，在突越语言的障壁上获得了圆满的成功，可以说由此奠定了日本新诗发展的方向。如果说小说界确立近代轨迹的第一步是来自写实主义的影响，那么在诗坛上吹拂的更多的是浪漫主义之风。到了 1890 年前后，日本的新诗坛渐趋成熟，岛崎藤村（1872—1943）先后推出了《若菜集》《一叶舟》等诗集，抒发了青春的情热和漂泊的旅愁，清新可诵。同时，土井晚翠（1871—1952）等一批新诗人也接踵踏上诗坛，创办了《文库》《明星》等杂志。至此，日本诗歌也完成了从传统向近代的转轨。

日本文学一旦实现了向近代的转轨，就迅速地与以欧美为中心的世界文学交流汇合，西方新兴的各种文艺思潮立即涌入了岛国日本。继写实主义之后，最先对日本文坛产生影响的是浪漫主义，1889 年森鸥外组建的新声社创刊了被认为是传播浪漫主义的机关刊物《水栅草子》，翻译介绍了法国作家雨果的剧本《克伦威尔》的序言，森鸥外自己早期的小说《舞姬》等就具有浓郁的浪漫主义色彩。而最具有浪漫主义气质的诗人，应该是北村透谷（1868—1894），他受英国诗坛尤其是拜伦、雪莱、华兹华斯等人的影响很大。岛崎藤村的早期作品，也可归入浪漫主义的范畴，但藤村不久转入自然主义，北村透谷也在 25 岁时自杀身亡，于是势头很猛的浪漫主义在日本竟然很快地就退潮了。差不多在同时，法国的自然主义在日本登陆，最早介绍左拉的自然主义理论的，也是森鸥外。不过，对日本文坛影响比较大的，不是左拉，而是莫泊桑。法国的自然主义，到了日本演变成一种叙写自己身边事或者以自己的生活经历为题材的所谓"私小说"，比如永井荷风的《地狱之花》、岛崎藤村的《破戒》、田山花袋的《棉被》等，描写虽然很细腻，格局却显得比较小，逐渐蜕变为身边琐事的细致描写和自我经历的赤裸裸的告白，而缺乏对社会的批判力。

作为对自然主义的反动，1910 年前后日本文坛上出现了两股新的文艺思潮。一个是唯美主义，木下杢太郎等 1908 年在东京组织的"牧羊神之会"，试图把异国风情和古老的江户情趣调和在一起，追求一种唯美的境界，这一派最出色的作家当推永井荷风和谷崎润一郎。另一个是"白桦派"的人道主义。学习院出身的武者小路实笃和志贺直哉等受晚年托尔斯泰的影响，在 1910 年创办了《白桦》杂志，鼓吹正面的向上的人生，除了文学外，较多地留意艺术，介绍罗丹和后期印象派的作品，其文学成就，以志贺直哉的小说为最高。

以后，象征主义、社会主义的文学也从西方传来，在日本结出了自己的果实。至于像夏目漱石等作家，大家比较熟悉，限于篇幅，这里就不具体展开了。

从以上的概述可以看出，日本的近代文学完全是在西方近代文学的感召、冲击之下出现的，最初经历了一个从传统向近代转换的实验期，渐渐地，日本本土的近代文学建立了起来。近代文学的建立，主要以两个为标志。一个是思想内容，即表现近代对社会、对人生人性的认识，其实质内容与江户时期的戏作文学已经大相径庭；另一个是表现形式，明治中后期出现的新小说，无论是短篇还是长篇，基本上都是以西方小说为楷模，大致洗去了旧小说的风格和形式，语言也大多脱胎于翻译文学，形成了一种精致的口语体，至于诗歌等，则完全是外来的形式，意象、句式和内容与以前的俳句、汉诗相比，差不多换了一个面貌。可以说，日本近代文学的出现和完成，与整个日本社会从前近代向近现代转型的进程是一致的，同时，也因为多年来的历史积淀和日本本地风土的影响，烙上了深刻的日本的印记，而并不单纯是西方近代文学的翻版。

日本当代文学：不止是村上春树

　　日本的近现代文学，一般来说，大致有两个系统。一个是所谓的纯文学，也就是说比较注重文学本身，以人、人生、人性为主要的描述和思考对象，同时注重文学的表现样式、文学风格、文学手法、文辞的表现等。这一系统的作品成就，后来大抵由文艺春秋社于1935年创设的芥川奖来进行评价，文学史或文学评论家所论述的，基本上是这一系统的作品。另一系统是所谓的大众文学，或者说通俗小说，故事性和娱乐性是它的主要功能，它也有一个评价机制，是与芥川奖同年设立的直木奖，有的读者偏爱纯文学的，有的读者喜爱通俗小说，更多的是两者都阅读，发行量往往是后者更多一些。

　　先说一下纯文学的。

　　我自己的一个感觉是，如果说战前的日本近代文学主要是重在描述，即描述明治、大正和昭和初期的日本人的外部和内面的生活，那么战后以来的当代文学则更多是对自己民族精神的反思、内省和剖析。战后由于基本实现了主权在民的民主制度，对文字和言论的各种禁锢、压制已被完全打破。从1937年日本发动全面侵华战争一直到1945年日本战败，日本文坛一直在官方尤其是军部的严厉控制之下，几乎没有出过什么有价值的作品，即使有，也很快被封杀了，比如谷崎润一郎的《细雪》等。战后，日本人获得了前所未有的言论自由，作家们也从战时

的压抑中苏醒过来，尤其是中青年一代，他们或者从自己的战时经历出发，或者从宗教中去寻求某种思想力量，通过文学故事的演绎，从战争的悲剧性结局来思考日本民族乃至人类、人性的复杂性，涌现出了诸多文学史上熠熠闪光的作品，形成了所谓"战后派"的作家群。大冈升平（1909—1988）、椎名麟三（1911—1973）、武田泰淳（1912—1976）、野间宏（1915—1991）、堀田善卫（1918—1998）、安部公房（1924—1993）等是早期一代的战后作家，后来又有开高健、石原慎太郎、江藤淳、大江健三郎等一批新的作家的崛起。

以自己的战争体验为素材来探讨日本人的精神层面和人性的主要有大冈升平的《俘虏记》（1948）、《野火》（1951）、《莱特岛战记》（1967—1969）等，武田泰淳的一系列以上海为舞台描述战争后期各色日本人心路历程的小说（1947—1952），堀田善卫以日军南京大屠杀为主要描述对象的长篇小说《时间》（1955）等。大冈升平战前就毕业于京都帝国大学的法国文学科，是一位司汤达的翻译家和研究家，战争后期应征入伍，被派往菲律宾战场，在那儿被美军俘虏，又经历了一段自己所属的日军被美军击溃后的艰难逃亡。他的作品运用了法国现代心理小说的手法，非常细腻而又鲜活真实地写出了战争期间身为军人的日本人的精神扭曲，在极端困苦的境遇下人性的冷峻、残酷而又夹杂着一丝丝的温暖，也可视为优秀的反战文学。武田泰淳曾在东京帝国大学中国文学科读过一年书，后来因各种原因退学。他是一位僧侣的后代，后来自己也获得了僧人的资格，因自幼阅读佛经的缘故，培育了良好的汉文阅读能力，后来又学习现代汉语，基本可以没有阻碍地阅读中国的古典和现代作品，再后来又受到左翼思想的影响，对当局一直心存不满。1934年与竹内好等人一起创建了中国文学研究会。1937年应征入伍，被派往中国战场，虽然只是一名后勤的辎重兵，毕竟也经历过弥漫的烽烟。1944年再次来到上海，在上海体验了日本的战败，回到日本后，便以自己的战争体验和上海的经历为题材，撰写了一系列的小说；揭露了日本宪兵的飞扬跋扈，写出了各色日本人在特殊时代的各种面貌和内心世界。堀田善卫年轻时也迷恋法国文学，毕业于庆应大学，日本已经风雨飘摇的1945年4月，冒险来到了上海，目睹了日军在海外的种种"皇军"的行径，开始反省这场战争。战后在上海又待了一年多。回国后战争的阴影一直在心头无法抹去，于是作为一名小说家登上文坛，写出了十来篇以上海为舞台的作品，获得了芥川文学奖。1955年出版了长篇小说《时间》，以一个国民政府留守文官的目光，叙写了日军在南京令人发指的大屠杀行为，同时作者试图凸显出在这一非常时代、不寻常的环境中各色日本人、中国人所表现出来的复杂的人性，读来令人震撼。

战后文学中还有一个屡屡被人提及、在中国也拥有广大读者的作家，即三岛由纪夫（1925—1970）。他在战后的1947年毕业于东京大学法学部，却自小喜爱文艺，也称得上是一个文学天才。1949年发表了半自传体小说《假面的告白》，表现了一个在优越的家庭中成长起来的青年同性恋意识的觉醒，以及在行为上的尝试，并由此产生的虚幻的憧憬。这部小说以其题材的独特和描写的精致而受到人们的关注。他的作品中最为人们所知晓的应该是《金阁寺》了。他根据当时真实发生的金阁寺烧毁事件为题材，杜撰出了一个完全体现了他自己风格的故事。小说中焚烧金阁寺的和尚，更多地体现了三岛由纪夫本人的内心世界。首先是金阁寺无与伦比的美，震撼并征服了作品的主人公，在战争的后期，他甚至幻想自己与金阁寺一起在战火中成为灰烬，后来他有机会成了寺内的一个僧人，并获知寺院的住持也就是最头面的人物的肮脏行径，他觉得自己心目中神圣的金阁寺受到了玷污，他的幻想遭到了轰毁，于是便一把火烧毁了这座具有500多年历史的珍贵的古建筑。这部作品被认为是三岛由纪夫艺术性最高的小说，淋漓尽致地体现了他的唯美主义的追求，同时也透露出了他内心病态的倾向。他后来在思想上转向极端的民族主义，在1970年试图策动东京的自卫队发动兵变，失败后自杀身亡。

后来屡屡以右派言论出名、当了许多年东京都知事的石原慎太郎（1932—　）当年也曾是个文学青年。1955年还在一桥大学念书的他，发表了小说《太阳的季节》，获得了第一届文学界新人奖以及当年下半年的芥川奖，一举成名。这部作品的文学价值虽然不怎么被评论家看好，但它以有些异常的形态讲述了一个拳击部的高中生在银座邂逅了一位姑娘，然后发起猛烈追求的故事，对于性的异色描写以及小说中所表现的青年人的狂放不羁的姿态，多少使当时的读者感到了新奇和刺激，第二年被拍成电影，成了人们议论的话题，"太阳族"一词也成了形容战后新的一代的流行语。后来石原还写过《处刑的房间》和《疯狂的果实》，也立即被拍成了电影。成了名人之后的石原轻易地登上了政坛，1968 年当选为国会议员，在政治态度上以极端的国家主义者著称。

20 世纪 70 年代登上文坛的村上春树，基本上也可归入纯文学作家的类型，大家对他已经很熟，不再赘述。

大众小说的领域，必须提及日本的推理小说。日本的推理小说之父，无疑是战前就声誉鹊起的江户川乱步，但成就最高者，我认为是松本清张。把松本清张归在大众文学的范畴内，对他有些不公。他最初是以获得芥川奖的小说《某一〈小仓日记〉传》成名的，但这部小说恰好也是直木奖的候选作品，因此可以说，松本清张具备了所有文学领域内的才华。我在大学读日文时，就看过他的原作《点与线》，包括《眼睛的障壁》《日本的黑雾》《砂器》等在内的几乎所有他的作品，故事扣人心弦，推理缜密细致，文字表现干净利落，但主题都直指社会的弊病、人性的黑暗，具有强烈的批判力和思考力。小学毕业的他，不仅文学成就杰出，而且在历史研究特别是历史细节的追究和挖掘上，也做出了出色的成绩，令文学界对他刮目相看。至于其他的推理小说，日本每年都有大量涌现，题材不断扩大，手法也千变万化，东野圭吾是近年来颇受中国读者青睐的作家。不过，一些作者为了博得读者的眼球，除了悬疑之外，神秘、异灵、迷幻，甚至成了变态心理学、犯罪心理学的大杂烩，对人性的思考反而减弱了，有的甚至落入了某种窠臼，格局大同小异，难免令人生厌。

日本的当代文学，还可以举出许多，单部作品发行量超出百万的，差不多可以举出上百部，限于篇幅，这里只能匆匆打住了。

日本的造园艺术体现了怎样的审美情趣？

　　日本的庭园，发展到如今，已经达到了相当高的水准，形成了自己独特的风格。虽然都属东方文化一流，然在精致、细巧、优雅诸方面具有浓郁的日本风情，当年郁达夫就曾对此赞美不已："日本人的庭园建筑，佛舍浮屠，又是一种精微简洁，能在单纯里装点出趣味来的妙艺。甚至家家户户的厕所旁边，都能装置出一方池水，几树楠天，洗涤得窗明宇洁，使你闻觉不到秽浊的熏蒸。"（《日本的文化生活》，《郁达夫文集》第4卷，花城出版社，1982年，第159页）但即便是很有味的日本庭园，若要追溯其渊源，还是发自中国的文化，这一点日本的庭园研究家也普遍这么认为。

　　相对于中国大陆文明，日本列岛上的文明起步较晚，庭园也是较晚才出现的，大约在8世纪的奈良时代前后。平安时期在王公贵族的阶级中形成了一种称为"寝殿造"的住宅样式，其特点是在寝殿的南面筑有一庭园，园中均引水凿建一泓池水，池中筑一名曰蓬莱的小岛，有桥相连接，这已成了"寝殿造"的一种固定格局。这一造园思想或者造园的格局，从直观上来看，是中国帝王思想及中国皇家苑囿格局的传承，但实际的根源却在于道教思想。在平安中期出现了日本历史上最早的一部关于造园的专门著作《作庭记》，作者据说是橘俊纲（1028—1094）。这部著作论述的主要是"寝殿造"内庭院的布局和营造方法，但却充满了阴阳八卦、敬神求仙的道教风水思想，书中将东西南北分别定为青龙、白虎、朱雀和玄武，颜色分别为青、白、赤和黑，分别表示清流、大道、平野和山岳，造园时在引水、布石和筑屋诸方面不能违背上述四神的象征意义。将这四神分别配置在东西南北之后，那么中央的建筑或庭园就是理想之境，也就是蓬莱仙境了。由此，园池中央的岛便是蓬莱岛，如果池面宽广，池中筑有一组岛屿，那依次就是蓬莱、方丈、瀛洲、壶梁等等。这一充满了道教色彩的造园思想尤其为统治阶级所遵奉，在皇室和幕府将军所营造的庭园中时常可见体现这一思想的布局。这一倾向到了桃山和江户时代尤为兴盛，16 世纪末丰臣秀吉下令在京都营造的醍醐寺三宝院庭园的池中，设置了蓬莱、方丈和瀛洲三岛；1601 年，江户幕府的开创者德川家康在京都筑二条城，里面的二之丸庭园内也有上述的三神仙岛；江户时期水户藩主德川光国于 1669 年建成的、现在仍留存在东京的后乐园，园内就有一叫大泉水的池，池中有一名曰蓬莱的小岛，可见这一传统源远流长。平安末期以后，皇室衰败，贵族势力萎靡，镰仓时代主要是寺院的庭园，特别是禅宗的传入和净土宗的兴起，日本出现了不少出色的庭园。而室町时代可说是日本造园史上的黄金时代之一，幕府将军个人的宅邸和寺院的庭园中都有一批佳构。尤其是出了一位杰出的造园家梦窗疏石（1275—1351），使日本的造园达到了很高的水准，我们今天看到的西芳寺、金阁寺（正式名称为鹿苑寺）、银阁寺（慈照寺）等，据说都是出自梦窗的手笔。梦窗是一位临济宗的禅僧，也是五山文学的领袖之一，他制作的庭园开创了日本式庭园的典范。但是梦窗本人汉文学造诣深厚，又精研佛理，对中国文化体会很深，他的庭园风格中也可见明显的中国影迹，特别是对模山范水的讲求和对自然情趣的追求以及对于局部细节的精心勾画等方面，完全是东方思想的表现。

以中国园林为主要的东亚式庭园与西洋庭园的一个很大的区别是尽可能地接近自然的原本状态，使人在人为的庭园中也尽可能地有一种置身自然的感觉，从而达到与自然互为感应、互为交融的境界。因此在造园的宗旨上是模山范水，求其自然率真，而摒弃人工的划一整齐，在具体的手法上大抵采用凿池、筑山、引水、叠石这样几种手法。这种凿池引水的做法在中国园林最初传入日本时就一起流播。最典型的就是上面说到的"寝殿造"结构，在南面必凿筑一泓池塘，然后将水源引入池内，这样就在整个庭园中形成一条曲曲弯弯的小溪，日语中将此称为"遣水"，似可译为"曲水"，规模大的，也可在此举行曲水流觞。有的庭园史家解释说，京都夏天酷热，引郊外山泉或溪流入园，可使人有清冽之感，减少暑气，同时也平增许多风情。

遍走日本的各处庭园，除了室町时代发展起来的枯山水外，池水或流溪是必不可少的一个组成部分，大部分还是主要的建构。而且这池水不是西洋庭园中或是印度泰姬陵前的长方形或其他几何形，而是蜿蜒多姿的不规则形。特别是江户时代成熟起来的环游式庭园，与中国中唐以后的庭园有极大的相似性，均以池水为中心，有廊阁、曲径和小桥互为相连，迂余往复，移步换景，池水与周围的林泉亭阁浑然融为一体，具有明显的东方情韵。

筑山叠石的手法，最初自然也是传自中国，但由于日本没有中国的具有"漏、透、瘦"特点的太湖石，因此筑山叠石的手法和造型就与今日我们在中国园林中常见的叠山理水有较大的不同。镰仓时代以后中国禅宗全面传入，禅不仅作为一种宗教，更多的是作为一种人生的思想和生活的美学逐渐渗入一般日本人的日常中，日本的枯山水和茶庭中的叠山布石，更多地透发出几分禅意和画思，很耐人细细玩味。

这里要来说说枯山水。枯山水是一个日语词汇，虽然山水一词源自汉语，汉语中也有山水画或枯笔画法的词语，但是枯山水却是日本人的创造，不仅是词语，而且枯山水样式的庭园也是日本人的创造。说得简单些，就是一种没有水池也没有河塘的庭园，典型的枯山水甚至没有泥土和植物，一般是在建筑物的一面或是庭院的一隅，在其地面上铺设细白的沙砾（或者细石），以象征水面，另外在沙石的地面上或横或竖地堆置几处石块，以象征苍山或海岛。这样说来好像没有什么诗情画意，其实不然，因为对铺设在地面的沙砾很讲究，而且要依照不同的创意爬梳出各种或曲或直、或粗或细的纹路，以示涟漪、微波或是波涛等不同的质感，垒石叠山也不是随意放上几块即可，而要精心构划，巧作布局，使之成为一幅耐人寻味的山水小品。京都龙安寺、大德寺的大仙院和妙心寺等乃至全国各地的庭园中，都可见或大或小、或精雅或粗俗的枯山水。

枯山水的美学思想的源泉来自禅宗。日本著名的造园研究家重森三玲在《枯山水》一书中说："进入了东山时代（指室町时代中期，因足利义政将军移居至东山而得名——引者）后，以禅宗为中心的艺术愈益显出了它的重要性，作为庭园的枯山水获得了急速的发展也是理所当然的了。因此，当时的枯山水之所以能在形式和内容上得到了统一，缘由就在于有了禅宗的思想背景。枯山水在象征主义的发展阶段中，具有很大的禅宗特色，这一点不可否定。"（大八洲出版株式会社，1946 年，第 94 页）另一位学者久松真一在《禅和美术》（1958 年初版）一书中认为枯山水的代表作龙安寺的石庭体现了禅所具有的七个特点：不对称、简素、枯高、自然、幽玄、脱俗、静寂。

枯山水的造型得以成立的另一个重要背景是宋元水墨画的影响。宋元水墨画（还可包括以后的《芥子园画谱》）对于山水的理解、表现以及画面上山水风景的布局都极大地影响了日本人的审美视角和审美意识，自然也影响了枯山水庭园作品的布局和造型。还是引用重森三玲的著作：

> 到了室町时代，枯山水已不注重模拟自然的景致，而是仿照水墨画等山水图来加以谋划制作，这时候，因为模仿的不是自然本身，所以可以明白具有很明显的象征色彩，这是为使庭园的构建更加接近完美而付出的努力的结果，在那个时代，人们就已意识到了与其模写自然的风致，还不如模写山水画更为便捷。这是因为水墨山水画其本身就富于象征的意味，人们从中发现了更快完成枯山水庭园的捷径。（《枯山水》，第 90—91 页。）

我个人的感觉是，枯山水的耐看，一在于它的造型，从不同的视角望去，就有不同的景象呈现，二在于四时日光的变化造成了光影变幻，朝夕最佳。在战后登上文坛的作家远藤周作曾这样抒发自己的感觉：

　　这时恰好西斜的阳光落在了白色的沙砾上，投下了石头的阴影。就在我呆呆地凝望着的时候，白沙似乎变成了湛蓝色的大海。五处叠石，个个变成了仿佛在哪里见到过的岛屿。岛屿上有石头山，峻峭的山崖上好像还疏疏落落地生长了些灌木丛。在这处岛屿的附近，海浪冲击着一块稍稍露出水面的岩石，飞溅出浪花。把目光投向远处的海面，在远远的地平线上可见岛屿上起伏的山脉，和山脚下绿色的原野，原野上星星点点地散落着粉墙的民家，令人联想到粉墙内的种种不知晓的人生。(《昭和文学全集》第 28 卷，小学馆，1989 年，第 588—589 页。)

　　我认为，就像茶道一样，枯山水的美学思想和构图的创意也来自中国，即禅宗思想和宋元的山水画，但是把两者非常自然妥帖地糅合在一起，在造园上形成了独特的枯山水，则是日本人的创造，它所体现出的日本人的审美意识，便是不对称、简素、枯高、自然、幽玄、脱俗、静寂。

书院造：16世纪完成的日本传统建筑

我们今天到日本去，参观寺院、神社，或者到日本风的料理屋里去用餐，甚至会有机会去小城和乡村的日本人家里做客，明显会感到，日本的建筑，在外观上跟中国似乎很相像，可里面的构造，却具有鲜明的和风，尤其是必须脱鞋入内的榻榻米式的房屋，跟所谓传统的中国建筑，已经大相径庭了。那么，早期列岛上的日本人是住什么样的房子呢？是什么时候开始，形成了今天我们所看到的日本式建筑的呢？

在日本最早的官方文献《古事记》《日本书纪》里，对于房屋建筑几乎没有什么记载，后人对此的了解，主要是依据考古发掘和研究。在以狩猎、采集等为主要营生手段的绳纹时代，人们大都居无定所。农耕文明传来后，伴随着耕地的诞生，便在耕地周边形成了一些村落。那时的日本人，主要居住在半穴居的住所里，就是向地下挖出1米左右的深度，上面再盖一个简陋的屋顶，以躲避风雨。1974年，研究者们对大阪市内的长原遗迹进行了发掘调查，从里面挖出了一些黏土做的房屋模型的陪葬品（日语称为"埴轮"），经研究确定，大概是4世纪下半期的物品，也就是大和国家正式诞生之前。由此可知，当时人们居住的房屋样式，只是一个很简单的人字形屋顶的小屋，大都是有门无窗，式样也十分简陋。大概比这稍晚一些，发展出了一种中国傣楼那样的建筑样式，日语称为"高床建筑"，"床"在日语中是指用板材铺设的地面的意思。这种高床建筑，整个房屋用木柱子架起来，距离地面有一定的距离，另外造一个木楼梯从地面通往架起来的房屋。这样的建筑形式，在南太平洋和东南亚一带颇为寻常（中国的傣族也主要居住在毗邻泰国、缅甸的西双版纳地区），主要是避免地面的潮气和大量降雨的积水。日本早期的高床建筑，大概也是从南方传来的。如今用来祭祀天皇祖神的伊势神宫以及出云大社等，或者说神明造这一类的神宫样式，还留有高床建筑的明显特点。顺便说一下，日语里的"造"，指的是某种建筑样式。那时用来储存谷物等的仓库，基本上都采用这样的建筑，今天奈良很著名的皇家藏品的库房正仓院，也属于高床建筑。

　　607 年，圣德太子派了遣隋使与中国交往，后来又有 16 次的遣唐使，较为先进的大陆建筑样式和技术也由此传到了列岛上，首先体现在两个领域，一个是佛教的寺院，另一个是朝廷的宫殿和王公贵族的住宅。佛教的部分，前面曾经讲过，这里就上层阶级的住宅作一些展开。后来这种建筑样式，被称为"寝殿造"。所谓寝殿，就是睡觉的房屋，那时被认为是最重要的部分，是正殿，其他部分的建筑，都是围绕寝殿来构造的。寝殿，一般坐北朝南，在它的东西两侧，建有厢房或开放式的庑廊，财力许可的话，在中间凿一个水池，在东西厢房或庑廊的南端再建造一个殿宇，雅称为"钓殿"，意为可以在这里垂钓。"寝殿造"的房屋大都比较高大，没有专门的窗户，四面是两边可以开合的高大的木门，里面没有分隔的小房间，彼此只是用屏风等互相隔开，因而冬天大概会很冷，寒风会从木门的缝隙中吹进来，即使里边烤火取暖，偌大的房屋空间，恐怕也难以有效地使屋内暖和起来。外观看起来似乎比较宏伟，但作为住宅，确实有些大而无当，并不实惠。由"寝殿造"而产生了一种日语称之为"池泉回游式"的庭园，当年的王公贵族沿着廊庑和水池散步嬉戏，甚至还在池中堆筑假山，放一叶小舟在池中游荡。大约在 9—10 世纪的平安时代，"寝殿造"的大住宅完全成熟了，今天留存下来的 1053 年建造的京都宇治的平等院凤凰堂和京都御所（就是以前的皇宫）内的紫宸殿，大致还留有"寝殿造"的遗风。尤其是凤凰堂，前面还有一池水塘，这里也是《源氏物语》后半部的故事展开的舞台，后人根据《源氏物语》中的场景描写，将当时的"寝殿造"式样的建筑和庭园做了复原，并用很详细的图画绘制出来。这自然是一个非常好的参考，但毕竟不是历史的原物，只是后人的理解和想象而已。至少，我们在今天留存的平等院里，凤凰堂两边的庑廊已与正殿连成一体，只有不大的一段，并没有向东西两翼拓展，池水两边也没有建筑，所谓的"钓殿"，也没了踪迹。至于京都御所内的紫宸殿，则是后人重新建造的，早期的宫廷建筑屡屡毁于战火和大火。由于"寝殿造"的样式大而不惠，后来武家政权兴起以后，在自己建立幕府的所在地，就渐渐摈弃了这样的样式。对于后来日本人的传统住宅，严格地说，已经没有什么影响了。

镰仓时代掌权的将军或各地有影响力的豪族，曾经出现过一种称为"武家造"的住宅，但是文献中没有很明确的记载，实际的建筑物，今天大都没有留存。根据后人的推测，初期在一定程度上还是延续了"寝殿造"的一些元素，规模也相对要小一些。将军依然拥有自己的大殿，用来举行宴饮和仪式，但一所大宅子里，往往会分割成田字形，不再是空旷的一大间，有些房间内已经局部出现了榻榻米。可以看作是"寝殿造"与后来出现的"书院造"之间的一种过渡样式。

今天，日本人把传统日本式的建筑样式，称为"书院造"。什么是"书院造"呢？先从书院说起。"书院"一词原本从中国传来，在唐时指附属于衙门的书库、书籍编纂所等，到了宋朝则演变为讲习儒学的私人学堂，如著名的白鹿洞书院、岳麓书院等。南宋及以后，有相当一批中国僧人，如兰溪道隆、无学祖元以及一山一宁等，先后来到日本，日本也有诸如荣西、道元等僧人前往南宋学禅，就把中国的书院概念传入了日本。但书院一词传到日本被赋予了不同的含义，主要是指禅僧的住房兼书斋，成了僧人诵经学佛、与人会谈和说法的空间，因此房屋中设计了置放文具笔墨的地方，典型的表现是在墙面上设置高低错落的装饰架（日语称之为"违棚"）。在"寝殿造"的时代，纸糊的格子窗、用厚纸板支撑的拉门，都还没有诞生，甚至我们今天经常可见的用蔺草编织的榻榻米，也还没有出现。那时考究一点的地面，就是地板。

　　这样的一种所谓书院风格的建筑，在镰仓时代的末期和室町时代，逐渐演变成了上层武家用来会客或举行饮茶活动的会所。"会所"，这个汉字词语在室町时代的日本已经出现，并出现了接待客人和举行活动的"座敷"。"座敷"指的是铺设了草席也就是榻榻米的客厅，其功能类似于旧式中国的客堂，但样式迥然不同，一般无桌椅之设（到了近代出现了矮桌），主客均席地而坐，有主要供采光的纸糊的格子窗（日语称为"障子"）和厚纸糊成的木框拉门（日语称为"襖"）。这就是带有"书院"的"座敷"，这种建筑样式后来被称为"书院造"。"书院"的部分又逐渐演变为"床之间"，中文一般将其翻译为"壁龛"，勉强可通，它是在"座敷"中稍稍高出榻榻米的、略向内伸进的部分，壁面往往是悬挂水墨画或汉字的书法作品，下面置放插花或其他工艺品，高低错落的木架上也可置放文具或装饰物品。这样，"床之间"就完全成了一个装饰的空间。"书院座敷"的最初形态，是室町幕府第三代将军足利义满在自己居住的花御所室町殿之外还建造了一处专供社交、游乐的会所，以后历代将军的宅第内便另设会所，陈列、悬挂、展示他们所收藏的各种珍贵"唐物"。在千利休最终完成的茶道、最初被称为"佗茶"出现之前，这一类由武家的将军主导的讲究排场的茶会便被称为"书院茶"。不过，第八代将军足利义政不大喜欢豪奢，他营造的东山山庄内所建造的会所，样式逐渐演变成小巧素朴的"书院座敷"。现存最早的早期"书院座敷"，是足利义政建于1486年的慈照寺东求堂。如今，这一具有530多年历史的东求堂被完好地保存下来，被列为日本的国宝，同时被认定为现存最早的日本"书院造"建筑，每年只是有限地对外开放两次。我在京都居住了半年，先后去京都大概也不下30来次，每次去银阁寺，东求堂竟然都一直关闭着，难以入内一窥堂奥，心里总是觉得很遗憾。据介绍，里面还没有具备可挂书画、放置插花的"床之间"。

　　现在人们经常见到的"书院造"风格的建筑，大概在16世纪正式完成。17世纪初为德川家康在京都建造的大宅第"二条城"中的"二之丸"（原意是日本的城中围绕核心部分所建的外围城郭）的御殿，可以说是供最高层阶级居住的"书院造"的典型。在最外面的进口处，是守卫武士驻扎的"远侍"，往里走是德川将军会客的"大广间"，这里基本上具备了"书院造"的所有元素，再往里还有可供私人会见的"黑书院"，最里面是空间更小的"白书院"。一般的民居，自然没有那么阔气。

　　这里再把一般的"书院造"建筑作一个简单的归纳。建筑一般是单层，它的基本构成是，有一个供人脱鞋穿鞋的玄关，由此进入，一般是个广间，也是正式的"座敷"，也可理解为日本传统住宅的客堂，"床之间"就设在"座敷"内。"座敷"与屋子内的其他空间，用拉门来隔断和连接，采光则用白纸裱糊的格子窗。为防止风雨侵袭，格子窗和拉门的外面，设有木制的"雨户"，放下来就可遮蔽风雨。比较大的住宅，临屋子的南面，有一个较大的庭院，考究的，可做成石庭，也就是枯山水。沿庭院的一面，有一长排稍稍向外凸伸的"缘侧"，风和日丽或月朗风清之时，可在此或盘腿闲坐，或把两条腿垂在"缘"下，饮茶，观景，赏月，发呆，或与友人闲谈叙旧，实在是一个非常惬意的所在。这大概是"书院造"中最让我喜欢的空间。日本的料亭、寺院、庭园，大抵都有这样的设计。在今天城市的公寓里，纯粹的"书院造"自然已不复存在，但人们会尽可能营造一个和室，而其基本元素，自然是来自"书院造"。不过，即使是今天，无论在城市还是乡村，独门独院的房子并不罕见，而它的基本格局，大都还是"书院造"。

第
81
讲

从唐绘走向大和绘

说如今的日本是一个艺术比较发达的国家，绝非夸饰之辞。除了各类寺庙中保存的原创性的艺术品外，日本全境目前有各类博物馆和美术馆 2000 余家。1998—1999 年我在长野大学任教的一年里，坐着日本友人的车造访过或矗立在都市的楼群间、或掩映在乡村的树林中的近 20 家美术馆。顺便说及，在到处都是崇山峻岭、人口只有 210 万的长野县，竟有美术馆 60 多家，至少有一半都具有相当的规模，建筑的外部设计和内部装潢都很富有情调，藏品也颇为可观。1993 年的 3 月，我去游历神户，恰逢法国卢浮宫的部分藏品在神户博物馆展出，我也去凑热闹。尽管门票价格不菲，依然是观者如云，那天是礼拜天，门前排起了长蛇阵，很多是全家人或是母亲带了孩子专程来看画展，这场面使我颇受感动。当年戴季陶在《日本论》中这样评论过日本人："日本审美的程度，比较在诸国民中算是高尚而普遍。"日本人"最富的是幽雅精致，缺乏的是伟大崇高，尤其是伟大"（《日本论》，海南出版社，1994 年，第 170 页）。这应该说是比较中肯的。

日本人在过去数千年的历史中，创造出了比较辉煌的艺术，在世界艺术的园地中领有一席之地，有些明显占据了高地。但细细考察一部日本美术史（限于篇幅和本人的学识，这里只能以绘画为中心），从公元前 3 世纪的弥生时代起直至近代开始前，差不多可以说在每个阶段都或多或少地受到了来自中国大陆的辐射和影响。与世界上的各种早期文明一样，石器时代的日本人很早在陶器上留下了各种造型的纹饰，甚至也产生了形象奇特的陶偶，但迄今尚未发现壁画及任何形态的有形象的图画，甚至在已进入了农耕时代的弥生时代也是如此。从这点上来说，日本美术的发达相对而言是比较晚的。6世纪佛教传入日本，其意义绝不止于宗教，佛寺在建筑、雕塑、绘画和音乐等多方面将大陆文化带到了日本。同时在另一个意义上，它也成了日后日本文化得以孕育、成长和成熟的重要温床之一。

从隋唐开始，大和朝廷就更多地直接与中国交往，而不再经由朝鲜半岛的中介，因此唐的文化对日本发生全面影响，体现在佛教美术上就是一种雍容大度、宏伟庄严的气派。730年移建于奈良药师寺内的药师如来像，面容丰满，身躯魁梧，安定庄重，"这些要素都表明是深受中国初唐影响而产生的新样式"（久野健等编著：《日本美术简史》，蔡敦达译，上海译文出版社，2000年，第30页）。这一时期，佛寺殿堂内的壁画已颇为普遍，药师寺内的《吉祥天像》被认为是早期日本绘画中的杰作，虽是佛画，画面上却是一位美丽的女神，有学者评论说："奈良时代的天像几乎都表现出唐朝贵妇人的风姿。如果去掉她左手上的宝珠和头上象征着神性的光环，那高耸的花冠、细长的柳眉以及风韵的体态，简直就是唐张萱仕女图的翻版。"（戚印平：《日本绘画史》，中国美术学院出版社，2002年，第24页）

平安时代的前期（一般指794—894），日本与唐的交往主要以遣唐使的形式展开，学习和模仿唐的文化依然是这一时期美术的主要倾向。但到了中后期，在汲取和消化大陆文化的基础上，日本人也在酝酿和创造具有自己民族特色的美术，在寺院的建筑风格、佛殿内的格局配置以及佛像的塑造上，除了很自然地留有唐风的余韵外，还融入了日本人自己的理解和审美情趣。尤其是空海传入了真言宗后，佛像的塑造上密教的色彩很浓厚，向源寺内的十一面观音像无疑有明显的唐的影迹，以后密教在中国本土逐渐衰落，而日本密教风格的造像一直未曾中断，延续至今。10世纪时净土宗的兴起，使得净土一流的佛寺建造及佛像的塑造、屏风画的主题、佛寺内壁画的构图等方面都竭力营造一种曼妙的、华美的、亦幻亦真的极乐世界气氛。经过几个世纪的努力，日本本土的美术也在日益成长并逐渐走向成熟。

在日本美术史中，有两个互有关联的词语，一是"唐绘"，一是"大和绘"，这两个词语出现于平安时代。"绘"自然是指绘画，而"唐"一般自然也可理解为唐朝，但实际上唐绘除了表示唐朝时从中国传入的绘画外，还表示以中国的风土为题材的日本绘画，以后还指融入了中国的典故、风俗及景色的屏风画和隔扇画，甚至是宋元风格的绘画，"唐"在这里只是一个与中国有关的符号。而大和绘则是指在唐绘影响下成长起来的以日本风土为题材的具有日本风情的绘画。

大家知道，唐朝的绘画基本上还是以人物画为主，早期的唐绘也意味着各色人物图像。而仕女图是唐朝人物画的主要样式，相传为周昉所作的《挥扇仕女图》和《簪花仕女图》都是流芳百世的佳作，我们今天可从中一睹体态丰腴的唐朝美女风采。我不知道平安时期的日本是否也崇尚丰腴的美女，从《源氏物语》中对美女的描写往往多用"清秀妍丽""清丽可爱"这样的词语来看，似乎未必以丰腴为美，但现藏于奈良正仓院内的《鸟毛立女图屏风》等仕女图中的女子几乎都是圆圆的脸庞加上小巧的嘴，容貌和形态几乎与唐朝仕女图无异，可见早期的唐绘还是以模仿自唐传入的作品为主。当然也并不都是仕女图，《释奠图像》画的是孔子和他的弟子，《圣贤障子》里的人物汇集了 30 名中国历代杰出的名臣，如萧何、苏武、诸葛亮、魏徵等。唐朝从李世民时起不少帝王都喜欢将忠臣名将绘成图像并加上题赞悬挂于堂阁中，以勉励自己的臣下见贤思齐，从而促进教化，巩固自己的统治。日本的朝廷受此影响，也吩咐画工仿照绘制，于是就有了今天我们看见的一部分留存下来的这类图画。当然，能够留存至今的毕竟是凤毛麟角，有些我们只能借昔日诗文中的相关吟咏和描写来一窥其面貌的一斑了。编撰于 827 年的汉诗集《经国集》里收录了不少题写在画卷上或是描绘画卷图景的诗，如嵯峨天皇对清凉殿一幅山水壁画的吟咏："良画师，能图山水之幽奇。目前海起万里阔，笔下山生千仞危。阴云朦朦长不雨，轻烟幕幕无散时。……"由此可见，9 世纪时山水画也已经比较兴盛。

　　要在唐绘和早期的大和绘之间划出明确的界限也是有些困难的。最初的唐绘都是由遣唐使团直接带入的，比如空海归国时带回的不空三藏等的画像，就出自当时唐的画家李真之手。然后以来自大陆的画作为粉本，有依样画葫芦的，也有稍作改良乃至进行重大改作的。例如原藏于京都东寺的 10 世纪初的一个唐柜，四面绘有图画，表现的是弄玉和斗鸡的场面。弄玉和斗鸡都是唐朝世俗的游戏，据说后来也曾传到日本来，因此画面上表现的究竟是日本还是中国的情景，一时似乎难以判明，但总体上应该还是中国的情趣，故此物也称为唐柜。日本著名的美术史研究家源丰宗对此的理解是："人物的风俗等，是比较中国化的。恐怕是模仿中国的粉本绘制的。而且，其衣裳上的褶皱、看上去像纵形条纹的阴影以及描绘颧骨线的脸上的表情，继承了中国的传统。但是画面上悠然的空间表现、对对象形态的简洁的把握方法，还是体现了日本人的感觉。"（《日本美术史论究》第 1 卷，思文阁，1978 年，第 136—137 页）源丰宗的结论是，这是大和绘准备时期的世俗画。还有一幅也是由东寺旧藏的屏风画，题目就是《白乐天闲居图》，表现的是白居易隐居庐山时的情景。画面上有一间草庵，庵旁有树木十来株，两侧围有竹篱，一道清泉潺潺流过，不远处是一泓开阔的水面，草庵中间一老者正在持笔作诗，不远处有访客正下马走来。按照常理，这应该是一幅唐绘，但在戚印平的《日本绘画史》和源丰宗的著作中，都将其归入早期大和绘的范畴，理由是其开阔空旷的构图以及画面中表现出来的平明的感觉，已经具有了日本人的审美意识。

　　由此可见，初期大和绘因为明显受到唐绘的影响，自身的特征还没有充分地表现出来，但随着日本人自己的审美意识的逐渐发达和成熟，大和绘终于在 13 世纪的镰仓时代正式形成了独立的绘画形式。关于大和绘的精神特点，源丰宗在《日本美术史论究》中将其归结为"情趣主义"，对它的本质具体归纳了三点，一是文艺性，二是作为造型特征的平明性，三是优美性，这优美性兼有女性的柔美和典雅的心绪美（第 126—127 页）。从形式上来说，大和绘主要是四季绘和月次绘，即按春夏秋冬不同的季节来描绘自然的景色，或是按四季的背景来烘托或展开画中的人物和故事，一般以屏风画居多。唐绘的屏风画常常被用来放置在清凉殿、紫宸殿等皇室的宫殿这类公共场合，而后来的大和绘则主要被用作私人宅第的装饰，平安中后期以后，后一类需求越来越大，大和绘也因此获得了进一步的发展。现藏于京都神护寺的被认为是 12 世纪末和 13 世纪初的《山水屏风》，一般被看作是一幅典型的大和绘，画面中的"寝殿造"样式的建筑虽然明显受中国建筑的影响，但却是日本在 10 世纪前后形成的有日本特色的代表性建筑样式，另外画面上的猎鹰、鹿鸣和秋草也是这一时期和歌所吟咏的题材，已经染上了很浓郁的日本情调。大和绘自然是日本的绘画样式，里面所透发出来的精神和情趣也是日本式的，但它却是从唐绘中发展和演变过来的，从以上的叙述我们可以清楚地看到这一点。

雪舟：横跨列岛与大陆的杰出画家

雪舟（1420—1506）在日本被称为"画圣"，他主要是一位室町时代的水墨画家。

从唐人张彦远的《历代名画记》来看，中国的水墨画在唐朝就已经出现。张彦远提出的"墨分五色"的概念，在水墨画界可谓耳熟能详，他说："草木敷荣，不待丹绿之彩，云雪飘飏，不待铅粉而白，山不待空青而翠，凤不待五色而绰，是故运墨而五色具，谓之得意。"水墨画在五代时逐渐走向成熟，至两宋时则达到了全面的兴盛，一时名家辈出，佳作纷呈。但似乎以宋朝李公麟的人物画成就最高，他将人物画提升到了文人画的境界，精炼、含蓄，耐人寻味，具有文人画的审美意趣。至宋初，山水画分成北画和南画两宗，尤以南画对后世的影响为大，日本日后接受的水墨山水画，主要也是南画一流。南画在宋初的代表人物，或者说南画的始祖，是被米芾热情推崇的董源和巨然。到了宋朝，苏轼和米芾等人的水墨画又把文人画推到了新的境界，即苏轼所说的"诗画本一律，天工与清新"的境界。元朝在绘画上出了很多杰出的人物，黄公望、吴镇、倪云林、王蒙等元四家的水墨山水画，如《富春山居图》《秋江渔隐图》等，大都苍茫沉郁，墨气浑厚，流韵深长。

中国的水墨画何时传入日本，确切的年代似已不可考。水墨画的正式东传大概开始于南宋时期。室町时代的

14世纪，日本模仿南宋设立五山制度，禅宗在日本正式确立，禅僧间的往来更加频繁，水墨画也在这一时期大规模地传入日本。不仅有僧人的携带，并且通过贸易的渠道大量流入，文献记录的传入日本的宋元画作数以百计，绝大部分均是水墨画（因水墨画是宋元画的主流）。宋元画的传入，极大地丰富了日本绘画的表现形式甚至精神内涵。倘若没有禅宗和富有禅意的水墨画的传入，很难想象日后的日本美术以及相关的文化领域会是怎样的面貌。

现在要叙述一位在日本水墨画界被奉为"画圣"、与中国水墨画界的渊源也极为密切的大画家雪舟。雪舟出生于现在的冈山县。据江户时代狩野永纳《本朝画史》的记载，他的家境好像并不富裕，约在12岁时曾到家乡附近的宝福寺出家为僧，但又有文献说他在很早的时候就到了京都的相国寺，跟随名僧春林周藤学禅，春林给他起的禅名曰"等杨"。1463年他43岁时，来到日本的元代僧人楚石梵琦给他写了"雪舟"两字，意为"如雪之纯静，如舟之恒动"，于是他就以"雪舟"两字为自己的字，一般称之为"雪舟等杨"。对他的人生影响较大的是在相国寺担当都管的画师周文。周文是15世纪前半期日本极其重要的一位画僧，将中国宋元水墨画的精髓充分消化后创立了周文一派的画法，后来也成了室町幕府的御用画师。周文在相国寺时，画风已经十分纯熟，创作了诗画书斋图、送迎图等一系列代表作品。雪舟在相国寺跟随他学画，在技法和禅学两方面都获得了极大的教益。美术评论家中岛纯司教授认为："在这样的诗画轴钻研的时代里，等杨所掌握的是寄寓在高士隐逸的幽邃空间中的禅的境地和脱俗明净的圣域的设定。"（《名宝日本的美术14卷　雪舟》，小学馆，1991年，第62页）在相国寺期间，由于周文的画名太盛，雪舟无法获得崭露头角的机会，但这一时期对于他精神和画技的形成及成长而言，是一个极为重要的人生阶段。

当时禅林五山制度早已建立，但等级森严，若非名门出身，很难有出人头地的机缘。于是雪舟在40岁左右，离开京都，来到了当时颇有势力的诸侯大内教弘统治下的周防（现山口县东部），在与大内家族有关的一个小寺院云谷庵当了住持，也是从这一时期起，他正式开始了画家的生涯。他在相国寺期间就因画师周文的缘故而对宋元画具有极浓厚的兴趣，这时他对源于中国的水墨画就更为倾倒。随着他自己画名的逐渐提高，他感到日本的水墨画中可开掘的内涵已经不多，他极想到中国本土去探寻古典精神的本源，汲取营养之后再开辟新的画风。这样的机会终于来了。室町幕府为了与中国修好，决定向当时明朝的中国派遣遣明船。1467 年的一次遣明船，雪舟得以随船同行。这一年的 3 月，船队在宁波靠岸，雪舟等人按当时的惯例，去参拜中国禅林五山之一的天童寺。也许是出于礼仪的缘故，雪舟在天童寺被授予"禅班第一座"的称号，这使得在日本禅林中地位卑微的雪舟极感荣幸，以后他在作画时必落款"四明天童第一座雪舟笔"，多少有些炫耀的色彩，同时也说明他对中国的禅林怀着非常敬仰的心情，视若祖庭。8 月，一行人沿大运河启程去北京，11 月抵达。雪舟到中国来，目的是寻求文化的古典之源，访求名师，以使自己的画达到更高的境界，他晚年在《破墨山水图》的自序中写道：

> 余曾入大宋国（其实当时已是明朝，雪舟大概是为表示自己是师承宋元画宗，而仍称大宋国吧——引者），北涉大江，经齐鲁郊至于洛（此处并非指洛阳，洛在日本人的心目中只是都城的泛指，这里应该是北京——引者）求画师。然挥染清拔之者稀也。于兹长有声、李在二人得时名，相随传设色之旨，兼破墨之法。

这里说的是他曾随李在等人习画，破墨（现在一般称泼墨）之法似乎也是在这时掌握的。但实际上，中国之行在访求名师方面是让他感到有些失望的。雪舟在中国期间，正是明朝画坛处于低谷时期，戴进等一批名家已经谢世，而沈周、文徵明等的江南文人画尚未兴起，雪舟有"挥染清拔之者稀也"的感叹，也不一定是空穴来风，据与他一同到中国来的良心在《天开图画楼记》的记载，雪舟一行到北京的时候，适逢曾被烧毁的礼部衙门重建竣工，礼部尚书闻悉来京的日本人中有一位画家，就请雪舟在中堂绘制壁画，结果深得赞许，谓一个日本人犹有如此手笔，中华子孙当更加勤勉才是。这件事使雪舟十分得意，后来在日本广为传播，雪舟的地位也就越加如日中天，一直被奉为"画圣"。据良心在《半陶藁》冬景图上的题赞，雪舟曾对周围的日本人说："大唐国里无画师，不道无画，只是无师。盖泰华衡恒之殊，是大唐国之有画也。而其泼墨之法，运笔之术，得之心而应之手，在我不在人，是大唐国之无师也。"

　　但两年多的中国之行，仍使雪舟获益良多，最主要的是中国深厚的人文积淀和壮阔的雄山大川，使雪舟的心境和眼界随之大为开阔。良心在《天开图画楼记》中还记载他说："历览名山大川，自都邑之雄富，州府之盛丽，及九夷八蛮，异形奇状之物，一一模写，以得之于手而应于心，则其画意阔而大者，不言可知矣。"雪舟一路在中国游历，沿途所见之巍峨的高山、滔滔的江河，以及无数的城郭街市、寺院道观、高楼广宇，都在他心目中刻下了深刻的印象。他一路作了很多写生，同时收集了很多画本，并根据写生以及融汇在心胸的自然造物，运用所学到的泼墨技法，日后创作了《四季山水图》（长卷）及《唐土胜景图卷》《各地人物图》等篇幅宏大的作品。晚年雪舟的山水画，既不是对某一画家的摹写，也不是忠实的自然写生，而是将自然的山水与自己心胸中的积淀浑然融为一体，在《唐土胜景图卷》中，我们可看到矗立于滔滔大江中的塔宇高耸的金山寺，城郭绵延的吴江县，远山近树，烟云迷蒙，桅樯舟楫，片片点点。画面上既有实写，也有想象的虚构，真实与虚拟天衣无缝地融合在一起，既有寥寥数笔勾画出来的大气磅礴的宏阔的气势，又有局部非常真实的细节描写，虽是单色的水墨画，却是浓淡适宜，层次清晰，整个画面非常有灵气。这使得他的画风超越了前辈的周文，达到了史无前例的新境界，也许这就是雪舟一直在追求的古典精神吧。

　　在中国的两年多岁月中，雪舟大概也结识了不少中国的友人。我在宁波博物馆曾看到 1469 年 5 月雪舟即将从宁波启程回国时，一个叫徐琏的当地人写的一首《送别雪舟诗》，依依之情溢于言表，且抄录如下：

　　　　家住蓬莱弱水湾，风姿潇洒出尘寰。久闻词赋超方外，剩有丹青落世间。

鹫巅千层飞锡去，鲸波万里踏杯还。悬知别后相思处，月在中天云在山。

雪舟与宁波的缘分也真是不浅，他曾画过气势开阔的《宁波港图》，也画过宁波东郊的《育王寺图》，生动地记录了 500 多年前这座浙东大港的历史风貌。

雪舟回到日本后，恰逢发生在京都的应仁大乱。为避战乱，他来到了九州的大分，在背山面海的风景绝佳处建造了一栋"天开图画楼"，在此作画，教习弟子。"天开图画楼"应该是取名于宋朝诗人、画家黄山谷的诗"天开图画即江山"，名为天开图画楼的建筑在宋时已有记载，雪舟将自己的画斋也取名为天开图画楼，表露了他对宋文化的景仰。雪舟在这里画了不少优秀的作品，《四季山水图》等就是这时的杰作。雪舟对于当时明朝的画坛虽有些失望，但他对宋元画依然非常倾倒。这一时期他还模仿南宋四大家之一的夏圭作了一幅《山水小轴》，模仿元朝名画家高彦敬画了《山水图》，这些画都送给了弟子。这时雪舟新的画风已经完全形成，技巧也十分圆熟。以后他又四处游历，至京都，访镰仓，最后又来到了山口，重新恢复了云谷庵，在此定居，直到 1506年去世。

雪舟的不寻常之处，就在于他在充分吸取和消化了前辈日本画家和宋元画精神内涵的基础上，充分调动了自己在中国游历的人生体验，兼收并蓄，吐故纳新，将自己的画风，同时也将日本水墨画的水准提升到了一个崭新的境界，开创了日本画坛的新生面。我想，这是人们尊奉他为伟大画家的主要原因吧。在今天的日本，雪舟依然非常受人喜爱和尊崇。2002 年 5 月，东京的国立博物馆专门举办了雪舟画作展，引得无数人前往观看，一时成了人们经常谈论的话题。能够称得上伟大的画家，往往是不朽的。

浮世绘：江户时代的人间百态

浮世绘，对于今天的中国人来说，已是一个常常听说的词语，很多人一定也见过浮世绘的画作。可是以前，绝大多数中国人对此都很陌生，不夸大地说，20世纪70年代末到80年代初我在大学里学习日文的时候，整整4年的教科书和其他文本中，都没有出现过"浮世绘"这三个字。那个年代的绝大多数中国人，兴趣几乎都在日本家电产品、日本汽车、日本电影和流行歌上。还是把话题转回到浮世绘上。

这一讲里，想讲四个话题。第一是什么叫浮世绘？第二是浮世绘为何诞生在江户时代？第三是浮世绘跟其他的绘画作品相比，有什么特点？第四是介绍几位主要的浮世绘画师。

什么叫浮世绘？虽然都是汉字，但对于一般中国人来讲确实有些陌生。先从"浮世"这两个字说起。浮世在日语中，原本写作"忧世"，发音一样，最初与佛教有关，指烦恼多多的人生或人世间，一切都是变幻无常。而从中国传来的汉文的解释，则具有动荡不定的人世的意思。清朝的沈复写过一本《浮生六记》，这"浮生"跟"浮世"，还是有相通之处的。不过从17世纪的江户时代初期开始，浮世的意思慢慢有了变化，更多地包含了对于现世的肯定，表达了一种"人生得意须尽欢，莫使金樽空对月"的及时行乐思想，浮世也可以理解为充满了人生欢乐的大千世界，那么浮世绘，就是描绘人间俗世的绘画作品。而且，它的观赏者，不是像以前的画作那样主要是王公贵族、上层的武士将军，而是普通的大众，一般的庶民。另外，除了极少数的画师亲笔描画的手绘作品外，绝大部分是印制的木版画，因而数量也陡然增加了，市井社会中随处可见，并不是一种高雅的稀罕的东西。从绘画的内容和题材上来看，根据它的历史演变历程，大致可分为美人画、演员画、动植物画、名胜风景画、春画等。

　　浮世绘是江户时代，也就是 17—19 世纪的日本独有的，此前从来没有过，近代以后它的流脉差不多也断绝了。那么，为什么只诞生在江户时代呢？浮世绘与此前的任何画作都不一样，它不仅是艺术品，更多的还是一种可供消费的商品，它的诞生，主要源于两点。首先，对浮世绘的需求，也就是浮世绘这一商品的消费阶级形成了。结束了长达近百年的战国时代后，江户时期开始进入一个相对安定的社会发展期，京都、大阪、江户等城市相继形成，产生了数量比较庞大的以商人和工匠等为主的町人阶层，中下级的武士长年没有什么仗可以打，闲闲地也成了消费阶级，他们需要娱乐和消遣，于是各类通俗小说、包括歌舞伎和净琉璃在内的戏剧、饮食业、青楼业等就兴盛起来了。而且由于用于参勤交代的五大街道修建起来，促进了人们旅行的兴趣和热情。小说需要各类有趣的插图，戏院里要张贴海报广告，连青楼的女子也需要有人来做宣传，于是就有一些画师在传统绘画技术的基础上创制了浮世绘，以满足町人阶层的消费需求。其次，是版画制作和印刷技术的进步。在江户时代之前，印刷业主要是由寺院即僧人来掌控的，用来印刷各种佛经和其他经典著作及诗文集，随着"绘草子""滑稽本"等通俗小说的兴起，从京都、大阪到江户渐次出现了大量的书肆，既从事出版印刷，也兼及销售，由此带动了印刷技术尤其是木版制版技术的进步。版画的制作和印刷，要由三方人员的圆满合作才能完成，那就是画师、木版的雕刻师和上色印制的印制师，缺一不可。最初的色彩只是水墨一色，渐渐进步到丹色、红色以至彩色，也就是套色印制的彩色画作，这样的浮世绘作品，日语称为"锦绘"，最终在 18 世纪后期，由画师铃木春信完成。这时候，才完全形成了后人所看到的大部分的浮世绘作品。上述的两个元素是浮世绘在江户时期诞生的最主要原因。

那么，浮世绘跟之前的绘画相比，有些什么特点呢？是什么才构成了浮世绘这个概念呢？（1）绘画技法。浮世绘的绘画技法，自然不是突然蹦出来的，它是在前人成就的基础上发展起来的。之前已讲过，日本的绘画史上，有过一个从唐绘到大和绘的发展阶段，16 世纪后期的战国时代，日本艺术史上一般称为安土桃山时代，以狩野家族为主体的画家形成了一个重在障壁上绘制装饰性画作的狩野画派。17 世纪前期开始，又兴起了装饰风格更为强烈的光琳画派，主要也是在障壁、屏风上绘制画作，为将军、大名等权贵阶层服务。这些前人已经达到的成就，是浮世绘画师在艺术或技术上的主要源泉。但浮世绘主要不是一种写意画，而基本上是写实画，因此它的基本功夫是线描，用墨线勾画出具体的描绘对象，然后才着色。因此，线条是它的第一生命，色彩是它的第二生命，当然，构图也极为重要。这是它不同于此前绘画的主要方面之一。（2）它的绘画题材或者说绘画内容，几乎与此前的绘画迥然不同。它把绘画的对象拓展到了整个市井社会，一开始是以人物画为主，主要是两类人：美人和演员，后来出现了街上的贩夫走卒、浣衣女、捕鱼者等人们日常生活的场景，再后来出现了风景名胜画，以写生为基础，不是虚构的山水，而是标出地名的实写图，这也是以前几乎没有的，同时出现了不同于以前花鸟画的动植物题材，甚至还有妖魔鬼怪。还有一个不可忽视的，就是数量众多的直接描绘男女欢爱场面的春画，卖得非常好。（3）成熟的浮世绘，已经采用了西洋的远近透视法，这点在风景画和历史画中体现得尤为突出，这是日本传统绘画完全没有的新气象。（4）浮世绘是版画，世间流传的，主要是可以大量印制的版画，于是就流播到了一般的市民阶层，人们可以张贴在自己的家里或是茶楼饭馆，成了市民阶级的一种娱乐形式，对整个社会产生了很大的影响。

下面按照浮世绘发展的历史，介绍几位著名的画师。（1）菱川师宣（约

1618—1694），可以说是浮世绘的元祖，出身低微，从家乡千叶到江户来学画，为大量的情色读本画插图，描绘了当年江户民众吃喝玩乐的生活，尤其擅画美人画，一幅《顾盼回眸的美人图》已是浮世绘中美人画的经典之作，他的《秘戏图》也开了浮世绘中春画的滥觞。（2）奥村政信（1685—1764），他自己无疑是一位出色的画师，同时还经营了一家印刷作坊，经过多次试制，终于开发出了红绘、漆绘等富有色彩的版画，这恐怕是他最大的功绩，尤其是漆绘，墨色中融入了胶的成分，干了以后发出漆一般的光泽。他的画作，以美人画、风俗画和风景画见长，一幅《两国桥纳凉图》脍炙人口，是江户中期浮世绘的代表作之一。（3）铃木春信（1725—1770），他最大的功绩，在于1765年创制出了"锦绘"，即一种完全的彩色版画。他的画作，很多是把历史上著名的风景画诸如"近江八景"等，用当时新的技法和审美目光加以重新表现。他画的美人，不求妖艳，而注重清雅，因而给美人画带来了一股清新之风。他非常勤奋，并不漫长的一生，创作了900幅左右的作品，著名的有《座敷八景》《风俗四季歌仙》等，给同时代以及后世的画师以极大的影响。（4）喜多川歌磨（1753—1806），一开始为"黄表纸""洒落本"等一些通俗小说画插图，也画戏剧演员的画。后来认识了现在风头很健的日本书店"茑屋书店"的元祖茑屋重三郎，就由茑屋帮他出版浮世绘的版画。他的画作，题材广泛，最出色的还是美人画。他很少画全身，多是上半部，时人称为"大首绘"，因而细部更耐看，一幅《浮气之相》，堪称经典。因为卖得好，他也画了许多春画。（5）葛饰北斋（1760—1849）。他的名字几乎成了浮世绘的代名词，是成就最为辉煌的一位，最有天分，又极为勤奋，善于从中国、日本和西洋的绘画中汲取养分，然后融会贯通。他的绘画题材也几乎遍及浮世绘的所有领域，且都有杰出的成就。最著名的是《富岳三十六景》，法国的印象派大家诸如莫奈、马奈等都从他的作品中获得很大的启示，被1999年的美国《生活》杂志列为一千年来影响世界最巨的100人之一，也是唯一入选的日本人。在西方，说起Hokusai（北斋的罗马字拼音），几乎无人不知、无人不晓。这里就不多介绍了。（6）歌川广重（1797—1858），风景画大师，《东都名所》系列画是他的成名作,《东海道五十三次》系列、《名所江户百景》都是传世之作,让人爱不释手。

到了明治年间,由于时代巨变,加之西洋画传入,浮世绘就渐渐陨落了。明治时期还有一位小林清亲（1847—1915）,也颇有成就,后来他更多地从西洋油画、西洋近代版画中汲取养分,奠定了日本近代版画的基石,到后来,他自己的作品也不大像浮世绘了。浮世绘的历史,也因此画上了句号。

陶瓷器：从"山寨"到超越

　　陶瓷器的制作，虽然源起于日本本土，但它此后的发展，却与东亚大陆和朝鲜半岛有着非常密切的关联，尤其是瓷器的制作工艺，更是经朝鲜半岛传至日本。可以说，当年日本在陶瓷器的制作和艺术上的重大进步，几乎每一次都是对中国大陆和朝鲜半岛文化的"山寨"式模仿的结果。然而日本人在汲取外来养分的同时，在漫长的历史发展中，尤其是在室町和江户时期，由于狩野画派、光琳画派等装饰艺术的发达和带有浓厚禅意的非均衡审美意识的成熟，陶瓷器艺术也形成了鲜明的日本特色，在江户后期达到了非常高的水准，近代以后又有了飞跃的发展。在某种程度上，可以说已经超越了中国大陆和朝鲜半岛这两个本家。

　　根据最新的研究，日本的陶器烧制已经有12000年的历史，大概在9000年前的绳纹时代，日本列岛上粗陶器的烧制已经渐趋普遍，但在长达约10000年的岁月中，日本本土的制陶技术只能烧制温度在1000度以下的质地比较粗劣松散的"土师器"。5世纪前后经由朝鲜半岛带来了新的制陶技术，产生了"须惠器"。现在日本的陶瓷器史上说须惠器的制作工艺是从朝鲜半岛传来的，从传承的途径来说这大概是不错的，但是我怀疑传来这些技术的人很可能是汉人或是汉人的后裔，因为汉武帝时势力曾扩张到半岛的中北部，在那里设立了汉四郡，中原地区有许多汉人因此移居到了半岛。日本历史上曾有几次移民高潮，4、5 世纪正是外来移民的高潮期，大和政权将这些移民按他们的技能分别编成各个部，其中有一个从事陶艺的称为"陶部"，这"陶部"的"陶"字便念作 sue，与"须惠"的发音一样。须惠器与以前用低温烧制的陶器（或曰土器）确实不一样，它是一种将耐火度高的黏土用制陶用的旋转圆盘（日语中称之为辘轳）制作成型后，放入窑中经千度以上的高温烧制后做成的结构细密、质地坚硬的硬陶器具。

唐朝的时候，虽然中国的越州青瓷传到了日本，但当时日本人无法烧制出与青瓷媲美的瓷器，他们只是在原来三彩技术的基础上，又吸取中国的灰釉技法，烧制出了灰釉陶器。这些灰釉陶器与越州青瓷相比，毕竟要显得粗糙得多。不过越州青瓷的传入，大大拓开了日本人陶瓷器形态的种类，仿照中国陶瓷器制成的除了碗、盘之外，还有带柄的水瓶、水注、唾壶、四足壶和香炉等，碗、盘的形状不仅有圆的，还有菱形的。早期的碗，其形态虽还有模仿金属器的痕迹，但不带盖子这一点却是与中国的陶瓷碗相同。

进入镰仓时代后的 13 世纪初期，在邻近现在名古屋的爱知县濑户地区，陶器制品的烧制蓬勃兴起，揭开了日本陶瓷业新的一幕。这一地区烧制的陶器被称为"濑户烧"，因为其制品的品质优秀，而且在 16 世纪之前这里是日本唯一的施釉陶器的产地，所以在日语中，"濑户物"已经成了上等陶瓷器的代名词。13 世纪，以进口的中国陶瓷为样本，当时主要是白瓷的水注、梅瓶和四耳壶，这被看作是武家文化的象征，大概是专门向中国订购的。13 世纪正是镰仓幕府比较兴盛的时期，而这三件陶瓷器也被戏称为新兴武家文化的"三种神器"。这三种神器，成了这一时期濑户烧的重要产品。到了 14 世纪，濑户烧的技术又有了长足的进步，陶器上的釉色从灰釉逐渐进步到有光泽的萌黄色，于是就不再称灰釉而称黄釉，而且在这黄釉上再加入铁，创造出了黑褐釉。之所以会想到要去开发黑褐釉，乃是由于这一时期从中国传入了被称为"天目"的茶碗。

镰仓时代（约为中国南宋时），日本的僧人到浙江天目山的禅寺（也许是西天目山的禅源寺）修习时，见到寺院内使用的福建建州产的黑釉茶碗，爱不释手，日后带了若干这类茶碗回日本，日本人便称这类茶碗为"天目茶碗"。黑釉茶碗带到日本后立即受到了茶道界的喜爱，尤其是带有星纹状结晶、会在光照下晶莹闪光的建盏，在日本被称为"耀变茶碗"，视为天目茶碗中的最上品。此外还分类为油滴天目、禾目天目、灰被天目等。在很长的历史时期，日本人一直非常崇敬中国的陶瓷产品。但传到日本的数量毕竟有限，于是就开始仿制天目茶碗。14 世纪时，濑户窑烧制出了黑釉的天目茶碗，称之为濑户天目，形状显得质朴稚拙而有禅味，后来有好几个地方都烧制天目茶碗。于是，14 世纪的主要产品，就是以白瓷为代表的武家文化的器种和茶具（准确的名称应该是茶道具）这两大类。进入 15 世纪后，濑户烧的作风有了些变化，一方面它的黄釉更加均匀透明，黑釉则加入了一种叫水打的氧化铁，形成了比较稳定的黑色；另一方面，它的厚重感和成型力都有些减弱。这一时期濑户烧的另一个变化是渐渐脱离了日用器皿的轨道，逐渐向情趣性的高级品演变，这也是受了中国陶瓷器的影响。濑户烧除了原先的水注、梅瓶和四耳壶之外，还模仿中国的青瓷制品烧制花瓶、香炉等，而最典型的则是茶叶罐、茶壶和茶碗，因为 15 世纪后茶道开始在日本兴起，陶瓷器就与茶文化发生了密切的关系。

进入江户初期的 17 世纪初叶，在朝鲜陶工的帮助下，日本人第一次烧制出了瓷器，这在日本陶瓷史上可谓是一次革命性的跃进。与陶器相比，瓷器大概有三个特征：原料是富含石英等矿物质的瓷土、烧成温度在 1200 度以上、在器表施有高温下烧成的釉。中国在南北朝时期的浙江东北部、古称越州的地方，就已经烧制出了青瓷，与此同时，在北方还出现了黑瓷和早期白瓷，形成了"南青北白"的格局。到了隋唐，青瓷胎质更为细腻，釉层更为莹润。宋朝是中国瓷器发展史上的一个高潮期，各地名窑的形成，标志着中国制瓷工艺的全面成熟。至今仍然熠熠生辉的青花瓷，是在景德镇烧制成功的。

说来也有些令人难以置信，日本在弥生时代以后出现了数次移民高潮及以后的遣隋使、遣唐使，中国的大部分文化和工艺技术都在同时代或稍后传到了日本，但制瓷技术却是在很晚的17世纪才由朝鲜半岛传到日本。换句话说，日本的陶器制作的历史可以追溯到10000多年以前，而瓷器的制作却只有短短的400年的历史。

16世纪末，平定了天下的丰臣秀吉出兵进攻朝鲜，强行带回来一批朝鲜陶工。中国的制瓷工艺在宋时已经传入朝鲜半岛。根据文献记录，1616年朝鲜陶工金江三兵卫（朝鲜名字叫李参平）来到今天属于佐贺县的有田，佐贺藩主（当地的诸侯）锅岛忠茂要求他制作瓷器，于是在烧制灰釉陶器的窑中成功地烧制出了瓷器。1637年以后，有田的窑就以烧制瓷器为主了。如今，"有田烧"在日本已经成了优质瓷器的代名词。早期有田烧的特点是，工艺上主要依据朝鲜传来的李朝时代的烧窑技术，而在款式和花纹图案上，则以中国景德镇窑烧制的青花瓷为摹本，并且参照明朝的《八种画谱》等图绘书为蓝本加以绘制，因此具有浓郁的明朝风格。而到了17世纪中期，有田烧已经摆脱了朝鲜李朝时代的技术和艺术样式，引入了新的中国的技术和艺术风格，这是由于当时正是明清之际，中国正经历着改朝换代的动乱时期，南方的窑场受到了很大的冲击，一批经验丰富的工匠为避战乱而流入日本，由此带来了当时中国的制瓷技术和艺术样式，直接促进了有田烧的技术革新。

渐渐地，有田烧不仅在青花瓷方面取得了长足的进步，不久又在彩绘的烧制方面获得了成功。17世纪中叶以后，在有田町的街道两旁，逐渐形成了彩绘烧制一条街，被称为彩绘街。而恰在这一时期，中国国内明清王朝更迭，海上的航路受到极大的影响，荷兰东印度公司本来向中国购买的瓷器无法运出，于是就转而向日本订货，促进了有田烧的大批量生产。特别是在17世纪末，日本人在仿制景德镇民间窑中烧成的金襕手（一种在五彩瓷中加入了金彩的高级瓷器）方面取得了成功，荷兰人向他们大批订购价格高昂的金襕手，有田烧的名气更是如日中天，声震遐迩。

到了江户时代后期和明治时代，日本已经形成了成熟的陶瓷文化。它的陶瓷器大致可以分为三类：一是无釉的素烧陶器，比如现在属于冈山县的"备前烧"，制品呈赤褐色，其他还有福井县东部的"越前烧"等，形状稚拙质朴，有着陶土独特的手感；二是上釉的陶器，上文提到的"濑户烧"和现在岐阜县一带的"美浓烧""织部烧"等都是其典型的制品，陶土的温厚和釉色的斑斓是其特点；三是江户初期发展起来的瓷器，历史最短，却是进步最为迅猛的一个领域，胎质细腻温润，有的洁白晶莹，图案则多姿多彩，平心而论，就制作工艺和作品的艺术水准而言，差不多已经超过了当今中国的水平。

日本为什么色情文化这么发达？

1991 年 11 月我随团第一次去日本的时候，有一个现象让我吓了一跳。在书店里或者是便利店内，随处放着一些有色情图片的杂志，小孩也可以翻看，在新宿西口的街上，有一家专门卖色情读物和录像带的商店（后来才知道这样的商店很多，许多商店主要是出租录像带的），夜幕下的新宿东口的歌舞伎町，一些人站在店门口大声吆喝着，招徕着客人，从店面和霓虹灯装饰来看，大概是提供色情服务的场所。那么，在日本是不是色情文化或者色情服务是公开合法的呢？

说起来还真有点复杂，简单点说，就是色情文化是公开的、合法的，但是卖淫嫖娼是非法的，唆使组织卖淫活动是属于犯罪的。而有法律限制的色情文化或色情服务，在今天的日本，曾经是一个很大的产业。

在 20 世纪 70 年代至 90 年代初期，色情业在日本相当兴盛，全国稍有规模的城市，大概多少都有些如下的色情场所：脱衣舞场，一种写作 soap-land 的有裸体女子为男子洗浴的洗浴场，还有一种名字叫 image-club，里面是女子按照顾客的要求变换穿着诸如护士、女学生、空姐的衣服以制造某些形象的色情表演，提供变态性虐待服务的 SM-club，还有提供上门性按摩服务的等等，此外还有以性为主题的各种电影、录像带，以及多达 500 多种的色情杂志，真是五花八门，令人眼花缭乱。

　　说到这里，也许有人会问，是不是日本男人特别好色或者日本女人特别贱，才造成如此现象？我倒并不完全这样认为。世界上的世俗国家或地区，只要当局开一个口子，并不强行加以管制和限定，多半都会有色情文化泛滥的情形。这往往是由性别特性和城市社会的消费性造成的。在戒律森严的宗教势力占据统治地位的国家，人的情欲往往被视为一种罪恶。可是具有讽刺意味的是，修道院或牧师中，也曾屡屡爆出淫乱的事情。佛教的教义中，"邪淫"被认作是必须禁绝的"五戒"之一，但是我们去看看"三言二拍"，不少都是描写和尚淫乱的故事。其实在中国最初的伦理中，"色"倒未必是被否定的，《礼记》里记载孔子的话说："饮食男女，人之大欲存焉。"孟子也说过："食色，性也。"倒是到了后来，道貌岸然的礼教，压制了人的天性。

　　那么，相比较其他国家，日本的色情文化为何如此兴旺呢？据我了解，在日本的早期文明中，为了祈求后代的大量繁育，曾有过性器崇拜的信仰。有一个时期，性器，尤其是男根，不仅被看作是人丁旺盛的象征，还被看作是招福纳祥、击退外敌、防止恶魔病魔入侵的象征，因此曾经有一个时期，在村口和路旁，常可见到用石头、木头或者金属做成的男根形状的物体。这恐怕在许多民族的早期文明中都可见到，属于生殖崇拜一类。在日本最早的官方文献《古事记》等所记述的神话故事中，也常常可见一些有关性的或隐喻或直白的描述。后来大概是儒家思想的传入和大一统国家的建立，这些民间的习俗便慢慢地衰颓了。

　　但是传统的生殖崇拜与当今的色情文化虽然有些关联，却有极大的差别。现在我们所说的色情文化，更多的是一种有关性的消费文化，属于商业范畴，在一般情况下，消费者是男性，女性则是提供色情服务的。这样的文化，在世界范围内，也差不多与人类文明史一样悠久。不过色情服务主要存在于陌生人社会。在一个村落里，彼此都是街坊邻居，怎么可能开出一家妓院来呢？

　　说起来，日本大规模的色情服务出现得比较晚，以前在平安时代或者镰仓幕府、室町幕府的时代，有过为王公贵族或上层人物服务的秘密卖淫行为，后来在旅途的要津，在为来往的旅行者提供下榻的客栈附近，也曾出现过一些暗娼，但似乎还没有形成有规模的青楼区。大规模的色情服务，是在城市诞生以后才真正出现。日本差不多到了江户时代的 17 世纪，才形成了像江户、京都、大阪这样真正的都市，开始有了真正的城市居民，且以男性居多，于是，为男人服务的色情业就应运而生了。在 18 世纪，出现了江户的吉原、大阪的新町、京都的岛原和长崎的丸山四大青楼区，日语里称为"游廓"，做色情服务的女子，被称为"游女"。这些青楼的名字，外表上都叫什么茶屋，好像是喝茶的地方，但是内行的人都明白，这里主要是提供性服务。不仅有青楼，江户时代还涌现出了许多供市民消遣的通俗小说，比如大阪出身的井原西鹤撰写的《好色一代男》《好色一代女》，里面就有不少描绘游廓的场景和生活。那时诞生的浮世绘里，也有相当一部分是春画，直接地、赤裸裸地描绘男女的性爱，而且往往会把性器画得很夸张。这些也都是迎合了新兴的市民阶级的消费需求。明治维新以后，西洋人来了，见日本人如此开放，于是就指责日本这个国家不文明，居然娼妓都是公开的。日本政府为了显示自己是一个文明国家，不得不颁布法令，表面上限制公娼，甚至发布了一些取缔令。不过实际上，卖淫业一直没有根除过。20 世纪 20 年代左右，东京等地街头出现了一些咖啡馆，本来是喝咖啡的地方，在当时咖啡算是比较摩登的洋玩意儿，可是不久就慢慢变味了，一部分咖啡馆的女招待，兼做起了卖淫的生意，引起了当局的注意，于是日本政府在 1929 年发布了"咖啡馆、酒吧取缔要项"，1933 年又将此作为"特殊饮食店取缔规则"的适用对象。一些真正供应咖啡的店家，为了洗清色情的形象，就改称"吃茶店"，因此今天日本的咖啡馆依然称为"吃茶店"。30 年代下半期，日本开始了大规模的对外侵略战争，对内实行法西斯统治，几乎取缔了一切娱乐场所，再加上是战争时期，一切从严，色情文化也就被压了下来。但是日本当局却允许在军队内开设慰安所，也就是军中妓院，也真是令人匪夷所思。

　　战后，百废待兴，物资匮乏，色情业却是迅速复活了，明的暗的，到处泛滥。为了对此现象加以规范，于是在 1948 年颁布了《关于规制风俗营业等及其相关业务规范化的法律》（法律第 122 号），对相关的营业作出了比较明确的法律规定。这里解释一个词，风俗。风俗在日语中除了一般风俗的意思外，还具有特殊的含义，差不多就是色情服务的意思。说一个人是风俗女，那就是说这个女子是从事色情业的。这一法律，以后又重新修订过好多次，最近是在2001年。简单地说，在日本，经营脱衣舞场，有女子裸体服务的洗浴场，有色情服务的酒吧、咖啡馆、舞厅，制作色情音像制品，出版色情书报杂志，都是允许的。但是有一个严厉的规定，色情服务的场所，裸体可以，卖淫不可以，卖淫的就是严重违法甚至是犯罪，要追究中介人或经营者的刑事责任。色情的图像可以，但是敏感部位不可直接暴露，必须打马赛克。但每一个地方，总是上有政策、下有对策，在一些公开的色情场所内，虽然没有直接的卖淫嫖娼行为，但根据专门从事这方面调查的记者的报道，实际的卖淫业也是存在的。比如，前面提到的soap-land，从性质上来说，它只是女子为男子提供洗浴的服务，没有卖淫。但经营者会制造一个巧妙的名目，即店里的每一个浴室，他们是租借给女子的，店里有明确规定，不可有卖淫服务，一旦有女子提供了卖淫服务，查究起来则是女子的个人责任，与店家无关。警察因为难以抓到现行（不可随意私闯民宅），也就无法处理，大多对此睁一眼闭一眼。除非涉及儿童色情，那是必须严肃处理的。日本当局，为了加入一些国际组织和国际人权公约等，从法律上来说，都制定了一套与国际接轨的制度规章，但实际的监管却是比较宽松，因而造成了我一开始说到的"热闹"现象。

不过，色情消费毕竟是要花钱。20世纪90年代以后，经济泡沫崩溃，公司和个人的口袋都瘪了不少，色情业的经营也越来越艰难起来，不少脱衣舞场等色情场所纷纷倒闭，倒使得女子进入这一行当的门槛变得高起来了。

最后讨论一下，在今天的日本，为什么色情文化是合法的，而卖淫等则是违法的这一看似有些矛盾的现象。其实，至少从江户时代开始，包括卖淫在内的色情服务并没有受到社会舆论的谴责，当局也没有对此加以严厉取缔，那时，男女混浴的文化也一直存在。然而随着西洋文明进来以后，西方基督教社会的道德也在影响着日本社会，色情和卖淫被看作是与文明社会格格不入的，民间兴起了废娼运动，政府也发布了对于私娼的禁令，这一方面是为了整饬社会秩序，很大程度上恐怕也是做给国际社会看的。实际上到了1933年，全日本仍然有娼妓近5万人，光东京的吉原一个地方，还有娼妓2940人。暗地里，日本政府依然将娼妓看作是一个合理的存在，以至于日军去海外作战时，还会设立军中慰安所，当1945年9月美国占领军大量涌入日本时，当局又专门为美军设立了军中妓院。战后，日本要加入一系列国际公约，回归国际社会，要显得自己是一个文明国家，于是既允许色情文化的存在，又设置了一些技术性的限制，诸如不能将性器公开暴露，不可有公开的卖淫行为等等，很大程度上恐怕还是做给国际社会看的，对外，它还是要保持一个文明国家的脸面。

不过，近年来，随着经济的长期低迷，人们的物欲真的比以前下降了许多，以至于日本现在被称为低欲望社会。色情业在如今的日本，也成了一个夕阳产业。

NHK：媒体界的大哥大

NHK，它的全名，用日文汉字来写，就是"日本放送协会"，以日文的发音用罗马字写出来，就是 Nipon（日本）Hoso（放送）Kyokai（协会），各取第一个大写字母，便写作 NHK。它是日本最大也是最有影响力的广播电视台。很多中国人往往会把它比作中国的中央人民广播电台和中央电视台，日本除夕夜的"红白歌会"，常常有人把它比作中国的"春节晚会"。实际上性质相差很大，它更像是英国的 BBC（British Broadcasting Corporation，英国广播公司），它是一个独立的法人社团，最初是公益法人，现在是特殊法人。

日本最早在 1924 年设立放送局也就是广播电台，当时经政府批准，作为公益法人，分别建立了东京、大阪、名古屋三个放送局，于 1925 年开始播送节目。当时收听广播是要签约付费的，当年东京的签约数就达到了131374 户，大阪为 47924 户，名古屋为 14290 户。当时的收音机价格，矿石的卖 10 日元，大概是中等月收入的五分之一，真空管的卖 120 日元，是一个中等月收入的2 倍多。一年以后，也就是昭和元年的 1926 年，将这三个放送局合并为一个社团法人，取名为日本放送协会。于是，日本第一个全国性的广播电台就正式成立了。

顺便讲一下，全世界的广播电台，开始于 1920 年，在当时的苏联和美国试验成功。而中国的广播事业，起步于1923年，是美国的3家商业公司分别在上海开设的3个电台，以后各地陆续出现了若干规模较小的电台。当时拥有矿石收音机的人家也非常少。1927年3月，上海的新新公司开办了中国人自己的第一家商业民营电台。翌年，国民党在南京站稳了脚跟之后，开办了中国国民党中央执行委员会广播无线电台，这是中国第一家官营电台。由此看来，日本的广播事业起步还是比较早的，且一开始就是由日本人自己主导的，并无外国力量的加入。

最初NHK播送的内容，颇为丰富，有教人做菜、做衣服的，有家政理财的，自然也有歌曲、相声、说唱等，新闻也是一个大类。战争时期，几乎所有的媒体都跟着政府的调子走，NHK自然也免不了充当政府的传声筒，自觉不自觉地成了鼓吹战争的帮凶。1945年8月15日天皇宣布接受《波茨坦公告》的所谓"玉音放送"，也是通过NHK传播出去的。因此，在战争结束之前的NHK，是必须要看政府的脸色行事的，有时候也成了一个半官方的媒体机构。

1945年8月底，美国人占领了日本，对日本进行了大刀阔斧的改造。国家的基本性质是主权在民，保障民众的言论、结社、集会、出版自由。1950年，制定颁布了《放送法》，也就是广播电视法。根据这项新的法律，NHK的性质变为特殊法人。什么叫特殊法人呢？就是代行政府的一部分功能，但整个经营运作都必须是企业化的。目前日本这样的特殊法人有39个，比如日本电信电话株式会社、日本邮政株式会社、日本烟草产业株式会社等，甚至还有日本中央赛马会。除赛马会之外，这些原先都属于国有企业，现在已经实行民营化，但又不等同于纯粹的民营企业，与政府仍然有这样那样的关系，因此就定为特殊法人。NHK基本上也是这样的一种存在。

1953年2月，NHK开播了全日本最早的电视节目。顺便讲一下，中国开始于1958年5月。1959年1月，NHK开设了专门的教育频道。1960年9月，开始彩色电视的播送，那时一般的中国人还从来没有听说过有彩色画面的电视节目。1964年10月的东京奥运会，NHK实现了奥运史上第一次的卫星实况转播。1969年3月，NHK推出了立体声调频广播。1989年6月，NHK推出了两套卫星播送。1994年11月，开始电视宽屏的试播送。2011年7月，所有的电视播放都实现了高清数码化。

　　这里再花点功夫谈一谈 NHK 的经费来源和运营机制。NHK 电视的所有频道，都没有任何商业广告，也就是说，它没有任何广告商的赞助。那么，它的日常经营费用来自哪里呢？主要有两大块。第一是向收看者征收收看费。要让收看的人自觉自愿地来缴纳收看费？这怎么可能？在日本还真有这样的可能。目前的费用标准是，一般的正常频道，又称为地上频道，每月 1260 日元，若要包含卫星播送的节目，则每月是 2230 日元，每两个月支付一次或提前半年、一年支付，则有额度不同的优惠。而一般的民营电视台，日语称为"民间放送"，简称"民放"，诸如朝日电视、富士电视、东京电视等民营电视台，是有广告的，它们主要通过广告费来运营，因而不收费。但是问题来了，同一台电视机，既可收看 NHK 的节目，也可收看民营电视台的节目，NHK 在技术上很难来限制人们收看，因此，缴费就全看自觉了。日本人大都比较规矩，会自己通过银行转账来缴费。个别不缴费的，就有工作人员上门来解说收取。我刚到日本时，不知道 NHK 有收费制度，直到上门来催缴了，才不得不缴付，心里还挺不愿意的，心想，怎么看个电视还要交费呢？但是，这在日本已经成了常识。当然也可以拒绝缴付，说自己从来不看 NHK 的节目，那他们也没办法。总之，收费是 NHK 经营的一大财源。但是，如此庞大的一个广播电视机构，光靠这点收费，似乎还无法展开充分的运营，于是就有另外一块财源，那就是国会批准的拨款。国会要根据 NHK 每年的经营收支报告和经费申请，每年从国家财政中拨款若干。为什么要由国会批准决定，而不是政府财政直接拨款呢？从根本的财源上来说，其实都是来自国民和企业缴纳的税金，但是如果直接由政府拨款，就难免蒙上被政府左右的阴影，而国会是代表人民的，由国会决定，就意味着 NHK 接受了人民的监督和准许。NHK 的日常运作，大致按照媒体企业的方式进行。但与民间电视台不同的是，它的最高机关是经营委员会，有点类似于董事会，决定整个 NHK 的基本方针，由 12 人组成，来自全国教育、文化、科学、产业等各界的有识之士，必须具有比较广泛的代表性，最后的人选，由国会批准，并由内阁总理任命，任期为 3 年，可连任。由经营委员会任命 NHK 的会长即最高领导人，并监督 NHK 高管的职务履行。为了充分代表收听收看者的利益，委员们要定期在全国各地与视听者的代表举行见面会。所有专职和兼职委员的报酬都向民众公开。这是因为，NHK 的两大财源，收看费和国会拨款，都来自广大的民众。

也因为这样，NHK 力图保持不偏不倚的公正立场，新闻报道，一般只作事实报道，也并不批评政府。对于国会开会，则作全程实况报道，反对党议员的激烈诘问，政府高官的现场回答，会场内的起哄，所有议案的表决进程，都作全程报道，有时候实在是显得有些冗长和沉闷，但 NHK 都要如实向全国人民报道。其他我个人比较喜欢的节目，有"Close Up 现代"，关注当今国内外的重大问题；"Asia Insight"，关注亚洲地区的历史与现实；"星期天讨论会"，实况播出，往往是把各政党的主要干部请过来汇聚一堂，就当下重大的国家问题展开当场讨论，各政党的意见自然并不一致，有时会有争论，但大家都秉持君子态度，有礼有节。当然，NHK 也不可能没有倾向性，它最基本的立场就是：日本。

当然也有很多娱乐节目，比较长寿的有每天播送的"电视连续小说"，1960 年开始播放，迄今依然在继续，已经成了 NHK 的金牌节目，大都以过去时代的生活为题材，突出人与人之间的温情，被选中的青少年演员，往往因此而跳了龙门，一举成名；被称为中国春晚的红白歌会，开始于 1951 年，每年新历除夕举行，2019 年就是第 70 次了，它不是一个综艺节目，主要就是歌，间或有伴舞，每一次都是老牌歌星登场和新星出道的盛会，每年都会有70% 左右的收视率，轰动全日本，依然经久不衰。此外，NHK 拍摄的宏大的历史剧、宏大的系列纪录片，往往也是一般的民间电视台望尘莫及的。为了突出公益性，NHK 的教育频道还一直开办各类外语教学节目，从传统的英、法、德、俄、西班牙、中文，一直到近来的越南语，从未间断。当然，NHK 的节目有时不免显得比较一本正经，轻松活泼有些不够。

顺便说一下，NHK 的交响乐团也是很著名的，其演奏水平在亚洲名列前茅。

日本电影：起步、迷茫与战后的辉煌

　　1889 年美国人艾迪逊发明的老式电影机和 1895 年法国人卢米埃尔发明的电影放映机，分别在 1896 年和 1897 年由洋人传到了日本，后者在大阪正式放映，这是电影在日本的正式出现。顺便说一下，电影在中国的最早出现，是在 1896 年的上海，比日本早一年。

　　电影在日本，大致经历了这样几个时期：起步的草创期（1900—1920）；战前及战争时期（1921—1945）；战后复兴期（1946—1955）；兴盛期（1956—1970）；跌宕起伏的多元发展时期（1971 年至今）。这个分期差不多是我自己划分的，未必准确，不过大致按照日本电影发展的脉络。

　　第一时期：草创期。1897 年，日本人拍了最早的一部电影《祇园艺妓的舞蹈》，当时放映的片子，主要还是外国人拍摄的纪录片。1903 年，第一座固定的电影院"浅草电气馆"落成。1912 年，吉泽商会等 4 家从事电影拍摄放映的商号，合并成立了日本第一家正式的电影制作公司"日本活动写真株式会社"。那时，日本人把电影叫做"活动写真"，这家电影公司也就简称"日活"。顺便说及，中国的第一家电影公司是美国人 1904 年开设在上海的，后来各种大小公司纷纷登场，1925 年前后，上海有电影公司 141 家。早期的电影都是无声电影，日本拍摄的除了纪录片之外，大都是戏曲片，就是把一部歌舞伎等从头到尾拍下来，或者在摄影棚内，把戏曲的故事用电影的形式再演绎一遍。由于歌舞伎等戏剧中女子都是男人扮演的，所以戏曲片里也就没有真正的女性。放映的电影都是默片，要有一个人在银幕旁同步加以解说。

第二时期。到了1920年前后，由于作家谷崎润一郎、戏剧家小山内薰等的加入，电影的艺术水准有了很大的提高，电影不再是原来旧剧的翻版，而开始注重电影本身的元素和特长。1919年著名的《电影旬报》杂志创刊，100年来，一直是日本电影界最权威、最有影响力的刊物。除了"日活"、松竹等大的电影公司之外，独立制片也开始出现。电影的内容，除了古装戏剧片之外，还出现了描写当代人生活状态的现实题材。女性人物也不再由男性来扮演，真正的女演员开始登场。到了1931年，日本终于诞生了自己制作的第一部有声电影《太太与妻子》。大概在三四年的时间里，是有声片和默片同时放映的时期，到了1935年前后，差不多就完全进入了有声片的时代。这时有一位世界性的大导演小津安二郎崭露出了头角，他在1936年拍摄的一部《我试着来到了人间》被列入了《电影旬报》前十位中的第一名，他自己独自完成的有声片《独生子》，也是一部非常优秀的作品。其他也有一些优秀的导演，诸如沟口健二拍摄了《祇园的姐妹》（1936），伊丹万作拍摄了《赤西蛎太》（1936）等。但是昭和时代，日本已经一步步走上了军国主义、法西斯主义的道路，电影业被当局要求为国家政策服务，于是出现了一大批正面歌颂日本对外侵略战争的电影，比如讴歌不惜牺牲生命充当人肉炸弹的《忠烈肉弹三勇士》，其他诸如《五名侦察兵》《军国女学生》《缅甸战记》《东洋的凯歌》等等，都是直接描写日本军人在海外作战的影片。日本1937年还在伪满洲国建立了"满洲映画协会"，拍摄了许多宣扬日本国策的电影，李香兰（日本姓名山口淑子）就是以此为舞台脱颖而出的。因此，到了1938年以后，日本影坛就很少拍摄出真正优秀的好电影了，与战争题材无缘的稻垣浩的《无法松的一生》（1943）是个例外。

第三时期。这差不多是日本电影走向世界的黎明期。日本战败以后，美国占领军进入，对日本施行了一系列的改造，电影界也出现了新气象。人们摆脱了政府当局的管制和束缚，得以自由地拍摄自己追求的作品。当时日本虽然还在一片战后的废墟中，电影制作的资金也十分有限，但依然拍出了不少令人耳目一新的好影片，战前曾经活跃的导演又重新登上舞台，电影人可以尽情地表现出自己的人生追求和艺术才华。黑泽明的《我们的青春无悔》（1947）一问世，立即赢得了人们的喝彩。1951年，黑泽明导演的《罗生门》获得了这一年度威尼斯国际电影节的金狮奖，这是日本电影受到整个世界瞩目的开始。之后，沟口健二的《西鹤一代女》（1952）、《雨夜物语》（1953）、《山椒大夫》（1954），黑泽明的《七个武士》（1954），市川崑的《缅甸的竖琴》（1956）先后获得了威尼斯国际电影节的各项奖项。小津安二郎1953年拍摄的《东京物语》，在1958年获得了伦敦国际电影节的萨瑟兰奖，这是小津安二郎赢得世界性荣誉的开始。同时在日本国内，看电影几乎成了人们最喜爱的娱乐方式，各种欧美影片和国产片都赢得了无数的观众，这是一个日本电影走向辉煌的黎明期。

　　第四时期。这是日本电影史上最为鼎盛的时期。1958年，稻垣浩的《无法松的一生》获得了威尼斯电影节的金狮奖。1958年前后，日本每年故事片的制作数是500部左右，每年的观众达到了12亿人次，电影院共有7800家，形成了东宝、松竹、大映、东映、日活、新东宝6家大的电影制作公司，宽银幕、彩色电影开始问世，各电影公司为了迎合观众，开发出了各种新的题材、新的领域。而经济上，也恰好是日本高速增长步入良好轨道的时期。然而，鼎盛之后往往便是衰退。最大的原因是，电视机的普及和录像机、录像带的发展。1958年时，电视机的登记数是150万台，普及率是5%，可是到了1960年就迅速飙升到了800万台，到了1980年则达到了3000万台，几乎家家户户都拥有了彩电。与此相反，去电影院观赏电影已经不再是人们的日常行为，电影院数从最高的7800家减少到了1980年的2000家以下，人们观看电影的频率从一年12次，跌到了1980年的1.4次。电影公司害怕票房的大幅跌落，不大敢再投入巨资进行艺术的探险，而尽力走安全路线，把以前叫好的影片再拍第二部、第三部，影响了一些探索影片的冒尖，电影业走进了一个寒冷期。

　　第五时期。当然，日本电影在遭受电视机、录像机普及的打击时，依然在艰难地摸索生存甚至是发展的新路径。毕竟，多声道的音响效果，宽银幕的图像逼真性，在众多观众中一起观看的现场感，还不是当时的电视机或录像机所能完全代替的。一批新的导演试图走出自己的新路。山田洋次的《家族》（1970）、熊井启的《山打根八号馆妓院·望乡》（1974）还是给人们留下了深刻的印象。大的电影公司之间放弃了恶性竞争，自觉减少了电影的拍摄数量，而且不是大包大揽一切都由电影公司来制作，鼓励独立制片人的探索，并在档期排片上给予支持。国内电影市场虽然有些不景气，但日本电影依然在世界的舞台上闪耀出熠熠光彩，一批老的导演则继续显示出他们在艺术上的成熟和精彩。黑泽明的《影武者》（1980）、《乱》（1985）先后获得了戛纳电影节的金棕榈奖和英国电影电视艺术学院奖金奖，今村昌平的《楢山节考》（1983）获得了戛纳电影节金棕榈奖，大岛渚的《战场上的圣诞节》（1983）、篠田正浩《枪的权三》（1986）获得了柏林电影节的银熊奖。以后山田洋次的《男人辛苦》系列、小栗康平的《泥河》《死的荆棘》等获得了各种国际奖项。在整个80年代到90年代，日本电影依然在国际上受到了较高的评价。80年代前后，日本的动漫电影横空出世，获得了空前的发展。以前的动漫电影，主要是电视漫画或是把面向孩子的漫画改编成电影，这时出现了原创的动漫电影。世纪交替之际及21世纪以后，日本电影在国内电影市场上虽然风光不再，但在国际舞台上，依然频频受到关注，北野武的《HANA-BI》《座头市》分别获得了1997年的威尼斯金奖和2003年的威尼斯导演奖，山田洋次的《学校》（1993—2000）系列、《黄昏的清兵卫》（2002），黑泽清的《回路》（2000）分别获得了戛纳电影节国际批评家联盟奖，是枝裕和执导的电影也频频在国际上获奖。尤其是黑泽明，获得了奥斯卡终身成就奖。在2012年英国电影协会主办的权威杂志《图像与声音》发起的、由全世界359名导演投票选出的最优秀电影中，小津安二郎的《东京物语》名列第一，这样的荣誉，使得日本电影在总体上跻身于世界最高的行列。

　　日本电影，主要是战后的电影为何在全球的电影人中赢得长期的青睐？我个人认为，大概有这样几个原因：（1）始终有一批热爱电影、为电影艺术献身的孜孜不倦的电影制作人，诸如小津安二郎、稻垣浩、黑泽明、大岛渚、山田洋次等，他们似乎就是为电影而生的，他们的一生都在追求如何通过电影的形式来探寻人生的真谛，对人的描述和思考是他们电影的终极意义。（2）日本传统的美学底蕴支撑了日本电影的艺术水准，日本的电影，罕有建构宏大、场面浩瀚、气势雄伟的制作，大部分都是在表现寻常人的日常世界，在故事的叙述、画面的展现、音乐的配置，当然还有演员的演技上，都蕴含着日本人独特的审美意识及对人的诠释。（3）战后的社会，使得日本人在进行艺术创作时，几乎可以完全不必顾及体制的束缚和意识形态的桎梏，商业票房虽然也是横亘在眼前的现实问题，但有艺术追求的电影人从一开始就将其抛掷在了脑后。这或许是战后日本电影始终在熠熠闪光的主要缘由吧。

日本的动漫何以风靡全世界？

在今天的世界上，如果问起当今最有影响力的日本文化是什么，恐怕半数以上的人都会异口同声地回答说动漫吧。是的，动漫已经成了日本现代文化的一个最富有魅力的标签，从东南亚到欧美，一直风靡了整个世界。

动漫动漫，就是会动的漫画，英文的表示是animation，日文用的也是外来语アニメーション，简称アニメ。那么，在会动的漫画之前，自然是不会动的漫画，也就是说，在讲动漫之前，我们还得讲漫画。日本的漫画是如何产生的，又是怎样从原本的漫画演变到了会动的动漫，实际上也就是电视的漫画剧和漫画的电影。

真要追溯起来，漫画好像也是源远流长。日本人觉得平安时代末期，即12世纪中后期的《鸟兽人物戏画》是日本漫画的滥觞，共4卷，现在仍珍藏在京都高山寺里。这一绘画的最大特点是用白描的线条画出了拟人的各类动物与人一同嬉戏玩耍的场景，充满了诙谐滑稽。但也就是那么一种，看到的人很少，这一传统似乎也就没有被传承下来。一直到了18世纪的江户时代中期，那时刻版、印刷技术已经有了很大的发展，诞生了一种《鸟羽绘本》，就像浮世绘的画作一样，可以大量印制，内容轻松诙谐，颇受欢迎。葛饰北斋也画过一些类似漫画的作品，后来被人称为"北斋漫画"。不过，那时跟西方几乎没有什么交流，还不算现代意义上的漫画。现代意义上的漫画，要具

备写实性、对社会的批判性、故事性等几个要素，也就是所谓的讽刺画，它要带一点供人发笑的噱头。这样的漫画的形成，日本恐怕还是在受到了西方的影响之后。

在西方，开创了近代漫画也就是讽刺画的，被认为是 17 世纪上半叶的法国人雅克·卡罗特（Jacques Callot, 1592—1635），他是一位铜版画家，而其最出色的成就便是讽刺画。他可以说是西方近代讽刺画或者说漫画的开创者。1854 年，日本被迫向外打开了国门，横滨被辟为开放港口，1862 年，一个名叫查尔斯·瓦格曼的英国人创办了一份漫画杂志 *Japan Punch*，Punch 是英国传统滑稽木偶剧中的主人公，后来也就成了滑稽诙谐的代名词。这份杂志在日本持续出版了 20 多年，给日本人带来了近代西洋滑稽画或讽刺画的新理念，日本人后来就把滑稽叫作 Punch。受此影响，1877 年，从英国留学回来的野村文夫创办了一份很有名的杂志叫《团团珍闻》，团团就是圆圆滚滚的意思，来自 Punch 这个人物形象。这份杂志后来卖得不错，也带动了其他讽刺杂志的诞生。另一个对日本近代漫画影响较大的是法国人乔治·比格（George Bigot, 1860—1927），巴黎美术学校毕业后来到日本，曾在日本陆军士官学校授课，后来为许多报纸杂志画插图，大约在 1887 年创办了漫画杂志 *Tobae*，对日本的社会现象和时事政治进行讽刺和批判，使日本当局感到不快，但是他的讽刺画对日本近代漫画的成长却产生了很大的影响。

总之，在日本的传统和西洋近代漫画的影响下，日本的近代漫画产生了。1901 年对当局一直持批判态度的宫武骸骨创办了日本第一份以讽刺画为主体的报纸《滑稽新闻》，曾经发行了 10 万份左右。1902 年，《时事新报》开辟了"周日漫画""时事漫画"两个专栏。1905 年，《东京潘趣》问世，紧接着《大阪潘趣》《少年潘趣》登场。东京美术学校毕业的冈本一平在 1915 年正式成立了东京漫画会（后来改为日本漫画会），他后来在《朝日新闻》上开创了题为"人的一生"的漫画连载，受故事片的影响，他试图把长篇漫画演绎成具有电影场景和故事的"漫画小说"，战后非常风靡的"剧情漫画"就滥觞于此。而1928 年北泽乐天在"时事漫画"上连载的《富田羽子》则开创了少女漫画的先河。

可是进入 20 世纪 30 年代以后，随着日本对外侵略战争的展开，文艺也成了当局宣传的工具，漫画与其他文艺样式一样，进入了一个黑暗期。直到战后，日本漫画迎来了一个辉煌的发展期，这一情形，与日本的电影历程非常相似。

战后不久，被迫转向和停刊的漫画杂志纷纷复苏，这一时期漫画总的基调是批判社会的讽刺画。然而进入 50 年代以后，随着经济的恢复发展和社会的安定，具有社会意义的讽刺画慢慢淡出，突出娱乐功能的漫画受到了大众的欢迎，尤其是面向少儿的漫画，迎来了一个史无前例的辉煌期。

被认为是战后动漫之父的手冢治虫在战后崭露出了头角。1928 年出生的手冢治虫，少年时有两个与众不同的经历，第一他喜好绘画，喜好花鸟鱼虫等小动物，第二由于他长得瘦弱，往往成了别的少年欺负的对象。于是他就躲起来潜心画画，终于以出色的画作赢得了周围少年的赞叹。但他一开始并没有做一个专业画家的打算，1945 年他考入了大阪大学附属医学专门部，准备以后一边做医生一边业余画画，但后来在母亲的鼓励下，他放弃了医学，走上了职业画家的道路。1947 年由他作画的《新宝岛》问世，1950 年发表连载漫画《森林大帝》，1952 年他创作的《铁臂阿童木》在内光文社出版的《少年》上连载，1954 年他推出了《火鸟》，受到了圈内外人士的瞩目，一举登上画坛。1963 年，日本第一部电视动漫作品《铁臂阿童木》被推上荧屏，标志着手冢治虫和日本动漫的双重巨大成功。1965 年底这部连续剧播完之后，许多家长和孩子纷纷写信给手冢治虫，恳求他继续画下去，让阿童木继续活跃在荧屏上。

1953 年，他移居到了东京丰岛区南长崎的一处被称为"常盘庄"的两层楼小公寓。这时他声名日隆，很多青年画家如藤井不二雄、石森章太郎、赤冢不二夫等纷纷住进了常盘庄，他们日后都推出了优秀的动漫作品，成了日本动漫史上彪炳留名的大画家。常盘庄虽然在 1957 年被拆除了，后来却被人们推崇为日本动漫的发祥地或圣地，现在正计划将原建筑复原，2020 年将其辟为日本动漫博物馆，成为一个可以让动漫迷来朝圣的地方。

在动漫大受欢迎的同时，漫画也继续展现着它的魅力。1959 年，第一份少年漫画杂志《少年杂志》创刊。由于推出了川崎升的《巨人之星》等一系列的优秀连载作品，销量一路飙升，1966 年突破了 100 万册，1968 年突破了 150 万册。就在《少年杂志》创刊不久，《少年周日》《少年之王》《少年冠军》《少年跳跃》等也纷纷问世，彼此竞争非常激烈，《少年冠军》在 1978 年突破了 200 万册，随即《少年跳跃》就在 1980 年突破了 300 万册，1985 年突破了 400 万册，1989 年 500 万册，1991 年 600 万册，1994 年达到了最高的 653 万册，要知道，这是一次性的发行数，而日本的总人口还不及中国的十分之一。可见漫画在日本是多么受人喜爱，还不包括其他漫画杂志和大量的单行本。1964 年创刊的面向青年的漫画杂志《牙狼》和手冢治虫自己创办的《COM》，不只是关注商业销量，而且主要倾心于艺术的探索，一时异军突起，受到青年的青睐。

似乎是比翼齐飞、相得益彰，动漫电视和电影也迎来了一个辉煌期。日本动漫在起步阶段，无疑受到了美国迪士尼动画甚至是中国动画的启示和影响。说得白一点，开始的时候，日本动漫也曾经历了一个"山寨"的阶段。当时，孕育日本动漫的主要温床，就是由企业家大川博在 1956 年创建的"东映动漫"，模仿对象就是美国的迪士尼。大川派了动漫制作精英到迪士尼去学习，又聘请了迪士尼的行家来"东映"指导。他自己并不懂电影，但他是一个极有眼光、极有手腕的经营家，他在日本播放的第一部动漫电影是《白蛇传》，不过这部片子是从香港带来的。他想尽一切办法把富有才能的年轻人召集在自己的麾下。现在动漫界的大佬高畑勋、宫崎骏等就是在大川博的感召下先后加入了"东映"。后来宫崎骏与高畑勋成了非常和谐的搭档。1967 年由漫画改编拍摄的动漫电影《森林大帝》获得了威尼斯电影节的银熊奖，由此，日本动漫开始受到国际影坛的瞩目。

1985 年吉卜力制作所诞生，这是日本动漫史上的一件大事，高畑勋和宫崎骏是它的核心。1988 年推出的《龙猫》，成了畅销不衰的动漫经典之作，

2001 年的《千与千寻》，再次拿下票房第一，宫崎骏差不多也成了日本动漫界的皇帝，2013 年推出的《起风了》，又受到了广泛的好评。2015 年，宫崎骏获得了奥斯卡金像奖和终身成就奖，成了全世界动漫界的一个神话般的存在，同时也把日本的动漫推向了世界的顶尖水平。

日本的动漫为何在全世界赢得了如此大的青睐？我想主要以宫崎骏为例从技、艺、道这三个层面稍加论述：（1）日本的漫画，原本已有一定的传统，近代以后，导入西洋讽刺漫画的元素，二战以后，尤其注意吸纳迪士尼动画的理念和技术，以后又在人物形象设计、画面构成上反复切磋琢磨，并积极导入数码技术，在制作技术上精益求精；（2）在审美上，充分活用日本既有的美学资源，既讲究场面的宏大感和富有冲击力的镜头感，又十分注意开掘细部的唯美，大部分作品都流荡着一种和畅的韵律；（3）所谓“道”，就是优秀的作品蕴含着一种哲学的意味。宫崎骏早年经历了战争，对于生与死、对于人性，自己一直在作深入的思考，他读了不少东西方哲学书，这些提升了他思想的深刻性，他总是试图通过作品，对于日常人性、对于平凡的家庭，以及对于浩瀚无垠的大千宇宙来表达自己的思索和探求，因而让人感到一种隽永的回味，同时这种思想又不是硬生生的，它始终流畅地贯穿在整部作品的细节之中，让人在不知不觉中受到它的感染。

"祭"：传统文化在今天的兴盛

　　来自汉字发祥地的中国人，初到日本，尤其是夏天，每每都会遇到日本人穿着传统的服饰，在欢天喜地又认真庄严地举行着类似街头游行一样的活动，这样的活动，打出的旗号，都是"某某祭""某某祭"。而看到"祭"这个汉字，一般中国人往往都会有一种不祥的感觉，祭，不就是祭奠死人嘛，可日本人为什么还是那么兴高采烈、欢天喜地呢？

　　细细研究，这样的"祭"，说起来还真是有点复杂，在相当的程度上，它是日本文化的综合体现，里面杂糅了太多的元素。还是从它的基本词义和源头说起。

　　祭，是一个汉字，也就是说它是从中国传来的，但它的读音却不是中国汉字的读音，而是列岛本土既有的发音，念作 Matsuri，也就是说，在"祭"这个汉字传入之前，日本的口语中早就有 Matsuri 这个词，后来假名诞生了，平假名可以写作まつり。汉字传入后，祭这个字可以用音读作 sayi，这或许是传入的人念白字，把"祭"看成了"蔡"，读成了跟蔡一样的发音。那么，祭在汉语中原本是什么意思呢？《辞海》厚达 1700 页的《词语》分册中释义说：祀神、供祖或以仪式追悼死者的通称。请注意，首要的意思并不是祭奠死人，而是祭神、供祖。另外，对"祭文"一词的解释是：祭告的文辞，用于求福、除灾、哀悼等。日本早先的原始宗教中，也有祭拜神灵、供奉祖先的仪式，这样的活动，用まつり来表示，后来汉字传入，便用汉字的"祭"来表示。

这里，就要引出"祭"的第一个文化元素，即它与日本的原始宗教、后来演变为神道的民族信仰有关。

然而，如今的日本人，更多的是把它跟农耕文明尤其是稻作文明连在一起，认为"祭"的核心是稻作礼仪，而农耕文明或稻作文明主要是从中国传入的，因而"祭"的文化也包含了中国的元素。日本人认为，世上存在着一种"田神"，或者叫"稻荷神"，它将决定稻作是否能丰收。农民们为了祈愿稻谷的丰收，于是就在水稻成长的各个阶段举行各种祭神仪式。以天皇为首的朝廷成立以后，这样的文化或者说信仰一直影响到王朝的最高层。奈良和平安时代（大约8—12世纪），新春开始的阴历二月四日，要在宫中举行"祈年祭"，祈愿五谷丰登，而在每年秋天，以天皇为主角，在宫中和伊势神宫、出云大社要举行盛大的"新尝祭"，天皇亲自把新收获的大米供奉给天神地祇，表示感谢，然后自己也品尝用新大米烹煮的米饭，即"人神共食"。而每一代新即位的天皇，在第一年举行的"新尝祭"，称为"大尝祭"，场面更为隆重。"新尝祭"的活动一直持续到今天，现在的名称已经改为"勤劳感谢日"，定为每年的11月23日，全体国民放假。

这里要引出"祭"的第二个文化元素，即它与稻作文明紧密相关，除了祈愿风调雨顺之外，还有庆祝丰收、感恩上苍的意思。这就为"祭"抹上了一层喜庆的色彩。

后来，"祭"在日本就慢慢演变成了一种与神灵对话的盛大仪式，它的基本含义或者诉求，是感谢神灵保佑，祈求神灵祛灾除厄，祈祷幸福的降临。就一般而言，它有4个阶段或4项仪式：（1）为了迎接神灵的到来，首先要净身。受中国阴阳思想的影响，在迎神前的一定时期，不可接触或食用与神灵相忌的物品或食物，以免冒渎神灵。目前大概只有神社等地还有这样的做法；（2）设定一定的地区以迎接神灵的降临，并插上旗帜等醒目的标记让神灵来辨识；（3）制作神轿，以安放神灵，并抬着神轿巡行，以吓退周边虎视眈眈的魔鬼恶灵；（4）人神共食，最后与神灵共享祭供神灵的食物。日本的"祭"，慢慢就演变成了大致具有上述内容或程序的仪典。

由此看来，日本传统的"祭"，与祭祀神灵和稻作文化紧密相连，或者说，这两者的结合是它的基本起源。另外，传统的祭祖思想，也形成了另外一种"祭"。对先祖先灵的崇拜，这种思想在世界上普遍存在，中国道教思想中，有所谓"三元"的说法，即上元、中元和下元，其中七月十五的中元，就慢慢演变为祭祀祖先的日子，而又与随佛教传来的印度"盂兰盆会"的习俗交杂在一起，在日本变成了一种独特的载歌载舞、祭拜祖先、感谢长辈邻里的"祭"，这一天现在改为阳历的8月15日，全国放假。这样看来，日本的"祭"的内涵，实在也是纷杂多元，既有传统的神道思想，也有中国的稻作文明和道教，甚至有佛教思想混杂在里面，实在是一个多种元素组合而成的集合体。时至今日，"祭"文化已经在日本全国遍地开花，差不多演变为一个民间节日，几乎每一个大一点的地方，都有自己富有民族和地域特色的"祭"，与本地的历史和文化相连接，成了一种凝聚日本人精神的文化纽带，早年严肃的意味已经逐渐淡化，庄严肃穆的气氛大都已被欢乐祥和的情绪取代，它已经更多地成了日本人的一种文化认同。日本人觉得，能真正融入其中的，才是合格的日本人。虽然中国或世界各地也有类似的存在，但最后演变成如此具有固定的程序、推广至全国各地、有全民参与的"祭"，还真是日本独有的文化。

那么，日本形形色色的"祭"，具体都有怎样的活动、怎样的展开呢？这里篇幅有限，就以京都为例，来看一下几个代表性的"祭"。

京都四季，共有大大小小的"祭"140个左右，举办者大都是神社和寺院，当然会有一些赞助商。最著名的，就是具有全市规模的三大"祭"：葵祭、祇园祭和时代祭。我去看过其中的两个。葵祭的缘起，据说是源于钦明天皇为了消除荒年和流行疾病而举行的避凶趋吉的祭祀活动，后来曾经中断多年，在江户时代才重新复活，后来时断时续。今天的模样是1953年时展现的，已经完全成了一个平安时代的文化展示，由京都著名的下鸭神社和上加茂神社（在日语中"鸭"和"加茂"的发音一样，是同一个神社体系，如今已被列为世界文化遗产）发起举行，整个的形式就是一个队列的巡游，由500人组成，一起参与的还有36匹马、4头牛，亮点就是一辆名曰"御所车"的牛车，车顶部装饰着下垂的紫藤花（葵桂），所有参加巡游的人都身穿平安时代的服饰，与中国的唐朝服饰非常相近，华彩绚丽。上午10点在举行了仪式之后，队列从京都御所出发，向东北的下鸭神社行进，抵达后举行"社头之仪"，宣读祭文，向神灵供奉物品，然后再从下鸭神社向上加茂神社行进。在御所举行仪式以及整列出发的将近一个小时内，可购买入场券坐在观赏的席位上，票价从2700—7000日元不等。那天，我主要观看了下午从下鸭神社出发的巡游队列，从下鸭本通（路名）追到北大路通，已经有些炎热的初夏的阳光下，队伍缓缓甚至是有些懒懒地行进在街上，两边多为外地或外国来的观光客。感觉上只是让人领略了一下令人复活的一部分平安时代的贵族文化。每年7月举行的祇园祭大概是全日本最出名的"祭"，据说是869年清和天皇为了消除流行的疫病，镇平牛头天王的作祟，发动了这样一场大规模的祭祀，从1500年开始形成了如今这样的仪式，由八坂神社主办，高潮在7月17日和24日两场，亮点是制作华丽考究的名曰"山矛"的巡游彩车，伴随着悠扬的笛声、清脆的钟鸣声和有节奏的鼓声，队伍在市中心的四条通上向八坂神社缓缓行进。整个的祇园祭，里面有许多故事和讲究，这里就无法具体展开了，它已经成了京都夏日最亮丽的一道风景，每年都会吸引十几万的观光客来捧场，已被联合国教科文组织列为世界非物质文化遗产。还有一个是秋天举行的时代祭，以平安神宫为中心，展示从平安时代至明治时期日本的各种文化形态。

东京自然也有许多"祭"，如今最富魅力的大概是每年夏天的焰火燃放，著名的有隅田川花火大会、多摩川花火大会、东京湾花火大会等等。有些起源于江户时代，大多兴盛于战后，成了夏日东京最动人的风物诗。花火大会，当然其他各地也都有。到了夏天，东北地区的"Nebuta祭"会吸引众多的本地人和外来的观光客。而德岛地区的"阿波舞"，则成了"盂兰盆节"时的一种代表性舞蹈，热烈欢快同时又富有节奏的男女共舞，差不多可以说是前近代的一种街舞吧。不过要说明的是，所有的"祭"中，人们穿的服饰都是传统的，演奏的音乐也是传统的，换句话说，是非常日本的。

　　总之，由最早的祭祀神灵、供奉祖先、消灾祛病、有些庄严肃穆的"祭"，演变成如今的民族性、地域性的民间节日，其源头，自然都有汇聚了各种文化因子的日本传统作为根基。但如今更多的，已经成了一种大众娱乐的形式，人们通过参与和互动的方式，表达了对"祭"所体现的日本文化的身份认同或身份确认。

日本人饮食的前世今生

第
90
讲

日本人竟然有 1000 多年不吃肉！

　　说起来真是让人觉得难以置信，在历史上，日本人竟然有很长的一段时期不吃肉，这很长的一段时期不是几十年或是几百年，而是 1000 多年！这一事实，不要说一般外国人不知道，连今天的大部分日本人也不清楚。

　　我们也许听说过，世界上信奉伊斯兰教的人，因为宗教的原因，他们不吃猪肉，印度的大部分人信奉印度教，因此他们不吃牛肉，但是穆斯林吃鸡肉和牛肉，印度人吃鸡肉和猪肉。日本人却在长达 1000 多年的历史中，几乎什么肉也不吃，这真是让人觉得匪夷所思。是什么原因呢？宗教？对了，是佛教的缘故。

　　这里稍微简单地回顾一下日本人的饮食史。前面说到过，在以稻作为主体的农耕文明从中国大陆传到列岛之前，岛上的人主要是通过狩猎、采集和捕捞的方式来维持生计，也就是说，吃大自然中现有的东西。以当时的手段，获得的食物也就很有限，因此岛上的人口增长非常慢，据考古学家和历史学家的推测，那时日本列岛上的人口大概也就 20 多万。大约在 2300 年前，从中国大陆的南部以及经由朝鲜半岛的南部由移民带来了以水稻种植为主的农耕文明，加上日本是一个岛国，四面环海，岛上也有不少湖泊、江河、溪流，从海水和淡水中获得的食物也占了比较大的比例，于是就慢慢形成了"稻米＋鱼类"的基本食物结构。说起来比较奇怪，列岛上好像一直没有建

立起大规模的家畜养殖体系，零星的养殖应该会有，但好像吃肉并不很普遍。日本多山，植被又非常茂密，适宜于野生动物的生长，比如野猪、鹿、熊、猴子等，繁殖率都比较高，因此就成了人们狩猎的对象。牛早就有了，不过一般是用来作为耕牛的，食用的不多。而羊的养殖好像一直很少。总之，早期日本人的食物结构，一般都认为稻米和鱼类是主体，肉食也依然是有的。

不过说是"稻米 + 鱼类"，其实那个时候生产力很低，日本又是以山地为主的国家，稻米的产出量并不很多，还要种植许多其他的杂粮，诸如小麦、荞麦、黄米等等，白米饭一直被看作是好东西。而鱼鲜呢，日本是岛国，周边海产当然很多，但是一来以前的捕捞技术有限，船都很小，不可能出远洋，捕获量也不算太多，二来物流仓储的水平跟今天不能比，沿海的鲜鱼等，根本无法运到几十公里以外的地方，冬天还好些，夏天不到一天就可能发臭了，所以那时除了渔民和小部分沿海的居民可以吃到新鲜的鱼虾外，很多都制成了咸鱼或鱼干，便于储藏和运输。公元 8—10 世纪的时候，日本在奈良和京都建都，王公贵族都住在那里，他们也很少能吃到新鲜的鱼虾，日常主要就是咸鱼和鱼干，有时不远处的琵琶湖里捕到了鲜鱼，地理上不太远，可以尝尝鲜，不过那是河鱼，不是海鲜。王公贵族的日常饮食也不过如此，更不用说一般小民了。

本来食物的种类就不算太丰富，结果，由于 6 世纪中叶经朝鲜半岛传来的佛教，最后竟然导致日本人 1000 多年基本上不吃肉的历史。具体是怎么回事呢？

其实佛教并没有禁止教徒吃肉，它只是禁止杀生。僧人的食物，很多都是化缘得来的，施主给你什么，你就吃什么，原本也没有特别的禁忌。较早禁止佛教徒吃荤腥的，是中国南北朝时期南朝的梁武帝萧衍，作为一个虔诚的佛教徒，他强烈主张禁止杀生和肉食，曾撰写《断酒肉文》六首，在文章中他引用《涅槃经》中的话说："迦叶，我今日制诸弟子不得食一切肉。"出于对众生的慈悲心，梁武帝坚决倡导素食："若云食菜为难，此是信心薄少。若有信心，宜应自强，由决定心，菜食何难！菜蔬鱼肉，俱是一惑。心若能安，便是甘露上味，心若不安，便是臭秽下食。"梁武帝率先示范，每天只吃一食，内容只是"豆羹粗粝"而已。他还动用权力，惩罚依然肉食的佛教徒。不过，梁武帝时期，禁止肉食也仅限于佛门而已，未延及一般民众，因此在佛门之外，对一般中国人的饮食生活，并未产生重大的影响。

日本的情形就不同了。从 7 世纪末开始，连续好几个天皇都成了虔诚的佛教徒，严守佛教中的"五戒"，即不杀生、不偷盗、不邪淫、不妄语、不偷盗。五戒中首要的就是不杀生。673 年笃信佛教的天武天皇即位，即位之前，他曾一度出家到吉野做僧人，登基后，在全国广播佛教。有感于佛教五戒中首戒的不杀生，在 676 年下令全国禁止肉食，"诏诸国曰，自今以后，制诸渔猎者，莫造栏阱，及施机枪等之类。亦四月朔以后，九月卅日以前，莫置隙遮、梁。且莫食牛马犬猿鸡之肉。以外不在禁例。若有违者罪之"（原文为汉文）。意思是，狩猎捕鱼者今后不可设置陷阱，不可用投枪或各种机关来获得捕猎物，自 4—9 月期间，不可设置梁等水中的阻拦物。诏书中禁止食用的牛、马、犬、猿、鸡，都是与人非常亲近的类似家畜（除了猿）的动物，而其他则不在禁食之列。换言之，在山林中捕获的野生动物似乎并不在禁止的行列，而且河海湖泊中捕捞的水产品，也不视作有生命之物。诏书中说"违者罪之"，也未明言如何定罪，作何等处罚。由此看来，与我们通常所理解的禁止荤腥（即一切动物），还是有颇大的差异。奈良时代的圣武天皇更是深深地皈依佛教，他在 737 年下令禁止屠杀禽兽，似乎效果并不太显著，于是在 743 年正月再下诏书，规定自该月的 14 日开始，77 日内禁止杀生并严禁一切肉食。但好像天皇的权威有点不够，之后在 745 年 9 月再次发布诏书，规定在 3 年内禁止天下捕杀一切禽兽。在奈良时代中后期即位的孝谦天皇是一位女性，也信佛，主张禁止杀生，在她的任内也曾下诏禁止杀生和肉食。自 7 世纪后半期至 8 世纪中后期，几乎历代天皇都一再下令禁止肉食，虽然开始时民众并不愿遵守，因此才有了禁令屡屡下达的记载，但经过信佛的历代天皇一再努力，至少在王公贵族的饮食中，四脚的动物基本绝迹，偶尔会有少量的飞禽。京城内也不再有任何肉类的交易，在奈良和京都东西两市的食品交易品目中，没有出现任何肉类的名称。

　　当然，京畿之外，尤其是居住在山林地带的民众，未必都严格遵守皇家的禁令，时时还会在山林中猎捕野猪和山鹿等野生动物，在民间偷偷地食用，作为滋补身体的药膳。但耕牛肯定是在被禁之列，而且家畜的饲养也一直没有发展起来，自奈良以后一直到近代以前，肉食原则上在日本人的饮食中消失了。指出这一点非常重要，它将决定传统日本饮食的基本性格，这一点与世界上绝大多数的民族不同。

　　好在没有禁止鱼虾类，日本人的蛋白质摄取，还可以从鱼虾中获得。天上的飞禽，也不在禁止之列，只是数量毕竟很有限。

　　有意思的是，实行禁肉令的奈良和平安时代，曾经在宫廷中短暂出现过牛乳和乳制品。牛乳和乳制品，应该是从西域传过来的，中国大概从汉朝开始，有部分接受的历史。日本的这一情形，据文献记载，是从中国带过来的。7 世纪后半期，宫廷里开设了奶牛场，主要供皇室成员饮用。有意思的是，当时也已经不是生乳直接饮用，而是与今日一样，煮沸之后才饮用，也许当时的人们已经具有了消毒杀菌的意识。每天供给天皇的牛乳量是三升一合五勺，要远过于今天一般日本人的饮用量。一开始只是供皇家饮用，逐渐扩展到贵族和地方上的豪族。这一饮用习惯，一直延续到平安末年。不过，一般的民众，恐怕很少与此有缘吧。

　　当时当然还没有冷藏技术，新鲜的牛乳很容易变质，于是经反复烧煮后形成的酪受到了欢迎。这一词语在古辞书《倭名类聚抄》中有记载。酪比牛乳易于保存，富有营养且易消化，只是成本很高，产量比较低。奇怪的是，平安时代以后，牛乳和乳制品便从日本消失了，一直到 19 世纪中叶以后，随着日本国门的打开，才与其他西洋饮食一起重新回到日本人的餐桌上。

传统日本料理的完成

我们（包括日本人）今天所认为的传统的日本饮食，其实历史并不悠久，最后完成于大约 300 年前的江户时代中期，而且主要是在江户这个地方。大家今天耳熟能详的刺身、寿司、天妇罗、烤河鳗、乌冬面、荞麦面，也是在江户时代才呈现出今天的姿态。其主要原因，大概有如下几点：

第一点是政局相对稳定，社会比较安定，未发生过大规模的战争，差不多可以说是日本历史上最为安定的一个时期。夺取了政权的德川家族，为了有效地维持统治，将全国分为若干个藩。德川幕府为了控制这些大名，于 1634 年要求各大名将自己的妻儿移居到江户作为人质，于是江户城内出现了众多的常住群体。城市扩建，各种工匠、商人纷至沓来，造成了江户城市的繁荣，最终促进了日本饮食业的发展。

第二点是政治、经济和文化中心的东移。在德川家族的经营下，江户从一个偏远的小邑，虽然经历了多次毁灭性的火灾，但在 18 世纪末已经发展到了人口将近 150 万的大城市，产生了较之大阪更为繁盛的市民文化，日语称之为"庶民文化"或"町人文化"，前面讲到的通俗小说、歌舞伎、浮世绘等基本上都属于这一类。因此，江户文化的特点是具有非常浓郁的庶民色彩。这在饮食文化中表现得尤其明显。很多日本式的传统食物，最初都是街头食摊上的小吃，以后逐渐登上大雅之堂，经改造和修饰后，成了高级料亭"献立"（食单）中的招牌菜。

第三点是酱油的出现和砂糖的普及。日本大约在 16 世纪末有了酱油的萌芽，到了 17 世纪中期开始有规模地酿造，然后逐渐在全国普及。下面要讲到的几种食物的调料或佐料主要都是酱油，因此离开了酱油，后来的日本料理就没法成立。另外一个是砂糖。砂糖最初在奈良时代自中国传入日本，但数量极少。16 世纪末至 17 世纪，日本通过贸易从中国和荷兰进口砂糖，到 18 世纪，日本通过琉球开始自己制作砂糖，两者相加，砂糖进入了一般人的餐食，与酱油等一起，最终形成了今天大家所熟悉的日本料理的口味。

这里列举几个至今仍然人气很高的日本料理的代表性品类。

【寿司】现在寿司差不多成了最典型的日本食品，人们一看见寿司或是瞥见寿司这两个字，立即会联想到日本料理。最常见的，大概主要是一个小饭团上盖上一片鱼或虾的寿司，就是通常在"回转寿司"店看到的那种，这在日语中称为"握寿司"。一般人以为也许日本人自古以来就是吃这些食物，其实，这一类的寿司，历史才不过两三百年，也就是说，是在江户时代中后期才诞生的。

在权威性的词典中，寿司的正确写法应该是"鮨"，现在的寿司店中，这个词很常用，更古一点的写法是"鲊"，现在已不多见，但其发音都是 sushi。无疑，前两个汉字的词语来自中国。它最初是一种米饭与腌制过的鱼叠放在一起的发酵食品，中国南北朝时北魏的贾思勰在《齐民要术》卷八中有一节"作鱼鲊"，非常详细地记述了这一类早期寿司的制作法。这一制作法还非常完整地保留在今天日本琵琶湖周边的村民用鲫鱼制作的"フナ寿司"中，只是如今成本太高，食客也日益减少，正濒临灭绝状态。

后来经长期的演变和改良之后，在 18 世纪的大阪一带出现了一种新型的"押寿司"。又过了 100 多年，在多次的尝试和改进之后，1820 年前后，在江户市内诞生了寿司中最具有代表性的品种"握寿司"。做法是，将上好的大米蒸煮之后，盛在一个浅口的不上任何油漆的木桶内，在其尚未冷却时用白醋拌匀，随即由熟练的师傅将这些米饭快速地捏成一个个椭圆形的小饭团，其间在饭团内加入一点点山葵泥（中国人一般将其称为芥末，其实是两种异质的东西），最后在饭团上加上一片生的（也有熟的）鱼片或虾片等（日语中称为ねた Neta，无汉字），食客可蘸上一点酱油吃，一般是一口一个。这种寿司，正确的名称应该是"握寿司"。用作 Neta 的主要有鸡蛋烧（一种日本式的几乎不用油的摊鸡蛋）、金枪鱼刺身、大虾、银鱼、穴子（anago，一种类似于河鳗的海鱼）等。如今的 Neta 还有海胆、鲷鱼、三文鱼、秋刀鱼乃至于鲍鱼等等，其中尤以位于鱼腹部的、脂肪肥腴的金枪鱼为珍品。

除了"握寿司"，寿司的品种还有许多，一种叫"卷寿司"，把黄瓜条、鸡蛋或其他食物用紫菜卷起来切成一段段。另一种叫"稻荷寿司"，在煮成甜味的"油扬"（类似于中国的油豆腐，但要大得多，形状有长方形，但更多的是三角形）中塞入用白醋拌和的米饭，饭内有切碎的牛蒡、胡萝卜、木耳等。所以，寿司不只是我们通常所见的"握寿司"一种。

【刺身】在中国经常被叫做生鱼片，其实刺身的食材完全不限于鱼，也可以是虾、蟹、贝类等。我们所熟悉的刺身，通常是蘸着酱油和山葵泥吃的，其实这样的吃法历史并不悠久，形成于江户时代。刺身的前身是鲙，就是把鱼肉（也包括一部分其他肉类）切成细丝，拌上佐料后食用的一种食品。鲙这个汉字，在远古的中国文献中就有了，日文中的这个汉字应该也是从中国传来，但日本人有自己的念法，念作 namasu，换句话说，这种食物在日本原本就有。起初，刺身和鲙之间较大的区别在于鲙是鱼丝，而刺身则是鱼片甚或鱼块，调味料有生姜醋，用木鱼花和梅干、炒盐和酒熬制的"煎酒"，用菠菜汁和醋、甜酒、盐等拌和起来的"青醋"等等，与早期的鲙有点相近。请注意，江户时代初期的刺身调味料中，还没有酱油，也未必用山葵泥。18 世纪以后，酱油和山葵泥逐渐取代了生姜醋等，到了 19 世纪，刺身所用的材料、调味料和装盘形式渐渐定型，形成了与今日相近的刺身料理。

刺身的制作有三大要领。第一材料要新鲜，这是决定刺身是否美味的关键。最佳的自然是捕上来后当场食用，若要从甲地运送到乙地，一般不能冷冻，而是用冰块低温保鲜，这样才能保证鱼虾的肉质鲜嫩而富有弹性。第二是刀工，这也非常重要。厚薄大小，形态的整齐，都会因其视觉效果直接影响到食欲，因此在日本料理中，刀工极其讲究。第三是摆盘，这也是使食物上升到艺术品的一个重要环节，尽可能使其形状高低错落有致，颜色搭配美丽协调。这里集中体现了日本人的审美意识。后来肉食开禁之后，也有用新鲜的牛肉和马肉做的刺身，味道也很鲜美。

【天妇罗】材料主要是虾虎鱼、沙钻鱼等产于江户湾的小鱼和大虾、目鱼等鱼虾类以及番薯、茄子、南瓜、香菇、胡萝卜、藕片等蔬菜，将其切成薄片，小鱼和虾去头，然后裹上面浆，放入油锅内炸，炸成淡金黄色后捞起，沥干油，放入垫有白纸的竹编容器内，蘸调料吃。调料是专为天妇罗做的，成分是味醂（一种日本甜酒）三分之一，酱油三分之一，"出汁"（用海产物熬制的高汤）三分之一，食用时放入萝卜泥调匀即可。

天妇罗的来历据说是 16 世纪中叶葡萄牙的传教士初入日本，一次在长崎街头做油炸食物，当地的日本人见了便询问此为何物。因语言不通，搞了半天才弄明白，在纸上写了 tembero 几个字，后来发音又讹传为 tempura。这传说不知确切与否，但是油炸的做法是那个时候传来的。天妇罗一开始只是一种大众食品，后来渐渐登上大雅之堂，成了日本料理的代表品种之一。

【烤河鳗】日语称之为"うなぎの蒲焼"。据饮食文化研究家渡边善次郎的研究，将河鳗剖开后去头剔骨、抹上作料汁（日语称为 tare）的"蒲焼"，形成于 18 世纪。直到今天，"蒲焼"仍有关西（京都、大阪一带）和关东（东京一带）的不同制法。关西是将河鳗从腹部剖开，去头尾，剔除大骨和边刺，切成长约五寸的段，用一根铁钎子串起来放在炭火上烤，第一遍称之为"素烧"，即不抹任何调味汁，烤至半熟时，再在两面抹上作料汁，烤至将熟时，再抹上一遍作料汁。河鳗肥腴，烤的时候不断地"嗞嗞"滴下油来，走过"鳗屋"（烤河鳗的店铺），远远就可闻到一股香味，勾起人们的食欲。而关东的做法则不同，是将河鳗从背部剖开，切段后用四根铁钎子串起来烤，烤至半熟时放入蒸锅内蒸熟，再取出抹上作料汁，放在炭火上烤出香味。就制法而言，关西的在前，关东的在后（形成于 19 世纪上半叶）。现在可以说是"东风压倒西风"了。这里有两个原因。关西的制法只是烤，烤的河鳗肉质偏硬，且油脂过多（但关西人觉得这样才能保留河鳗的原汁原味），而蒸过一次以后，脂肪部分大抵已经消除，更合现代人的口味，且这种制法烤成后肉质比较肥嫩，故关东式的"蒲烧"属改良型，更受食客的欢迎，迅即风靡全国，现在日本的"蒲烧"，大都是关东制法。另一个原因是，关西多山地，溪流湍急，捕得的河鳗少泥土气，而关东多平野，河流平缓，河鳗多泥土气，蒸过一次后，泥土气大减，滋味更鲜腴。

　　其他还有日本的荞麦面和乌冬面，也最终在江户时代定型。因篇幅的关系，就简单说到这里。

洋食的进入打破了肉食的禁令

　　神户牛肉，或者被称为"和牛"的日本牛肉，差不多已成了全世界最高级牛肉的代名词。可前面曾讲过，在8—19世纪中叶为止的1000多年中，由于佛教的关系，日本人基本上是不吃肉的。那和牛如今这么有名，又是怎么回事呢？

　　1854年1月，美国东印度舰队司令佩里海军准将率领7艘军舰打开了日本的国门。1858年，江户幕府又被迫与英、法、俄诸国签订通商条约，横滨、神户、函馆等港口对外开放，西洋势力以各种形式登陆日本，所谓的"锁国时代"正式宣告瓦解。明治以后，更是主动吸纳西洋的物质和精神文明，洋人大批来到了日本。

　　这样的时代转变以及如此众多的来自西方的外国人登陆日本，不仅给日本的政治社会和经济社会带来了巨大的变革，而且使得日本人的饮食生活发生了重大的变化。19世纪时，欧美的资本主义已经成熟，农业经济、近代的酿酒业和食品加工业已经发展到了相当的水准。这次西方人来到日本，西自长崎，中部有神户和横滨，北部至函馆，可谓是全方位的登陆，更加上已经有一部分日本的先进分子走出列岛，亲自体验了西方的生活，这一切都决定了明治时代以及尔后的大正、昭和时代在日本人的饮食生活中所造成的变化，将不再是局部的、表层的，而是根本性的、在某种程度上甚至是带有革命性的嬗变。

　　这一嬗变主要体现在如下几个方面：

　　第一，饮食内容的变化。其中最大的变化便是将肉类，尤其是以前完全禁绝的牛肉、猪肉、鸡肉等全面导入了日本人的饮食中。其他诸如奶制品、面包、葡萄酒、啤酒以及各种新型的蔬菜也陆续进入了一般日本人的生活中。

　　第二，烹饪方式的变化。原本日本所没有的煎、炒、炖和西洋式的用烤箱进行的烤，以及大量来自西洋和中国的炊具，拓展和改变了日本人传统的烹调方式。

　　第三，饮食方式的变化。日本人早先的"铭铭膳"的独自分立、没有桌椅的用餐方式，逐渐改变为使用桌椅或是小矮桌的方式，在食用西餐（这在现代日本则是非常普遍的现象）时，使用西洋式的刀叉。

　　第四，调味料上的变化。食用油、辣椒、咖喱、奶酪、花椒、砂糖等以前使用不多或从不使用的调味料普遍、大量地使用。

　　这一切变化的最终结果，便是导致了日本饮食在内涵上的丰富和外延上的扩展，而日本文化本身的积淀，也将外来的饮食渐次地日本化，注入了日本文化的因子，使得日本饮食文化在继承传统的基础上，呈现出一个令人惊异的新生面。

　　西洋食物进入列岛后对日本最大的冲击，就是始于奈良时代的肉食禁止令的瓦解。肉食的进入对于传统的日本饮食而言，无异于一场革命。它的过程也充满了有趣的波澜。

　　出生于 1864 年的石井研堂 1944 年完成了一部大作《明治事物起源》，书中有这样一段记载：1862 年时，有一个在横滨开居酒屋的名曰伊势熊的店主，看着外国人吃牛肉，也想开一家牛肉店，于是便与妻子商量，妻子听后大惊，答曰：如果这样的玩意儿也可以做买卖，那我就与你分手吧。后经人调停，决定将原来的居酒屋一分为二，一边作为普通的饭馆，由妻子经营，另一边则开设牛锅屋，由男主人打理。尝过了牛肉美味的顾客，渐渐都汇聚到了男主人那边，生意日趋兴隆，妻子见此，索性拆了中间的隔离。这段逸话未知真实与否，1862 年的时候是否真的已有日本人开的牛锅店，现在无法细考，不过也反映了一种人们对新事物将信将疑的时代风气。1871 年，被辟为对外通商口岸的神户开出了第一家正式的以外国船员为顾客的牛肉屋"大井"。京都府劝业场于这一年在全国率先创建了一家畜牧场，以后在各通商口岸建起了规模不一的养牛场等，以满足对于牛肉的需求。

不过一般的民众，由于 1000 多年来的习惯，对于肉食还是有反感，他们认为屠杀牛马过于残忍，鲜血淋漓的场面让人觉得污秽恶心。

这时，有一个舆论界的大佬站出来说话了，这就是福泽谕吉。福泽谕吉是日本最早具有西洋经历的人士之一，他的《西洋衣食住》也是日本最早介绍西方饮食生活的书刊。以自己的实际经历，他认为西洋诸国是日本仿效的楷模，而西洋诸国之所以强大，其原因之一是西洋人种高大，而西洋人种高大，乃在于他们吃肉和喝牛奶。1870 年，他在自己主持的《时事新报》上发表了著名的《肉食之说》。文章从营养的角度慷慨激昂地论述了日本人肉食的必要性，并驳斥了以往认为屠杀牛马残忍的说法，因为此前的日本人也屠杀鲸鱼，也活剖鳗鱼，也有鲜血淋漓，为何没有"污秽"的感觉？屠杀牛羊与此无异。福泽谕吉在当时已经是一位颇有影响的启蒙思想家，他的鼓吹，应该有相当的感召力。

比起民间的舆论，也许官府的政策和做法更为有力。其中最具有号召力的，是明治天皇的率先示范。其实，日本的上层早已知晓肉食的益处，宫内省自明治四年（1871）11 月起，就给明治天皇的每日膳食中配入了 2 次牛奶。1872 年 1 月 24 日，在明治政府官员的鼓动和安排下，时年 20 岁的明治天皇为了奖励肉食，亲自对负责宫廷膳食的膳宰下令，这一天试食牛肉，并通过新闻杂志等媒体向全国报道此事，通过天皇亲自食用牛肉这件事，向全国昭示自天武天皇开始实行的肉食禁止令正式撤销，民众从此可以自由吃肉，不再有所忌讳。令人感到惊讶的是，1872 年 4 月，政府还颁布公告，准许僧侣可以吃肉、蓄发、娶妻，竟然在寺院中也推翻了佛教的戒律。同时，政府为了增强军队将士的体力，于 1869 年率先在海军中将牛肉定为营养食物。在政府当局的上下推动下，食肉风气逐渐在全国蔓延开来。

　　从 1870 年左右开始，横滨、东京等街头陆续出现了面向大众的"牛锅屋"，供应的牛肉是用肥肉在铁锅底部熬出油脂，再将切片的牛肉放入锅内煎，烹上酱油，撒上葱花即可食用。这样的牛锅屋当然不能算西餐馆，但与传统的日本料理屋也迥然不同，最大的差异是之前被禁食的牛肉唱了主角。至 1875 年时，东京已经有牛锅店 70 家，1877 年猛增到 550 家。

　　日本食用牛的饲养历史虽然十分短暂，却在各地陆续出现了一些口碑甚佳的地方牛。其中声名卓著的大概首推神户牛。神户在 1867 年开埠，以后逐渐有外国商船进出，形成了外国人居留地，因此也是西洋餐馆开设较早的地方，对于牛肉的需求产生了当地牛的饲养业和屠宰业。当时供应市场的牛，主要是饲养在六甲山北麓三田地区的但马（现在与神户同属于兵库县）牛。这一地区生产米酒，酿酒的时候在碾米加工的过程中会产生大量的细糠，此外当地还以制作冻豆腐出名，在豆腐制作中也会产生大量的豆腐渣，这些都为牛的饲养提供了丰富的饲料，因此当地出产的牛肉质细嫩、肥瘦得当。因当时这些牛大都在神户屠宰或是通过神户港运往外地，所以一般都称为"神户牛"。早在 1872 年，居住在神户一带的外国人就交口赞誉神户牛堪称世界第一，于是声名日渐隆盛，名播遐迩，其实并不是神户本地产的，这就如同上海附近的阳澄湖大闸蟹，在日本都名曰"上海蟹"一样。时至今日，日本各地都有相当不错的食用牛，近江牛、松阪牛，熊本、佐贺等地都有口碑甚佳的上等牛肉，后来就索性统称"和牛"了。

中华餐食在日本的全面登陆

　　1991年我第一次去日本时，看到街头到处可见中国菜馆的店招，心想，中国文化的力量到底强大，日本人不仅用汉字，吃的也都是中国菜。实际上这是我的无知。不错，日本列岛上最初的稻作文明是从中国传过去的，在饮食上受中国的影响自然是毋庸置疑的。但自从1000多年前历代信佛的天皇倡导不杀生并颁布了肉食禁令以后，肉食丰富的中国食文化对日本的影响就很有限了。700多年前的镰仓时代，中国僧人的素食（日本称为精进料理）陆续传到日本，最著名的是后来的豆腐。但总体上，在漫长的历史长河中，列岛的人民逐渐形成了与其自然环境和民族文化相匹配的独特的饮食体系，其结果，就是江户时代最终诞生的传统和食。然而到了近代以后，随着西方文明的迅速进入，肉食禁令被废除，传统的和食经历了一场近乎革命性的转变。19世纪下半叶开始，历史悠久、体系完备、食材丰富、滋味绝佳的中国饮食再一次征服了日本人的味蕾，尽管那时日本人已经开始看不起中国人，但是在中国美食的超强魅力前，日本人还是有些抵抗不住了。

　　明治以后，一些中国人尤其是东南沿海的中国人也陆续登陆日本，主要集聚在横滨、神户等新兴开放的港口城市，于是开出了几家中国餐馆。1879年1月，在东京筑地开出了一家中国餐馆"永和"。这家餐馆即便不是日本第一家正式的中国菜馆，至少也是最早的中餐馆之一。1883 年，东京开出了两家中餐馆"偕乐园"和"陶陶亭"。自幼在东京长大的日本小说家谷崎润一郎在一篇发表于 1919 年的随笔《中国的料理》中回忆道："我从小就一直喜爱中国菜。说起来，是因为我与现时东京有名的中国菜馆偕乐园的老板自幼即是同窗，常去他家玩，也常受到款待，就深深记住了那儿中国菜的滋味。我懂得日本菜的真味还在这以后，和西洋菜比起来，中国菜要好吃得多。"不过，直至 20 世纪初期，中国菜在日本的影响仍然非常有限。1893 年时，横滨的外国人居留地中已有大约 3350 名中国人，在中国人的集聚区内，自然也开出了几家中国餐馆。但明治中后期日本人已开始歧视中国人，甲午一战日本打赢后，在中国人面前就更加趾高气扬，一般日本人都羞于与中国人（尤其是横滨一带的下层平民）为伍，除了有搜奇猎异之心的少数人以外，一般日本人都不愿意光顾开在横滨中华街（初时称唐人町，后改称南京街）上的中国馆子。

可以认为，大正年代（1912—1926）是中国菜在日本真正兴起的时期。这一时期，横滨的中华街上大约有 7 家中国菜馆，这一数字，与现今的规模自然不可同日而语，但在当时，也颇成一点气候。除了当地的华人外，也常有些日本人来光顾。在 1917 年散发的广告单上，我们可以看到这样一些菜肴品种：炒肉丝，炒肉片，咕咾肉，炸肉丸，芙蓉蟹，青豆虾仁，叉烧，炒鱼片，伊府面，鸡丝汤面，叉烧面，虾肉云吞，福州面，什锦炒面，火腿鸡丝面，叉烧米粉，叉烧云吞等。从这些名目可以很容易地判断，当年横滨南京街上的中餐馆，供的大都是广东、福建一带的食品，这是因为当年居住在这一地区的多为闽粤一带的移民。从品目来看，也并不是些面向贩夫走卒的低档食物，在今日依然是比较有代表性的南方菜肴。杂志上出现了介绍中国菜的系列文章，刚刚问世不久的电台广播也有讲授中国菜做法的。据 1925 年出版的木下谦次郎著的《美味求真》一书的统计，东京市区包括附近的乡镇，共有日本料理店近 2 万家，西洋菜馆 5000 家，中国料理千余家，兼营西洋料理的 1500 家。这个统计未必准确，但大致可以看出一个概貌。1928 年，出版了一册由 1927年 2 月至 1928 年 1 月在电台中播放的"每天的料理"节目整理而成的书刊，名曰《电台播送·每天的料理》，从目次来看，日本料理为 181，西洋料理为 35，中国料理为 18，比率虽然不高，不过在 20 世纪 20 年代，中国饮食在日本慢慢普及开了。

这里要特别说一下的是，1932 年，在东京目黑开了一家名曰"雅叙园"的中餐馆老板细川力造，觉得中国式的圆桌面太大，坐在这一端的人要搛那一头的菜很不方便，于是便与常来吃饭的一位工匠和五金店老板商议，能否有什么良策。受到金属垫圈的启发，三人经过琢磨之后，发明了一种可以在圆台面上转动的内桌面。从此，这样的圆桌逐渐在日本的中餐馆传开，以后传到海外，最后又传到了中国本土。

战后中国饮食对日本的影响，基本上是延续了战前的势头，但与战前相比，有两个比较明显的特点：一个是在普及的程度上较战前大为进步，另一个是上流阶级所享用的比较精致的中国菜肴在战后的日本确立了自己的地位，并借此相应地提升了中国饮食的形象。战争刚刚结束时，日本在食物供应上陷入极度的困境。其时有数百万从中国撤离回来的原军人和侨民，为了营生，有一部分人利用自己在中国期间学会的中餐烹饪技艺和当时相对比较容易获得的面粉，开始在黑市市场上开设小食摊或是简陋的饮食店，以此谋生。饺子就是这时传开的。饺子之类的中国北方的大众食品，大概是在战后才广为日本人所知晓的。在今天的日本，饺子已经是一种极其常见的食品了，但即便如此，在今日日本的街头，虽随处可见各色面馆，却几乎没有一家纯粹的饺子馆，饺子大都只是跻身在中国风的饮食店里。而且日本所谓的饺子，极少有水饺，也少有蒸饺，一般都类似中国江南的锅贴，也就是煎饺，但与中国的煎饺又有不同，基本上都是机器做的，大抵皮都比较薄，没有一点韧劲，馅儿是白菜中加一点肉，大都是淡淡的，没有什么滋味。说是煎饺，却很少见过煎得焦黄脆香的。蘸的醋，没有米醋，没有镇江醋，没有老陈醋，只有毫无香味的白醋，但不少日本人却吃得有滋有味，下了班，在小馆子里叫上一瓶啤酒、一客煎饺，悠然自得地自饮自酌起来。超市里有各种蒸熟的煎饺卖，买回家在平底锅上煎热就可食用。价格很低廉，但味道说不上好。至于馄饨，又在饺子之下。饺子在一般的中华料理店或是面馆里都有卖，馄饨则非去中国南方人开的饭馆不可。

战前的日本虽然已有不少中国餐馆，但大都是中下阶级的营生，滋味虽然不坏，但并无高档的感觉。1949年以后，中国本土的一些名厨随主人一起离开大陆东渡日本，使日本的中华料理上了一个台阶。当今餐饮的流行趋势是，各种帮派和地域特色的界限越来越模糊，这在日本的中国菜中尤为明显，日本中国菜的历史短，也许还没有形成过真正有特色的各派菜系。恐怕没有几个日本人听说过淮扬菜，但几乎人人都知道北京菜，于是在日本开出的中餐馆大都打出北京料理的旗号。有一年我在京都外国语大学访问，中午主人带我们走进了当地一家颇负盛名的中餐馆"桃花林"，我在进门处注意到了一块大牌子，上书"纯北京料理"。端上桌来的大拼盘，却是在日本的中餐馆内千篇一律的模式：没有鲜味的白切鸡、日本式的长长的海蜇、广东叉烧、清淡的大虾。接着上来的一道道热菜几乎也与北京毫不沾边。说是纯北京料理，恐怕也是徒有虚名。日本的中国菜馆缺乏菜系特色或地域风味，甚或中国味都很淡，这应该不是这些菜馆的过错，因为它本来就是面向日本顾客，只要日本人觉得美味就可以了。某一地的文化移植到另一地，自然会随不同的风土带上当地的影迹，饮食既属文化的范畴，它的演变也是必然的了。

不过横滨中华街的餐馆，中国菜却做得颇为地道。台湾"鼎泰丰"开在日本的店家，小笼包堪与上海媲美。就我的经验而言，新宿的"东京大饭店"是其中之一。来自台湾和香港的中国人喜欢光顾这里。东京大饭店的菜，也明显地带有南方风味，葱姜焗蟹和菜心扒鱼翅都做得很地道，这里的侍者，三分之二来自中国。与店堂阔气的东京大饭店比起来，另一家要算是不入流的乡村小馆子，但在我的记忆中留下的印象却最为深刻，它有一个好记的名字叫"美味馆"，坐落在上田市近郊的千曲川南岸。这只是一幢不起眼的平房，推门进去，迎面是一排桌面漆成红色的吧台式座位，上面挂了两串用于装饰的鞭炮，左面墙上的一幅装饰画旁大大地贴着一个金色的"福"字，与一般的日本料理店不同，贴在墙上的食谱用的都是大红纸，立即有一股暖暖的喜庆吉祥的气氛飘荡在空气中，使人仿佛走进了一家中国小镇上的乡村饭馆，只是地面十分洁净，店里也没有什么喧哗声。日本友人告诉我，这家店是一对残留孤儿的第二代开的，与店主聊天，果然是一口浓郁的东北口音，店里的客人多为附近的居民，有举家开了车来吃晚饭的，也有青年男女结伴而来的，商务性的应酬极少见，店主与客人大抵也都熟了，店堂内一直洋溢着温馨的家庭式的氛围。

　　20 世纪 60 年代经济高速增长时期之后，日本的餐饮业得到了迅猛的发展，中国的饮食也趁着这一势头，如雨后春笋般地遍布日本的大都邑、小乡镇。如今，中华料理已经与日本料理、西洋料理一起构成了日本人饮食的三鼎足之一，日本人通常称之为"和洋中"。麻婆豆腐、青椒肉丝、回锅肉成了最常见的中国菜，发音也是中国话。不仅是中国餐馆遍布日本各地，更重要的是中国菜的调味和烹饪方法已经进入了寻常日本人的家庭料理。

经济起飞后的"饱食"时代

1938 年以后，随着日本对外侵略战争的全面展开，国内经济日益窘迫，民众的生活如江河日下，所有的食物都实行了配给制。到了战争后期，人们连勉强果腹都成了一种奢望。战后，百废待兴，日本人大概又过了四五年艰难的日子。

到了 1955 年时，由于战后的恢复和重建、美国的援助、朝鲜战争的军需刺激以及当时整个世界经济格局的增长态势，日本渐渐治愈了战争带来的重创，经济水准和食物供应大致恢复到甚至超过了战前 1937 年的水平。大约从 1950 年开始，日本人的饮食逐渐摆脱了战争期间和战后初期的艰难状态，60 年代中期以后，更是逐步走向了"饱食"的时代。

由于美国奶粉的大量输入，日本国内牛奶供应日趋好转，1950 年 2 月，牛奶开始了自由销售。猪的屠宰数达到了 1131449 头，已经恢复到了战前的最高水平，牛的屠宰数也达到了 428735 头。1951 年 2 月开始，在全国的所有城市中实施小学的午餐供应制度。啤酒屋等餐饮店陆续恢复，在美国生活方式大流行的战后年代，这样的场所成了都市摩登的象征，尤其女性顾客大量增加，占到了总顾客数的 80%，其中 20—40 岁的年轻女性占女性总数的90%，几乎成了年轻女性的天下。1952 年，持续了 13 年的砂糖统制取消，砂糖实行了自由买卖。1957 年，人均

的肉类消费达到了 4.3 千克，其中牛肉和猪肉各为 1.2 千克，鸡肉为 300 克，火腿、肉肠为 400 克，令人惊讶的是，鲸鱼肉竟也达到了 1.2 千克，与牛肉和猪肉并驾齐驱，这大概是在其他国家罕见的现象（小菅桂子：《近代日本食文化年表》，雄山阁，2002 年，第 199 页）。由于副食的日益丰富，以后大米的消费量呈现出逐年减少的倾向。1972 年，日本终于废除了实行长达 26 年之久的大米物价统制令。

战后的日本，政治和经济社会融入了西方世界中，人们的生活方式也越来越西化，明治时代开始在日本登陆的西洋饮食，在战后获得了空前的发展，各种最新的西洋消费方式也很快地传到了日本。1955 年，日本好几家食品公司先后推出了意大利通心粉，于是意大利面食开始在日本全面推开。这一年的 8 月，美国人尼古拉斯·萨维蒂在东京的饭仓片町开出了日本第一家比萨店"尼古拉斯"，当初的销售目标是面向驻扎在六本木防卫厅附近的美国陆军，但美国军人并未成为生意的主顾，倒是吸引了不少日本年轻人来尝新，由此打开了局面，以后比萨在日本逐渐流行开来。

1956 年 4 月，政府允许进口速溶咖啡。1960 年 8 月，日本的老牌食品制造商"森永"推出了 36 克装的可冲泡 22 杯的速溶咖啡，售价 220 日元，随即"通用食品"在 12 月推出了 50 克装的售价 250 日元的麦氏速溶咖啡，而实力更强的雀巢公司则推出了享誉全球的雀巢咖啡。三家厂商互为竞争，纷纷在广告上先声夺人，一时形成了速溶咖啡的热潮，咖啡也因此逐渐成了普通市民的日常饮品。1961 年，美国的可口可乐再次登陆日本市场。可口可乐在大正时代的 1919 年就已经在日本现身，但那时主要还是柠檬汽水的时代，颜色如同药水的可口可乐受到了冷落。但 1961 年时，可口可乐公司凭借强大的广告宣传和美国的影响力，以清凉爽口为卖点，在日本迅速打开了市场，从此，日本迎来了可口可乐的时代。1965 年 12 月，可口可乐推出了灌装饮品，更加便于自动售货机内销售，销量也因此迅速上升。1969 年，日本可口可乐公司的年销售额达到了 26 亿日元，成了当时日本第一的食品制造商。日本的"协同乳业"在 1956 年首次推出了长方形纸盒包装的牛奶，以后逐渐推广开来，成了人们购买牛奶的主要容器样式。

由于战后曾有长达 7 年的美国占领军驻扎以及后来的朝鲜战争的爆发、日后美军基地的长期存在，日本成了美军在东亚的重要的食物供应地，一批面向美军的蔬菜也开始在日本大面积种植，比如西洋芹、西兰花、用作凉拌的生菜等。随着美国生活方式的广泛传布，这些蔬菜也受到了日本人的喜爱，自 50 年代末起逐渐在一般民众中普及开来。

随着日本经济的飞跃发展，各色美国的饮食行业纷纷打进日本市场，这在很大程度上也改变了日本饮食文化的内容。1969 年，家庭餐厅风格的西餐连锁店 Royal Host 在日本登陆。1970 年，美国最大的面包圈连锁店与日本的大企业西武餐饮联手在东京银座开出了第一家"甜甜面包圈"。当年 11 月，三菱商事与美国的 KFC（肯德基）合作，在名古屋开设了日本第一家肯德基炸鸡专营店。1971 年，美国的 Mister Doughnut（面包圈先生）在大阪府箕面市开出了日本的第一家连锁店。这一年的 7 月 20 日，美国的麦当劳在坐落于东京最繁华的银座地区的日本最高级的百货公司之一的"三越"百货一楼登场，吸引了超过 1 万名的食客，每个汉堡售价 80 日元，这一天与麦当劳汉堡同时卖出去的可乐达到了 6000 瓶，当天的销售额竟然创造了 100 万日元的纪录，由于盛况空前，连店内的现金出纳机和制冰机都出了故障。以后又在东京的代代木、大井町分别开出了麦当劳的第二和第三家门店，此后至 1979 年的 3 月 24 日，麦当劳在日本的销售额突破了 1000 亿日元，使用的牛肉量达到 78900 头。1973 年，日本的住友商事和朝日麦酒与美国的比萨连锁店公司必胜客联手成立了日本必胜客，并于当年的 10 月在东京的茗荷谷开出了第一家门店。同一年，美国的连锁饮食店 Denis 在日本开业，以后迅速在日本全国扩展，1977 年在千叶市幸町开出了第一家 24 小时营业的门店，以后 Denis 便以 24 小时餐饮店著称于全日本，并于 1982 年 11 月在东京证券交易所第一部上市。至此，美国的饮食业巨头几乎都已经敲开了日本的大门，在输入食品的同时，也带来了美国人的生活方式。

20 世纪 60 年代中期起，日本的法国菜和意大利菜经历了重新洗牌。战前的西餐馆，除了极少数是西洋人开的外，大都是日本人的仿制品，这些人大多只是在洋人的手下跟过差，学过一点技艺，或是按照烹调书如法炮制，或是迎合日本人的口味，因此所制作的西餐大多不怎么地道。60 年代中期，日本的经济已经有了相当的发展，欧洲的文化尤其是法国的文化，通过书刊、电影和时装再一次涌入日益富裕的日本。随着海外留学和海外旅游热的兴起，有越来越多的年轻人纷纷来到法国和意大利等地，在当地有名的餐馆内安营扎寨，苦学烹饪技艺，其时绝大多数西洋的食物原料在日本都可轻易获得，在物质上已经没有什么障碍。三五年后这些人回到国内，先后开出了各色法国餐馆和意大利餐馆等，又经日本人之手的改良，使食物更为精致可口。60 年代末，各地如雨后春笋般地出现了一批相当有水准的西餐馆，从餐馆的选址、店内环境和氛围的营造、餐具的选用、菜肴的烹饪乃至各色洋酒的配用等，都可谓煞费苦心。虽然当时这些现象主要出现在都市，但是 70 年代中期，日本的都市人口已经占到总人口的将近 80%，这也意味着欧美的饮食文化已经以比明治、大正时期更为迅猛的态势渗透到了大部分日本人的餐桌。事实上，今天不仅在霓虹闪烁的大都市，而且在天南地北的乡村公路两侧，到处都可看到样式新颖、时尚前卫的西餐馆。以油炸、烘烤为主的芳香扑鼻的西式食物，明亮时新、摩登舒适的用餐环境，频频使用刀叉的西式用餐方式，这些所改变的不仅是日本人的饮食内容，更是在潜移默化地改变着日本人的饮食文化。

近现代诞生的新日本料理

　　前面讲述过江户时代最终完成的几种传统日本料理，一个基本特点是没有肉食，而且烹饪的方式以生食、蒸煮和炸或烤为主，调味料是诞生不久的酱油、渐渐增多的砂糖以及日本人特有的"出汁"，就是用鲣鱼花和昆布等熬制的鲜汤。然而近代以后，国门打开，肉食开禁，各种东西方的元素纷至沓来，大大丰富了和食的内涵，扩大了它的外延，渐次形成了以前从未见过的新品种。有意思的是，日本人并不只是简单地引入，而是把它日本化，形成了以前没有、列岛之外也没有的新日本料理。这里大致按照问世的时间顺序，作一个粗略的叙述。

　　【寿喜烧】这个词在日本基本上不写汉字，只有假名すきやき Sukiyaki。牛肉在明治初期传入日本，但对西洋人的吃法，日本人觉得不习惯，于是就出现了一种"牛锅"的吃法，把牛肉和豆腐、大葱等放在锅里煮，调料主要是酱油和味噌。吃牛肉的店，一般称为"牛锅屋"或"牛肉割烹店"。大约在大正中期（1920 年前后），比较多地出现了"すきやき店"的名称。すきやき，也就是寿喜烧，作为一种经过日本人改良的牛肉菜肴也大致定型了。

　　最初的牛锅或者是寿喜烧，关东（东京一带）和关西（大阪一带）的吃法颇不相同。关东是将牛肉切成大的薄片，另外用酱油、糖、日本甜酒、海鲜汤等按一定比例煮成一种调味料，吃的时候先将煮好的调味料放入置于炉

火（现在多用小型罐装液化气炉）上的铁锅中，然后再放入切片的牛肉，熟了
即可食用。早期曾放入切成段的大葱，后来洋葱普及后，大抵改用切成片的洋
葱。而关西的做法则有较大的不同，先是将一些切割下来的脂肪部分放入锅内
让其融化，涂抹在铁锅内，再放入牛肉片，撒上砂糖，待糖大抵融化并渗入牛
肉后，再淋上酱油，加入大葱段。而且关西用来吃寿喜烧的铁锅，中间有一个
圆形的凹陷部分，用来放牛脂，让融化后的脂肪部分自然蔓延到铁锅内。时至
今日，关东和关西的区别已经不再明显，用于烹制寿喜烧的也有食品厂商制作
的专门调味料。我在日本吃过好几回，印象较深的一次，是在仙台的一位日本
朋友家里。桌子中间放置一个带电源的不粘锅，放入少许牛油，将切成方块的
老豆腐两面煎黄，并将大葱段或洋葱片煎出香味，之后放入大片的牛肉煎熟，
浇上专门的调料，同时放入新鲜的香菇、切成细丝的魔芋一同吃。此外，每人
另备一个小碗，打入一个生鸡蛋，将煎熟的牛肉从锅内捞起后蘸着鸡蛋一起
吃，这样能使牛肉口感更滑爽，同时也可减低烫的程度。虽然主要的食材是外
来的牛肉，但是辅料和烹煮、食用的方法以及调味料，却完全是日本的，如今
已成了日料的代表之一。

【咖喱饭】咖喱是各种香辛料混合之后产生的调味料，源于东南亚和印度。
但是，明治时代出现在日本的咖喱饭，却并非来自东南亚和印度，而是更为
遥远的英国。咖喱饭除了米饭是日本原有的饭食外，包括其他原料在内的整个
烹调法或是调味法，差不多可以说颠覆了传统日本料理的概念，是一款与传统
日本食物迥然不同的新料理。但是在今天的日本，咖喱饭已经成了日本人在新
年中最爱吃的食物之一。在日本的大街小巷漫步，必定可以看见咖喱饭馆的
身影。

咖喱饭是何时、以何种方式、由何人在何地传入日本，现在已经无法确
切考证，但是根据现存的文献资料，还是可以大致考究出它传入日本的情形。
文献上先于咖喱饭的是咖喱菜肴，"咖喱"一词最早出现于明治五年（1872）。
1881 年，"咖喱饭"（カレーライス）一词出现于北海道大学的前身札幌农学
校的学生菜谱上，这大概是日本有关咖喱饭的最早记录之一，也就是说，自

1881 年左右开始，一部分的日本人已经接触到了咖喱饭。1886 年，东京一家经营法国菜的"风月堂"中，首次出现了咖喱饭，价格还是相当昂贵的。真正在一般日本市民中普及开来，应该是在 1920 年前后，这一时期的咖喱饭，材料已经普遍采用切块的土豆、胡萝卜、洋葱和牛肉或者鸡肉。在 1903 年日本国产的咖喱粉推出之前，日本市场销售的咖喱粉都是英国产的 C&B 咖喱粉。在当时日本人的头脑中，咖喱食品来自西方的英国，因此是一种摩登的象征。而英国人食用咖喱，则是因为生产咖喱的印度当时是它的殖民地。

到了战后，日本人又对咖喱口味做了许多改良。1963 年，一家名叫 House 的食品公司创制出了一种名为"百梦多咖喱"的块状咖喱，它与原先的咖喱最大的不同是根据日本人的口味尤其是小孩的口味，在咖喱的配方中加入了苹果汁和蜂蜜，从而大大削弱了原先辛辣的成分，使咖喱的味道变得更加柔和，并且带有水果的芳香，从而进一步打开了女性和儿童的市场。时至今日，咖喱饭已成了一般日本人最喜爱的餐食之一，前几年曾试图进军中国市场，好像并不很成功。

【拉面】拉面一词，日文中没有汉字，只有片假名，写作ラーメン，这一名称的来源，也是众说纷纭，扑朔迷离。我参阅了多种文献，整理出的一种比较合理的说法是，拉面最早出现于 20 世纪初的横滨中国人集聚区，初时只是普通的中国式的面条，但面条制作中放入了碱水，碱水是一种含有碳酸钾和碳酸钠的呈碱性的天然苏打水，加入了碱水揉捏出来的面团，不仅能使面粉中的蛋白质发生变化从而增强黏性，而且有一种独特的风味，这是近代以前日本的乌冬面和荞麦面所没有的。开始的时候只是光面，没有浇头，后来在面上放一些煮熟的猪肉切片，当时的日本人便将此称为"南京荞麦面"或"支那荞麦面"。虽然不用荞麦粉，但形态上跟荞麦面相似。后来因为中国人讨厌支那的叫法，就改为"中华荞麦面"。到了战后，不知缘何，差不多都叫拉面了。

从口味上来说，拉面主要分为酱油、盐味和味噌三种。东京地区以酱油著称，而盐味是九州尤其是博多（即福冈）拉面的特色，至于味噌，则是北海道札幌的发明。酱油拉面，顾名思义，汤底是酱油色的，面的上面，一定有麻竹嫩笋、半个卤蛋、两片日式叉烧肉、一把切碎的大葱，也有的放入一枚紫菜。盐拉面，实际上是豚骨拉面，汤底用猪大骨和鸡壳、鸡爪一起慢慢炖煮熬制，呈奶白色，成了博多一带的名物，现在最著名的是"一兰拉面"。味噌拉面出现得比较晚。味噌类似于我们的豆酱，但颜色稍浅。味噌拉面的创新，不仅在口味上，面的浇头也改用豆芽、洋葱、蒜片及肉末混在一起炒熟后盖在面上，这成了札幌拉面的一大特色。20世纪80年代，日式拉面成了日本新料理的一种推向海外，打上了浓浓的日本烙印。

【炸猪排盖浇饭】日语叫カツどん。日式的炸猪排与纯粹西式的炸猪排或是中国式的炸猪排不同。大正二年（1913），曾在德国修习烹饪的高田增太郎在东京举行的一次料理发表会上公布了自己创制的炸猪排，并在位于早稻田鹤卷町自己所经营的餐饮店"欧洲屋"里开始供应这种炸猪排。基本的做法，其实与一般的猪排也没有太大的差异，但日式炸猪排切得比较厚，先用刀尖剔除猪肉的筋络，再用肉锤拍打，抹上食盐和胡椒，再滚上充分的面粉，然后裹上打匀的鸡蛋液和面包粉，接着在165—170度油温的锅内炸成金黄色，最后切成一段段，配上切成细丝的卷心菜，蘸着用捣碎的白芝麻等调成的蘸料吃，确实很诱人。有意思的是，最富有日本特色的是炸猪排盖浇饭。在锅内放入特制的调味汁，煮沸后放入切成一段段的猪排再次煮沸。之后放入切成长约2—3厘米的鸭儿芹，将一个打匀的鸡蛋均匀地浇在上面，然后盖上锅盖，关熄炉火，焖上30秒，鸡蛋至半熟状态即可，最后盖在米饭上就算做成了。猪排是外来的，炸猪排盖浇饭却是日本人创造的。如今日本人也把这种料理推向了海外，至少在上海，日本的炸猪排名店已经开出了好多家分店，颇受食客的欢迎。不过说实话，也许是选材和烹制技术的差异，口味还是比日本当地的要差一些。

在上述的这些新料理中，能清楚地察觉到日本文化的因子。这些日本文化因子的具体表现，就是由日本人非常发达的感觉文化或感性文化所孕育出来的对于色彩、形状、滋味等的纤细而敏锐的感受力和表现力。日本人将早期外来的"牛锅"，改造成了如今被视为日本料理代表品种之一的寿喜烧；将日本人原先完全陌生的炸猪排，演变成了家喻户晓、老幼喜爱的カツどん；将中国传入的汤面，演绎成了具有浓重日本风味的ラーメン；将由英国人导入的咖喱口味，发展成了风靡整个日本，既不同于英国，也与东南亚滋味迥然相异的日本式的咖喱饭。诸如此类的例子可谓不胜枚举。所有这些饮食品种，在原先江户时代形成的和食中找不到任何的历史遗迹，同时又不存在于日本以外的任何国度，但当它们跨越日本的国度出现在海外时，几乎都成了日本饮食的代名词。这些新料理中，无论在选材、用料、调味，还是在色彩的搭配、器皿的设计和食物的装盘艺术上，日本人的"感觉性的美的价值"（加藤周一语）可谓无处不在。

话说日本的清酒

　　我的一个强烈的感觉是，日本的清酒，最好配以滋味清淡的和食。前面讲过，日本在近代以前基本上是没有肉食的，油腻和辛辣与传统的和食是完全不沾边的。后来虽然汲取了西方和东方的各种食文化养分，食材也大大丰富了，但他们都对外来的饮食进行了日本式的改造，几乎剔除了所有刺激的元素，滋味清淡至今仍然是和食的主旋律。在这样的食物上诞生的日本清酒，必然与它的整个文化保持了一致的协调性。我至今仍然认为，清酒只有在日式的居酒屋或料亭内，用日本的酒具和餐具，对着和食，才能品味出其真谛，才能感受到其独有的文化韵味。

　　这里来聊聊日本的清酒到底是一种怎样的酒。关于日本酒，也就是日本列岛上所产生的酒的最初的起源，一直是众说纷纭。虽然近年来人们倾向于日本酒的制作工艺乃是日本人所独创的说法，而且近年来的一些科学实验的结果在某种程度上也支持了这一结论，但在历史文献上依然还留存了不少难以解释的疑点。根据我自己对各种文献的阅读，我的理解是，2300 多年前稻作文明传入列岛之后，在中国已经成熟的酿酒技术也很可能借此通过各种途径传入日本，即便当时没有传入，在此后的屡次移民潮中酿酒技术也应该会传来。成书于 712 年的日本最早的史书《古事记》中有一段从朝鲜半岛来的中国大陆人后裔向天皇献酒的记载，说明酒或是酿酒技术很可能是从中国大陆和朝鲜半岛传来的。由于在日本用于酿酒的原料主要是黏性较大的粳米，大陆的技术对此也许不能完全适用，日本人在大陆技术的基础上经过反复实践，摸索出了比较独特的曲霉发酵法，就是在蒸熟的大米中掺入木灰，木灰中富含矿物质，呈碱性，在掺入蒸米之后不易生长细菌，反过来为曲霉的繁殖创造了条件，也容易生成孢子。这一技术在室町时代（14世纪末—16世纪）被用于培育种曲。值得注意的是，种曲培育出来后的酿酒法，与中国北魏时期的《齐民要术》中所说的"三投"的工艺顺序非常相像，日本称之为"三添法"或是"三挂法"，就是在酒曲酿成之后，再分3次投入蒸米和水，投入的量在16世纪后半期是相同的，进入江户时代后，量呈几何式的增加，即分别为1、2、4，这里又显现出了与中国酿造酒工艺的相似性。因此在对日本酒源流的分析上，既要充分认识日本酿酒工艺的独特性，又要充分留意它与大陆酿酒技术之间的传承关系。

　　简单地说，清酒是一种用大米酿造的米酒。那么，为什么称之为清酒呢？事实上，清酒这一名称得以成立，也是相对于浊酒之谓。最初酿成的酒，是一种酒精度数在20度左右的浊酒，需要对其加工过滤并经低温加热进行消毒处理，才可得到酒色清澄的清酒。最初的清酒还未达到完全纯净的透明，呈淡黄色，酒香醇厚，像上海崇明的老白酒。近代以后，随着技术的不断改进，酒体也变得越发清澈透明，酒精度一般在14度。今天我们一般就把清酒称作日本酒，念作SAKE，这个词现在已经进入英文词典，欧美人都知道SAKE。

　　我初到日本时，看到酒店或超市中出售的清酒标贴上写着"大吟酿""吟酿""纯米酒"，有的则没有标明，也搞不清这到底有什么区别。后来读了不少文献，慢慢理出了点头绪。现在日本的清酒，根据其原料和制造法以及1990年日本政府方面颁布的《清酒的制法品质表示基准》，大致可分为两大类，一类是"特定名称的清酒"，另一类是"特定名称以外的清酒"。第一大类的酒再加以细分，则有吟酿酒、纯米酒和本酿造酒三种。这第一大类一般称为高级酒。第二大类则是要加入酒精、调味液等使酒量增多的酒，也就是说是一种调合而成的酒，品质自然不如第一大类，这一类酒一般称为普通酒，在清酒的总产量中，大约有接近七成是普通酒，价格相对便宜。

　　我所感兴趣的是被称为高级酒的三类酒，即吟酿酒、纯米酒和本酿造酒。这三类酒目前在所有日本清酒（包括普通酒）中所占的比率分别是吟酿酒3.4%，纯米酒（包括纯米吟酿）7.7%，本酿造酒19.4%。也就是说，吟酿酒的产量最低，处于最高级的层面。那么，区分这三类酒的标准是什么呢？主要是用于酿酒的大米的精白程度，也就是原料成本的高低。按照日本国家标准，吟酿酒又可分为大吟酿和吟酿，区别还是在于大米的精白程度。用于酿造大吟酿的大米，必须在糙米的基础上进行反复的碾磨精白，最后只取其50%以下的核心部分用作酿酒的原料，也就是说糙米将有一半以上被碾磨损失掉，吟酿酒则要磨去40%左右，保留原来大米的60%左右，纯米酒和本酿造酒要磨去30%左右。按照目前日本的酿酒工艺，大米的精白程度越高，酿制出来的酒就越清冽醇美，这是因为糙米外层的部分含有比较丰富的蛋白质和脂肪成分，这对于米饭的营养来说是很重要的，同时也会增加口感的丰富性，但是在酿酒的过程中，容易产生各种杂味，影响到酒的纯度，因此需要将此碾磨掉。当然，这在米价相当昂贵的日本来说，会增加不少酿酒的成本。

　　吟酿酒作为一种清酒的种类在日本出现，其实是很晚近的事。它其实是新酒鉴评会的产物。要酿制出上好的清酒，作为原料的大米、酒曲和水是非常关键的。近代以后，日本在稻米的品种改良和耕作技术上倾注了极大的努力，各地都有一些适合本地区的优秀的稻米品种。酿酒师们很清楚大米的精白程度与酒的品质之间的关系，为了获得好的名次，他们不惜工本，对用于酿酒的原料米反复碾磨精白，务求达到最佳程度。大概在20世纪60年代初期，人们将这些新酒鉴评会上参选的优质酒称为"吟酿酒"。当初的吟酿酒主要是为了参评，制作的量很少，评过之后一般也不上市。1963年，大分县首先推出了品牌为"西关"的吟酿酒，720毫升的瓶装酒每瓶1000日元，而当时同等量的特级酒才卖360日元，可以想象其价格的高昂。以后由政府方面对这类酒制定了明确的标准，冠以正式的名称，并根据精白程度的不同分为大吟酿和吟酿两类。随着以后日本人生活水准的提升，高级的吟酿酒受到了人们的追捧，经济景气的时候，形成了吟酿酒热。2014 年 4 月下旬美国总统奥巴马访问日本时，安倍首相向其赠送了自己家乡山口县出品的"獭祭"大吟酿酒，"獭祭"品牌由此声誉鹊起。最高级的"獭祭"，要将"山田锦"的原料大米磨去 77%，只剩下 23%，因此 720 毫升一瓶的零售价格高达 37800 日元，最普通的"獭祭"大吟酿酒售价为 1620 日元，精白率 45%，也就是说要磨去 55%。如今，"獭祭"在中国也成了抢手货。

按照规定，被称为吟酿酒的除了在原料米的精白率（即糙米经碾磨精白后留存下来的比率）上必须达到 50%—60% 以下外，还有一个重要的指标是必须经过缓慢的低温发酵。一般的酒是在气温 15 摄氏度的状态中经过 20 天的发酵，而吟酿酒必须在 10 摄氏度的温度中经过 30 天的发酵。为何要使用这样的工艺并经过 30 天的缓慢发酵呢？是为了能酿制出吟酿酒所独有的透发出水果香味的吟酿香。这种吟酿香只有在低温状态下才能慢慢酿成。

那么，碾磨精白的比率跟在 70% 或以下的纯米酒和本酿造酒之间又有什么区别呢？这区别在于酿造方法的不同。纯米酒是日本传统的酿造法，纯粹用米酿制，故称为纯米酒。而本酿造酒的制作法，则是在米酒的酿制过程中加入少量的酿造酒精，成本就低一些。若是纯用大米酿制的吟酿酒，会在标贴上标明纯米大吟酿酒和纯米吟酿酒，而没有纯米标志的，就可能是酿造吟酿酒。现在中国的一些日本料理店中每人 300 元左右可以任意饮用的日本酒，基本上都是这些掺入了酿造酒精的比较低档的日本酒。

从一个品酒师的视角来看，日本酒还可以根据酒香分成四种类型。第一种是香味比较浓郁的类型，虽然是用大米酿制，却有明显的甘甜的水果香味，这一类酒的代表是大吟酿酒和吟酿酒；第二种是口味清爽、口感清凉的清酒，甚至是清冽如水的感觉，这类酒多为"生酒"，"生酒"在酿成之后不经过加热杀菌的工艺，存放时间较短；第三种是具有大米原本的香味，带有明显的米酒特色，这一类就是最常见的"纯米酒"；第四种是储存时间比较长、酒质比较醇厚的"古酒"，具有浓烈的复杂的香味。之所以会形成以上四种类型，当然是原料米、水质、酵母、酿造处理、酿酒师的技术等多种因素叠合在一起的结果。这些感觉真的是需要慢慢品的，绝不可大口饮用或一杯喝干，这是在糟蹋好酒。与之最为般配的，就是和食了。

烧酎在日本的崛起

　　清酒无疑是日本酒最典型的一个代表，但是今天的日本人，差不多有一半人在喝烧酒，日文的汉字写成"烧酎"。它的历史虽然没有清酒那么悠久，早期的普及程度也远不如清酒，但仍可看作是日本两大传统酒类之一。早年基本上是处于酒类的边缘或下层状态，在战前，倘若说清酒是位居庙堂的话，那么烧酎就是在野的了。在产量上也是如此。不过这一情形在 1980 年前后出现了重大的改变，烧酎的产量骤然上升，目前已经超过了清酒。

　　就如中国的绍兴黄酒和白酒的主要差异一样，虽然同属谷物酒，清酒是酿造酒，而烧酎是蒸馏酒，制作工艺不同，制成的酒在酒精度数和口味上也有极大的差别。前面已讲过，利用酒曲酿酒的基本工艺大致在公元 5 世纪前后或者更早的时候由中国大陆和朝鲜半岛传入日本，以后在日本列岛经过了改良和创造，形成了今天清酒的酿制技术。那么，烧酎或者烧酒这一类蒸馏酒是什么时候出现在日本的呢？

　　就全世界范围而言，蒸馏酒技术的出现以及成熟要大大晚于酿造酒。历史上，蒸馏酒的发祥地在阿拉伯地区。唐诗里曾频频出现过"白酒"或"烧酒"的词语，却依然是酿造酒而非今天的白酒。元代的蒙古人用强大的骑兵打开了东亚和西亚乃至东欧的交通，蒸馏酒的技术有可能在这一时期被带入中国。不过，蒸馏酒在元代中国的普遍传开，似乎是在 13 世纪末或 14 世纪以后，于是各地出现了一系列脍炙人口的白酒。今天中国白酒的制造技术，来源于阿拉伯。

那么，日本的蒸馏酒技术是从哪里传来的呢？根据现有的文献和实际情形来判断，蒸馏酒传入日本的途径，应该是来自南方的琉球群岛。日本最早制作和盛行蒸馏酒也就是烧酎的地区，是紧邻琉球群岛的鹿儿岛周边的九州南部。琉球的蒸馏酒技术大概传自暹罗一带。在 15 世纪后期和 16 世纪，烧酒在琉球本岛和周边岛屿逐渐普及。

16 世纪中叶，琉球的蒸馏酒技术传到了鹿儿岛。除了文献之外，另有证据表明，萨摩地区的蒸馏器与琉球的蒸馏器在结构上是相同的，这也是日本的蒸馏酒来源于琉球的一个明证。

那么烧酒一词为什么在日本变成了"烧酎"呢？我们先来考察一下"酎"这个字。"酎"原本是源于中国的汉字，《辞海》中的解释是"反复多次酿成的醇酒"。在成书于汉初的《礼记》中有"孟夏八月，天子饮酎"的记录，而在东汉许慎所著的《说文解字》中对"酎"的解释是"三重醇酒也"，由此观之，应该是一种多次酿制的酒味比较醇厚的浓酒，但并未涉及蒸馏技术。这一汉字在平安时代之前就已传入日本。总之，原先日本人对"酎"的理解也是浓度比较高的醇酒，而非烧酒。而后来日本之所以会产生"烧酎"一词，大概是日本人认为"酎"是三重醇酒，至少经过一次以上的再制造，而蒸馏酒也是在初酿酒的基础上再次蒸馏制作的酒，于是便将这类酒称为"烧酎"了吧。另外，日语中"酎"的发音与"酒"基本相同（酒发作 shu，酎发作 chu）。当然，这都是今人的推测。

早年用于制作烧酎的原料，主要还是大米。但是，随着甘薯播种面积在九州一带的逐渐扩大，人们开始尝试用甘薯来酿酒。甘薯最初是由南方传入九州南部的萨摩一带，以后逐渐北移，在江户时代中期以后才渐渐在本州地区传开，因此，日语中甘薯被称为"萨摩薯"。日后在人们的印象中，鹿儿岛一带制作的烧酎主要是甘薯烧酎，其实一开始并非如此，用甘薯造酒是比较后来的事了。

　　近代以后，又从西方传来了比较先进的蒸馏技术，以此生产的烧酎的产量也就更大了。传统烧酎的最初生产地是鹿儿岛，饮用者也局限于当地，后来逐渐扩展到九州的其他地区。二战以后，百废待兴，尽管粮食严重匮乏，但由于市场的需求强烈，各种劣质酒充斥市面。所谓的烧酎，多半也是用工业酒精勾兑的假酒，或是用腐烂或有黑斑的劣质甘薯制成的，在1945—1948年的数年间，每年都有成百上千因饮用假酒而死亡的人，因此，在战后的一段时期，烧酎成了劣质酒或廉价酒的代名词。以后，随着整个日本经济的恢复，作为原料的甘薯等获得了比稻米更有力的保障，烧酎逐渐淡化了劣质酒的形象，产量一路飙升，在1955年曾一度达到了顶点的27万千升。但也就是在这一时期，日本经济开始步入高速增长的时代，稻米产量连年上升，民众逐渐变得富裕，人们开始追求高品质的生活，于是清酒和啤酒的产量迅速上扬，舶来的葡萄酒受到了人们的青睐。多少还染有廉价酒色彩的烧酎屡屡受挫，产量一路下跌，经历了将近20年的痛苦岁月。

　　经历了不断的波波折折之后，烧酎终于在1975年以后开始正式崛起，这一上升的趋势差不多一直延续到了21世纪的今天。之所以会产生这样的情形，有两个背景，实际也孕育出了两类不同而又比较稳定的消费群。

　　第一个背景是在美国影响之下的年轻一代的消费观念和生活方式的改变。1974年前后在美国发生了一场所谓的"白色革命"，人们的兴趣逐渐从原先占主流地位的威士忌酒转向了所谓白色的伏特加酒。原因是由于伏特加或朗姆酒是一种无色无臭的蒸馏酒，几乎不含有营养成分或糖分，卡路里很低，最适宜于做鸡尾酒的酒基，也适宜兑在其他碳酸饮料内饮用，即使饮用稍稍过量，酒醒后也很爽快，而这一切，带有酒色的、香味浓郁的威士忌和白兰地都不适宜。因此，70年代中期以后，"白色革命"在美国人尤其是美国年轻人中悄然兴起，这一"白色革命"又逐渐波及欧洲，人们用干白葡萄酒兑碳酸饮料，用啤酒兑柠檬水，用金酒兑柠檬饮料，花样百出。70年代的后期，日本人的生活水准已经与欧美并驾齐驱，欧风美雨时时浸染着日本人的生活方式，日本人在本国找到了一种很好的白色酒类，这就是烧酎。于是在日本诞生了一个新词语"酎highball"（highball 在美语中是在威士忌或金酒中兑入苏打水等的一种饮品，多放冰块），简称"酎high"，一般是指在烧酎中兑入碳酸水，再加入一片柠檬和冰块，或者再加入柠檬汁和酸橙汁等。这样的饮用方式1980年前后在日本迅速风靡起来，大大促进了烧酎的消费。一份在80年代展开的现代日本人饮酒观的调查显示，半数以上的人选择了如下几个项目：（1）通过同饮的方式加深与别人的联系；（2）不是为了买醉，而是为了求乐；（3）喜欢饮酒的氛围比较明快；（4）喜欢入口比较清爽的饮品；（5）酒醒要爽快；（6）与料理相配。如果是这样的话，"酎high"倒真的比较合适，这也是烧酎能够东山再起的一个主要的文化因素。当然，媒体的推波助澜也是一个不可忽视的因素。这一部分人选择的烧酎，大多为无色无臭的较为低档的甲类烧酎。

　　第二个背景是一批真正懂酒的人，尤其是有学问、有知识的文化人的推荐介绍和怀想情绪的萌生。在日本的酒文化中，用稻米酿造的清酒具有颇为悠久的历史，由此而形成的文化积淀也比较深厚。相对而言，烧酎的历史要浅得多，而且它在日本本土的发源地是南端的鹿儿岛，在江户时代中期之前，几乎不为一般日本人所知晓。但是，随着战后烧酎制作技术的改良和进步，酒质取得了令人刮目相看的卓越成就。这些变化引起了一批被称为"酒通"的文化人的瞩目。70年代中期以后，日本社会的都市化倾向越来越显著，从乡野移居到城市中的上班族们，开始怀念自己的故乡，衣食无忧并富裕起来的都市人开始厌弃过于工业化的物品，人们开始留恋工业化前的乡村社会，怀恋手工制作的物品，更关注于自己的健康。于是，用老式的单式蒸馏机蒸馏出来的、由九州地区的家庭式作坊制作的本格烧酎，受到了人们的青睐。这一时期，不仅传统的大米烧酎和甘薯烧酎已经深入人心，九州地区还研制开发出了以裸麦和荞麦甚至是黑糖为原料的各色烧酎，丰富了烧酎的种类。它们那种不同于清酒也不同于洋酒的独特风味，吸引了大量的饮酒爱好者，并培育出了相当数量的酒客。这一类的消费者，主要是略略上了年纪、比较有文化和品位的男性，他们饮用的烧酎，基本上都是乙类或者说是本格烧酎。

　　烧酎中最为纯正或最高档的是冲绳的泡盛，可谓日本烧酎的祖宗。它用冲绳地区所产的籼米（日本本土所产的为粳米）制作，经过酿制和蒸馏两次制作后移入酒罐中，放上一年让其熟成，然后再分置于陶制的密封酒坛中，储存在恒温的酒窖内，随着时间的推移，油脂成分会氧化，形成醇厚芳香的陈酒（日语称为古酒）。陈年泡盛被认为是烧酎的正宗。

烧酎的酒精度一般在 25—40 度之间，且以 25—35 度者居多，以中国人的眼光而论，连低度白酒都有点不够格，酒精度数比威士忌还低。但即便如此，在日本几乎没有人直接饮用，一般必须兑水，冷热均有，用减压蒸馏法制造的一般兑凉水，而用常压蒸馏法制造的兑热水，各有风味。配兑的比例当然因人而异，但一般水的比例都在 70% 左右，在中国人看来，真的有点味同饮水了。这种喝法，恐怕与滋味清淡的日本料理有关。酒精度过于浓烈，与和食就不吻合了。当然，还可像威士忌一样放入冰块，慢慢品啜，我比较喜欢这样的喝法。

洋酒在今天的日本

　　洋酒是一个泛称，并没有非常严谨的定义，曾任东京葡萄酒研究院理事长的的场晴将其理解为"排除了日本酒和中国酒的外来酒"，基本上不错。这里谈的洋酒，主要是葡萄酒、威士忌和啤酒等。

　　中国至少在汉朝时已经知晓了葡萄酒，唐朝更有不少吟咏葡萄酒的诗歌。但在近代以前，葡萄酒始终未能成为中国的主要酒类，这与葡萄未能获得大面积的种植有直接的关系，这里涉及地理环境和人们的口味喜好等因素。

　　近代日本人感觉到葡萄酒的存在，是 1867 年，即明治时代开始的前一年，江户幕府派出了代表团参加在巴黎举行的世界博览会。其时，法国近代葡萄酒的生产正处于蒸蒸日上的时代，波尔多地区的葡萄酒名扬海内外。有一个叫田边太一的人，一同参加了世博会的活动，随后又出访了欧洲诸国，算是日本较早见过外面世界的人。回国后，田边在横滨经营起进口生意，波尔多葡萄酒是主要商品。后来从欧洲留学归来的其他几个人也在横滨从事葡萄酒的进口生意。当然，由于价格高昂，能接触到这些高档葡萄酒的，只限于在日本的洋人和日本的中上层阶级。

　　使一般民众感觉到葡萄酒存在的，也许是日本人自己创制的带甜味的所谓红葡萄酒，就像中国以前的通化葡萄酒。1879 年曾经在横滨的法国酒商手下工作过的神谷传兵卫与人合作创制出了一款名曰"蜂葡萄酒"的改良酒，

它其实不是一种纯粹的葡萄酒，而是以红葡萄酒为基本原料，再加上蒸馏酒、甜味甚至药材，组合成一种口味甘甜、酒味浓烈、具有滋补作用的饮品。比"蜂葡萄酒"更出名的是由如今声名显赫的三得利的创始人鸟井信始郎在1907年4月创制的"赤玉葡萄酒"。所谓"赤玉"，在日语中就是红太阳之谓，酒瓶的标贴上也画着一个红太阳。其制造法与"蜂葡萄酒"可谓异曲同工，是将西班牙进口的红葡萄酒配上甜味和酒精成分，然后着力推销。实际上这是一种调制酒。在战前，"赤玉"差不多成了日本最出名的葡萄酒，这也因此对一般的日本人造成了一种误导，以为葡萄酒都是甜的。就像战前的西洋料理具有浓重的日本色彩一样，葡萄酒的形象也被日本化了。

　　一般日本人真正认识葡萄酒，恐怕是在战后经济发展起来的年代。20世纪60年代以后，随着民众购买力的提升和海外旅行的走热，人们开始欣赏比较纯粹的西洋料理，由洋人制作或是由专门在海外研习归来的日本人烹制的接近原味的法国菜和意大利菜受到了都市人的青睐，相应地带动和提升了对真正葡萄酒的认识。随着日元的日益升值，来自世界各地的葡萄酒出现在了大众的视野中，日本本土的葡萄酒厂商也力图使自己出品的葡萄酒能够达到世界先进水平，大约从70年代末期开始，日本出现了一个包括葡萄酒在内的洋酒热。据日本国税厅的统计，1975年时，日本市场上供应的葡萄酒总共仅为31千公升，其中进口的更少，只有7千公升，但到了2000年，总量达到了269千公升，进口的葡萄酒为166千公升，是25年前的将近24倍。如今，在日本的市场上，人们不仅可以随处购买到法国、德国、意大利、西班牙、奥地利等欧洲传统的优良葡萄酒，也可方便地品尝到美国、智利、阿根廷等美洲的葡萄佳酿，除少数的名品之外，价格大致与国产酒相当。

　　说到葡萄酒的生产，目前最大的制造商应该要推在中国家喻户晓的三得利。三得利当年即是以酿造葡萄酒起家，70年代末期葡萄酒热掀起后，三得利在提升品质上倾注了颇大的努力，并竭力与世界上著名的葡萄酒制造商合作，以提升自己的地位。1983年，它取得了法国波尔多地区的名门Chateau Lagrage的经营授予权，1988年又获得了德国的Robert Weil酿造所的经营权，这在欧美地区以外可谓都是破天荒的情形，也使得三得利的品牌具有了相当的权威性。虽然现在进口葡萄酒的数量已经超过了国产品，但因为整个消费基数在增大，国产葡萄酒的产量较30年之前，依然有了数倍的增长。

1995年，由日本葡萄酒品酒师协会承办的第八届国际葡萄酒品酒师大赛在东京举行，东京出身的时年37岁的田崎真也一举夺得了第一名，彻底打破了欧美人一统天下的局面，使日本人感到扬眉吐气、欢欣鼓舞，也使得本来已经比较红火的葡萄酒的人气急剧攀升。田崎真也不到20岁时就赴法国研习葡萄酒的酿制，三年后归国，苦心钻研，曾在1983年举行的日本第三届全国葡萄酒最高技术赏大赛上一举夺魁。1995年获得世界第一名之后，他成了一位家喻户晓的名人，在各种媒体上频频亮相，自己开公司、做网站、办杂志和讲座，有力地促进了葡萄酒在日本的推广。不过，也不必过分夸大葡萄酒在日本的市场，因为葡萄酒的饮用，毕竟只局限在西洋料理的场合，葡萄酒本身与日本料理并不十分吻合。尽管现在的日本哪怕是在非常偏僻的乡野，也都有颇具品位的西餐馆，但是上了年纪的地方上的居民，日常的饮食还是以传统的日本料理为主，他们也许更喜欢饮用日本的清酒或烧酎。因此，即使如今的葡萄酒消费量是30年前的8倍多，但在整个日本酒类消费市场上仅占2.7%，目前葡萄酒的消费已经处于一个成熟而稳定的阶段。除了在大型百货公司的地下食品馆和超市之外，日本各地都有许多规模不小的酒类专卖超市，如总部设在京都的Liquor Mountain，至2019年7月，在全国各地共有185家连锁店，差不多是日本最大的酒类零售店，可供选择的品种极为丰富，价格也颇为公道，饮用洋酒在日本毫无奢侈的感觉。

接下来再谈谈啤酒。说起来中国人有些惭愧，最著名的"青岛啤酒"是德国人创制的。与此相反，今天日本最出名的国产啤酒都是日本人自己创制的品牌，且在今天的日本市场上，国产啤酒占到了95%以上的份额。最早打出日本人自己品牌的，大概要算1876年北海道开拓使厅开设的酿造所推出的札幌麦酒。啤酒最初在日本被写作"麦酒"，即用麦子为原料制作的酒，战后才普遍使用外来语。1889年，大阪麦酒会社成立，并于1892年推出"朝日啤酒"

（"朝日"如今已不用汉字，用片假名或罗马字母 Asahi 表示），并在 1893 年的芝加哥博览会上获得最优等奖，1900 年又在巴黎世博会上获得金奖，这大大鼓舞了日本人酿造啤酒的信心。1907 年，后来成为另一家日本啤酒制造巨头的麒麟麦酒株式会社也宣告成立。

目前日本的啤酒业界基本上由四大公司唱主角，就市场的占有率而言，依次分别是朝日、麒麟、札幌和三得利。1987 年，朝日啤酒推出了至今在日本啤酒市场上依然长盛不衰的"辛口"生啤"朝日超级干爽"（Asahi Super Dry），这在当时的日本啤酒业界几乎具有革命性的意义。人们尝到了一种崭新的口味，一种清爽而又刺激的口感，"超级干爽"由此成为朝日啤酒不可摇撼的王牌产品，引领朝日的市场份额一路走高。与它差不多并驾齐驱的是麒麟，麒麟是朝日最强有力的对手，也曾屡屡位列业界第一，其在 1990 年 3 月开发上市的"麒麟一番榨（生）"，以选用原料的上乘、制作工艺的先进、口味的纯粹爽快而赢得了大量的饮用者。札幌的拳头产品分别是"札幌（生）黑标"和啤酒中的精品"惠比寿"。三得利的主打产品是"Malt's"，前几年新推出的高档品牌"The Premium Malt's"曾在比利时举行的 Monde Selection 世界酒类大奖赛上连续三年（2005—2007）夺得啤酒类的金奖，这令啤酒界老四的三得利颇感自豪。除了大企业出产的啤酒外，日本各地都有些啤酒爱好者自己酿制啤酒，称为"地啤酒"，可以说是精酿啤酒。当然，成本更高，市场小，价格比较高，但仍有不少啤酒爱好者专门寻访这类小众啤酒，形成了另一种啤酒文化。

威士忌虽然随着日本国门在近代的打开，和葡萄酒、啤酒一起在江户幕府末年和明治初期由西洋人传入日本，早年也有在西洋人和日本人开设的店铺中出售，但是日本人的制作和饮用相对是比较晚近的事。被誉为日本威士忌之父的竹鹤政孝，1918 年赴英国格拉斯哥大学留学，在化学系攻读应用化学，掌握了威士忌的制造方法后归国，帮助三得利公司在京都北部的山崎创建了日本第一家制造威士忌的工厂"山崎蒸馏所"。优良的威士忌，除了制作原料和技术之外，贮藏的条件非常讲究，之所以选择在山崎建厂，是因为这地方背靠大山，又是三条河流的交汇口，在这里恰好形成一个狭窄的关口，经常雾气升腾，这样湿润的气候对威士忌的贮藏很有裨益，且拥有丰富的优质水源。要出品优良的威士忌，多年的贮藏是一项必不可少的工艺，制成的酒放入橡木桶内，贮藏于恒温的地下酒窖，酒在适宜的条件下在橡木桶内发生缓慢而复杂的化学反应，若干年后才能成为上品的威士忌酒。三得利出品的"山崎"12年，在2003年的国际蒸馏酒挑战大赛（International Spirits Challenge）上获得了威士忌酒类的最高金奖，这也是日本的威士忌首次在国际上获得大奖。1989年，三得利又推出了高品质的威士忌"响"17年，2004年在国际蒸馏酒挑战杯大赛上，"响"30年荣获整个大赛的最高金奖。值得注意的是，就如同葡萄酒和啤酒一样，最初的威士忌酿制技术也是从西方引进的，但是此后的改良、改进以及整体品质的提升和细节的吟味，都是日本人自己努力的结果。进入21世纪后的这一连串的国际金奖，奠定了日本威士忌的世界性地位。上述的这些日本出品的威士忌价格都不低廉，尤其是这两年中国的炒卖者在日本市场上狂扫高档威士忌，囤积居奇，在很大程度上抬高了日本高档威士忌的价格，像"山崎"12年，700毫升瓶装的售价16880日元，"响"17年50760日元，"竹鹤"17年16473日元，在价格上已经超过了同档次的苏格兰威士忌。

平民风的居酒屋和贵族气的料亭

　　日本居酒屋这样的地方，在世界其他地域都非常鲜见（英国等地有所谓的 Pub 或者后来的 Bar，但那主要是喝酒的），中国好像也没有（中国有酒肆、酒家、酒馆、酒楼、酒店、饭馆、菜馆、餐馆，但感觉上与居酒屋都不一样），虽然它的普及是在江户时代的晚期，却成了最富有日本风情、日本气息的地方。

　　前面曾经提及，由于日本城市的发育和成长比较晚，因此具有商业形态的餐饮业是在 18 世纪左右的江户等地勃兴起来的。日本的酿酒业自然也是历史悠久，但历史上的"酒屋"，只是沽酒的所在，并无供客人坐下来闲闲喝酒的设施，也没有特别的下酒菜。18 世纪中期的江户，随着城市商业的兴起和消费阶级的形成，可供喝酒的酒屋也就应运而生。为了区别此前仅可沽酒的酒屋，就在传统的"酒屋"一词前加了一个表示可以长时间待在里面的"居"字，"居酒屋"的名称，就这样诞生了。如今，在每一座大大小小的城市，稍微有点规模的轨交车站边，都汇聚了许多的吃食店和居酒屋，窄窄的巷子，灯红酒绿，百货公司和其他商店早就关门了，居酒屋却要经营到深夜。

　　倘若要我举出最喜欢的日本的几个存在，我一定会举出居酒屋。今天日本的居酒屋，可以开在全国任何一个地方，可以是都市高楼内的某一空间，也可以是繁华大街的一个侧面，可以是大学校园的左近，也可以是冷僻小巷的深处，或者公路两边，或者村头巷尾，以前多是男人的去处，如今也频频可见倩女的身影。

在我逗留日本的4年多时间里，去过无数家居酒屋，印象比较深的有那么几次。

2000年秋天，我在爱媛大学担任外国人特聘教授，受福冈大学山田教授的邀请，到那里去作一次小型的演讲。山田教授原来是神户大学文学部的教授，对鲁迅和中国现代文学均有卓越的研究，是我敬仰的前辈学者。当晚，山田教授将我安顿好了住宿以后，带我去吃晚饭。穿过大街，拐入一条小巷，往前好像是一个居民住宅区，几乎没有明亮的灯火，我心里不觉有些纳闷。蓦然，眼前的公寓楼下出现了一家居酒屋，不很明亮的灯光下，可见在秋风吹拂下轻轻飘荡的"暖帘"，可惜没有记住店名。店堂不算逼仄，甚至觉得有点宽敞，客人占了一半的座位。山田教授将我引到了开放式厨房前的吧台上，自己掌勺的老板和老板娘夫妇是主角，看来山田教授与他们很熟。一开始照例是两杯冰镇的生啤和两小钵下酒小菜，小菜的内容每日更换，可以是用白醋凉拌的海草和虾米，也可以是放了一点鲣鱼花、用柚子醋调味的一小块凉豆腐，或者是胡萝卜丝、豆芽和甜玉米粒煮在一起的"煮物"。小钵都是陶制的，很小，有时也有方形的，方形的小钵，在怀石料理中就称为"八寸"。当天什么食物比较不错，熟客就会与掌勺的老板闲聊，老板会适当地推荐几样，由客人自己选用。那天具体吃了什么，说实话我都有点不记得了，只是感到气氛相当好，食物也非常可口，生啤之后换了烫热的日本酒，店主拿出一个竹编的盛器，里面放满了各色形状、材质各不相同的小酒盅，由客人按喜好自己挑选。我和山田教授坐在吧台前随意聊天，也不时与在灶台上忙碌的老板、老板娘搭几句话，炉火上升腾起来的食物的香味并不太浓烈，刚刚可以勾起人们的食欲。酒酣耳热之际，山田教授才向他们介绍说这是中国复旦大学来的教授，店主人脸上稍稍露出了一点惊讶的神情，也似乎更加热情了起来。当时中国游客极少，光顾居酒屋的中国人就更少了。

还有一次是2005年的8月末，那时我在山口大学短期讲学。山口大学的所在地山口市是一个人口不到 20 万的小城市，由西南向东北呈狭长的形态，真正的主大街只有一条，两边有许多小巷，平素都很少见到行人，只有沙沙驶过的汽车，是一个非常闲静的地方城市。邀请我去山口大学的东亚研究科长藤原教授怕我一个人寂寞，不仅请我到他的府上去吃了饭，还经常带着我去各个居酒屋喝酒。一日晚上，教授带我去了一家只有半个门面的小酒馆，在一条寂静的巷子内。居酒屋在一幢有些低矮老旧的屋子里，进入门内，连店堂带厨房，只有七八平方米，点着两盏昏黄的电灯，典型的夫妻老婆店。窄窄的一个吧台，呈曲尺形，挤挤可以坐六七个人，客人都是熟客，彼此也大抵熟稔。没有菜谱，黑黝黝的墙上，贴着几个菜名。老板娘每天都会煮好几个菜，装在大磁盘里，比如牛肉煮土豆（不是我们一般见到的土豆烧牛肉，牛肉是薄片状，土豆切成大块，一般还放入洋葱、胡萝卜块和荷兰豆，酱油色很淡），比如小鱼和鲜贝的"佃煮"（一种起源于江户的放入大量酱油和白糖的烹制法）等。教授问，今天有什么特别的？老板娘答道，沙丁鱼的刺身。沙丁鱼形体很小，平素活的只在屏幕上见过，一簇一簇的，密密集集，市场上好像从来没有见到有卖的，作为食品，只有沙丁鱼罐头还有些感觉，用来做刺身，倒真是头一回听说。老板娘说，今天买到的沙丁鱼特别新鲜，就用来做刺身了，用柚子醋拌了一下。每人要了一份，一条一口，放入嘴里，无比鲜嫩。虽然是生鲜，却毫无鱼腥味。沙丁鱼的滋味原来竟是这样的！那天的牛肉煮土豆也十分可口，遗憾的是有些凉了，好在并不是冬天。也和其他的居酒屋一样，一开始喝的是生啤，然后喝的是冷酒。冷酒也是清酒的一种，要冰镇，倒入小小的水蓝色的玻璃杯内（喝冷酒不可用陶瓷的酒盅），夏天喝十分惬意。那天吃了多少喝了多少，到后来也不记得了，离座时结账，问老板娘多少钱（所有的菜肴和酒类都没有标价），答说每人 3700 日元。于是各自付了账，皆大欢喜。出了门，与教授分手后，我骑着自行车，摇摇晃晃地穿过仁保川上的一座大桥，拐入一条小路，经过一片开始泛黄的稻田，在秋虫的鸣叫声中，回到了我临时租住的屋舍。

　　居酒屋是相当平民的所在，而另一处名曰"料亭"的宴饮场所，恐怕就不

是所有人都可以轻易踏入的。料亭的历史，也开始于江户时代。料亭里提供
的，一般都是怀石料理。怀石料理或会席料理最初是诞生在上层社会酬酢社交
的场合，不久便逐渐影响到一般比较富裕的市民社会，应运而生的便是各种比
较高级的酒楼饭馆纷纷开业，这样的高级饭馆后人称之为"料亭"。料亭这一
名称出现于何时，似乎还无人考究，不过大概不会早于江户末期，而盛行于明
治和大正年间。1859 年曾在长崎担任过英国领事的荷吉逊（C.P.Hodgson），
在其《长崎信札》中写道："每家店铺都有一个美丽的小庭院，种着几棵修剪
整齐的枞树、杜鹃和百合等，而且在小小的池塘中栽植着些水生植物，池中央
有一股泉水喷涌上来，有很多的锦鲤在游泳。这使我感到十分欣悦。因为由此
我知晓了他们具有一种可说是精致的趣味，不是我原先所想象的那种野蛮人"，
"每一家店铺整个的看上去都非常洁净，因为人们都把鞋脱在街上，在屋内穿
拖鞋，人们在进入店内或屋内时，都会把鞋脱在门口。我所走进的几家商店和
人家，都收拾得非常干净，店主也好，家里人也好，都穿着整齐，气宇不俗"。
1885 年，当时在东亚颇享有文名的王韬应邀作东瀛之游，一路受到日本友人
的款待，在他的《扶桑游记》中这样记录了日本的酒楼："栗本匏庵（人名）
招饮柳岛桥本酒楼，为余饯别。柳岛亦东都名胜所，其地村落参差，河水如
带，板桥垂柳，风景宜人。临流一酒楼极轩敞，楼外之黛色波光与楼中之扇影
衣香相掩映。"当时来自所谓文明之邦的英国人和中国人都有这样的感觉，可
见江户末期和明治初期的日本，在饮食环境上已经颇为雅致了。就像当年的高
级酒楼大都临河枕流、富于风情一样，如今的料亭，一般也远离红尘滚滚的闹
市，而地处冷街幽巷，或比邻寺院，或面对清流。费用大概在每人 15000 日
元以上。我因为公务的缘由，曾经出入过几次料亭。

有一年枫叶正红的深秋，我应京都一所大学的校长之邀，去"掬水"吃晚
饭。"掬水"位于南禅寺附近一条幽深的小巷内。小小的玄关前铺的是青石板，
上面挂着短短的中间分开的布帘，这就是所谓的店招，日语谓之"暖帘"。年
逾五十的"女将"（老板娘）和另两位中年妇女身穿和服在门口躬身迎候。脱
了鞋换上拖鞋后，被引入餐室。餐室是一间日本式铺着榻榻米的大房间，日语

称之为"广间",正前方的格子式的纸扇已经被拉开,透过落地大玻璃窗可以看见被绿色映射灯照射的庭院,中间有一鱼池,一座精雅的小石桥跨越其上,两端各有一石灯笼,幽幽地发出晕黄的光辉,优雅得令人感到寂寞。榻榻米上有一排矮桌,桌边是日本人独创的无腿座椅。在宾客的座席后面,是一处日语称之为"床之间"的空间,墙上挂有一幅山水画挂轴,下面是一个造型别致的花瓶,数片长长的绿叶中映衬着三两枝白色的鲜花,疏淡有致。落座后依次上的是各色怀石料理的菜肴,这里不作赘述。端菜斟酒的,都为 40 岁以上的中年妇女,一近食桌便立即跪下来,想来也是,这么矮的食桌,不跪又如何上菜呢?这样的排场和精致得不忍下箸的菜肴,想来价格必定高昂,但说实话,感觉上并不很惬意,双方正襟危坐,致辞,说些客套话,气氛沉郁。料理程式化地一道道上来,主客小心翼翼地一道道吃完。熟识日本传统文化的,可以对整个的氛围和料理乃至器皿细加玩味,充分享受,但对一般的外国人而言,如果不能真正融入日本文化中去,除了有点新奇外,恐怕不会有太愉悦的感觉。

    居酒屋和料亭,代表了日本饮食文化的两端,前者是庶民风格的、随意的、散文式的,虽然有一点喧嚣,但决不会有油腻肮脏的感觉,后者则是宫廷贵族风格的,素雅中透出考究,简练中显出精致,是奈良时代以来公家文化的遗存。两者可谓是日本文化的两个侧面,虽然风貌大相径庭,不过如果追究其内在的本质,其实都是非常日本的。

是谁把中国的茶带到了日本？

在今天的日本，饮茶习俗之普遍，绝不亚于中国。日本茶在世界上的声望，也是有口皆碑。以至于有些日本人都不清楚，日本茶的源头，明明白白在于中国。

茶在中国的历史已很悠久。公元之前，茶已在中国西南地区被人们食用或饮用，汉朝以后又自巴蜀一带向长江中下游地区传播，被当作具有药用价值的食物或饮品，自隋唐（大约公元6世纪以后）开始，饮茶之风逐渐弥漫至全国，茶作为最重要的非酒精饮品的地位在中国正式确立。唐朝中后期的杨华所撰的《膳夫经手录》中写道："茶，古不闻食之，近晋、宋（指南朝时的宋）以降，吴人采其叶煮，是为茗粥。至开元、天宝年间（713—756），稍稍有茶，至德、大历（756—779）遂多，建中（780—783）后已盛矣。"

不过，唐朝或者说《茶经》时代中国人的制茶和饮茶方式都与今天我们饮茶的形态大相径庭。我们今天所饮用的是叶茶，即将采摘的茶叶在大锅内炒干后储藏若干日，注入沸水后就可品饮，而唐宋时期的祖先饮用的是饼茶，即将采摘后的茶叶放入甑内再置于锅中蒸，蒸后趁热捣碎，然后在一定的模型内拍压成饼状后放入焙坑内烘焙，形状可圆可方，干燥后储存，饮用之前，先要用火全面烤炙，然后将饼茶掰成小块，碾碎，待釜内的水烧至初沸时，加入盐调味，再至二沸时，用竹夹在沸水中搅动，随

之投入碾好的茶末，待到茶汤"腾波鼓浪"时，即可饮用了。到了宋朝，茶的制作和饮用方式基本还是沿袭唐朝，即属于紧压形态的团茶和饼茶，宋王朝曾将福建的建安等地作为贡茶的产地，向朝廷进贡幼嫩芽制成的龙凤团茶等，在宋朝特曾将团茶或饼茶称为"片茶"，并已经有了在制作上蒸而不碎、碎而不拍的所谓蒸青和末茶，又可称为散茶。所谓末茶，是在前代工艺上的进一步，即将烘焙后的茶叶用银或熟铁制的茶碾碾磨成粉末状。饮用方式与唐朝也稍有不同，宋朝中期以后，已经不放盐和其他调味品，而纯粹是品尝茶的真味。在饮茶方式上，出现了点茶的形式。点茶就是当水煮沸时，将沸水注入茶碗时一边用竹制的茶筅将茶汤搅出均匀细微的泡沫（昔日称之为汤花），谁的汤花紧贴盏沿的时间长就获胜，反之，谁的汤花先散退则为输者。这后来演变成了一种饮茶游戏，即斗茶。相对于朝廷贡茶的团茶形式，民间饮用的不少已是散茶或是末茶。元朝时，蒸青或蒸青的末茶是主流。朱元璋建立了明王朝后，觉得团茶制法太过繁琐，于是全面推行散茶，也就是今天的叶茶。更具有革命性的是，制茶的主流方式从蒸制改成了炒制，也就是炒青。

　　根据对中日文化交流史的考察和对文献的仔细研究，我认为中国的茶文化传入日本，大致经历了平安时代前期（9世纪初前后）和镰仓时代中期（13世纪初前后）两个比较大的阶段，而茶树的普遍种植和饮茶习俗的真正形成，则是在第二个阶段之后。一个共同点则是茶文化传播的使命，都是由日本僧人来担当并进一步完成的，与佛教有着密切的关联。

　　在日本官方的史书、840年完成的《日本后记》中明确记载了嵯峨天皇（786—842）到近江国滋贺巡幸时，在梵释寺受到大僧都永忠（743—816）亲手煎茶奉献的历史。大僧都永忠是在775年随第十五次遣唐使来到中国，在长安的西明寺生活了30年，于805年回到日本，被授予地位很高的"大僧都"称号（顺便说及，鉴真和尚东渡日本后也曾被授予大僧都）的高僧。嵯峨天皇显然对永忠的献茶之举颇为赞赏，对茶的滋味（或者说是饮茶的行为）甚为喜爱，下令京畿和近畿地区（今关西地区）广泛种植并向宫廷进贡。在这一时期日本汉诗集《凌云集》等中也频频出现了诸如"肃然幽兴处，院里满茶烟""吟诗不厌捣香茗，乘兴偏宜听雅琴"这类吟咏饮茶或煮茶的诗句。

令人有些费解的是，原本很受日本上层喜爱的饮茶文化，自9世纪下半期开始就渐趋衰落，乃至于到了绝迹的地步。我个人认为唐朝的茶文化传到日本后不久几乎出现了将近300年的沉寂，原因也许有如下几点。第一，茶文化传入日本不久的838年之后的数百年间，中日之间没有出现有规模的往来（包括官方和民间两个层面），9世纪以后唐王朝的衰败减弱了日本人对大陆文化的憧憬。平安时代中后期，日本本土的"国风"文化迅速成长，也削弱了日本人对外来文化的兴趣，这是一个背景性的原因。第二，在茶文化传来后的差不多半个世纪里，其传播的范围一直局限于王公贵族的层面和都城及周边的部分寺院，传播区域的狭小，影响了它在民间的渗透性。第三，唐朝饼茶繁复的制作工艺和与日本风土相异的口味，恐怕也是影响它在日本广泛传播并扎根的一个不可忽视的障碍。

再一次将茶传入日本，不仅广泛种植并且著书宣传的，是镰仓时代中期的荣西和尚（1141—1215）。1168年4月，28岁的荣西搭乘商船到宋朝的中国，巡礼于天台山和阿育王山等佛教圣地，求得天台宗的典籍60卷，同年9月回国。1187年3月，荣西又一次坐船来到中国，跟随临济宗黄龙派第八代传人虚庵怀敞参禅，先在天台山万历寺，后又跟随至天童寺，前后约有4年。1191年7月，荣西回到了日本。回到日本后他撰写《兴禅护国论》3卷，执意要在日本播扬并建立禅宗，日后在京都建造了具有禅宗风格的建仁寺。可以说，他是将中国的禅宗带到日本的第一个最重要的人物。

差不多与传播禅宗具有同等重大意义的是荣西从中国带来了茶树的种子和饮茶的习俗。荣西主要是在禅寺中体会吃茶经验的。自唐朝中期开始，饮茶在寺院中就开始普及，茶的提神醒脑的功能早已为人们所熟知，而此时正是禅宗在中国兴盛的时期，禅寺里为了防止和尚坐禅时睡意袭来，也倡导饮茶，并且形成了一套规矩或者说是礼仪。荣西不仅从理论上了解禅院中饮茶的做法，应该在日常生活中也目睹并亲身体会了寺院内饮茶的种种习俗。非常有意思的是，在浙江一带（荣西两次来中国都生活在浙江的天台山和天童寺一带）饮茶或喝茶都不称饮或喝，而说吃茶，荣西后来通过他撰写的《吃茶养生记》，给日本人带来了一个新词语就是"吃茶"。

荣西 1191 年乘坐中国商人扬三纲的商船第二次入宋回国时，是在今天九州的佐贺县一带登岸的，登陆后立即就将茶籽播撒在当地。1194 年在博多（今福冈）开创了圣福寺（一说崇福寺），在当地又移种了茶树。1207 年，已经来到京都并开建了日本第一座禅寺建仁寺的荣西，又将茶籽赠送给了华严宗的高僧明惠上人（上人意为德高望重的僧人），这茶籽估计已经是在日本的土地上收获的。此事在《拇尾明惠上人传记》中有比较详细的记载，云建仁寺长老（指荣西）向明惠进茶，明惠不详此物，询于医师，答曰可遣困、消食、健心，然而日本本土尚不多见，于是寻访茶籽，得两三株，遂将此播种在自己所居住的拇尾，果然有提神醒脑的功效，于是劝众僧服用。另有一说为建仁寺的僧正御房（亦指荣西）自大唐国携来此物，将茶籽进奉明惠，于是植于拇尾。拇尾位于现在京都市右京区梅田，现为秋季观赏红叶的名胜地，明惠在此建有高山寺。大概拇尾的气候和土壤都很适宜于茶树的生长，尔后拇尾的茶就成了正宗茶、上品茶（日语称之为本茶）的代名词。当时茶的产地，除了拇尾之外，还有仁和寺、醍醐、宇治等地。如今的日本茶中，京都的宇治茶的名声仅次于拇尾茶，甚至更为一般人所知晓，也曾有宇治茶是出于明惠上人之手的说法，但一直缺乏确凿的证据，归根结底，还是宇治的水土宜于种茶的缘故吧。

荣西除了将茶籽自南宋带入日本，并传来了中国宋朝的饮茶法之外，他在日本茶文化史上最堪彪炳史册的恐怕是他所著的《吃茶养生记》（原文为汉文）。这部书非常详尽地论述了茶的养生功效，他一开卷就开宗明义地说：

> 茶者，养生之仙药也，延龄之妙术也。山谷生之，其地神灵也。人伦采之，其人长命也。天竺唐土同贵重之，我朝日本亦嗜爱矣。古今奇特仙药，不可不摘也。

从《吃茶养生记》来看，荣西在中国所接触到的以及传到日本的已经不是唐朝的饼茶和宋朝进贡给朝廷的团茶，而是末茶，即烹煮饮用时还需要用茶碾碾磨成粉末状的末茶（唐朝也用茶碾，但这里已没有压榨成型的工艺，而是直接将焙干的茶叶碾磨成粉末）。从制成的茶的形态上来说，与平安前期传入日本的茶已经有较大的差异，即镰仓以后开始饮用末茶，而非早期用姜、盐等调味的煮茶。以后种茶和饮茶就逐渐由西向东，传遍了日本列岛，

日本的茶道到底是什么？

"茶道"这个词的诞生是相对比较晚近的事，它在当初被称为"侘茶"，又被称为"茶汤"。"侘"在日文中的解释有三种：一是"烦恼、沮丧"，二是"闲居的乐趣"，三是"闲寂的风趣"。茶中的"侘"，主要取第三种释义。"侘"字古汉语中也有，意为失意的样子，现已不用。在日语中，原本也是失意、沮丧的意思，后来在连歌中渐渐演变为一种闲寂的美。与茶联系在一起，就使茶上升到了一种空灵的哲学境界。那么顾名思义，"侘茶"应该是一种具有闲寂情趣的饮茶文化。它是对镰仓后期喧闹、奢靡的上层武士饮茶之风的一种反省和反动，甚至与室町幕府的将军所举行的茶会也有很大的不同。这种新的饮茶精神不再追求豪华的楼宇、争赢斗胜的刺激和呼朋招友的热闹，甚至都不在意茶质的优劣和艺术品陈列的排场，而是非常注重内心的宁静和愉悦，体现了对自我、自我与他人、个体与社会、人与自然关系的理解，既比较完整地包含了日本人的价值观，也比较集中地体现了日本人的审美意识。而这种新的饮茶精神的核心部分便是禅。这样的新的饮茶精神及相应的礼仪规范等大概就可以称为茶道。日本近代美术教育的创始人之一冈仓天心（1862—1913）在用英文写成的《茶书》（*The Book of Tea*）中称茶道是一种审美的宗教，它不只是具有审美的意义，而且包含宗教、伦理和天人合一的思想，它在日常的俗事中找到了一种审美的价值。"茶汤（或写作茶之汤，在日语中是日本茶道的代名词——引者）是禅的仪式的发展"，"正是这种发源于中国的禅的仪式发展成了15世纪的日本的茶汤"。这里要特别强调的是茶道与禅宗的关系，可以不夸张地说，日本茶道是禅宗精神在饮茶程式和礼仪上的一种表现。

茶道在日本的发生、发展和完成，主要经过了三个人的努力。一个是村田珠光（1423—1502），是他首先创立了茶道；一个是武野绍鸥（1502—1555），茶道在他手里有了很大的发展；还有一个就是声名最响的千利休（1522—1591），他最终全面建立了茶道的体系和宗旨。现在日本三大茶道宗派的里千家、表千家和武者小路千家三派，都是千利休一脉的沿承。

村田珠光少年时曾到京都大德寺跟随著名的一休和尚（1394—1481）学禅。一休和尚是临济禅的高僧，他不循传统的礼法，狂放不羁，人称"狂僧"，却是独树一帜，对禅有自己独到的见解，观物察事，往往胜人一筹。一休赠送给珠光一幅中国宋朝僧人圜悟克勤的墨迹，作为入门的明证，后来这幅墨迹被珍视为茶汤开祖的墨宝。珠光大概在一休那里悟到不少禅的真谛，他尤其欣赏一休视富贵如粪土的平常心。他决心将茶事从奢华的世风中解放出来，而使其成为常人修身养性、提升品性的一种方式。总之，珠光后来被传为"侘茶"的创立者。珠光认为，不完的美是美的一种更高的境界。这一审美意识对日后日本人审美理念的最后形成产生了很大的影响。

武野绍鸥虽是商人家庭出身，却喜好文艺。1525年，他来到京都，拜当时极有名的文化人三条西实隆为师，在听他讲《和歌大概之序》过程中深有所悟，此时正是下京茶汤相当兴盛的时候，于是他在此学茶参禅。后来他在京都营造了一处茶室曰"大黑庵"，脱去了上层武家讲究装饰的传统，茶室的"座敷"改为四帖半，墙面只是俭朴的土墙。他将枯淡美引入茶汤中，在将书院茶发展为四帖半的草庵茶的过程中发挥了指导性的作用。绍鸥后来又到和泉南宗寺学参禅，从而开创了茶人参禅之风。最著名的是，他还提出了"茶禅一味"的主张，将茶与禅连为一体，或者说在茶中注入了浓郁的禅的精神。由此，在他的努力下，初步形成了一种极具禅意的、崇尚简素静寂的"侘茶"。

在整个日本茶道史上，千利休的名声最为显赫，他被看成是茶道的最终完成者，茶道在他手里才最终成为一种道。与绍鸥一样，他也出生于堺，并且是绍鸥的入门弟子。不久他便在茶事方面蓄积了不浅的造诣。利休是一个在感性和悟性方面都非常出色的人。在茶事的实践中，利休形成了一系列完整的"侘茶"的理念和具体的程式。"侘茶"在他那里的具体表现就是"草庵茶"。利休推崇的"草庵茶"，希望是一种出世间的茶，"将心味归于无味"，真的具有很浓郁的禅意。为了洗去讲究格式法式的上层武家茶会的贵族风，他把原先四帖半的茶室再加以缩小，一举改为两帖（不到 4 平方米），以追求主客之间更加近距离的交流。一直保存至今的京都妙喜庵的待庵，相传是利休的作品，从外观上看，实在是非常不起眼的一间小茅屋，而且没有门，只有一个低矮的躙口，人必须弯腰或屈身才得以进入，其目的是让人有一种紧张感，以拂拭人的世俗性或日常性，使人的精神上升到一个新的境界。利休生前，正是日本的战国时代，人们深深感叹生命的无常、人生的无常，于是就有了利休的"一期一会"之说，意为人生如萍水，相逢是一种缘，此次相会，不知何时能重聚，因此要珍惜偶尔一次的相会。后世利休的继承者，往往将他抬举得很崇高，但他本人虽然对禅具有较深的参悟，却似乎并不是一个淡泊名利的人。当时的一代枭雄织田信长旌旗浩荡长驱直入京都之后，利休就有意亲近信长，信长便起用他担任茶头。信长在获得了地盘、金银之后，也开始仿效足利义满等室町幕府的将军，对中国传来的各种文物珍品颇为馋涎，在大肆收集之后，也不免附庸风雅，召集些茶人，举行几次茶会，同时展示自己收集的珍奇宝贝。1582年信长在京都本能寺遭到部将的袭击，自杀身亡。不久另一个枭雄丰臣秀吉率兵崛起，平定了天下，于是利休又成了秀吉的亲信，担任他的茶堂。1583年，丰臣秀吉建成了大阪城，并在城内建造了名曰"山里丸"的茶亭，取"市中的山里"之意，似乎多少有些利休"草庵茶"的意味。但丰臣秀吉显然无心追求"闲寂枯淡"的境界，他更在意称霸天下的权力和炫目辉煌的排场，于是1586 年在宫中小御所内营造了贴满金箔的黄金茶室，里面装饰了纯金打制的一套台子茶具。在 1887 年 10 月于北野天满宫举行的一场规模空前的大茶会中，利休等人是主要的角色。秀吉这个人物犹如中国的曹操，既有雄才大略，猜疑心也很强。利休受到了宠幸，也就有些狂妄，1589 年在为其亡父做 50 年忌的时候，出钱在大德寺山门上增建一层，并在楼上安置了自己的木像。这不免引起了秀吉的猜忌，于是下令利休返回自己的家乡堺，并对他的行动处处加以限制，利休终于意识到自己触怒了独裁者，但他不愿意请求秀吉的宽恕，于是在 70 岁时悲怆地自刃身亡。利休一生浸淫于茶事中，也有很高的修养，留下了不少足以供后人学习的言行，最终却未能看明白世态炎凉，心境不能完全平静，时时有浮躁之举，说来也很有些讽刺意味。

　　茶道文化在江户时代获得了长足的发展。其第一个标志是诞生了沿承千利休一脉的"三千家"、以古田织部（1544—1615）为创始人的"织部流"和以小堀远州（1579—1647）为始祖的"远州流"等影响深远的茶道流派，并形成了以茶道为中心的演艺方面的所谓"家元"（也许可以译为"宗师"）制度。千利休的孙子千宗旦（1578—1658）1648 年在京都建造的"今日庵"，仅有 3 平方米左右，窄小素朴，为其晚年的隐居地。他拒绝了江户幕府请他做茶道示范的邀请，比其祖父更为彻底地坚持了"侘茶"的精神。此后，宗旦的第三个儿子宗左继承了利休的茶室"不审庵"，自立门户，创立了"表千家"。而宗旦的第四个儿子宗室则继承了宗旦的"今日庵"，又自立一流派，因其居所在传统老屋的里面，称为"里千家"。宗旦的另一个儿子宗守则自己创建"官休庵"，严格遵守宗旦的家风，这一流被称为"武者小路千家"。以上就是日本茶道界影响最大的所谓"三千家"，名义上，都遵奉千利休为始祖。如今，以里千家的势力最为兴盛。另外，每一家的历代家元即宗师或曰掌门人，都沿袭最初创立者的名号，以体现其一贯性。

　　严格地说，在千利休手中最后完成的茶道是日本本土的产物，虽然在形成的过程中，受到了中国文化明显的影响。中国古代对茶的种种讲究，还只是一种茶艺，而非现代意义上的茶道。倒是明朝以后，随着叶茶的兴起，在江南一带，饮茶染上了浓郁的文人趣味，在茶具的选用和饮茶的情趣上，更多地与琴棋书画融为一体。但这种由饮茶体现出来的文化情趣依然不能归之于茶道。虽然在日本的茶道的形成过程中可明显地感受到中国文化的痕迹，茶具的种类和样式也沿袭宋的物品，禅宗的精神更是直接来自中国，但将禅与茶连接在一起，在茶中寄予人生的哲理，并通过茶来透现出比较完整的审美意识，则是日本人的创造。茶道形成之后，茶已经不单单是一种饮品，从茶庭的设计、茶庵的营造、茶室内的格局和装饰、茶具的选用到点茶的方式、茶礼的制定，都建立起了一套完整、缜密、细致的规范，乃至于有《山上宗二记》《南方录》《宗春翁茶道闻书》《茶道旧闻录》《茶汤古事谈》等多种茶道经典的问世，"和、敬、静、寂"的茶道精神的确立，都说明了日本的茶道有自己的源流。

名目繁多的日本茶

经过 260 多年相对比较安定的江户时代，饮茶习俗已经完全在日本各地以及各阶层中普及，并成了日本人生活文化中的重要部分，从日语中的"日常茶饭事"一词中可窥一斑。进入明治时代后，虽然社会的构造由前近代逐渐转向近代，人们的生活方式也在一定程度上从传统向现代发生蜕变，但传统的底蕴依然深厚，饮茶的基本内容也未出现本质性的变化。明治前后，相对于西洋文明的涌入和各色新型饮料的出现，作为一种民族自觉，诞生了"日本茶"这一概念。旧有的末茶和后来的煎茶（即中国称之为"叶茶"的）原本都是从中国传来，完全与中国茶相分割的日本茶其实是难以成立的。但是，由于中国国土辽阔，地域广大，自然条件千差万别，从种类而言，日本茶并不能完全涵盖中国国土上的茶。另外，从制茶的技术方式以及成茶的形态上来说，日本茶也不等同于中国茶。简而言之，今天所谓日本茶，首先就是一种绿茶。

关于日本茶的分类，应该有两个不同层次的概念。从制茶技术和饮用方式而言，大致可分为"抹茶"和"煎茶"两大类。抹茶，简单而言，是将采摘的茶叶经蒸热干燥之后在茶臼中磨成粉末状，饮用时在茶碗中注入沸水，用茶筅快速有力地搅动，在茶的表层形成细密均匀的泡沫，谓之"点茶"。抹茶又分为"浓茶"和"薄茶"两种，前者用满满三茶勺量的茶末放入茶碗内，注入少量的沸水，点茶之后颜色呈深绿色，茶汁浓稠；后者用一勺半的量并注入较多的沸水，点茶之后茶汤呈鲜绿色。在目前的日本，抹茶主要用于茶道，一般的平民事实上很少在日常生活中饮用抹茶，倒是抹茶食品颇受人们的欢迎。煎茶，大抵可以理解成我们中国人的叶茶。虽谓煎茶，实际上已经不在釜或壶中慢慢煎煮，其具体方式，一如我们的沏茶。不过，不同的是，日本人的煎茶，一般是将茶叶放入茶壶（日语谓之"急须"）中，泡开后再分别注入各人的茶杯中，茶杯大抵都比较小巧，无杯盖，一般都是陶瓷器而不用玻璃杯（日语谓之"汤吞"）。

从茶的栽培方式、采摘期和成茶的高低级层次而言，日本茶又可分为玉露、煎茶和番茶三类。

玉露实际上是一种在特定的区域、经过有些不同寻常的栽培采摘方式获取的比较高级的日本茶。其名称的由来，可以追溯到江户晚期的天宝六年（1835）京都宇治（这里自镰仓时代起即是日本名茶的产地）乡（现已成为宇治市）的山本山家族的第六代传人山本山嘉兵卫，他将自家茶园内采摘的嫩茶叶烘焙成如露一般的圆形，日后将自家茶园出产的茶命名为"玉露"。

玉露不仅成茶后的形状与一般茶叶不同（事实上，明治初年已经由辻利右卫门改良成了长条形），更在于它的栽培方式不同。以现在最大的玉露产地福冈县八女地区的栽培方式而言，首先是并不对茶树的枝丫进行特定的整修，让芽叶自然生长；其次是在采摘之前的一定时期（一般为两周），用稻草在茶树上搭成遮阳的棚架，避免日光的直射，目的是增加茶叶中形成美味的氨基酸的成分，减少茶叶中造成苦味的丹宁类的含量；还有在采摘的时候绝对采用手工的方式，一心二叶。这样的茶称为"传统本玉露"。玉露在饮用时也颇为讲究，只能用 60 度左右（甚至更低）的热水沏茶，用温度高的沸水，就容易将茶叶中的涩味浸发出来，损害了玉露的甘甜。在现在的评品会上，将玉露专门分成一类。由于其栽培的区域有限，栽培、采摘以及烘焙的方式也比较麻烦，因此价格比较昂贵，成了日本茶中的高级品。

煎茶在这里的概念与上述第一层次的概念有较大的不同。相对于抹茶的煎茶是一个广义的称谓，从根本上来说，玉露和番茶都可列入煎茶的范畴。而这里的煎茶则是一个狭义的名称，相对于高级茶的玉露和比较低级的番茶而言，以中国人较易理解的说法，可以说是一种绿茶中的新茶，也是最广为人们所饮用的日本茶。现在的煎茶是将新春或春夏间采摘的"一番茶""二番茶"经过蒸热、粗揉、揉捻、中揉、精揉、干燥6道工序制成后上市的较好的绿茶，既有绿茶的甘甜，又有一定程度的苦涩，更有茶的清香。现今或接近于现今这样的煎茶的栽培、采摘和制作，始于江户时代的中期（18世纪）。煎茶中当然以"一番茶"为佳。煎茶在整个日本茶的消费中所占的比率是80%。

最后说到番茶。日本将一年中茶叶的采摘期分为"一番茶"（每年的3月1日—5月31日），"二番茶"（6月1日—7月31日），"三番茶"（8月1日—9月10日），"四番茶"（9月11日—10月20日），"秋冬番茶"（10月21日—12月31日），"冬春番茶"（1月1日—3月9日）。所谓的番茶，就是"三番茶"以后的茶了。众所周知，随着气候的变热，茶叶的生长期也大大缩短，此时长成的茶叶，叶片大而长，叶质粗而粝，在茶叶中只能列入中下品，但同时它也具有一种粗野质朴的风味，消暑解渴，健身润肺，不失为一种不错的饮品。现在的日本乡村，还留存着"日晒番茶"和"阴干番茶"两大类型。冈山县的美作乡一带，夏季的时候，往往将茶树连枝叶一起砍下来，放在大铁锅内蒸煮，然后摊放在草席上让烈日暴晒，一边还浇上蒸煮后渗出的茶汁，晒干后即可饮用。而在福井县胜山市一带，人们将秋天的茶叶连同枝杈一起用镰刀砍下来，用草绳串编起来后挂在背阳的屋檐下，让干燥的秋风自然吹干，饮用前用铁锅炒一下即可，犹如药草茶，虽然不登大雅之堂，但健身的功效毫不逊色。有的地方在番茶中加入糙米（日语中称为"玄米"）一起炒制，这样的茶又被称为"玄米茶"。在北海道和日本东北等地区，往往将采摘的番茶加以烘焙，称之为"焙茶"，因此焙茶也可算是番茶的一种，不过，经烘焙的茶，构成苦味的丹宁遭到了破坏，因此口味上柔和很多。番茶的茶汤一般呈浅褐色，犹如大麦茶，似乎没有玉露和一般的绿茶那么诱人，但有些人就是不喜欢滋味甘甜而淡薄的玉露，而偏爱具有山野风味的苦涩中带有茶香的番茶。近年来的科学研究表明，"秋冬番茶"中含有多糖类成分，可降低血糖值，对中老年人尤为适宜。

就日本茶的产地而言，由于日本全国多为山岭地带，也有较充沛的降雨量，从理论上来说，各地都可生长，以前也确曾在全国各地广泛种植。但气候寒冷的北海道、东北地区以及日本海沿岸的部分地区，种植时需花费相当的功夫，经济价值不大。因此，现在日本茶的产地，主要在新潟县村上地方以南的区域，遍布大半个日本，其中尤以静冈县的种植面积和产量为最大。2012年，日本全国的茶树种植面积为49500公顷（1975年前后为最高峰，曾达到61000公顷，以后逐渐减少），静冈县为25000公顷，约占全日本的一半，而产量占40%。静冈县位于东京西部，面临太平洋，温润多雨，境内既有山地，也有台地和冲积平原。旱地的大部分都种植茶树，尤以境内中央地区的牧之原台地最为出名，其他诸如富士山麓、安倍川、大井川、天龙川流域也十分适宜于茶树的栽培，而冈部町一带则是玉露的名产地。也正因为静冈县是全日本最大的茶叶生产地，如今与我国最著名的茶乡浙江省结成了友好省县（在行政上，日本的县相当于我国的省）。此外，镰仓时代将饮茶习俗全面传到日本的荣西和尚在中国学佛、体会到中国茶文化的地方也正是浙江省。仅次于静冈县的茶叶产地是九州最南端的鹿儿岛县，茶树的种植面也有将近10000公顷，2012年的粗茶产量为2600吨。就种植的种类而言，2012年的统计是，一般的绿茶（日语称之为"普通煎茶"）为64%，较差的番茶是24%，高级的玉露茶等产量较少，为7%，类似我们浙江龙井的这一类炒茶占3%。

传统的沏茶方式虽然还顽强地留存在家庭生活和较为正式的接待酬酢上，但是为了应对自欧美汹涌传入的可口可乐之类的瓶装和罐装饮料，同时也为了适应快节奏的都市生活，1980年，日本开发出了罐装茶和瓶装茶。以后，除了传统的日本绿茶和从中国引进的乌龙茶之外，各厂商还开发研制了各类适合当代人生活的茶饮料，比较著名的有"朝日饮料"在1985年推出的"十六茶"，选用黑豆、大麦、薏仁、昆布、桑叶、陈皮等16种原料调和而成，对软化血管、降低血脂、促进消化等均有一定的功效。在市场上影响更大的这类调和茶是后起之秀、由日本可口可乐公司研制的"爽健美茶"，所选的原料有大麦、绿茶、糙米、普洱茶等 12 种，以其美容、降火、促进新陈代谢等功能吸引了许多年轻女性。对于今天的日本人而言，人们喝得更多的恐怕是各种在超市、便利店、自动售货机上销售的罐装茶和瓶装茶。这一风气，正在影响着作为茶文化故乡的中国。

茶屋·茶寮·吃茶店

茶屋，茶寮，吃茶店，看上去都有一个茶字，与中国传统的茶馆，却是迥然不同的存在。有意思的是，日本人一般把咖啡馆称为"吃茶店"。

先说茶屋。称喝茶为吃茶，是中国江南尤其是浙江一带的说法，前文已经提及，当年荣西和尚两度来南宋学佛，就在浙江的东北部一带。他将中国的茶连同吃茶这一词语一起带到了日本，其名著《吃茶养生记》近千年来一直为人们所诵读。13 世纪中叶以后，茶的种植和饮用慢慢在日本普及，但由于日本城镇发展比较迟晚，一直也没有像样的茶馆。

大约在室町时代的 1400 年前后，每逢初一、十五，都会有大量的信众去寺院参拜，于是就有些会做生意的人，在寺院前摆起了茶摊，一杯一文钱，当年京都东寺外的茶摊就比较有名，这是日本茶屋最早的形态。当年人们旅行，都是靠双脚行走，日本甚至很少有骑马的，也罕见轿子。于是在一些重要的大路上（日本称之为"街道"），会有些人在那里设茶摊，供人小憩。1603 年江户幕府建立以后，要求地方上的诸侯（日本称之为"大名"）轮番来江户参勤，于是以江户为中心形成了所谓的"五街道"，即东海道、中山道、日光道、奥州道和甲州道。各地的大名沿途要在数个地方住宿，于是以住宿点为中心形成了不少"宿町"，人们也会在此摆出一些茶摊。17 世纪以后，在江户和其他一些城镇，开出了几家茶屋，这是有固定店铺的，不再是流动的摊贩。随着江户等一些城市经济的形成和繁荣，就有些有钱有闲的人到茶屋来坐坐。茶屋为了吸引顾客，就雇了一些姿色美丽的女子来做招待，于是一部分茶屋慢慢升级到了料理屋，一部分茶屋则演变为色情场所，也有些是两者兼有。这样的茶屋，在江户时代非常兴盛，从一些历史上留下来的地名或许可以联想起当年的些许风貌，比如大阪有"天下茶屋""茶屋町"等，东京有"三轩茶屋""御花茶屋"等等。不过，如今都成了现代都市的格局，昔日的踪迹大都已不可寻，唯有石川县金泽市，那里还较为完整地保留了一处江户时代的茶屋街，因位于浅野川（河流名）之东，名曰"东茶屋"，2001 年被国家指定为重要传统建筑群。

今天，在一些富于历史风情的城市或寺院门外，还留存着一些茶屋。不过这些茶屋既不卖廉价的绿茶，也褪去了昔日的"游廓"（日语中用于旧时花柳街的名词）色彩。2015 年我在京都大学国际交流会馆住了半年，附近有两家很有历史的茶屋。一家紧邻曼殊院，或者说本身就是曼殊院的一部分，名曰"弁天茶屋"，位于东山山麓，从一条坡道折入，走过一片农田和稀疏的房舍，就坐落在郁郁葱葱的东山山麓，周边一片寂静。正是惠风和畅的 4 月中旬，浅黄色的平房在周边明亮的新绿的映衬下，越加显得素朴典雅。进门须脱鞋，进得屋内，是纯然和风的装饰，不是榻榻米，有桌椅陈设，人们可以坐着用餐。名曰茶屋，现在供应的却是饭食，以新鲜的豆腐衣为招牌。此外，还供应荞麦面和乌冬面，还有日本式的红豆年糕汤，就是没有日本的绿茶。

还有一家在弁天茶屋的西北面，名曰"平八茶屋"，已有 400 年的历史。虽在路边，店堂却要从古色古香的、上面筑有茅草屋顶的类似寺院山门的入口进去，之后走一小段路，入口之内即是庭园，竹木扶疏，参差的绿荫挡住了车流的喧哗声，店的西侧就是高野川，在日本曰河，在中国人看来就是一条溪流。在绿树掩映之下，听着清澈流水的泠泠声，没有美食，心也醉了。平八茶屋有些高档，主打怀石料理，且必须预定。价格每人从 12000—20000 日元不等，另加消费税和服务费，在怀石料理中算中等的价格。其实作为一家有些高档的料理屋，店名却叫茶屋，想来也是有些好笑，不谙此中奥秘的中国人，见到店招，很可能以为是一家茶馆，可以坐下来喝杯热茶，以消解旅途的疲乏，却是误解了。

奈良公园内靠近春日大社的树林边，有一家"水谷茶屋"，历史悠久，声名卓著，又在旅游景点处，为很多人所知晓。茅草屋顶，纯然木结构，不施任何油彩，古色苍然，屋内陈设也颇为雅致。它最引人注目的是店门口的大红伞，竹制，门外还有几张宽大的木凳，也铺设厚实的红布，与其农家风的原色建筑形成鲜明的对照。店里可品尝比较高级的宇治（位于京都南部的著名产茶地）抹茶，加上一小块羊羹（一种甜食）。此外还有其他可以饮用，诸如姜茶、曲子粥，还有咖啡甚至小瓶的生啤、刨冰供应，就是没有一般的绿茶。水谷茶屋还有乌冬面、荞麦面等餐食供应，可以简单果腹。

后来我去日本三景之一的"天桥立"，那里有几家茶屋，供游客小憩，有和果子和抹茶，但依然没有一般的绿茶。

再说说茶寮。这里倒是可以喝点茶，但主旨却不在解渴，而主要是提供各地所产的"和果子"。和果子中，又以京都的果子最出名，京都火车站二楼有一家"京都茶寮"，就是这样一个所在。当然，这里没有优美的风景，只是川流不息的旅客的一个小小的驿站，可让人稍微坐一下，品尝一下京都的果子，另外还有一碗抹茶。喝过抹茶的人都知道，抹茶只在陶碗中的三分之一，色翠绿，味苦涩，并不足以解渴。一碗抹茶加两种和果子，或提供简单的餐食，价格在 1000—1500 日元左右。

京都还有一家叫"虎屋果寮"的连锁店，虽然店名叫果寮，内容却与京都茶寮差不多，也有几百年的历史了。一次，一个很有雅兴的中国朋友带我去了位于一条的店铺，主要以和果子出名，茶是抹茶，一个浅绿和灰黑色相间的茶碗内，自然还是接近翠绿色的抹茶，叫一两样和果子，坐在深褐色桌子边的西式软椅上，望着窗外绿茵般的草坪，除了鸟鸣，几乎没有杂声，心绪自然静了下来。人们说话都是轻声细语。这与英伦风格的下午茶和中国式的茶馆相比，又是一种不一样的风情。

　　而所谓的吃茶店，更不是喝绿茶的地方，在日本，就是咖啡馆的代名词。19 世纪中叶开始，西风东渐，日本人主动接受了西洋文明，咖啡的饮用也开始流行于一部分上流社会和知识人阶层。当然，最初日本人并不觉得咖啡好喝，在国门还没有完全打开的江户幕府末年，极少数人尝到了长崎荷兰人商馆传出的咖啡，当年的文人大田南亩在所著的《琼浦又缀》中对此评价说："其焦臭味让人难以忍受。"但是明治以后，以"鹿鸣馆"为代表的崇洋媚外之风，虽也受到部分人的批评，但西洋的物质文明和精神文明却渐渐渗透到了中层以上日本人的日常生活中。原先是福建人的后裔、在长崎出生长大并凭借中文能力在外务省担任高级翻译的郑永庆，1888 年辞去了外务省的官职，在东京长野开了一家"可否茶馆"，这"可否"就是当年咖啡的汉字表现。不过这还算不上一家纯粹的咖啡馆，里面还有各种西洋的吃食供应，还有弹子房等游乐设施。4 年之后，郑永庆关闭此店，去了美国。然而不管怎么说，这可以称得上是日本咖啡馆或吃茶店的嚆矢了。

　　后来相隔了很多年，在 1911 年的时候，东京美术学校毕业的（我们所熟知的李叔同，也就是后来的弘一法师是该校毕业的第一个中国学生）西洋画家松山省三，与当时著名的戏剧家小山内薰等一起在东京的京桥日吉町（今天的银座八町目）开了一家主要供文人墨客聚会的沙龙式的咖啡馆，小山内薰用法语给它取名叫 Café Printemps。 Printemps 是春天的意思。"巴黎春天"百货公司，如今已是人人知晓。我们所熟知的森鸥外、永井荷风、谷崎润一郎以及油画家岸田刘生等都是座上客。

　　可是咖啡馆为何后来改称吃茶店了呢？在 1925 年前后，咖啡馆分化出了两种类型，一种是有女招待的，主要供应咖啡，另一种是有简单西餐供应的，当时被称为"特殊吃茶"和"特殊饮食店"。可是不久，都渐渐带上了色情的意味，于是日本政府就对此加以取缔。后来咖啡馆的经营者就用了一个新名词，曰"纯吃茶"或"吃茶店"，并竭力洗清色情的形象。于是咖啡馆就以吃茶店的名称继续维持了下来。1935 年，仅在东京市一地就有 10000 家吃茶店（估计是将各种西餐店都加在了一起）。不久战争兴起，酒吧和咖啡馆被彻底关闭，日本历史进入了非常黑暗的年代。

20 世纪 60 年代及以后，随着日本经济的高速增长，日本人的生活发生了彻底的变化，温饱之后开始追求美酒、咖啡，各色吃茶店也如雨后春笋，一时间应运而生。既有个人经营的富有特色的小店，也有逐渐形成连锁系统的大的集团，不仅在大都市，而且将触角渐渐延伸到地方小镇甚至乡村地区。我 1992 年在日本时获得的感觉是，咖啡馆完全不是年轻人集聚的时尚所在，也不是富有阶级光顾的高档场所，就是一般日本人尤其是家庭主妇们白天会友、闲谈、小憩的地方，在轨道交通站点的附近尤其多。除了"星巴克"等外来的商号外，CAFÉ VELOCE、Doutor 之类的连锁店，都是日本人自己经营的，遍布全国。雷诺阿、英国屋就稍微高档一点，其实价格也不贵。更有许多富有特色的小店，竟然可以经营几十年甚至更久。

参考文献

日文文献

1.《岩波讲座 日本历史》(古代 1—4 卷)，朝尾直弘等编集，岩波书店 1975 年。

2.《岩波讲座 日本历史》(中世 1—4 卷)，朝尾直弘等编集，岩波书店 1976 年。

3.《岩波讲座 日本历史》(近世 1—5 卷)，朝尾直弘等编集，岩波书店 1975 年。

4.《岩波讲座 日本历史》(近代 1—8 卷)，朝尾直弘等编集，岩波书店 1977 年。

5.《岩波书店 日本历史》(现代 1—2 卷)，朝尾直弘等编集，岩波书店 1977 年。

6.《岩波讲座 日本历史》(别捐 1—3 卷)，朝尾直弘等编集，岩波书店 1977 年。

（岩波书店在 2014 年前后出版及正在出版《岩波讲座 日本历史》26 卷本的新版本，大津透等编集，本书的写作也参考了部分新版本。）

7.《展望 日本歴史・總論 1》，编集委员会编，东京堂出版 2000 年。

8.《展望 日本歴史・總論 2》，石山・渡边编，东京堂出版 2000 年。

9.《展望 日本歴史・原始社会》，石川・小杉编，东京堂出版 2000 年。

10.《展望 日本歴史・大和王権》，小笠原・吉村编，东京堂出版 2000 年。

11.《展望 日本歴史・飛鳥の朝廷》，石山・渡边编，东京堂出版 2000 年。

12.《展望 日本歴史・律令国家》，吉川・大隅编，东京堂出版 2000 年。

13.《展望 日本歴史・平安の社会と国家》，加藤・田岛编，东京堂出版

2000 年。

14.《展望　日本歴史・荘園公領制》，大村·井原编，东京堂出版 2000 年。

15.《展望　日本歴史・中世社会の成立》，大石·柳原编，东京堂出版 2000 年。

16.《展望　日本歴史・南北朝内乱》，佐藤·小林编，东京堂出版 2000 年。

17.《展望　日本歴史・室町の社会》，大石·柳原编，东京堂出版 2000 年。

18.《展望　日本歴史・戦国社会》，久留島·榎原编，东京堂出版 2000 年。

19.《展望　日本歴史・近世国家》，深谷·堀编，东京堂出版 2000 年。

20.《展望　日本歴史・海禁と鎖国》，纸屋·木村编，东京堂出版 2000 年。

21.《展望　日本歴史・近世社会》，薮田·岩田编，东京堂出版 2000 年。

22.《展望　日本歴史・近世の思想・文化》，青木·若尾编，东京堂出版 2000 年。

23.《展望　日本歴史・開国と維新》，久留島·奥村编，东京堂出版 2000 年。

24.《展望　日本歴史・近代の経済構造》，武田·中林编，东京堂出版 2000 年。

25.《展望　日本歴史・明治憲法体制》，安田·源山编，东京堂出版 2000 年。

26.《展望　日本歴史・帝国主義と植民地》，柳泽·冈部编，东京堂出版 2000 年。

27.《展望　日本歴史・民衆社会への問いかけ》，大门·小野泽编，东京堂出版 2000 年。

28.《展望　日本歴史・近代の戦争と外交》，山田·小田部编，东京堂出版 2000 年。

29.《展望　日本歴史・歴史の中の現在》，三宅·高野编，东京堂出版 2000 年。

30.《展望　日本歴史・思想史の発想と方法》，安田·佐藤编，东京堂出版 2000 年。

31.《日本の歴史 00　「日本」とは何か》，網野善彦著，讲谈社 2000 年。

32.《日本の歴史 01　縄文の生活誌》，岡村道雄著，讲谈社 2000 年。

33.《日本の歴史 02　王権誕生》，寺澤薫著，讲谈社 2000 年。

34.《日本の歴史 03　大王から天皇へ》，熊谷公男著，讲谈社 2000 年。

35.《日本の歴史 04　平城京と木簡の世紀》，渡辺晃弘著，讲谈社 2000 年。

36.《日本の歴史 05　律令国家の転換と「日本」》，坂上康俊著，讲谈社 2000 年。

37.《日本の歴史 06　道長と宮廷社会》，大津透著，讲谈社 2000 年。

38.《日本の歴史 07　武士の成長と院政》，下向井龍彦著，讲谈社 2000 年。

39.《日本の歴史 08　古代天皇制を考える》，大津透等著，讲谈社 2000 年。

40.《日本の歴史 09　頼朝の天下草創》，山本幸司著，讲谈社 2000 年。

41.《日本の歴史 10　蒙古襲来と徳政令》，筧雅博著，讲谈社 2000 年。

42.《日本の歴史 11　太平記の時代》，新田一郎著，讲谈社 2000 年。

43.《日本の歴史 12　室町人の精神》，桜井英治著，讲谈社 2000 年。

44.《日本の歴史 13　一揆と戦国大名》，久留島典子著，讲谈社 2000 年。

45.《日本の歴史 14　周縁から見た中世日本》，大石直正著，讲谈社 2000 年。

46.《日本の歴史 15　織豊政権と江戸幕府》，池上裕子著，讲谈社 2000 年。

47.《日本の歴史 16　天下泰平》，横田冬彦著，讲谈社 2000 年。

48.《日本の歴史 17　成熟する江戸》，吉田伸之著，讲谈社 2000 年。

49.《日本の歴史 18　開国と幕末変革》，井上勝生著，讲谈社 2000 年。

50.《日本の歴史 19　文明としての江戸システム》，鬼頭宏著，讲谈社 2000 年。

51.《日本の歴史 20　維新の構想と展開》，鈴木淳著，讲谈社 2000 年。

52.《日本の歴史 21　明治人の力量》，佐々木隆著，讲谈社 2000 年。

53.《日本の歴史 22　政党政治と天皇》，伊藤之雄著，讲谈社 2000 年。

54.《日本の歴史 23　帝国の昭和》，有馬学著，讲谈社 2000 年。

55.《日本の歴史24　戦後と高度成長の終焉》，河野康子著，讲谈社2000年。

56.《日本の歴史25　日本はどこへ行くのか》，姜尚中等著，讲谈社2000年。

57.《シリーズ日本近現代史第1巻　幕末・維新》，井上勝生著，岩波书店2006年。

58.《シリーズ日本近現代史第2巻　民権と憲法》，牧原憲夫著，岩波书店2006年。

59.《シリーズ日本近現代史第3巻　日清・日露戦争》，原田敬一著，岩波书店2007年。

60.《シリーズ日本近現代史第4巻　大正デモクラシー》，成田龍一著，岩波书店2007年。

61.《シリーズ日本近現代史第5巻　満州事変から日中戦争へ》，加藤陽子著，岩波书店2007年。

62.《シリーズ日本近現代史第6巻　アジア・太平洋戦争》，牧原憲夫　吉田裕著，岩波书店2008年。

63.《シリーズ日本近現代史第7巻　占領と改革》，雨宮昭一著，岩波书店2008年。

64.《シリーズ日本近現代史第8巻　高度成長》，武田晴人著，岩波书店2009年。

65.《シリーズ日本近現代史第9巻　ポスト戦後社会》，吉田俊哉著，岩波书店2009年。

66.《シリーズ日本近現代史第10巻　日本の近現代史をどう見るか》，岩波编集部编，岩波书店2010年。

67.《昭和史1926—1945》（上），中村隆英著，东洋经济新报社2012年。

68.《昭和史1945—1989》（下），中村隆英著，东洋经济新报社2012年。

69.《渡来の民と日本文化》，株式会社现代书馆2008年。

70.《日本文化を知る講座》1—3，国学院大学日本文化研究所编，国学院大学日本文化研究所2001—2006年。

71.《日本の建築》，藤島亥治郎著，至文堂1962年。

72.《日本文化交流小史》，上垣外宪一著，中央公论新社2000年。

73.《日本文化の伝来と変容》，木村时夫著，成文堂1990年。

74.《日本建築史序説》，太田博太郎著，彰国社1947年。

75.《日本の庭園》，进士五十八著，中央公论新社2005年。

76.《日本文学史序説》(上、下)，加藤周一著，筑摩书房1980年。

77.《日本文化の風土》，安田喜宪著，朝仓书店1992年。

78.《日本の思想》，丸山真男著，岩波书店1961年。

79.《石原莞爾と満州帝国》，松本健一等著，新人物往来社2010年。

80.《石原莞爾》，清江舜一郎著，读卖新闻社1973年。

81.《伊藤博文》，泷井一博著，中央公论新社2010年。

82.《日本文化史——日本の心と形》，石田一良著，東海大学出版会1991年。

83.《日本焼物史》，矢部良明著，美術出版社1998年。

84.《食文化と日本人》，生活文化研究所編著，啓文社1993年。

85.《日本の食文化》，原田信男著，放送大学教育振興会2007年。

86.《江戸の料理史》，原田信男著，中央公論社1989年。

87.《食の近代史》，大塚力著，教育社1979年。

88.《近代日本食文化年表》，小菅桂子著，雄山閣2002年。

89.《日本の酒》，坂口謹一郎著，岩波书店1964年。

90.《日本の酒の歴史》，加藤弁三郎著，協和発酵工業1977年。

91.《焼酎学入門》，穂積忠彦著，毎日新聞社1977年。

92.《焼酎の本》，秋野揆巨矢著，東洋経済新報社1985年。

93.《茶の文化史——喫茶趣味の流れ》，小川後楽著，文一総合出版1981年。

94.《図録茶道史》，林屋辰三郎著，淡交社1980年。

95.《近代茶道史の研究》，熊倉功夫著，NHK1980年。

96.《茶の文化史》，村井康彦著，岩波书店 1979 年。

97.《東アジア文化交流史》，池田温著，吉川弘文馆 2002 年。

98.《日本映画史》第 1—4 卷，佐藤忠男著，岩波书店 1995 年。

99.《日本映画と日本文化》，佐藤忠男著，未来社 1987 年。

中文文献

1.《中日关系史》第一卷，张声振等著，社会科学文献出版社 2006 年。

2.《中日关系史》第二卷，高书全等著，社会科学文献出版社 2006 年。

3.《中日关系史》第三卷，冯瑞云等著，社会科学文献出版社 2006 年。

4.《日本近现代文化史》，赵德宇等著，世界知识出版社 2010 年。

5.《日本近现代社会史》，李卓著，世界知识出版社 2010 年。

6.《日本近现代政治史》，王振锁等著，世界知识出版社 2010 年。

7.《东风从西边吹来——中华文化在日本》，徐静波著，云南人民出版社 2004 年。

8.《和食：日本文化的另一种形态》，徐静波著，北京联合出版公司 2017 年。

后 记

这本书，是我根据在喜马拉雅电台上讲授的课程讲稿整理而成的，严格而言，算不上一本研究著作，主要是写给一般对日本有兴趣的读者看的，行文力求浅白流畅（不过，做惯了学术论文，难免还有些学究气），因此就不使用脚注和尾注，只在少量的直接引语后，用括号注明了文献出处。重要的历史人名之后，一般标明生卒年，外国人名后，尽可能标注西文，以便有兴趣的读者进一步查阅。此外，在书末列出了比较详细的参考文献。参考文献中，日文以外的文献很少，事实上中国人和欧美人都撰有大量的相关著作，之所以列入很少，绝不意味着我对既有研究成果的忽视，而是希望自己的观点和看法尽可能不要受前人的影响。叙述的方式，力求通顺流畅，在基于文献的前提下，也加入了一些自己在日本的体验、考察和旅行杂感。

说到底，这本书，只是我自己近 30 年来研读日本的一份作业，领域扩展到了如此之广，也是有点始料未及。里面或许会有些外行话，或讹误，观点或有偏误，责任都在自己。欢迎各位方家和读者勘误指正，以免以讹传讹，误人子弟。

最后，对给予本书出版以热情支持的上海人民出版社历史与文献中心的孙瑜主任、黄玉婷责编，以及喜马拉雅电台的相关策划、编辑致以衷心的感谢，并对借用部分图片的朋友致以热忱的谢意。

2019 年 9 月 7 日于复旦大学日本研究中心

图书在版编目(CIP)数据

解读日本:古往今来的文明流脉/徐静波著. —
上海:上海人民出版社,2019
ISBN 978 - 7 - 208 - 16087 - 3

Ⅰ. ①解… Ⅱ. ①徐… Ⅲ. ①文化史-研究-日本
Ⅳ. ①K313.03

中国版本图书馆 CIP 数据核字(2019)第 210867 号

责任编辑 黄玉婷
装帧设计 陈绿竞

解读日本:古往今来的文明流脉

徐静波 著

出	版	上海人民出版社
		(200001 上海福建中路 193 号)
发	行	上海人民出版社发行中心
印	刷	江阴金马印刷有限公司
开	本	889×1194 1/32
印	张	16
插	页	9
字	数	459,000
版	次	2019 年 11 月第 1 版
印	次	2019 年 11 月第 1 次印刷

ISBN 978 - 7 - 208 - 16087 - 3/K · 2892

定	价	78.00 元